BUSINESS MANAGEMENT

경영학

經營學

정우석 이지원

JINSAEM 진샘미디어

머리말

현세를 살아가는 거의 모든 사람들은 경영과 밀접한 관련을 맺고 있다. 경영의 주 대상을 기업으로 보기는 하나, 경제의 3주체가 가계와 기업 그리고 정부인 점에서 이들 모두는 경영과 직간접으로 연관되어 있기 때문에 그렇다. 이는 경영의 의미가 영리조직인 기업에만 국한되지 않고 다양한 비영리조직에도 적용된다는 의미를 함축한다. 가계가 소득을 통하여 유지되고 정부가 세입을 통하여 국가를 운영하며 기업이 생산 활동을 통하여 목적하는 이윤을 창출하는 경제주체별 특성은, 비영리조직의 운영상 특성도 수입과 지출의 목적 면에서 그 기본을 같이 한다. 그러므로 경영활동이란, 가계의 소득과 정부의 세입 대부분이 기업과 관련되어 있으며 이들 소득과 세입 혹은 기업의 수익을 수입으로 하여 지출과의 균형을 유지하는 합리적 의사결정이 이루어지도록 하는 과정이라 설명할 수 있다. 합리적 경영활동에 필요한 의사결정은 경영의 개념이 체계적으로 학습될 때 보다 효율적일 수 있다. 따라서 경영학도는 물론 경영에 관심을 가지는 이에게 경영의 원리와 기업의 개념을 체계적으로 전달하는 일은 경영학을 가르치는 사람의 중요한 과제가 된다 하겠다.

본서는 경영과 기업의 개념을 체계적으로 전달하기 위해 준비한 경영학 입문서이다. 세상의 부족한 자원을 효율적으로 배분하는 역할이 경제의 몫이라 할 때, 경영은 이러한 경제의 개념을 바탕으로 경제주체의 생존과 안정, 그리고 성장을 도모하는 방편이며 과정이라 할 것이다. 이와 같은 경영의 역할이 합리적이고 효율적으로 수행되기 위해서는 경영을 책임지는 경영자가 계획과 실행과 통제로 연결되는 관리의 순환과정을 이해하여야 한다. 경영자가 경영관리의 순환과정을 이해하여야 하는 의무는 경영조직 내외의 환경과 그 변화에 대한 능동적 대처를 포함한다. 이는 경영자의 자질이 경영의 중요한 요소가 됨을 뜻하는 것으로, 경영자의 능력은 경영윤리와 기업문화 형성의 중심이 되어 사회에 대한 기업의 책임과 경제가치의 영향요소를 확립하게 한다.

독자들이 경영학에 대한 이해의 폭을 넓게 가질 수 있도록 돕는데 지향점을 둔 본서의 구성은 다음과 같다. 경영학의 체계를 포함하는 경영학 연구의 기초, 기업과 경영자의 역할 및 책임론과 기업 환경론을 전반부에서 소개하였다. 다양한 형태의 기업과 그 설립 등에 관한 내용을 별도의 장으로 정리하였으며, 기업집중과 국제화를 다른 두 개의 장에서 다루었다. 경영의 관리적 기능을 소개하는 부분은 경영관리론, 경영조직론, 경영계획, 지휘기능, 통제 등 다섯 개 장으로 나누어 정리하였다. 경영혁신, 기업문화, 기업윤리에 관한 내용은 후반부에 별도로 설명함으로써 경영자의 역할과 기업윤리의 중요성에 비중을 두었다. 전술한 바와 같이, 본서가 경영의 관리적 기능에 중점을 두며 기업과 경영자의 사회적 역할을 주로 강조함으로써 경영의 여타 영역에 구체적으로 접근하지 못한 아쉬움이 있다. 경영의 업무적 기능에 대한 부족한 면은 차후의 노력을 통하여 노력할 것을 약속드린다.

작금의 어려운 여건 속에서도 본서의 출간을 위해 저자들을 격려하며 참을성 있게 기다려주신 진샘미디어의 김경태 이사님과 편집부 직원 여러분께 감사드린다.
모두의 발전을 기원한다.

2016년 1월

정 우석 · 이 지원

목차

1장 경영학 연구의 기초

2장 기업과 경영자

목차

목차

4장 기업환경과 의사결정론

5장 기업집중과 국제화

목차

7장 경영조직론

목차

목차

목차

13장 기업문화

01

경영학 연구의 기초

제1절 기업과 경영

제2절 경영학의 연구대상 및 선택원리

제3절 경영학의 학문적 성격과 인접과학

제4절 경영학의 체계

제1절 기업과 경영

1 기업의 개념

기업은 국민경제를 구성하는 기본적 단위 중의 하나이며 자본주의 시장경제체제를 대표하는 조직 중의 하나이다. 기업(enterprise)과 가계(household)와 정부(government)라는 세 가지 개별단위로 구성되는 시장경제사회의 국민경제는 기업의 조직적 활동을 기반으로 한다.

기업은 영리의 추구를 주목적으로 재화와 서비스를 생산하는 경제단위이다. 생산에 필요한 다양한 수단을 사회로부터 제공받는 기업은 생산된 제품을 사회에 공급함으로써 목적하는 이익을 취하게 된다. 기업은 활동의 성과로 획득한 이익을 제품의 생산과정과 공급과정에 참여한 많은 이해관계자와 적절히 나눔으로써 우리사회의 경제발전에 공헌하는 경제단위로서의 역할도 하게 된다.

기업은 생산요소(factors)의 조달, 생산, 판매와 같은 주활동(主活動)과 인적 자원의 개발 및 관리, 기획, 재무, 연구개발 등의 지원활동으로 운영된다. 이러한 활동들은 체계적 관리를 통해 원활히 수행될 수 있으며 그러한 관리를 위해서는 각기의 목적에 합당한 조직을 필요로 하게 된다. 위의 개념에 따른 기업의 특징을 살펴보면 다음과 같다.

1) 생산경제단위

국민경제를 구성하는 세 가지 개별단위인 기업, 가계, 정부 중 존립목적이 생산과 공급에 있는 기업을 생산 경제단위라 하고, 그 목적을 소비에 두고 있는 가계를 소비경제단위라 한다. 또한 정부는 가계와 기업이라는 두 개별경제단위간의 조정역할을 한다. 생산에 필요한 투입물을 생산 활동이라는 변환과정을 거쳐 재화나 서비스라는 산출물로 생산하여 이를 수요자에게 공급하는 경제적 조직이라는 점에서 기업을 생산 경제단위라고 부른다. 또한 가계는 구성원이 기업에 노동력을 제공하고 그 대가로 받게 되는 임금을 구성원 가계의 수요충족을 위해 소비한다는 점에서 소비 경제단위로 이해할 수 있다. 가계와 기업이라는 두 경제주체만으로 형성된 경제를 민간경제(civil economy)라 하는 한편 생산과 소비 측면에서 그 주체가 되는 정부의 경제활동은 정부경제를 형성하게 되어, 이른바 국민경제는 민간경제와 정부경제의 종합으로 이해된다.

2) 영리목적

기업이란 일정한 과정을 거쳐 재화와 서비스를 생산하고, 그것을 사회에 제공함으로써 이익을 실현하는 살아있는 조직체이다. 기업도 정부나 비정부조직(Non Governmental Organization; NGO), 지방자치단체, 학교, 종교단체 등과 같이 목적 달성을 위해 활동하는 조직체인 점에서는 서로 다를 바가 없으나 조직의 1차적 목적을 이익에 두고 있는 경제단위인 점에서 영리조직으로 분류하고 그렇지 않은 여타의 조직은 비영리조직이라 구분한다. 다시 말하여 이들 여러 조직들은 우리 사회를 지탱하고 발전시키기 위해 인위적으로 구성되어 공헌한다는 점에서는 다르게 보지 않지만, 그 활동방법과 목적달성을 위한 수단의 선택에 따라서는 다르게 구분한다는 의미이다.

기업의 영리 원칙은 중세에도 존재하였다. 그러나 당시의 그것은 수공업자나 상인의 경우 소유와 노동이 일치되고 가족의 생활유지를 위해 영리를 추구한다고 하는 생활적 영리원칙을 보편화한 것이었다. 반면 오늘날의 기업은 소유와 노동의 분리에 의하여 기업가의 가계와는 독립된 자료 계산단위를 이루고 있으며 자본의 가치증식을 위한 영리 추구를 특징으로 하고 있는 점에서 다르다.

3) 사회적 사명

자본주의 발달에 따른 역사적 제도로서의 기업은 생산수단의 소유와 노동의 분리라는 양자의 이해관계 속에서 화합과 견제를 반복해 온 영리조직이다. 과거 중세의 수공업자나 전근대시대의 자본가들은 기업을 그들의 사적(私的) 경제단위로 인식함으로써 주로 경제적 이익에 초점을 맞추었던 것이 사실이다. 그러나 오늘날의 기업은 생산과 공급활동을 통해 사회의 수요를 창출하거나 충족시켜가며 영리를 도모해야 한다. 이 때문에 기업은 국가경제와 우리사회 전체의 유지 발전을 위해 의미 있는 역할을 수행하는 영리조직으로 새롭게 인식되고 있는 것이다. 기업은 이렇게 경제, 정치, 문화는 물론 국민의 의식수준과 가치관에 이르기까지 우리 사회의 많은 부분에 폭넓게 영향을 미치고 있는 까닭에 올바른 기업윤리의 확립을 위해서도 노력해야 할 사명이 있다.

2 경영의 개념

경영이란 특정한 목적을 달성하기 위하여 행하는 일련의 과정이라 설명한다. 그렇다면 경영은 무엇을 대상으로 하며 일련의 과정이란 또 무엇을 뜻하는가? 경영의 대상이란 각기의 독자적인 목적 달성을 위하여 행동하는 실체로서의 주체를 말하며, 일련의 과정이란 추구하는 목적의 구체화에서 부터 목적 달성을 위해 필요한 다양한 행동양식까지를 포함하는 모든 행동으로 개념화할 수 있다. 이렇듯 고유의 목적을 가지고 생성된 후 목적 달성을 위해 서로 유관한 독자적 행동들을 결정하고 수행하는 주체를 조직이라 하기 때문에 우리사회의 수많은 조직들이 각기의 목적을 달성하기 위하여 활동하는 한, 경영의 개념은 모든 조직에 대하여 무리 없이 적용될 수 있는 것이다.

기업도 조직이다. 기업의 목적은 상품이나 서비스를 생산하여 소비자에게 공급함으로써 이윤을 얻는데 있다. 기업이 이윤을 추구하기 위해서는 목적과 관련된 크고 작은 장 · 단기의 계획을 수립해야 하는데, 계획이란 목적하는 이윤 자체를 포함하여 그 목적의 달성을 위한 단계별 방법과 행동양식을 결정하는 일을 말한다. 그러므로 기업은 재화와 서비스를 생산하는데 필요한 각종 재료의 조달에서부터 생산 이후의 공급과 판매까지를 계획하게 되는 것이다. 이렇게 수립된 계획의 수행을 위해서는 분업과 역할 분담을 기반으로 하는 조직을 필요로 하게 되므로 기업은 계획 수행에 적합한 인력의 수급계획을 세워서 조직화를 꾀한다. 조직의 가장 중요한 구성요소는 사람이기 때문이다. 기업은 조직화 과정에서 확보된 인력을 계획된 일의 내용에 따라 배치하여 각자의 업무를 수행하도록 지휘하고 독려하며 감독하게 된다. 그러나 조직은 목표달성을 위해 집행하는 업무가 계획대로 잘 되어가고 있는지를 점검하여 계획과 실적간의 편차를 바로 잡아가야 하는데, 이러한 과정을 통제라 한다. 이와 같이 기업은 무엇을 얼마만큼 생산할 것인지의 문제에서부터 판매와 인적 자원과 재무적 문제에 이르기까지 모든 활동을 계획함은 물론, 조직화와 지휘와 통제 등의 전 과정을 순환적으로 수행함으로써 생존과 안정과 성장을 끊임없이 모색하는 경영조직이다.

경영의 개념을 미국경영학에서 정의하는 동적개념에 근거하여 위와 같이 정리하였으나 이와 견해를 달리하는 독일경영학의 정적 경영 개념과 비교하는 일은 의미 있는 일이다. 경영에 대한 개념들은 다음의 3가지로 대별할 수 있는데, 이들 개념 중 첫째의 개념이 경영을 정태적으로 설명하는 한편 둘째와 셋째의 내용은 이른바 행동개념으로서의 경영을 설명하고 있다.

첫째, 독일경영학에서는 경영(betrieb)을 재화와 서비스를 생산하는 조직체로 보아 정태적 구조 개념으로 정의하고 있다. 이 경영이라는 개념은 경영한다(betreiben)는 기능이나 행위로 보지 않고, 그러한 기능을 수행하는 장소적이며 시스템적인 경제적 조직체로 파악하고 있는 것이다. 이러한 정태적 구조 개념의 정의에 의하면 경영을 물적 · 기술적 설비를 갖춘 생산단위로 보게 된다. 따라서 이와 같은 견해는 경영에 대응하는 개념으로서의 기업을 영리적 재무단위나 투하자본의 결합조직 같은 하드웨어(hardware)적 개념으로 이해하게 한다.

둘째, 경영을 생산조직체를 구성하는 여러 가지 기능 가운데서 전체적 · 기본적 · 전략적 · 장기적 · 정책적 의사결정을 행하는 기능으로 개념화하는 견해이다. 이 개념하에서의 기능을 경영기능이라고 하거나 단순히 경영이라고 하며 그러한 기능의 담당자나 담당기관(직위)을 경영자라 한다.

셋째, 경영을 생산조직체를 운영하는 동적 행동으로 이해하는 개념으로 이를 동사적으로는「경영한다」고 하는데, 때로는 그와 같은 동적 행동을 단순히 경영이라고도 한다. 이와 같이 동적 개념에 근거한 경영행동은 곧 경영기능의 수행과정에 지나지 않기 때문에 그 주체는 경영자가 되어야 하며, 이 점에서 둘째와 셋째의 개념은 크게 다르지 않은 것으로 이해할 수 있다.

위에서 설명한대로 경영(management)은 동적 개념으로 정의하며 관리는 행동의 개념으로 정의하기 때문에 두 개념은 혼용되는 경우가 있다. 그러나 경영을 관리보다 상위의 개념으로 보는 범례가 일반적이다. 그 예로 조직 상층부의 활동을 경영개념으로 표현하고 조직 중하부의 활동을 관리로 표현하는 점을 들 수 있다. 조직계층의 최상층에 위치하여 조직의 목표나 전략 등 장기적 계획을 구상하고 결정하는 경영층을 최고경영층(자)이라 하는 이유도 그러한 개념으로 해석할 수 있다. 그런가 하면 중층부에 위치하면서 최고경영자의 결정사항을 하층부에 전달하여 조정하고 집행하기 위해 지휘하고 감독하는 역할 계층은 중간관리층(자)이라 한다. 또한 하층부에서 중간관리자로 부터 전달받은 최고경영자 등 상급자의 결정사항을 일선 작업자들이 실행하도록 지휘하고 감독하며 그 성과를 보고하는 계층을 일선 관리층(자)이라 한다. 이와 같이 미국식 경영학으로부터 유래한 영어 management는 경영, 관리, 경영계층, 경영학, 경영자 등 다양한 의미와 표현으로 쓰인다.

3 관리의 개념

관리(management)의 개념을 통일적으로 정의하기는 쉬운 일이 아니지만 여러 학자들의 견해를 정리하면, 관리를 "타인으로 하여금 일을 수행하게 하는 활동(getting thing done through other people)"이라고 정의할 수 있다. 이러한 정의가 관리의 개념적 특질을 잘 설명하는 일반적 견해로 볼 수 있다고는 하더라도 그 추상적 표현에 대한 이해를 돕도록 하기 위해서는 대표적인 학자들에 의해 정의된 관리의 개념을 살펴볼 필요가 있다. 예컨대, 관리를 "체계적으로 조정된 협동적인 인간의 노력에 의해서 목적 지향적인 조직을 형성함은 물론 형성된 조직의 방향을 결정하고 유지하며 운영하는 과정을 말하는 것"이라고 설명하는 맥파란드(D. E. Mcfaland)의 정의나, 관리의 공통적 개념 요소들을 ① 목표를 향해서(toward objectives) 행해지는 활동 ② 사람을 통해서(through people) 행해지는 활동 ③ 기술을 이용해서(via techniques) 행해지는 활동 ④ 조직 속에서(in an organization) 행해지는 활동으로 요약한 카스트(F. E. Kast)와 로젠즈바이크(J. E. Rosenzweig) 등의 주장이 그것이다.

특히 카스트와 로젠즈바이크 등이 관리에 관한 기존의 여러 정의로 부터 압축한 위의 4가지 공통요소를 구체적으로 설명하는 일은 관리개념의 명확한 이해를 위해 의미있는 과정이다. 첫째로, 목표를 향해서 행해지는 활동을 관리라 기술한 것은 관리를 하기 위해서는 목표를 확실히 정해야 하고 확립된 목표의 달성을 위해서는 집단적 노력을 결집해 나가야함을 뜻하는 것이다. 지향점으로 정한 목표를 확실하고도 능률적으로 달성하기 위하여 관리가 행해져야 함은 물론이지만 목표를 설정하는 것 자체도 관리의 중요한 기능의 하나가 된다는 점을 강조하는 것이다. 둘째, 관리를 사람을 통해서 행해지는 활동이라고 표현하는 것은 관리를 위해서 관리되어야 할 대상과 관리해야 할 주체가 있기 때문이다. 다시 말하여 관리의 주체는 사람이 되어야 하고 그 사람의 활동을 통하여 목표달성을 위한 관리의 직무를 수행하게 한다는 말이다. 셋째, 관리는 기술(techniques)이나 기법(arts)을 매개로 하여 행사된다. 이는 관리이론이나 원칙을 관리를 위한 지식으로 보유하는 것만으로는 실질적 관리를 행할 수 없기 때문에 그것을 유효하게 활용하기 위한 기술이나 기법, 그리고 숙련이나 수완을 체득해야 관리를 행할 수 있다는 설명이다. 넷째, 관리를 조직 내에서 행해지는 것이라고 기술한다. 이는 일정한 목적을 가지고 구성하는 것이 조직이고 그 목적 달성을 위한 행위가 관리이기 때문에, 관리는 행동하는 복수의 사람들로 구성된 조직 내에서 이루어지는 협동적 노력임을 의미한다.

4 경영과 관리의 관계

경영과 관리의 개념을 명확히 구분하기는 쉽지가 않아서 두 개념이 애매하게 해석되는 경우가 많으며 때로는 혼용되기도 한다. 그러나 경영이 가지는 2가지 기능을 살펴봄으로써 경영과 관리의 관계를 보다 잘 이해할 수 있을 것으로 생각한다. 경영의 기능은 관리기능과 업무기능으로 나누어 볼 수 있는데, 경영의 목적을 달성하기 위하여 필요한 기본적 기능들을 관리기능이라 하고 관리를 필요로 하는 업무들을 경영의 업무기능 속에 포함시킬 수 있다. 관리기능에는 계획화(planning), 조직화(organizing), 지휘(directing), 조정(coordination), 통제(controlling)등이 해당되며, 업무기능으로는 생산운영관리(production operations management), 인적자원관리(human resources management), 재무관리(financial management), 마케팅관리(marketing management), 회계(accounting), 연구개발(research and development) 등을 들 수 있다.

이와 관련하여 경영활동의 성격을 최초로 주장한 프랑스의 페이욜(Henri Fayol)은 경영과 관리의 개념에 대하여 다음과 같이 기술하고 있다. 즉 기업 활동이란 기업의 종류나 규모와는 관계없이 ① 기술적 기능(생산, 제조, 가공), ② 상업적 기능(구매, 판매, 교환), ③ 재무적 기능(자본의 조달과 관리), ④ 보전적 기능(재산 및 종업원의 유지), ⑤ 회계적 기능(재산목록, 대차대조표, 원가 통계 등), ⑥ 관리적 기능 등 여섯 가지의 본질적 기능이 있다는 것이다. 때문에 관리를 이들 여섯 가지 기능 중의 하나로 보고 계획 · 조직 · 지휘 · 조정 · 통제의 다섯 가지 요소가 모여 이루어지는 과정으로 파악하였다. 그리고 경영이란 기업이 보유한 자원으로부터 최대의 성과를 올릴 수 있도록 이들 여섯 가지 기능의 원활한 활동을 확보함으로써 기업의 목적을 달성할 수 있도록 도모하는 것이라고 주장하였다.

그림 1-1 경영과 관리의 포괄관계

이러한 관점에서 볼 때 기업 전체의 활동에 대해서 계획하고 계획된 내용을 집행하는 역할을 경영으로 정의할 수 있으며. 기업 활동을 위한 각각의 업무적 부문을 계획하거나 그 집행을 시도하는 활동은 관리로 정의할 수 있다. 요컨대 생산운영, 인적 자원, 마케팅, 재무 등의 업무 부문과 관련된 활동 개념을 관리라 하며, 이들 각각의 부문을 전체적으로 통합하여 관리하는 종합적 개념을 경영으로 보는 것이다. 이러한 관계는 경영을 관리보다 상위의 개념으로 둘 수 있게 한다. 경영과 관리의 관계를 도시하면 [그림 1-1] 및 [그림 1-2]와 같다.

그림 1-2 경영과 관리의 상하관계

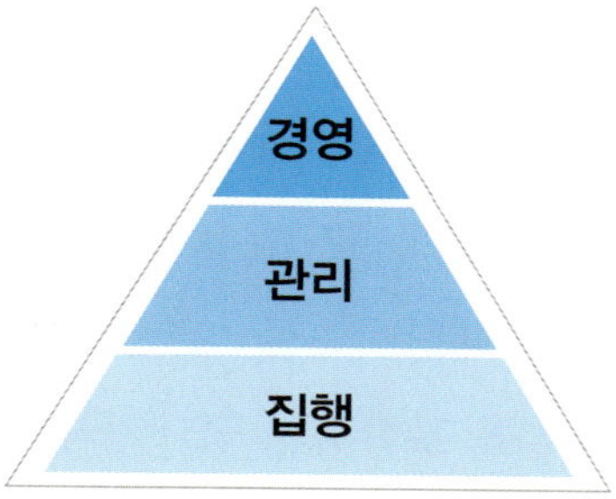

제2절 경영학의 연구대상 및 선택원리

1 경영학의 연구대상

경영학은 경영현상을 연구하는 학문이며 사회과학이다. 사회과학은 인간이 구성하는 사회 속에서 인간의 사상과 활동에 관련된 모든 현상을 과학적으로 연구하는 학문으로 정의되며, 경영현상은 사회 속에서 경영과 관련하여 나타나는 다양한 현실을 의미한다. 조직의 목적을 효과적으로 달성하기 위해 행하는 일체의 과정을 경영이라 할 때, 경영과 관련된 모든 현상은 인간과 조직 사이에서 발생하게 된다. 따라서 경영을 연구하는 경영학은 경영현상을 그 연구 대상으로 하며 사회과학의 범주에 포함된다.

경영의 대상에는 영리조직과 비영리조직 모두가 해당된다. 영리조직이란 사회가 필요로 하는 제품과 서비스를 생산하여 공급함으로써 목적하는 이익을 취하는 조직을 말하며, 영리 자체를 목적으로 하는 대신 공공의 이익과 같이 특수한 목적의 달성을 위해 활동하는 조직을 비영리조직이라 한다. 그러나 경영학이 경영현상에 대해 연구하는 학문임을 전제할 때 기업과 인간, 또는 기업과 기업 간의 관계를 나타내는 영리조직을 경영의 대상으로 보는 견해가 일반적이다. 경영을 특정한 목적을 가진 조직이 그 목적의 효과적(effective) 달성을 위하여 생산으로 부터 인사 재무 마케팅에 이르기까지 각각의 업무와 관련된 일련의 과정을 효율적(efficient)으로 수행하는 일이라 정의하기 때문이다. 여기서 경영의 대상이 되는 조직이란 기업을 의미하며, 이는 인간의 경제생활 속에서 가계와 정부를 포함하는 국민경제의 3가지 주체에 해당된다. 이 점에서 경영학과 경제학은 각기의 연구 영역을 구분하게 된다. 경영학이 경제학과 함께 사회과학인 점에서는 학문적 성격을 같이 한다. 그러나 경영학이 일정한 목적을 가진 기업이라는 조직과 인간 간의 상호관계로 부터 비롯되는 경영현상을 연구 대상으로 하는 한편, 경제학은 인간의 사회적 사상이나 행동으로부터 비롯되는 사회의 거시(macro)적 현상을 연구 대상으로 한다. 다시 말하여 경제학은 전반경제를 그 연구 대상으로 하고 있지만, 경영학은 개별경제 특히 생산경제 단위인 기업을 연구 대상으로 하고 있다는 점에서 다르다는 것이다.

위에서 언급한 가계와 기업과 정부라는 국민경제의 3가지 주체 중 회사나 공장, 상점 등을 일컫는 개개의 기업과 가정을 뜻하는 독립 가계의 활동이 국민경제를 움직이는 실질적 경제단위라 할 수 있다. 이러한 경제단위를 개별경제라 하며, 이러한 여러 가지 개별경제가 국민경제의 실체가 되어 상호간의 분업과 교환의 기구에 의해서 결합되거나 형성되고 나아가 전체로서의 경제를 존속, 발전시키고 있는 것이 우리 사회이다. 우리 사회 속에서 전체경제로서의 국민경제를 구성하는 네 가지 개별경제를 다음과 같이 설명할 수 있다.

첫째, 국가 및 지방자치단체의 단위경제로서 이를 재정(public finance)이라고 한다. 예컨대 정부, 도, 시, 군 등이 이에 해당된다.

둘째, 가정을 주축으로 하는 단위경제로서 이를 가계(housekeeping) 또는 가정(household)이라고 한다.

셋째, 영리적 단위경제로서 이를 기업(enterprise)이라고 한다. 예컨대 회사, 공장, 상점 등을 말한다.

넷째, 영리적 기업을 제외한 기타 일체의 개별경제로서 이를 비영리적 단위 경제(non-profit organization)라 한다. 교회, 학교, 조합 등이 해당된다.

이 중 재정은 국가 또는 지방의 행정상 목적을 달성하기 위하여 조세나 기타의 수입에 근거한 재화와 용역을 소비하는 소비경제를 의미하며, 일찍이 경제학의 한 분야인 재정학의 연구대상으로 발전되어 왔다. 개별가계 또한 소비경제를 중심으로 하는 경제단위이지만, 소비 주체로서의 개별경제를 연구하는 학문적 전문성은 가정학(home economics)을 통하여 확보하고 있다고 본다. 따라서 국민경제 전체를 구성하는 일체의 단위경제 중 재정과 가계를 제외한 기업과 비경제 단위 등을 경영학의 연구대상으로 할 수 있다. 그러나 경영학의 주된 연구대상은 영리를 목적으로 하는 기업, 특히 사기업에 초점을 두게 된다. 현대의 자본주의 경제체제는 영리기업이 그 핵심에 있기 때문이다.

2 경영학의 선택원리

선택원리란 어떤 과학에 있어서 고유의 연구대상을 선정하는 기준이 되는 것으로, 체계구성 원리라고도 한다. 경영학 연구 상의 선택원리는 생산성 원리, 경제성 원리, 수익성 원리 등 세 가지로 요약된다. 한편 독일 경영 · 경제학의 이론학파는 수익성, 규범학파는 경제성, 그리고 기술론학파는 생산성 혹은 수익성에서 선택원리를 구하는 경향이 있었다.

1) 생산성 원리

생산성(productivity)이란 생산을 위하여 투입(input)한 여러 생산요소의 양에 대한 생산물의 산출량(output)의 비율을 말하는 것으로, 효율(efficiency)로도 표현된다. 이는 모든 경제적 자원을 어떻게 생산적으로 이용할 것인가 하는 경제적 활동의 목표인 동시에 그 성과를 측정하는 기준이 된다.

국제노동기구(International Labour Organization; ILO)는 생산성은 부(富)의 산출량(output)과 자원의 투입량(input)과의 비율이라 하고 산출량은 설비, 자원, 에너지, 노동, 기술, 경영 등과 같이 생산에 필요한 제요소를 결합하여 투입한 결과로서 얻어지는 것이라고 정의하였다. 이와 같이 생산성은 생산을 위해 투입된 모든 요소가 얼마나 효율적으로 사용되었는가를 나타내는 척도이며 생산성 $= \frac{\text{산출량}}{\text{투입량}}$ 으로 표시된다.

생산성은 투입요소와 산출요소의 선정에 따라 여러 가지 요소별 생산성을 고려할 수 있지만 보통의 경우, 노동생산성과 부가가치 생산성을 그 대표적 개념으로 한다. 그러나 측정가능성과 비교가능성의 관점에서 보는 생산성은 다음과 같은 세 가지로 대별할 수 있다.

(1) $$노동생산성 = \frac{생산량}{노동시간}$$

(2) 자본생산성으로는

가. $$설비생산성 = \frac{생산량}{기계대수}$$

나. $$원재료생산성 = \frac{생산량}{원재료\ 사용량}$$

다. $$자본이익률 = \frac{영업이익}{사용자본}$$

(3) $$부가가치생산성 = \frac{부가가치}{종업원수}$$

부가가치(附加價値 : value added)는 노동이나 자본 등의 투입요소가 가공이나 생산의 과정을 통하여 산출요소로 변함으로써 발생한다. 투입요소의 가치와 산출요소 가치 간의 차이를 부가가치라 부르며 이는 생산과정에서 원재료에 부가된 가치를 의미한다. 예로써 매출액에서 원재료비, 구입부품비, 외주가공비, 동력비, 보험료, 운임 등을 차감한 금액을 부가가치라고 한다. 이러한 부가가치의 개념에 따르면 종래 비용으로 여겨왔던 임금은 비용이 아니라 부가가치의 일부를 구성하는 요인으르 다루어지게 된다. 부가가치를 높이기 위해서는 생산성과 품질을 향상하기 위한 노력이 선행되어야 하기 때문이다. 생산성의 향상은 부가가치의 제고는 물론 산업발전과 사회복지에 공헌하는 역할을 한다. 세계는 생산성의 증가와 생산설비의 현대화를 위한 목적으로 1948년 미국의 경제협력법에 의한 유럽 경제협력기구(Organization for European Economic Cooperation; OEEC : 현재의 경제협력개발기구 Organization for Economic Cooperation and Development; OECD)를 설립하였다. 또한 1953년에는 생산성 향상운동 추진을 목적으로 유럽 생산성 센터(European Productivity Agency; EPA)를 프랑스 파리에 설립한 바 있다. 그 후 유럽 및 아시아의 많은 나라에 생산성 센터가 설립되기에 이르렀으며 우리나라에도 1957년에 한국생산성연구원(현재의 한

국생산성본부; KPC)이 설립되어 생산성 향상운동을 추진해 오고 있다.

2) 경제성 원리

경제(economy)란 우리가 살고 있는 세상에 산재해 있는 여러 가지 자원을 생산수단과 노동을 통해 생활에 필요한 물건이나 서비스로 생산해서 교환하고 분배하거나 소비하는 과정을 말한다. 때문에 사람이 그러한 과정과 관련되는 활동을 하게 될 때 이를 경제활동이라 한다. 생산과 소비로 대별되는 경제활동의 형태는 '자원의 효율적(efficient) 배분'이라는 경제개념의 전제 아래 성립하게 된다. 그런데 이는 제품과 서비스를 창출하기 위해 사용하는 자원이 각각의 가치와 희소성을 가지고 있어서 생산에 필요한 자원이라 해도 이를 무한정 사용할 수는 없다는 개념으로부터 출발한다.

경제개념을 통하여 경제성을 정의할 때, 경제성이란 최소의 희생(비용)으로 최대의 성과를 달성하고자 하는 경제인의 합리적인 행동원리를 말하게 된다. 경제성원리는 일반적으로 다음과 같이 기업활동의 결과로서 얻어진 성과와 이를 얻기 위하여 소비된 희생과의 비율로 측정되고 표시된다.

$$경제성 = \frac{성과}{희생}$$

이러한 경제성은 경제적 합리주의를 뜻하는 것이므로 기술 등의 부분적 합리주의와는 구별된다. 기술적 합리주의란 단순히 기술적 면의 효율을 높이기 위한 것으로 부분적인 투입수량과 산출수량을 대비시켜 측정하는 것인 한편, 경제적 합리주의는 경제적 효율을 구성하는 측정대상 전체를 측정하고 비교하는 점이 다르기 때문이다. 예컨대 보일러를 가동하여 난방을 하는 경우, 종전에 사용하던 보일러보다 품질 좋은 보일러로 교체하여 난방에 필요한 열효율을 높였다면 종전의 보일러 효율과 현재의 보일러 효율을 단순 비교함으로써 기술적인 면의 효율이 높아졌다고 할 수 있을 것이다. 그러나 경제적 합리주의를 따르게 되는 경제성은 경영활동의 결과로 얻어진 성과와 그 성과를 얻기 위해 포기한 희생을 비교함으로써 측정할 수 있다. 따라서 앞서 본

난방 보일러의 경우 보일러를 교체함으로써 열효율을 높인 기술적 효율의 개선은 분명하지만 효율 높은 보일러를 구입하고 교체하기 위해 얼마나 많은 비용을 지불하였는지를 생각해봐야 하는 과제가 남는다. 만일 보일러 교체에 따른 열효율 개선의 경제적 이득이 보일러의 구입과 교체를 위해 지불한 경제적 비용보다 크다면 전체적인 비용 면에서 볼 때 보일러의 교체는 효과적(effective)인 선택이 될 수 있다. 하지만 그 반대의 경우라면 보일러의 교체로 인해 난방 생산에 소요된 원가가 더 많이 상승한 것이기 때문에 보일러의 열효율 대비 경제성은 저하될 수밖에 없어서 효과적인 선택이라 할 수 없을 것이다. 이러한 성과와 희생을 화폐가치로 평가하는 경우 성과를 수익이라 하고 희생을 비용이라 하는데, 이들 수익과 비용과의 비교 정도를 가치적 경제성이라 한다. 이와 같이 경제성은 전체적인 면에 있어서의 화폐액과의 비교에 의해 측정된다. 경제성을 광의와 협의 2가지로 구분하여 표현할 경우 위에 말한 가치적 경제성이 협의의 경제성에 해당된다.

$$경제성 = \frac{수익}{비용}$$

경제성은 수익성을 추구하는 영리기업뿐만 아니라 수익성을 목표로 하지 않는 공기업이나 조합에도 적용되는 개념이다. 그러므로 경영학은 그 선택원리를 경제성의 추구에 두게 되며 경제성은 수익성보다 그 범위가 넓은 상위의 개념이라 할 수 있다. 다음에 소개하는 수익성 원리도 일정한 자본에 대하여 최대의 이윤을 획득하고자 하는 광의의 경제성 원리에 포함되지만, 협의의 경제성 원리는 오히려 수익성 원리와 대비되는 것이다.

3) 수익성 원리

수익성 원리란 기업의 투자 자본에 대하여 이익의 최대화를 도모하는 경영원칙을 말하는 것으로 영리원칙이라고도 한다. 오늘날의 경영, 경제학에서는 수익성을 자본 수익성과 매출액 수익성으로 구별하는 것이 통상적이며 다음의 식으로 표시할 수 있다.

$$자본수익성 = \frac{수익}{자본}$$

$$매출수익성 = \frac{수익}{매출액}$$

그러나 현대 경영학은 종래의 수익성 대신 수익성보다 범위가 넓은 경제성을 선택원리로 하고 있는 추세이며 이는 다음과 같은 이유에 근거한다고 볼 수 있다.

첫째, 수익성은 영리를 목표로 하는 사기업에 대해서는 합당한 선택원리가 될 수 있지만, 영리를 목적으로 하지 않는 공기업이나 협동조합의 선택원리로는 적합하지 않다고 보기 때문이다. 경영학의 연구대상은 경영이며, 경영은 영리조직과 비영리조직 모두를 대상으로 하는 개념임을 전제할 때 '수익-비용=이익' 이라는 등식을 통하여 수익성만으로 경영전체를 설명할 수는 없다는 이유에서 이다.

둘째, 공기업이나 협동조합 등 영리 자체를 목적으로 하지 않는 조직이라 해도 각 조직은 본연의 설립 목적에 충실하도록 운영되어야 한다. 이들이 생산경제를 담당하고 있는 경영조직으로 존재하는 한, 국민경제가 필요로 하는 재화와 용역을 최소의 자재와 인력으로 생산 공급해야만 적자를 발생시키지 않고 전체경제의 이익을 위한 공헌을 최대화할 수 있는 것이다. 부실한 경영으로 인해 적자가 발생되거나 누적된다면 경영상의 수지(收支)를 맞출 수 없게 되어 조직 자체의 존립 의의를 상실하게 될 것이기 때문이다. 이렇게 경영조직이 경제성을 기초로 하여 운영될 때 각각의 개별 경영주체가 발전하여 산업적 혼란과 경제적 빈곤화를 방지함은 물론 사회전체의 복지를 유지 증진시킬 수 있기 때문이다. 지금까지 살펴본 생산성, 경제성 및 수익성의 관계를 도시하면 [그림 1-3]과 같다.

그림 1-3 생산성, 경제성, 수익성의 관계

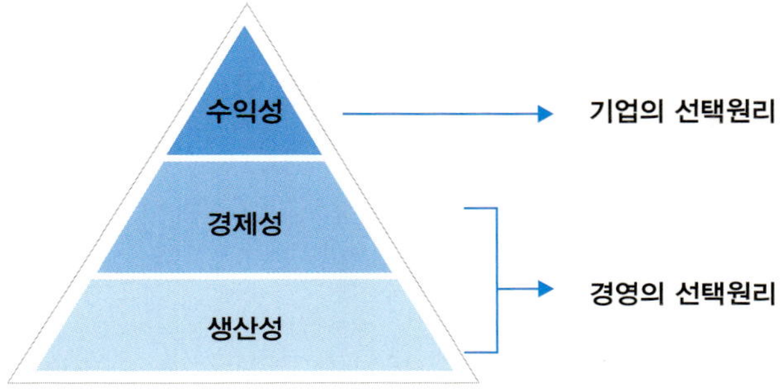

제3절 경영학의 학문적 성격과 인접과학

1 경영학의 학문적 성격

경영학의 학문적 성격을 살펴보면 다음과 같다.

1) 사회과학성

경영학은 사회과학이다. 사회과학이란 인간의 사회성과 관련된 연구를 과학적으로 수행해온 학문의 총칭이다. 이는 사회과학이 사회를 구성하는 주체로서의 인간이 생각하고 행동하는 동안 형성된 사회적 사상과 문화를 체계적으로 연구하고 발전시켜온 학문임을 의미한다. 때문에 사회속의 인간이 형성한 개별경제와 그로부터 이루어지는 인간의 다양한 경제적 활동을 연구대상으로 하는 경영학은 당연히 사회과학의 한 분야로 간주된다.

사회과학은 인류문화 발전에 유용성과 실용성을 부여하는 역할을 사명으로 하고 있다. 다만 경영학은 경제학이나 사회학과 같이 거시(macro)적인 종합현상을 다루는 것이 아니라, 미시(micro)적인 관점에서 의사결정자인 인간이 일정한 목적을 달성하고자 행동하는 주체적 측면을 다루는 점에 그 특징이 있다.

2) 이론과학성 및 실천과학성

경영학은 여타의 사회과학 분야와는 달리 매우 동태적(dynamic)인 학문으로 분류한다. 경영학을 경영현상을 연구하는 학문이라 정의한 것은 경영학이 환경적 영향을 크게 받는 경영의 특성을 연구대상으로 삼기 때문이었는데, 경영학 자체도 변화하는 경영현상에 따라 움직일 수밖에 없는 학문이다. 따라서 경영학은 다른 사회과학 분야와 달리 지식을 위한 지식의 체계일 뿐만 아니라 실천을 위한 지식의 체계라는, 이른바 이론과 실천의 양면적인 성격을 지니고 있다는 데 그 특징이 있다. 그러므로 경영학은 이론과학(theoretical science)의 입장에서 구축된 이론을 실천과학(practical science)의 입장에서 실제에 적용시키려고 하는 학문이라고 볼 수 있다.

3) 과학성 및 기술성

경영학이 이론과학성과 실천과학성을 겸한 학문으로서 양면적 성격을 지닌 특색이 있다면, 과학성과 기술성을 지닌 학문으로도 규정지을 수 있다. 경영학을 사회과학 내에서 고유의 연구대상을 확보한 학문과 과학으로 특징짓는 한, 실천적 이론학문으로서의 특성상 기술면에도 상당한 관심을 기울이지 않을 수 없기 때문이다.

4) 규범과학성

현대 기업은 수많은 이해자 집단으로 둘러싸여 있으며, 이들의 이해를 조정하고 이익을 증진시킬 사명과 책임이 있다. 그러나 합리적 경영을 위해서는 확고한 경영윤리가 필요하기 때문에 경영학에 대해 규범과학으로서의 성격을 부여하게 된다.

5) 방법적 총합성

경영학의 가장 큰 방법론적 특성은 총합성에 있다. 경영학의 연구대상인 기업은 경제학적 접근방식으로 조망하는 경제현상 뿐만 아니라 경영학적 접근을 통한 경영현상까지를 함께 연구하여야 한다. 더욱이 경영학은 조직 활동(조직 행동론)측면 외에도 심리적 측면(산업심리학 또는 경영심리학), 인간 행동적 측면(행동과학), 사회적 측면(산업사회학 또는 경영사회학), 기술적 측면(경영과학 또는 산업공학) 등 여러 분야를 아울러 원용하는 학제적 과학(interdisciplinary science)으로서의 성격을 띠고 있기 때문에 총합성을 특성으로 하는 학문으로 보아야 한다.

위의 5가지 특성에 따라 경영학은 경영을 연구대상으로 하는 사회과학이며 학제적 과학의 성격을 띠는 학문이라 정의할 수 있다. 이와 함께 경영학은 이론과 실천, 그리고 과학과 기술(arts)의 양면성을 가진 학문으로 설명할 수 있다.

2 경영학의 인접과학

1) 경제학(economics)

경제학은 효율(efficiency)의 학문이다. 기본적으로는 세상의 부족한 자원을 어떻게 활용해야 자원의 효율을 높일 수 있을 것인지 연구하는 학문이다. 경제생활을 영위하는 경제주체 역시 효율의 경제개념 위에서 각각의 활동에 임한다. 가계와 기업과 정부로 구성되는 국민경제주체 중 생산의 중심이 되는 기업과 소비를 중심으로 활동하는 가계를 살펴보도록 하자. 생산주체로서의 기업은 재료와 노동력을 효율적으로 활용하기 위한 기술과 방법을 개발함으로써 값싸고 품질 좋은 제품과 서비스를 생산하기 위하여 노력한다. 한편 소비주체인 가계는 소득과 지출의 관계를 효율적으로 관리하기 위하여 절약하고 저축하거나 투자를 계획하는 경제생활에 골몰한다. 기업과 가계를 개별경제로 분류할 때 정부는 개별경제간의 조정 역할을 자임(自任)하며 국민경제 전체에 대한 발전과 균형을 효율적으로 관리하고자 노력한다. 이렇게 경제학의 기본개념은 효율로부터 출발하기 때문에 투입요소와 산출물 간의 비율로 계산하고 나타낼 수 있다. 경제학과 효율의 개념을 이해할 때 경영학 또한 올바로 이해할 수 있게 될 것이므로 경제학과 경영학은 서로 밀접한 관련을 갖는 학문이다.

경영학은 효과(effectiveness)의 학문이다. 경영학이 경영을 연구대상으로 하는 점에 있어서, 조직이 수립한 고유의 목적이 경영을 통하여 잘 달성된다면 경영활동이 효과적이었다고 할 수 있기 때문이다. 물론 여러 가지의 효율적인 방법들이 경영활동을 위해서 강구되어야 하지만, 그러한 경영활동의 결과가 당초의 목적에 부합되지 못한다면 경영활동은 효과적이었다고 할 수 없다. 이는 어느 정도를 경제적 측면에서 효율적이라 하고 또 어느 수준까지를 경영측면에서 효과적이라고 할 수 있는가를 말하는 측정치를 의미하는 것이 아니고, 효율적 경제활동과 효율적 경영활동, 그리고 효과적 경영활동에 대한 개념적 설명을 위한 것이다. 그럼으로써 이러한 설명이 경영학과 경제학 간의 근본적 관련성과 양자 간의 불가분성을 인정하는데 도움이 되도록 하고자 함인 것이다.

또한 경제학은 사회현상으로서의 경제현상 전반에 관한 지식체계와 가계 기업 정부 등 개별경제를 포함하는 전체 경제를 연구 대상으로 하기 때문에, 기업과 같은 개별경제 단위의 경영 현상을 연구하며 그 경제적 측면을 다루는 경영학과는 밀접한 관련을 가진다.

2) 회계학(accounting)

회계를 기업의 언어라 한다. 회계학은 주로 기업 활동에 의하여 발생하는 경제적 가치의 변동을 일정한 규칙에 따라 기록하고 계산하기 때문에 회계라는 언어를 필요로 하는 학문이다. 또한 회계학은 경영의 실태를 계속적으로 파악하여 기록함으로써 그 내용을 기업 내외의 관계자에게 알리는 과제와 더불어 발전해 왔다. 소박한 의미에서의 회계행위는 인간의 경제적 활동과 더불어 발전해온 오래된 행위이지만, 회계가 갖는 기술적 계산의 메커니즘은 경영학과 마찬가지로 중세 이탈리아에서 그 기초가 확립되었다고 본다. 회계학을 독일에서 경영 경제학의 한 분야로서 방법론적, 이론적으로 심화되어 발전되어온 학문이라고 보는 견해에 대해, 영미의 회계학 연구자들은 산업혁명 이후 영국에서 형성된 기술론적, 실천적 회계학이 미국에 도입되어 오늘에 이르렀다고 주장한다.

3) 행동과학(behavioral science)

행동과학이란 인간의 행동을 연구하기 위한 사회과학의 한 연구영역이다. 이는 생리학, 생물학, 심리학, 사회학, 문화인류학 등의 제 과학이 그 한정된 자기 영역을 초월하여 학제적 접근방법(interdisciplinary approach)으로 형성한 연구 분야이기도 하다. 특히 경영학 연구의 중심대상이 되는 조직은 사회학, 심리학, 경제학 및 경영학 간의 학제적 접근방법을 필요로 하는 고유의 학문영역을 이루고 있으며, 조직 행동과학 또는 경영 행동과학으로 성립 발전 되었다. 경영의 행동과학은 의사결정 행동과학과 리더십 행동과학 등 크게 두 가지 흐름으로 발전되어 왔다고 본다.

이들 중 의사결정 행동과학은 조직의 의사결정과정을 행동과학적으로 해명하고자 하는 버나드(C. I. Barnard)와 사이먼(H. A. Simon)에 의해 근대 조직론의 흐름을 형성하여 발전해왔다. 또 다른 하나인 리더십 행동과학은 인간관계 연구를 시발점으로 하여 조직구성원의 사기(morale)나 리더십(leadership)에 대하여 행동과학적 연구를 하는 것으로서 리커트(R. Likert), 아지리스(C. Argyris) 등에 의해 전개되었다.

4) 산업사회학(industrial sociology)

산업사회학은 제 2차 세계 대전 후의 산업 발전과 관련하여 급속히 발달된 학문으로 기업의 인간적 측면이나 사회적 측면을 연구의 중심 대상으로 한다. 산업사회학은 종래의 경영학, 산업심리학, 노동경제학 등에서는 크게 비중을 두지 않았던 영역이었다. 그러나 산업사회가 발전함에 따라 직장 집단의 인간적 측면과 관련된 노동 관리의 영역, 노동조합 조직의 인간적 측면과 관련된 노동조합의 영역, 기업과 노동조합 사이의 노사관계 영역, 노사관계 배후에 존재하며 영향력을 행사하는 인간관계나 사회관계 영역, 기업이나 노동조합 외부에 존재하며 지역사회나 국가와의 관계를 주로 연구하는 산업과 사회와의 관계 영역(협의의 산업 사회학) 등을 중요시하게 되어 이들 영역들을 주 연구대상으로 하는 산업사회학이 발전하게 된다.

한편 산업사회학의 한분야로 경영사회학이 있는데, 이는 조직과 구성원 간의 관계를 직장 사기와 생산 능률에 미치는 영향과 관련지어 연구하는 학문이다. 경영사회학에서는 조직 구성원의 행동과 태도는 경영조직의 형태나 노동 관리의 방식에 따라 달라질 수 있다고 보고 조직 관리의 방식과 구성원 간의 관계를 파악하는 연구가 중요함을 강조하고 있다.

5) 산업심리학(industrial psychology)

산업심리학은 산업과 관련된 제반 활동이나 문제를 심리학의 이론과 방법을 통하여 연구하고 해결하고자 하는 학문으로, 응용 심리학의 한 영역으로 간주된다. 연구의 구체적 내용으로는 인간공학의 영역에 속하는 작업환경, 피로, 재해 및 사고, 설비 및 기구와 인간의 특성과의 관계, 직무분석, 적성, 훈련, 인사 고과, 사기(morale), 인간관계, 조직형태, 판매활동, 시장조사, 광고, PR 등 매우 다양한 대상이 포함된다. 산업심리학의 발전과정을 볼 때 제 2차 세계 대전까지의 초기연구에서는 주로 작업동작, 적성능력, 피로 등을 대상으로 하는 개인 활동에 대하여 생리학적, 심리학적 연구를 진행해 왔다. 그러나 심리학이 진보함에 따라 동기부여(motivation)와 개성(personality) 등에 대한 연구는 물론이고 사회행동에 대해서까지 그 연구의 영역을 다양하게 확대하게 되었다. 이에 따라 산업심리학은 근무의욕이나 구매행동, 그리고 기업집단의 행동이나 인간관계 등을 포함하는 경영내부의 문제를 연구하는 영역에까지 발전하게 되었는데, 오늘날에는 이러한 연구를 경영심리학(managerial psychology) 내에 분류하기도 한다.

6) 경영과학(management science : MS)

현대경영학은 복잡하고 동태적인 경영시스템 내에서 경영관련 문제를 해결해야 한다. 종래의 경영자가 자신의 경험이나 판단력에 근거하는 주관적 신념과 규범에 의해 의사결정을 해온 과거와 달리 경영환경이 변화를 계속하고 있기 때문이다. 따라서 현대의 경영자는 변화하는 경영환경 속에서 질 높은 경영의사결정을 하기 위하여 과학이라는 새로운 접근방법을 이용하고자 한다. 경영과학(management science; MS)은 경영문제의 분석과 결정을 위하여 과학적이고 합리적인 방법을 활용하는 영역으로 OR(operations research)과 함께 MS/OR로 혼용되기도 한다.

경영과학은 경영문제의 효과적 해결방법을 연구하는 학문으로서 객관적이고 수리(數理)적인 다양한 모델을 수립하고 사용하며 분석적인 도구와 절차, 기법 등을 적용하는 과학적 방법이다. 경영과학은 복잡한 경영의사결정 문제의 해결을 위해 수학을 이용하는 계량적 방법이기 때문에 고성능 컴퓨터와 우수한 소프트웨어를 필요로 하는 과학적 기법이다. 경영과학은 계량경영학(quantitative management), 의사결정과학(decision science) 등 유사한 학문영역과 함께 괄목할 발전을 거듭해 왔다.

제4절 경영학의 체계

경영학 연구는 학파와 국가에 따라 연구방법이 서로 다르기 때문에 학문으로서의 체계와 구성내용도 상이하게 된다. 경영학의 체계를 연구대상 분야, 인식방법, 인식내용 등을 기준으로 분류하면 다음과 같다.

1 연구대상 분야에 따른 체계

경영학은 연구대상의 분야에 따라 일반경영학과 특수경영학으로 구분하여 체계화할 수 있다. 모든 종류의 경영에 공통되는 일반적 경영현상을 연구대상으로 하는 경영학을 일반경영학 또는 경영학 총론이라고 하며, 이에 대해 특정 산업에 속하는 경영현상을 연구대상으로 하는 경영학을 특수경영학이라 한다. 특수경영학의 예로는 농업경영학, 공업경영학, 상업경영학 등이 있다.

2 인식방법에 따른 체계

사회과학의 인식 방법론적인 체계가 일반적으로 역사, 이론 및 정책 등의 3부문으로 구성되듯이 경영학도 그와 같은 3가지 인식방법을 기준하여 다음과 같이 3가지 체계로 구분할 수 있다.

1) 경영사(기업사)

기업경영을 역사적 측면에서 조망하고자 한다. 따라서 기업의 생성과정 및 동태적 변천과정을 주로 기술한다.

2) 경영이론(기업이론)

기업경영을 이론적 측면에서 고찰하고자 한다. 기업경영의 성격이나 구조 및 내용은 물론 그 특질과 원리나 원칙 등을 순수이론적 입장에서 구명하고 정립하는데 관심을 둔다. 이때의 기준은 가치판단론적 입장과는 거리가 있다.

3) 경영정책(기업정책)

기업경영을 실천론적이며 가치판단론적인 측면에서 해부하고자 한다. 기업경영의 목적설정 및 방향제시의 합목적성을 구명하는 일이 관심 대상이기 때문이다.

3 인식내용에 따른 체계

경영학은 또한 그것이 인식하고자 하는 내용이 무엇이냐에 따라서 아래에 예시하는 바와 같은 각론이 형성된다.

1) 경영학 방법론

경영학의 본질, 경영학의 체계, 경영학의 인접과학 또는 그것의 연구방법 등과 같은 기본 개념적인 여러 문제와 관련된다.

2) 기업 환경론

기업과 상호 의존적인 관계에 있는 제반 환경을 고찰하는 일과 관련된다.

3) 기업 형태론

기업은 자본 제공자인 출자자와의 관계에 따라 그 형태를 달리 하게 된다. 이와 관련하여 기업의 여러 형태를 다양한 관점에서 살펴보고자 하는 것이 기업형태론이다.

4) 기업 성장론

기업의 창설에서 부터 성장과 발전과정에 관심을 두는 연구체계를 갖는다.

5) 경영 주체론(경영자론)

현대경영에 있어서 소유와 경영의 분리와 관련된 과제를 중심으로 경영자의 자질과 수행 기능 등에 주요 관심을 두고 연구한다.

6) 경영 관리론

기업의 활성화는 경영자의 관리활동으로부터 비롯된다고 보고 경영자의 제반 관리 활동을 과정적으로 고찰하려는 과제를 연구한다.

7) 부문 관리론

생산관리, 인사관리, 재무관리, 마케팅관리 등 경영의 업무적 기능을 중심으로 경영학의 연구체계를 구축한다.

02

기업과 경영자론

제1절 생산형태의 발전과 경영형태

기업은 생산형태의 변화와 함께 발전해 왔다. 생산형태로 표현되는 생산의 방식과 규모가 변화를 거듭함에 따라 기업 경영형태의 변모가 오늘에 이르게 된 것이다. 경영형태의 변모는 현대의 기업 경영자가 갖추어야 할 자질과 덕목을 제시하고 경영자의 책무와 소명을 새롭게 하는 등 경영자로서의 본질적 성격을 변천시켜왔다. 이러한 근본적 변화를 가져오게 한 생산형태의 경제적, 기술적 구조 변천과정을 수공업, 가내공업, 공장제 수공업, 공장제 공업수공업 등의 발전순서에 따라 살펴보고자 한다.

1 수공업 경영

수공업(handcraft)경영은 생산형태의 가장 초보적 단계로 수공업자인 직인(職人)이 전적으로 자신의 기능에 의하여 생산 활동을 영위하는 방식이다. 수공업자가 생산에 전념하게 되면서 점차적으로 고객생산을 확대하게 되는데, 이에 따라 자신의 기술을 믿고 사는 수공업자에게는 독자적인 직인(職人)기질이 생기기 시작하였다. 이 형태는 직인이 소수의 종업원이나 수습공(修習工 : 見習職人)의 보조를 받아 생산 활동을 하는 방식이기 때문에 직인제도라고도 한다. 수공업 경영형태에서는 수공업자 스스로가 소유하고 있는 단순한 도구만을 작업수단으로 사용했기 때문에 수공업자는 노동자임과 동시에 작업수단의 소유자이기도 하였다. 이러한 형태는 경영자와 노동자간의 역할분담이 명확하지 않은 노동 미분화 상태의 생산형태로 분류된다. 수공업 경영형태의 생산 활동은 가족경제의 일부로 운영되며 분화를 계속하다가 점차 직업적으로 활동하게 되어 독립생산자의 틀을 갖추게 되었으며, 독립생산자는 스스로 노동하며 동시에 경영자가 되어 가족적 소(小)경영체제를 형성해간다. 수공업 경영은 수공업

길드(guild)를 형성하여 발전하게 되는데 길드의 규제가 엄격하여 구성원의 수가 제한되고, 도장인(都匠人), 장인(匠人), 도제(徒弟)의 신분 질서가 엄수되었다.

수공업 경영의 형태는 11~12C경 유럽의 각지에서 볼 수 있었으며 14~15C의 이른바 도시경제 시대에 가장 번성했다. 생산형태는 전적으로 주문생산에 의존 했으며 점차로 발전한 교환경제를 배경으로 하였다고 본다. 때문에 당시의 경영은 자본의 형태를 확보하지 못했으며 근대적인 영리정신도 확립하지 못한 상태였다. 따라서 수공업자는 오늘날의 노동자도 아니고 자본가도 아닌 단순한 독립생산자였을 뿐이다. 이러한 수공업 경영형태를 오늘날의 자본주의 경제체제에서 찾아볼 수는 없지만 다음의 몇몇 업종에서만은 그와 유사한 형태를 인정할 수 있다고 본다. 우선 수예적(手藝的)·직인적(職人的)노동을 필요로 하는 전문 분야로서 개별적이고 수공업적인 노동력을 필요로 하는 이발사, 목수 등 개인적 서비스업의 경우가 이에 해당된다. 다음으로 일정한 영역을 시장으로 하는 지방 또는 향토적 노동 분야 예컨대 대장장이, 재봉사, 미장이 등을 들 수 있다. 이외에도 수리(修理)나 수선(修繕)전문 노동 분야인 구두수리공, 마구사(馬具士) 등이 있으며, 대규모 공장이나 공업이 발전함에 따라 새로운 영역의 수공업 경영이 필요하게 되는 경우를 포함시킬 수 있다. 이를테면 자동차 공업의 발달은 각지에 소(小)수리공 등을 필요로 하게 되고, 전기공업은 전기장치에 관한 많은 수공업 경영을 생성시키게 된다.

2 가내공업 경영

가내공업 경영(home/domestic industry)은 16~17C에 번성했던 경영형태로 선대제도(先貸制度 : putting-out system)라고도 하며 상업자본 경영형태로 분류된다. 이는 상업자본가인 도매상이 생산을 조직화하고 그의 지휘 감독 하에 각자의 자택에서 생산 활동을 하도록 하는 경영형태를 말한다. 도시경제 시대의 수공업자는 독립생산자였기 때문에 외부의 간섭이나 제약을 거의 받지 않고 경제활동을 할 수 있었으며 자연스럽게 독립 경영체제를 구축할 수 있었다. 이는 이 시대의 수공업자들이 비교적 활발하게 독자적인 경제활동 영역을 확대할 수 있었고 이에 따라 특정 업자의 자본적 지배가 가능하게 될 수 있었음을 시사하는 것으로, 가내공업경영의 출현에 따른 국민경제의 성립과 발전 계기가 되었음을 의미한다.

가내공업 경영자는 첫째, 시장생산에 필요한 자금과 원료를 수공업자에게 제공하는 자본가로서 둘째, 수공업자가 생산한 제품을 판매하거나 시장을 개척하는 상인으로서의 역할을 동시에 수행하는 상업 자본가였다. 때문에 수공업자는 상업자본가의 자본적 지배를 받게 되고 결과적으로 수공업자가 상업자본가에 예속되는 새로운 경영형태인 가내공업경영을 출현시키게 되었다. 가내공업경영은 기업가가 자본력에 의해서 다수의 수공업자를 자기 휘하에 두는 생산형태로서 이를 객주제도(客主制度) 혹은 전대제도(前貸制度)라고도 한다. 이 경우 수공업자들은 각각의 자기 작업장에 분산된 채로 작업에 종사하였기 때문에 별도의 경영 특질을 유지 할 수는 있었다. 가내공업체제내의 생산자는 이처럼 형식적으로는 독립생산자였지만 실제로는 도매상에 예속되어있는 자금노동자와 유사하였다. 가내공업경영은 상업자본주의 시대의 지배적인 경영형태였으며, 자본주의적 경영의 단초를 이루는 형태로 주목된다. 가내공업형태의 경영은 자본주의의 발달과 산업자본주의 시대의 도래에 따라 점차 쇠퇴하게 되었지만 오늘날에도 그 형태를 찾아볼 수는 있다.

3 공장제 수공업경영

공장제수공업(manufacture)은 18C에 성행했던 사회적 경영형태로 수공업적 기술을 기본으로 하는 자본주의 성립 초기의 과도기적 생산 방식을 말한다. 수공업적 공장 경영이라고도 하는 이 경영형태는 생산과정의 주요한 부분이 수공적(手工的) 노동에 의하여 행하여지고 이들 수공적 노동자들이 한 작업장에서 경영자의 통일적 지휘에 따라 생산 활동을 하는 경영형태이다.

공장제 수공업경영과 가내공업경영은 수공업적 생산 작업 면에서는 다른 점이 거의 없다. 그러나 가내공업의 생산 활동이 노동자 개인의 독립적이고 주관적인 기능을 중심으로 분산적으로 이루어지는데 반해 공장제 수공업의 생산 활동은 산발적으로 분산 작업을 하는 노동자들을 하나의 공동 작업장에 집합하여 작업 관리자의 지휘 아래 작업이 이루어지도록 하는 점에서 가내공업보다 진전된 수공업 경영형태로 볼 수 있다. 공장제 수공업경영은 분업에 의한 협업의 이점을 발견하게 되어 효율의 개념을 생산 현장에 도입하는 계기가 된다. 작업의 분업화는 종래의 완성품 생산자였던 노동자를 부분작업 노동자로 변모시켜 완성품 생산을 위한 작업 중의 일부만을 담당하게 한 것이다. 이러한 변화는 노동생산성을 증대시키는 긍정적 효과를 가져 오는 한편 경영자의 역할도 달라지게 하여서, 상업자본가로서의 제한적 기능을 담당하던 경영자를 생산 기술적 지배까지도 담당하는 산업자본가적 경영자로 그 기능을 구분하고 확대할 수 있게 하였다. 이는 공장제 수공업 경영자가 작업장은 물론 원재료나 작업공구 같은 생산수단까지도 소유함을 의미하는 것이기 때문에 이를 계기로 생산수단의 소유자인 자본가와 생산노동자가 분화되어 생산 활동의 객관화가 시작되었다고 본다.

공장제 수공업경영은 생산자본가의 초기적인 경영형태로서 후술하는 공장제 공업형태로 발전해가는 과정상의 과도기적 형태로 간주된다. 도요업, 제본업, 예술적 가구류 제조업 등과 같이 주로 수공적이거나 수예적 노동의 영역으로 분류되는 업종에서는 오늘 날에도 이러한 경영형태가 유지된다고 볼 수 있다.

4 공장제 공업경영

공장제 공업경영(factory system)은 기계 설비를 기술적 기초로 하는 사회적 경영형태로 이러한 경영형태에서는 노동자의 숙련에 의존하던 생산 활동이 기계를 이용한 작업으로 이전되었기 때문에 자연스레 기계작업이 지배적이 되었으며 기계의 우위성이 입증되었다. 공장제 수공업과 공장제 공업과의 차이는 수공적 생산과 기계적 생산과의 차이에서 찾아 볼 수 있지만 공장제 공업은 생산의 기계화를 통하여 경제사회에 혁명적 변화를 가져 왔다. 기계작업을 중심으로 한 공장제 공업경영의 생산 활동은 17C 중엽 증기기관의 발명에 힘입어 산업혁명(industrial revolution)의 토대가 되었으며, 이러한 단계 이전을 상업자본주의라 하고 이후의 단계를 공업자본주의 또는 산업자본주의라고 구분하게 되었다.

공장제 공업경영체제의 성립은 생산 활동에서 차지하는 기계의 우위성을 확보하게 하였으며 이는 다시 노동자의 기능이나 숙련을 객관화할 수 있는 근거가 되었다. 노동의 객관화란, 공장제 공업경영체제에서 생산의 효율을 높이기 위해서는 작업수단의 기계화와 기계의 발전이 노동자의 숙련보다 중요시되는 변화 속에서 숙련노동자의 비중이 예전보다 낮아짐을 의미하는 것이다. 그러나 그것이 숙련노동자의 완전한 배제를 뜻하는 것은 아니었다. 왜냐하면 복잡한 작업 기계나 설비를 조작하기 위해서는 제품생산에 익숙한 작업숙련도가 필요했기 때문이다. 공장은 생산자본의 지배적인 경영형태이며 노동의 조직인 동시에 기계설비의 조직이기 때문에 기계설비의 조직에 의해서만 고도의 분업을 기대할 수 있게 된다. 따라서 생산 활동의 과학적인 확립은 작업과 분업의 통일적 조합을 통한 기계설비의 체계를 매개로 할 때 가능하다. 특히 기업규모가 확대되고 해외시장 개척에 따른 합리적인 생산형태가 추구되는 근래의 결합공장제 공업생산도 과학적 생산 활동의 확립에 기초하여 발전하게 된다.

결합공장제 공업이란 생산 기술적 관계에서 통합된 복합형 공장으로, 개별공장을 기초로 하고 있지만 개개의 공장을 초월한 차원의 경영형태를 말한다. 여기서는 공장과 공장의 결합에 의하여 대규모의 협업이 형성되는 동시에 공장 간의 분업화를 이루어 생산력의 증대를 꾀하게 된다. 이러한 결합공장제 공업은 개별공장 간의 분업을 할당하고 각 공장을 전문화함으로서 공장의 다각적인 복합화를 목적으로 한다. 예컨대 기본적 재료의 연속적 이용, 폐기물의 재활용, 재료의 종합적 이용, 특정수요를 중심으로 하는 시스템적 연계(기능적 집적) 등에 의하여 다각적이고 다기능적인 결합공장을 형성하게 된다. 대공장과 중소공장 간에 이루어지는 전속적 하청은 특수한 결합공장제 공업의 한 형태이다.

제2절 기업가와 경영자

1 기업가

기업은 영리경영의 단위이며 개별자본이다. 기업가(enterpriser)란 그러한 기업을 지배하고 경영하는 주체이다. 그러나 기업가의 개념규정은 기업의 발전 형태와 규모에 따라 달리할 수 있다.

자본가를 기업가로 보는 고전적 의미의 개념규정은 개인기업의 경우에는 합당하다고 볼 수 있다. 개인기업에서는 자본의 소유자인 자본가가 기업을 지배하고 경영하는 영리활동의 주체이기 때문이다. 그러나 기업의 규모가 확대되고 발전함에 따라 기업가를 고전적 의미의 기업가와 개념적으로 일치시키기는 어렵다. 주식회사의 경우 자본의 소유와 경영활동의 주체가 개인기업과는 달리 한 개인에게 속해 있지 않고, 다수의 주주가 자본의 소유자이며 몇 사람의 최고경영진(임원)이 경영활동을 담당하고 있다. 이러한 경우 기업가를 주주로 볼 것인가, 임원(중역)으로 볼 것인가, 혹은 주식회사 그 자체로 볼 것인가에 관한 문제가 제기될 수 있다.

이와 관련한 여러 이론 중 주주기업가론은 자본소유자(자본가)를 기업가로 보는 견해이다. 이 이론은 기업의 자본을 이윤의 귀속, 위험의 부담이라는 분배론적 관점에서 보기 때문에 자본가를 기업가와 동일시 할 수 있었다. 그러나 주주기업가론 자들은 자본가의 기능적 측면을 고려하지 않은 까닭에 기업가의 개념을 그 기능에 따라 규정하지 못했다. 즉 자본가로서 기업을 지배하고 경영할 기능을 겸비한 기능자본가와 지배 경영기능과 무관한 무기능자본가를 개념적으로 구별할 필요성을 간과한 것이다. 자본가인 주주 중에는 기업을 지배하거나 경영하지 않는 무기능자본가가 있기 때문에 무기능자본가는 기업가가 될 수 없고 기능자본가만이 기업가가 될 수 있다. 따라서 자본가를 기업가라고 규정하는 단순한 개념은 적합하지 않다고 본다.

중역기업가론은 중역이 대주주일 경우에는 기능자본가의 경우와 같이 개념적으로 기업가에 일치된다. 그러나 중역에는 자본가로서의 중역도 있으며 자본가가 아닌 중역도 있을 수 있다. 주식회사가 발전하여 소유와 경영의 분리가 이루어지면 자본가가 아닌 중역은 기능자본가에게 고용되어 있는 고용 중역(employed director)일 뿐이지 기업가는 아니다. 주식이 고도로 분산되고 소유와 경영이 분리되는 경우 주식회사를 지배 경영할 수 있을 정도의 대주주는 없어지고 자본가가 아닌 중역이 기업을 지배 경영하게 되면 소위 경영자 지배가 이루어진다. 이 경우 기업가의 개념을 규정하는 결정적 요인은 기업을 지배 경영하는 기능적 측면이 강조되고 소유관계는 무시된다.

위에서 살펴본 바와 같이 기업가는 기업을 지배하고 경영하는 주체라 정의된다. 그러나 기업가의 개념규정 근거는 기업의 발전 형태와 규모에 따라 변해왔기 때문에 기업의 소유 여부와는 거리를 두고 있으며, 오늘날 형성되는 경영자의 개념 또한 자본의 소유관계가 기업가의 개념규정에서 배제되는 추세와 무관하지 않다.

2 경영자

경영자(manager)의 개념은 앞서 말한 기업가의 변모과정을 기초로 하여 규정할 수 있다. 경영자의 개념은 기업의 주체를 경영이라는 기능적 측면에서 분석할 때 형성할 수 있기 때문이다. 기업을 경영하는 일은 독자적인 직능이며 독자적인 직능이란 특정한 목적의 달성을 위하여 경영의 제요소를 새로이 결합하고 운영해 나가는 관리직능을 말한다. 이 독자적인 직능의 담당주체가 경영자 또는 경영관리 담당자가 된다.

우리는 기업가를 기업을 지배하고 경영하는 기능자본가로 정의하였다. 따라서 기업가를 경영에 필요한 인적 물적 요소들을 결합하거나 분배하여 창조적이고 모험적인 활동을 하는 주체로 보았다. 그러나 기업가와 같은 독자적 경영기능을 수행하면서 기업가에게 고용된 중역으로 활동하는 경영자의 경우도 있다. 이는 기업의 소유와 경영의 분리현상에 따라 기능자본가가 사라지게 되기 때문에 기능자본가를 대신하여 기업을 지배하고 경영할 독립된 경영자의 필요에 따라 생성된 경우이다. 경영자는 기업의 발전과 관련하여 소유경영자, 고용경영자, 전문경영자 등으로 분류할 수 있다.

1) 소유경영자

소유경영자(owner manager)는 일반적으로 소유와 경영이 분리되지 않은 상태의 소규모 기업에서 볼 수 있는 유형으로 경영자인 기업가 자신이 경영관리직능을 직접 담당한다.

소유경영자는 기업의 소요자본을 자신이 투자하고 경영하므로 기업경영의 결과로 발생되는 이익이나 손실에 대해서도 자신이 책임을 진다. 소유경영자는 기업발전의 초기 단계에서 많이 볼 수 있었으며 오늘날의 기업에서도 찾아볼 수 있다. 대규모 주식회사에서도 출자자인 동시에 경영자인 이사로서 기업경영에 참여하는 소유경영자가 있다.

2) 고용경영자

기업이 발전하고 그 규모가 확대되어 가면 경영활동의 내용도 다양하고 복잡해지기 마련이어서 기업가 스스로 경영 직능의 전부를 담당하기는 어렵게 된다. 때문에 기업가는 자신이 행사하던 경영상의 지휘 감독직능 중 일부를 타인을 고용하여 분담하고자 한다.

기업가에 의해서 고용된 경영의 분담자를 고용경영자(employed manager)라 하는데, 고용경영자는 기업가의 대리인으로서 기업가가 위임한 경영업무를 담당하게 된다. 고용경영자는 경영활동의 지휘감독 권한을 위임받기는 하지만 여전히 출자자인 기업가의 이익을 대변해야하는 피고용자로서의 중역이다. 때문에 고용경영자와 기업가 사이에는 전통적인 주종관계가 잠재할 수밖에 없으며 그의 지휘 감독 지배를 받게 되어 경영자로서의 독자적인 기반을 형성하기가 어렵다.

3) 전문경영자

기업의 규모가 확대되어 대형화하면 경영에 대한 과학적이고 체계적인 전문지식을 필요로 하게 된다. 기업이 요구하는 이러한 전문능력을 갖추고 기업경영을 전담하는 유형의 경영자를 전문경영자(expert or professional manager)라 한다.

기업의 대형화란 '규모의 경제' 논리에 근거하여 거대한 생산설비를 갖추게 되는 것을 말한다. 규모가 확대된다는 말은 다수의 종업원을 새롭게 채용하는 것은 물론이고 생산방법 또한 효율을 높이기 위한 여러 방법들을 강구해 나가는 과정을 포함하게 되므로 조직이 커지면 관리는 자연 복잡해지고 어려워진다고 할 수 있다. 복잡한 대규모의 기업조직이 합리적으로 운영되어 목표를 달성하기 위해서는 조직 활동에 대한 계획 조직 지휘 감독 이라는 경영 직능을 담당할 전문가가 필요하게 되는 것이다.

전문경영자는 경영관리를 자신의 직능으로 하며 독자적인 최고의사결정권을 가지고 있기 때문에 경영관리를 전문(professional)으로 하는 직업(profession)으로 인정받게 된다. 소유경영자가 자본의 소유에 기초하여 기업을 지배 경영하는데 반하여 전문경영자는 경영관리의 전문적 지식과 기술을 기초로 기업을 지배 경영한다. 이는 주식회사의 발전과 더불어 소유와 경영의 분리개념이 출현하는 바탕이 되고 전문경영자가 현대경영자로서의 위상과 수행직능을 인정받게 되는 배경이 된다.

제3절 소유와 경영의 분리

1 소유와 경영의 분리개념

기업은 규모의 경제성을 추구하며 성장 발전하여 왔다. 특히 자본주의 산업사회를 대표하는 기업형태로서의 주식회사는 오늘날의 정보화 사회 속에서도 대형화하는 변화를 계속하고 있다. 주식회사가 발전하고 그 규모를 확대하기 위해서는 성장에 합당한 필요자본을 충당해야 하는데, 주식회사는 이때의 소요자본을 자본시장으로부터 조달하게 된다. 자본시장에서 자본을 조달하는 과정은 소액으로 분할된 주식을 많은 수의 주주가 소유하게 하는 방식이므로 주식은 자연스럽게 분산되었다. 이러한 현상은 증권시장이 발전됨에 따라 주식의 분산이 촉진되었으며 주식을 소유하는 주주의 목적도 변하게 되었다. 대중 자본이 시장에 참여함으로써 주식의 분산이 초래되었기 때문에 대중자본을 통한 주식분산 전 · 후 주주의 목적에도 변화가 있었다. 주식이 고도로 분산되기 전에는 투자 주주는 일반적으로 경영에 참여하기 위한 목적(經營參與)으로 주식을 소유하였다. 그러나 주식이 분산되어 소유되기 시작한 이후로는 종래의 투자자와 달리 경영결과에 따른 이익의 배당(配當利益)이나 주식가격 차이 등의 투기이득(投機利得)에도 주식투자의 목적을 두게 되어 주주의 관심이 다양화하게 되었다.

주주의 전통적 투자목적이 배당과 투기이득 쪽으로 변화하였기 때문에 주주들은 점차 경영참가에 무관심하게 되고 주주총회에도 그다지 큰 관심을 두지 않는 경우가 많아졌다. 이에 따라 소위 부재자 소유권(absentee ownership)을 의미하는 개념이 생성되어, 소유자이지만 경영에는 관여하지 않는 주주가 생기게 되었다. 이러한 상황에서 기업규모가 확대되고 경영 직능이 복잡하고 어렵게 되어가자 기업은 경영에 대한 전문가를 필요로 하게 되었다. 전문경영자는 주주가 아니었지만 경영능력에 바탕을 두고 있었기 때문에 자연스레 경영의 실권을 장악하게 되었고 이에 따라 소유와 경영의 분리(separation of owner and management) 현상이 나타나기 시작했다. 이렇게 주주가 단순한 배당취득자인 자본가로 전환되는 경향과 전문경영자가 생성되고 발전하는 경향이 서로 결합하여 나타난 소유와 경영의 분리현상은 주식회사의 발전에 따른 규모의 확대와 주식의 고도분산, 주주의 무기능화, 경제발전에 수반하는 경영 직능의 복잡화 등 여러 원인에 의해 촉진되고 있다.

2 경영자 사회

버남(James Burnham)은 주식회사에서 나타나는 소유와 경영의 분리현상을 경영자 혁명(managerial revolution)에 따른 기초적인 변화라 진단하고 1941년에는 『경영자 혁명』을 출판함으로써 오늘날의 사회가 경영자 사회(managerial society)로 이행해가고 있다고 주장하였다. 그는 오늘날의 사회체제를 자본주의와 사회주의라는 이분법적 견해로 구분하는 대신 경영자주의라는 새로운 체제로 이행되어 가는 변혁기라 보고 이를 경영자혁명이라고 진단한 것이다. 그에 의하면 자본주의사회는 이제 사멸하려하고 있어 새로운 사회가 전개될 것인바, 이 새로운 사회는 자본가나 노동자가 주도하는 사회가 아니고 경영자가 실질적 권력을 행사하는 경영자사회가 될 것이므로 이러한 변화로 말미암은 사회현상을 경영자혁명이라고 본다는 것이다. 예를 들어 미국의 사회적 실권은 자본가가 아닌 경영자가 장악하게 될 것이며, 과거의 소련에서는 사회의 주도권을 노동자 대신 경영자가 확보하게 될 것이라는 주장이다.

이러한 현상은 생산수단의 접근에 의한 지배와 생산물 분배에 있어서의 우선적 대우(지위)에 의한 지배여하에 근거한다고 보는 것이 그의 견해이다. 그는 사회의 지배계급이 되기 위해서는 생산수단에의 접근의 지배(control over access to instruments of production)를 획득하거나 생산물의 분배에 관한 우선적 취급의 지배를 획득하여야 한다고 보았다. 그런데 자본가는 경영자보다 생산수단의 지배에서 멀어지고 생산물 지배의 우선적 지위에서도 전락되는 상황에 처하게 된 관계로, 생산수단 접근에의 지배권을 확보한 경영자에게 사회 지배계급의 지위를 양보하게 된다고 결론지었다. 다시 말하여 경영자가 생산물 분배에의 지배권을 획득하지 못한 채 생산수단의 지배권만을 확보한다 하더라도 결과적으로는 양자가 일치하게 되므로 생산수단을 장악하는 경우의 경영자는 사회의 새로운 지배계급이 될 수 있다는 것이다.

이에 반하여 스위찌(P. M. Sweezy)는 버남(Burnham)의 경영자혁명론과 견해를 달리하여 소유와 경영은 각각의 권리를 별도로 견지한다고 주장하였다. 그의 논리는 자본주의사회의 경영자가 경영의 실권을 장악하고 있는 것처럼 보이더라도 내용적으로는 자본가의 의도에서 벗어날 수 없다는 점에 근거를 두고 있다. 예를 들어 자본가는 경영자의 임면권을 확보하고 있으며, 이에 더하여 경영의 존폐결정권(지배권)을 결코 포기하지 않을 것이기 때문에 만일의 경우 경영자가 자본가의 의도에서 벗어나거나 벗어나고자 한다면 자본가는 자신이 장악한 지배권을 발동하여 경영자를 제압하게 될 것이라는 것이다. 사회주의의 경우에도 경영자와 국가의 관계는 크게 다르지 않아서, 경영자는 국가에서 정한 계획과 틀을 벗어날 수 없으며 이를 따르지 않을 경우 경영자는 그의 자리를 유지할 수 없게 된다. 경영계획은 경영자가 세우는 것이 아니라 국가에서 세우는 것이기 때문이라는 것이다. 이와 같이 경영자가 자본가나 국가의 계획을 따르고 있을 때만 경영자에게 권한과 자유가 부여된다는 스위찌(P. M. Sweezy)의 논리는 버남(Burnham)의 경영자혁명론과는 다른 개념이며 소유와 경영도 분리되지 않는다는 주장이다.

3 경영자 지배

자본주의 사회의 대표적 기업형태인 주식회사가 발전함에 따라 소유와 경영의 분리현상이 일어나고 경영자지배와 경영자혁명 등에 관한 다양한 이론들이 미국을 중심으로 연구되기 시작했다. 이들 이론은 자본주의 사회를 대표하는 기업형태로서의 주식회사가 고도로 발전함에 따라 자본가는 단지 출자자에 그치고 기업의 실질적 경영은 출자자가 아닌 경영자에 의해서 수행된다고 보았다.

벌리(Berle)와 민즈(Means)는 미국 내 최대회사 200개의 경영권 소재를 조사한 실증적 연구를 통하여 경영자지배의 확립에 관한 결론을 도출한 바 있다. 첫째, 미국경제는 200개의 대기업(금융기관제외)에 의해서 지배되고 있으며 둘째, 이들 대기업의 대부분이 기업의 명목상 소유자인 주주에 의해서 지배되고 있지 않다는 것이다.

1) 사적 소유(private ownership)

1인 또는 소수인(동족)이 주식의 전부 또는 대부분(80%이상)을 소유하고 있는 경우로 소유와 경영이 일치되어 있다. 이 경우에는 형식상 주식회사 형태를 취하고 있지만 실질적으로는 개인기업과 같은 가족회사이다.

2) 과반수 소유(majority ownership or majority control)

총주식의 과반수 즉, 총의결권주의 50%이상 80%까지를 보유하는 주주가 기업을 지배하는 형태로 이러한 소유형태에서는 소유와 경영의 분리가 어느 정도는 발생한다.

3) 소수 지배(minority control)

반수 이하의 주식을 소유함으로써 기업체를 지배한다. 즉, 50%이하 20%까지의 주식보유에 의한 지배를 말한다. 주식회사가 확대되고 대중자본이 동원되면 주식이 분산되기 때문에 지배권을 요구하지 않는 주주가 다수 발생하게 되는데, 이 경우는 20% 정도의 주식 보유에 의해서도 주식회사의 지배가 가능하다.

4) 법적 수단에 의한 지배(control through a legal device)

한 기업이 타 기업의 주식을 소유하게 되면 지주회사 무의결권주, 의결특권주, 의결권신탁 등의 법적 수단을 통해 기업을 지배할 수 있다. 이러한 지배형태는 출자에 기초하는 지배력의 한 표현으로, 소액의 자금으로도 기업을 지배할 수 있게 하는 법적 수단을 주식회사 제도의 변천이 발달시켰음을 뜻한다. 그러나 이러한 법적 수단의 발달은 주식회사의 지배를 대주주에게 집중시키게 된다.

5) 경영자 지배(management control)

경영자의 경영능력만으로 기업을 지배하는 형태이다. 이는 전문경영자에 의한 경영 지배를 뜻하는 것으로 주식의 소유라는 출자 자본력에 의거하여 기업을 지배하는 형태와는 근본적으로 다르다. 이러한 형태는 경영자가 확보하는 실질적 지배력에 의한 경영 지배를 의미하며 소유와 경영의 분리에 근거할 때 확실해진다. 경영자 지배에서는 총 주식 중 50%이상을 소유하는 대주주가 없을 경우에 전문경영자가 기업을 지배 경영할 수 있게 되며 이 경우의 주주는 배당취득자인 자본가에 불과하게 된다. 때문에 경영자 지배기업이 증가하게 되면 전문경영자는 자본이익의 극대화보다는 경영자의 사회적 책임을 더 중시하게 된다.

제4절 경영자의 사회적 책임

기업은 영리를 추구하며 최대이윤의 획득을 목적으로 활동한다. 그러나 그 형태가 다양해지고 규모가 확대됨에 따라 기업은 영리 이외의 목적에도 꾸준한 관심과 배려를 하게 된다. 기업이 사회의 많은 부문과 깊은 관련을 맺고 영향을 미치는 사회의 중요한 구성요소가 되기 때문이다. 이는 좋은 품질의 제품과 서비스를 생산하여 우리에게 공급함으로서 인간의 생활을 윤택하게 하는 등 경제발전에 공헌함은 물론 사회생활에 필요한 소득원으로서의 역할을 수행하여 사회발전에 기여하는 기업의 사명을 설명하는 것이다. 그러므로 기업은 존속하여 안정적으로 유지되어야 하며 장기적으로 발전하여야 하는데, 기업의 활동에 따라 창출된 이윤은 기업의 생존과 발전에 필요한 수단적 지위에 놓이게 되는 한편 종업원의 복지향상과 능력개발을 위한 수단으로서의 책무를 함께 가진다. 이렇듯 기업은 기업자체와 기업의 구성원과 사회와의 유기적 관련을 맺고 활동하는 경영 주체이기 때문에 경영의 목적은 복합화하게 되고, 따라서 기업은 사회적 존재로서의 가치와 사명을 갖게 된다.

사회가 복잡해지고 구성요소간의 상호의존 관계가 깊어짐에 따라 기업의 활동범위는 자연스레 확대되고 기업의 관계자나 관련 집단에게 미치는 영향력 또한 커지게 된다. 기업의 역할은 경영자의 의사결정 내용과 활동을 따르게 될 것이므로 현대경영자는 기업이 사회조직 전반에 대해 미치는 영향요소 등을 충분히 고려하여 활동해야 할 책임을 지고 있는 것이다. 때문에 기업의 본질적 성격에서 파생되는 경영자의 국가 · 사회에 대한 책임이 성실히 이행될 때 기업 활동은 지속가능한(sustainable) 생존양식을 확보할 수 있게 된다. 다시 말하여 기업의 주체인 경영자가 경제적인 수익성에만 집중하지 않고, 경제성장과 환경보존과 사회발전의 조화로운 균형을 지향하는 지속가능경영(持續可能經營 : Corporate Sustainability Management; CSM)을 추구하게 될 때 기업이 사회를 이끄는 중요한 요소로서의 역할을 할 수 있다는 것이다. 이렇듯 경영자가 환경주체에 대하여 갖는 책임을 경영자의 사회적 책임이라 정의하고 이는 첫째, 계속기업(going concerns)으로의 유지 · 발전에 대한 책임 둘째, 구성원의 복지향상에 대한 책임 셋째, 이해자 집단에 대한 이해조정의 책임 넷째, 공해방지에 대한 책임 등으로 요약할 수 있다.

1 계속기업으로의 유지 · 발전에 대한 책임

현대의 경영은 소비대중을 비롯해서 구성원, 다수의 출자자, 금융기관, 정부, 지역사회 등 많은 공중(public)을 대상으로 하고 있다. 경영의 성쇠는 이러한 공중에 직간접적 영향을 주게 되기 때문에 현대의 경영은 지배주주들의 단순한 사적 소유물의 개념에서 탈피되어야 한다. 경영의 결과가 바로 이익으로 나타나기 때문에 경영자는 무엇보다도 계속기업으로의 유지 발전을 위해서 필요한 수익을 확보하지 않으면 안 된다. 또한 기업과 관계되는 집단을 위해서도 기업의 유지 발전은 계속되어야 하며 이의 수단이 되는 일정한 수익을 창출해야 한다. 이러한 수익성의 유지가 경영자의 사회적인 책임의 근원이기는 하지만, 경영자의 수익성 추구가 기업의 관련 집단이나 공중의 희생에 편승되어서는 안 된다.

기업은 사회전체의 이익과 일치하는 범위 내에서 수익성을 추구해야 하는 법인 (法人)이기 때문에 자연인(自然人)인 경영자의 성패와 무관하게 유지 발전되어야 한다.

2 종업원의 복지향상에 대한 책임

기업의 능률(efficiency)은 기업조직의 기계 · 설비 · 생산 공정 및 과업을 얼마나 효율적(efficient)으로 설계하고 유지하는가에 달려있다. 이것은 경영자의 기술적 · 경제적 직능(technical and economic function)이 종업원들과 어떠한 인간관계를 형성할 수 있는가 하는 사회적 직능(social function)에 크게 의존함을 의미한다. 경영자와 기업 구성원간의 인간관계는 조직의 협동 체제를 구축하는 기본으로 작용하여 기업능률 향상에 지대한 영향을 미치게 되므로 경영자가 자신의 사회적 직능을 개발하고 발휘하는 일은 중요하다.

이러한 사회적 직능은 종업원을 경영목적 달성을 위한 단순한 수단으로 보는 것이 아니라 인격을 가진 인간으로 대우해야 한다는 점에 근거한다. 그러한 관점에서 경영자는 그들에게 인간적이며 사회적인 만족을 부여하기 위해 노력해야 하고 이는 복지의 향상을 통하여 가능하게 된다. 조직의 효율적 협동체제 구축은 복지의 향상을 기함으로써 조직 구성원의 자발적인 참여의식과 근무의욕 증대를 기대할 수 있기 때문이다. 경영조직의 효율 제고는 물론 바람직한 조직문화 형성과 경영사회의 안정은 종업원의 복지향상과 그들에 대한 인간적이며 사회적인 만족을 부여하기 위한 노력이 전제된다. 이것이 경영자에게 부과된 사회적 책임 중의 하나이다.

3 이해자 집단에 대한 이해조정의 책임

기업은 기업조직 내외의 다양한 집단과 이해관계를 형성하고 있다. 이들 관계자들에는 출자자와 종업원, 소비자 등에서 부터 정부나 거래처, 금융회사, 지역사회 등에 이르기 까지 우리사회의 많은 구성요소들이 해당된다. 그러나 이와 같은 이해관계 집단은 서로 대립된 입장에서 기업에 압력을 가하는 경우가 많다. 예컨대 주주는 투자에 대한 높은 이익배당을, 종업원은 임금인상과 고용의 안정을, 소비자는 생산품의 가격 인하와 품질 향상을, 정부는 공정거래 등을 요구하는 등 자신의 이익을 위한 여러 요구를 하게 되지만 이들의 주장은 서로의 이해를 달리하는 경우가 대부분이다. 어느 특정집단의 경영에 대한 요구가 강하게 대두되면 이는 다른 집단의 이해를 자극하여 새로운 문제를 야기하게 될 것이므로 그들의 요구는 서로 상충되거나 연쇄적인 반응을 보이게 되는 것이다. 만일 기업이 주주나 출자자들의 단기적 이익배당을 우선시 한다면 기업의 장기적 발전보다는 당기의 순익증대를 먼저 생각하게 될 것이기 때문에 기업 구성원에 대한 배려와 소비자의 권익 보호보다 기업의 이익을 추종하는 일에 더 열중하게 되어 기업의 진정한 사회적 책무를 다하는 일과는 거리가 멀게 된다. 이렇게 되면 경영은 특정 이해관계 집단과의 관계가 악화되어 근로자의 태업(sabotage)이나 파업(strike), 또는 해당기업의 제품이나 서비스에 대한 소비자의 불매운동 등 기업조직과 사회의 질서를 유지하기 어려운 상황을 초래하여 계속기업으로서의 유지 · 발전을 할 수 없게 된다.

그러므로 경영의 사회적 · 공공성을 확보하여 이해자집단과의 원만한 관계를 유지하고 그들의 이해를 사전에 조정하는 일은 오늘날의 경영자에게 부여된 사회적 책임이라 할 수 있다.

4 공해방지에 대한 책임

산업사회는 기업규모의 확대와 양적 팽창을 통하여 발전해 왔다. 인간의 사회생활에 편의(便宜)와 편리(便利)를 제공하기 위한 기술이 개발되고 생산 공정이 개선됨에 따라 기업이 규모를 확대하고 그 수를 늘려가며 새로운 제품과 서비스를 사회에 공급해왔기 때문이다. 생산과 관련된 공정이 개선되고 새로운 기술이 개발됨으로써 기업은 품질 좋고 다양한 제품을 보다 쉽고 간편하게 대량으로 생산할 수 있게 되었다. 그러나 이는 생산 공정이 생산요소의 화학적 처리와 복잡한 기계 설비의 조작을 필요로 하는 생산 공정으로 변화하였으며 기계력에 의존하는 교통기관의 이용률을 높이게 되었다는 의미이기도하다. 오늘날의 산업사회가 아직까지는 석탄이나 석유와 같은 화석연료를 적극적으로 활용하여 이룩한 기계문명임을 뜻하는 것이다.

18세기 중반 증기기관이 발명된 이래 화석연료에 근거한 인간의 기계문명이 눈부시게 발전해온 것은 사실이지만 오늘날의 지구는 이 때문에 심각한 환경오염(environmental pollution)의 문제에 직면해 있다. 화석연료에 의한 매연, 유해가스, 고온 등은 물론 소음과 오폐수 등에 따른 대기오염과 수질오염, 환경오염, 그리고 지구 온난화에 기인하는 기후변화 같은 사회적 문제를 야기하게 된 것이다. 그러나 종래에는 이러한 문제들이 「신의 보이지 않는 손」에 의한 생태적 균형(ecological balance)을 통해 자동적으로 조절된다고 생각하였다. 대자연의 자동 조절적 능력을 과신해온 탓에, 대기의 오염은 풍우에 의하여 스스로 정화되고 하천이나 바다의 오염도 자정(自淨)작용을 통하여 깨끗해진다고 믿어 왔으며 각종 폐기물까지도 저절로 부식하여 자연으로 돌아간다고 여겨왔다.

그러나 생태적 균형에 대해 가져왔던 수동적 사고는 20세기 중반인 1960년대에 이르러 커다란 변화를 겪게 된다. 생산력의 고도화를 축으로 하는 산업사회의 눈부신 발전이 인류의 생존을 위협하는 새로운 우려가 되어가고 있음을 자각하게 된 것이다. 이는 기계문명의 발달로부터 비롯된 대기, 하천, 바다 등의 심각한 오염이 자연의 자생적인 정화작용 능력에만 그 치유를 기대할 수 없게 되었기 때문이다. 자연치유 능력의 한계를 넘어선 산업폐기물의 폐해, 특히 석유화학공업에 의한 산업공해는 심각하여 플라스틱과 같이 부식되지 않는 반영구적 폐기물이나 공장의 오폐수는 수자원을 고갈시키고 농약이나 살충제가 해충뿐만 아니라 야생조류와 동물까지 질식시키며 인류의 생명까지도 위협하게 되는 까닭에, 발전하고 있는 산업사회가 자연의 생태적 균형능력까지 파괴하고 있음을 깨닫게 된 것이다. 때문에 인간의 계획적인 배려와 신중하고 합리적인 방침에 의해서 공해를 방지하지 않으면 안 된다는 생각에 이르게 되고 이에 대한 경영자의 책임을 한층 더 크게 인식하게 되었다.

제5절 경영자의 자질과 능력개발

1 경영자의 자질

캣즈(R. L. Katz)는 경영자에게 요청되는 자질(qualification)로서 다음과 같은 세 가지 기능을 제시하고 있다.

1) 기술적 기능(technical skill)

기업경영에 필요한 특정의 방법과 절차, 과정 및 기술 등을 이해하고 이를 통해 효율적으로 일을 처리할 수 있는 능력을 의미하며 전문분야의 지식과 분석능력이 포함된다.

2) 인간적 기능(human skill)

한 집단의 지도자로서 성원들의 협동적 노력을 유도하고 집단이 효율적으로 일해 나갈 수 있도록 하는 능력을 말한다.

3) 개념적 기능(conceptual skill)

기업 전체뿐만 아니라 기업과 관련이 있는 제반 환경적 조건과의 상호관련성을 통찰할 수 있는 능력을 뜻한다. 그러므로 개념적 능력이란 기업조직의 각 부문 또는 각 부문 간의 기능을 이해하여 전사적인 입장에서 그 기능의 중요성이나 가치 등을 인식하는 능력을 말하며, 기업경영과 산업계 지역사회 더 나아가 국가와의 관련성을 파악하고 이에 따른 사회적 책임을 통찰할 수 있는 능력을 말한다.

경영자가 갖추어야 할 경영자적 자질과 자격요건으로는 다음과 같은 것들을 생각해 볼 수 있다.

(1) 기업의 문제를 보다 광범위한 바탕위에서 분석할 수 있는 분석능력
(2) 전사적인 입장에서 각 부문 또는 각 부분이 수행하는 기능의 상호관계를 이해하고 평가할 수 있는 평가능력
(3) 기업의 지도자로서 업계나 지역사회 및 국가에 대해 사회적 책임을 지겠다는 자각능력
(4) 의사결정에 영향을 미치는 사회적, 정치적, 경제적 요인을 충분히 파악하여 이해할 수 있는 능력
(5) 기업 내 인간적 문제의 중요성에 대한 충분한 이해가 있고, 이들 문제를 다룰 수 있는 능력
(6) 노사관계의 복잡성에 대한 충분한 이해능력
(7) 장래 개발하고자 하는 제품과 서비스의 생산 기술 및 공정 등에 대하여 사전에 그 영향을 평가하는 기술평가(technology assessment)능력 등

2 경영자의 능력개발

경영자 훈련은 경영자로서의 직무수행능력 신장을 도모하는데 있다. 경영자가 그의 기본적 직능을 효과적으로 수행하기 위해서는 여러 능력이 필요하기 때문에 타고난 천부적 능력 외에 후천적으로 개발이 가능한 요건들이 있는데, 이들 요건들은 경영자 훈련을 통해서 육성개발을 기대할 수 있다. 경영자의 기본적 직능수행을 위한 요건으로는 다음의 3가지가 있다.

첫째, 미래에 대한 통찰력 개발을 위해서는 내외경제의 동향, 정부의 경제 및 재정 관계 기술의 정책 동향, 제품 및 관련업계의 업황과 동향, 노사관계의 일반 동향 등 외부 환경 관련 지식과 기업형태, 경영조직, 경영계획, 정보관리, 경영통제, 각 부분 관리의 대강 등 기업 내외에 대한 광범위한 여러 지식이 직간접적으로 필요하다.

둘째, 미래에의 통찰력을 기초로 한 경영방침의 발상능력과 종합판단에 따른 의사결정 능력이 필요하다.

셋째, 전 구성원의 협력체제 형성능력 및 후계자 양성에 대한 관심과 능력 등을 필요로 한다.

03

기업형태론

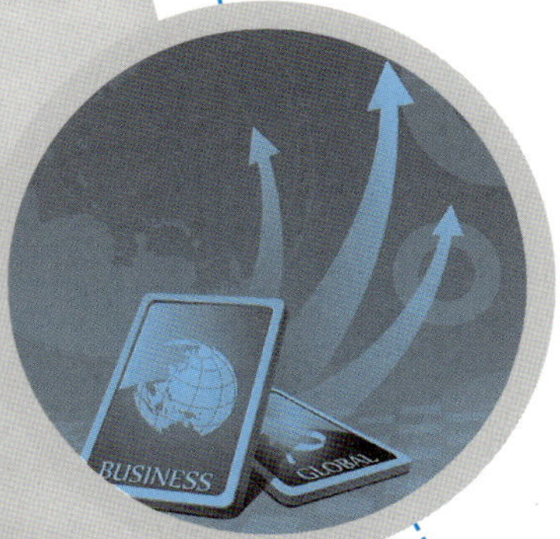

제1절 기업형태의 의의와 그 분류

기업의 형태는 광의와 협의의 2가지로 구분해 볼 수 있다. 광의의 기업형태(form of business organization)는 기업의 종류를 말하는 것으로, 그 분류관점에 따라 여러 가지로 나눌 수 있다.

첫째, 출자자의 공사(公私)에 따라 공기업(public enterprise), 사기업(private enterprise), 공사합동기업(mixed enterprise)으로 나눌 수 있다.

둘째, 종업원 수나 자본 등에 의한 기업체 규모의 대소에 따라 대기업(enterprise on large scale), 중소기업(enterprise on medium&small scale)으로 분류할 수 있다.

셋째, 영업활동의 종류에 따라 제조업, 상업, 금융업, 창고업, 운송업, 음식 · 숙박업 등으로 다양화할 수 있다.

넷째, 출자자가 개인인가 공동의 다수인가에 따라 개인기업(individual enterprise) 또는 공동기업(associated enterprise)으로 구분할 수 있다.

그러나 협의의 기업형태는 이와 같은 모든 기업의 종류나 종별을 뜻하는 것이 아니라 출자나 경영 또는 지원 등의 관계로부터 분류된 기업의 형식과 종류를 말한다. 사유재산제도가 전제되어 있는 자본주의 사회에서 기업은 영리를 목적으로 하는 경제단위이기 때문에 자본의 출자가 수반되며 출자된 자본을 운용하여 그 목적을 달성하기 위한 경영이 필요하게 된다. 이러한 경제단위는 출자가 어떤 형태로 이루어 졌는가, 운영이 어떻게 이루어지며 기업의 지배형태는 어떠한가에 따라 손익의 분배와 책무의 부담 또는 기업체에 대한 권리행사의 유형 등이 달라지고 이에 따라 기업의 형태도 달라지게 된다.

기업형태는 경제사회의 발전에 따라 형식적 면에서나 실질적 면에서 많은 변화를 가져 왔다. 초기의 기업은 한 개인이 중심이 되어 출자를 하고 경영과 지배를 담당하는 1인 경영(owner manager)의 기업이었으나 경영의 규모가 확대됨에 따라 개인경영의 기업은 공동기업으로 발전하게 되었다. 공동기업은 앞에서 설명한 바와 같이 소유와 경영의 주체에 따라 고용경영 또는 전문가경영의 기업형태를 택하게 되었다. 이와 같이 기업은 출자와 경영과 지배의 주체에 따라 그 형태를 달리하기 때문에, 기업형태를 분류하기 위해서는 출자와 경영과 지배 간의 관계를 살펴볼 필요가 있다.

기업의 형태는 법률형태와 경제형태로 구분하여 논의되어 왔다. 1910년경 독일에서 기업의 법률형태가 연구 논의된 이후, 1912년 리프만(R. Liefmann)과 파소우(R. Passow) 등이 기업의 경제형태를 제시하면서 기업형태는 경영경제학적 관점에서 경제적 내용이 중심이 되어야 한다는 주장이 일어나게 되었다. 그러나 리프만의 주장처럼 기업의 경제적 내용이 기업형태 연구의 핵심인 점에는 의견을 같이 하더라도, 현실적으로는 법률이 정하는 내용을 직접적으로 받아들이는 기업의 입장을 고려해 볼 때 법률 형태적 관점을 간과할 수는 없다.

기업의 법률형태란 기업의 형태가 법률에 의해 규정됨을 뜻한다. 때문에 각국의 기업형태에 관한 법률이 동일하지 않다면 각국의 기업의 형태는 다를 수밖에 없다. 우리나라의 경우 법률이 정한 기업형태에는 개인상인, 민법상의 조합, 특별법에 의한 조합(예: 농업협동조합), 익명조합, 합명회사, 합자회사, 유한회사, 주식회사, 특수법인, 공사 등이 있으며 미국의 경우는 개인기업(sole proprietorship), 조합(partnership), 주식회사(corporation) 등이 있다.

기업의 경제형태 면에서 보면 경영과 경제의 발달로 기업이 법률상의 규정에서 벗어나 새로운 기업형태를 창안하게 된다. 그것은 기업의 목적이 영리 추구에 있기 때문에 법률의 규제를 외형적으로 충족시키고 실질적으로는 보다 편리한 형태를 취하려는 경향에서 나타난다고 볼 수 있다. 가족들 사이에 조직한 1인 주식회사를 예로 들 수 있으며, 이를 통해 기업의 외관적 법률형태와 그 실질적 내용이 다르다는 점을 알 수 있다.

기업의 경제형태는 출자와 경영 및 지배관계에서 본 기업의 실질상의 형태라고 할 수 있다. 출자란 기업 자본을 거출(醵出)하는 것이고, 경영이란 조직을 형성하고 이를 통하여 본래의 목적을 달성하기 위한 합리적인 행위를 행함을 말하며 지배란 경영자를 임면(任免)하고 자본운용에 대한 지배와 감독을 행하는 것이다. 출자, 경영, 지배의 주체가 사인(私人)인 경우에는 사기업(私企業)이고, 국가 또는 지방공공단체 등의 공적 조직이 주체인 경우에는 공기업(公企業)이다. 한편 공사(公私) 양측이 공동으로 출자하고 공동의 책임 하에 경영과 지배가 이루어지는 경우는 공사합동기업이라고 한다.

사기업은 출자자의 수에 따라 단독기업과 공동기업으로 나눌 수 있다. 공동기업은 기업의 2대 구성요소인 인적 요소와 물적 요소 중 어느 쪽 비중이 더 큰가에 따라서 인적 공동기업과 자본적 공동기업으로 구분하며, 이들 2대 요소가 어느 쪽에도 편중되지 않고 균형을 이룰 때는 혼합적 공동기업으로 분류한다. 법률형태로 구분할 때, 단독기업은 개인상인 또는 개인기업에 해당되고 인적 공동기업은 합명회사, 합자회사, 유한회사, 협동조합, 민법상의 조합, 익명조합 등을 포함하며 자본적 공동기업에는 주식회사가 해당된다.

위와 같은 기업의 분류기준에 따라 경제 형태와 법률형태간의 상호관계를 표시하면 다음과 같다.

표 3-1 기업의 경제 형태

기업형태			법률형태
사기업	단독(개인) 기업		개인상인
	공동(집단) 기업	인적 공동기업	합동회사, 각종협동조합, 민법상의조합 합자회사, 익명조합
		혼합적 공동기업	유한회사
		자본적 공동기업	주식회사
공기업			국영기업, 공사
공사합동조합			특수회사

제2절 개인기업

개인기업(individual enterprise, sole or single enterprise, sole proprietorship)은 개인이 출자하고 그 개인의 책임 하에 경영과 지배가 이루어지는 기업으로 법률상의 개인상인이 이에 해당된다. 한 개인이 기업의 주체가 되어 그 개인의 능력으로 기업에 대한 모든 권한과 책임을 지고 경영을 담당하는 형태의 기업이다. 개인기업의 출자자는 원칙적으로 개인 단독으로 출자하기 때문에 자본에 대한 위험도 개인이 단독으로 부담하여 경영활동을 직접 지휘한다. 그러므로 출자와 경영이 원칙적으로 일치하고 경영자는 소유경영자(owner manager)의 입장에 있다.

개인기업은 기업의 형태 중 가장 간단하고 원시적인 것이기는 하지만 그 간이성(簡易性)과 적응성이라는 고유한 장점이 있기 때문에 오늘날까지도 우리나라를 포함한 다수의 국가에서 많이 볼 수 있다. 개인기업의 장점과 단점을 살펴보면 다음과 같다.

1 개인기업의 장점

첫째, 설립이 용이하다. 개인이 개업할 의사를 가지고 자금만 확보하면 언제라도 설립할 수 있다.

둘째, 경영환경의 변화에 대해 신속하고 능동적인 의사결정이 가능하다. 선택과 지휘의 권한이 개인에게 집중되어 있으므로 경영상의 기동성과 일관성을 유지할 수 있다.

셋째, 능률적인 경영을 기대할 수 있다. 사업상의 모든 성과가 개인에게 귀속되므로 경영에 대한 관심과 열의가 크며 그에 따라 능률이 증진된다.

넷째, 경영상의 비밀유지가 용이하다.

다섯째, 개인이 무한책임을 부담하므로 신용을 확보하기가 용이하다.

2 개인기업의 단점

첫째, 자본이 부족하기 쉽다. 개인의 출자능력과 타인자본의 차입능력 등 자본조달상의 한계가 있기 때문이다. 소규모 사업에 한하여 적합한 기업형태로, 대규모 사업에는 부적합하다.

둘째, 개인의 경영능력에는 한도가 있다. 개인의 지식이나 경험, 직감 등에만 의존해서는 복잡하고 광범위한 전문지식을 필요로 하는 경영환경에 적응하기가 쉽지 않다.

셋째, 계속적인 경영이 어렵다. 현대의 경영은 자본의 고정화를 요하며, 경영의 장기화나 영속화를 기대하는 특징을 가진다. 때문에 개인경영자의 질환, 사고, 사망 등의 유고(有故)는 경영의 중단을 초래하게 된다.

넷째, 무한책임은 개인에게 불리하다. 개인 기업가는 경영의 결과에 대한 무한책임을 져야하기 때문에 사업이 실패할 경우 파산하는 경우가 많다.

다섯째, 세금 등 회계처리 제도상 불리하다. 우리나라의 경우, 개인기업의 회계처리 기준과 세율이 주식회사 등 법인기업에 대한 그것보다 불리하거나 높다.

제3절 공동기업

공동기업(joint enterprise)은 두 사람 이상의 집단에 의해서 출자, 경영, 지배가 이루어지는 기업이다. 오늘날과 같이 기업체 규모의 확대에 따른 경쟁적 이점을 얻기 위해서는 자본의 조달과 집행이 상대적으로 우월한 공동기업이 선호되며 이는 한 사람의 책임 하에 출자, 경영, 지배가 이루어지는 개인기업의 특성과 대비되는 점이다.

공동기업은 개인기업에 비해서 대자본과 노동력의 집중이 수월한 까닭에 대규모 기업으로서의 이점을 발휘할 수 있다. 이는 국민경제의 관점에서 볼 때도 사업자 한 사람에게 모든 것을 의존하는 개인기업보다는 경영의 계속성을 기대하기 용이한 공동기업을 선호하는 이유가 된다. 다시 말하여, 출자한 사람의 능력과 안전 여부에 따라 성패를 달리하는 개인기업과 달리 공동기업은 출자자의 여건과 무관하게 계속적으로 운영되어 갈 수 있다는 점에서 전체 국민경제에 유리하다고 할 수 있다. 이러한 공동기업은 기업 구성 요소인 인적 요소와 자본적 요소 중 어느 것을 중심으로 한 것인가에 따라 인적 공동기업과 자본적 공동기업 그리고 혼합적(인적 · 물적) 공동기업으로 나눌 수 있다.

1 인적 공동기업

인적 공동기업은 소수 기능자본가의 결합 형태이다. 이는 기업조직의 중심이 인적 요소이며 경영상의 의사결정이 기업 구성원간의 상호 신의와 신용을 바탕으로 이루어지는 기업형태임을 뜻한다. 인적 공동기업의 출자자 모두는 원칙적으로 그 기업을 소유하며 경영에 참여하기 때문에, 기업의 신용기초를 기업가의 인적 신용에 결정적으로 두는 점에서 기업 재산에 더 큰 비중을 두는 물적 기업(자본적 기업)과는 구분된다. 인적 공동기업은 여러 개의 개인 기업을 결합하여 규모를 확대한 것이라고 할 수 있어서, 기업이 가지고 있는 장 · 단점은 대체로 개인기업의 그것과 유사하다. 그러나 인적 공동기업은 개인 기업과 몇 가지 면에서 차이점을 갖고 있다. 첫째, 개인 기업보다는 많은 자본을 모을 수 있으며 둘째, 몇 사람의 협력 하에 의견을 모아서 사업을 경영할 수 있다는 것이다. 하지만 출자자이며 경영자인 인적 기업의 구성원들은 경영에 대해 무한책임을 연대하여 져야하기 때문에, 구성원 각자가 느끼는 위험성은 경영활동에 여러 가지 제약을 가하게 되므로 합리적이고 신속한 경영을 하기에는 개인기업보다 난점이 많다.

인적 공동기업은 역사적으로는 개인기업 다음으로 오래된 기업형태로 16~7세기경에 많이 발달하였다. 산업혁명 이후 주식회사가 발달함으로써 그 중요성이 줄어들기는 하였으나 이러한 형태의 기업이 차지하는 비중은 아직도 유의할 만하다.

1) 합명회사

합명회사(general or ordinary partnership)는 상법(제 212 조)상 2인 이상의 무한책임사원만으로 조직되는 회사형태이다. 무한책임사원이라 함은 회사의 재산만으로 회사의 채무를 완전히 변제할 수 없는 경우, 회사의 채무에 대하여 무한의 변제책임을 연대하여 직접 부담하는 사원을 말한다. 이러한 무한책임 사원은 정관에 특별한 규정이 없는 한, 각 사원이 회사의 업무를 집행하고 또한 회사를 대표한다. 이와 같이 합명회사의 사원은 그 책임이 연대적이며 무한하기 때문에 각 사원은 출자를 이행함과 동시에 운영에 참여함을 원칙하고 있다. 출자는 현금이나 현물과 같은 재산뿐만 아니라, 노무나 신용도 가능하다. 합명회사의 사원이 사원의 직을 떠나거나 소지분(所持分)을 다른 사람에게 양도하고자 할 때에는 다른 사원의 승인을 얻어야 하지만, 퇴사의 자유가 인정되며 제명(除名)제도도 있다.

우리나라 상법에서는 합명회사를 법인으로 하고 있으나, 독일의 합명회사(offene handelsgesellschaft)나 영미의 그 것(partnership)은 법인이 아니고 조합의 형로 유지되고 있다. 합명회사는 14 · 5세기경 이태리에서 발달한「소키에타스」(societas)라는 동족회사에서 시작되었다고는 하지만 그 역사적 기원은 확실하지 않다. 이 형태는 17세기에 와서 지배적인 기업형태로 발달하였는데, 산업혁명이후 주식회사의 발달로 그 중요성을 점차 상실하여 왔다는 사실은 이미 언급한 바 있다.

이러한 기업형태는 몇 개의 개인 기업을 합한 것과 같아서 개인 기업에 비하면 출자력이 크다고 하겠으나 경제적 부담능력과 사회적 신용, 그리고 경영방법에도 한도가 있으므로 대자본을 모아 대규모의 기업경영을 하는 데는 적합하지 않다. 그러나 가까운 친지들이나 부모 형제 친척 간에 크지 않은 규모로 사업을 경영하려할 때 많이 활용되는 형태의 기업이다.

위에 설명한 합명회사의 특징은 첫째, 회사원의 연대 무한책임 둘째, 회사원의 당연 경영참여 셋째, 신용 및 노무출자의 인정 넷째, 전형적인 인적 회사 등으로 요약할 수 있다.

2) 합자회사

합자회사(limited partnership)는 합명회사 다음에 출현한 기업형태로, 출자와 동시에 경영에 참가하는 1명 이상의 무한책임사원과 출자만 하고 경영에는 참여치 않는 1명 이상의 유한책임사원으로 구성되는 복합적 조직의 회사이다. 이는 합명회사의 조직에 유한책임사원을 부가한 형태라고 볼 수 있다. 합자회사는 대내관계에서는 사원간의 개인적 신뢰관계를 기초로 한 조합성이 병존한다는 점에서 다음에 살펴볼 주식회사와는 뚜렷한 대조를 보인다.

이는 14 · 5세기 이태리에서 자본가와 영세상인과의 결합 형태로 행해진「콤멘다」(commenda)에서 유래된 것이다. 이 당시의「콤멘다」는 해상무역에 종사하는 상인이 귀족이나 지주들과 계약을 체결하여 상품이나 자금을 공급 받고 출자자로서의 귀족이나 지주 등은 거래로부터 발생하는 이익의 분배에만 참여할 뿐 사업경영에는 전혀 참가하지 않는, 계약기간 동안에만 존속되는 일시적인 기업형태라고 볼 수 있다. 자본가인 대주(貸主 : commendator)는 상인인 차주(借主 : tractator)에게 자금을 위탁하고 차주는 해외에 나가서 자기의 명의로 무역을 하여 그 결과 얻어진 이익에 대해서 대주에게 분배하고 위탁받은 자금도 상환하는 것이다.

그 후 기업가(상인)도 자본의 일부를 거출하였는데, 이를「콜레간티어」(collegantia)라고 불렀다. 이「콜레간티어」는 조합의 성질을 띠었고 15세기에 와서 두 갈래로 분화되었다. 이들은 외부에 나타나는「애콤만디터」(accommandita)와 외부에 나타나지 않는「파티시페이티오」(participatio)로 구분되는데, 전자가 합자회사의 기원이 되고 후자가 익명조합의 기원이 되었다. 합자회사의 최초의 법제화는 1673년의 프랑스 상사조례로 본다.

합자회사는 역사적 발달과정에서도 볼 수 있는 것처럼 무자본가인 경영능력자와 자본가인 경영무능력자간에 설립한 조직이므로 경영담당자는 경영의 결과를 끝까지 책임지는 무한책임사원이 되어야하며, 출자를 하는 자본가는 경영에 대하여 지휘 관리를 원칙적으로 하지 않는 유한책임사원이 된다. 합자회사의 무한책임사원이 될 수 있는 자격은 합명회사의 경우와 같고, 유한책임사원이 될 수 있는 자격에 관해서는 특별한 제한이 없다.

우리나라의 상법은, 합자회사 무한책임사원의 출자지분은 사원전체의 동의가 없이는 이를 양도할 수 없지만, 유한책임사원이 지분을 양도하고자 할 때에는 무한책임사원 전원의 동의에 의해서 다른 사람에게 양도할 수 있다고 규정하고 있다. 지분의 양도는 사원으로서의 자격을 상실함을 뜻한다. 그러나 합자회사 사원의 지분은 그 액면이 일정하지 않기 때문에 주식회사의 주식과 같은 광범위한 유동성을 인정할 수가 없다. 따라서 합자회사는 개인 간의 신뢰를 전제로 하는 인적 공동기업에 속한다고 할 수 있다.

합자회사가 유한책임사원의 자본 참여를 꾀하는 점에서는 자본적 공동기업으로서의 성격도 가지고 있다고 할 수 있지만 유한책임사원이 자신의 지분을 양도하고 사원의 직을 떠나고자 할 때는 반드시 무한책임사원 전원의 승낙을 받아야 한다는 법적 제한을 고려해볼 때, 합자회사는 물적인 면보다는 인적 신용에 기초하는 조직으로서의 인적 공동기업으로 보는 것이 타당하다.

3) 민법상의 조합

민법상의 조합은 민법(제 703-724 조)에 의하여 2인 이상이 상호 출자하고 공동사업을 경영하기로 약정하는 계약이다. 조합원 간의 계약은 자유 계약이며 출자는 금전, 그 밖의 재산, 노무, 신용 등 재산적 가치가 있으면 할 수 있고 그 종류와 성질에는 제한이 없다. 조합의 사업은 영리와 비영리를 불문하지만, 이익이 발생하는 경우 그 이익은 전원이 균점(均霑)하는 것이어야 한다. 따라서 1명만이 이익을 보는 사자조합(獅子組合)이나 익명조합(匿名組合) 등은 민법상의 조합이 아니다.

조합의 업무집행은 원칙적으로 조합원 전원이 담당하지만 조합계약에 의해서 1명 또는 다수의 조합원을 업무집행자로 정하기도 한다. 업무의 집행은 전 조합원 과반수의 찬성으로 행하며 업무집행자 이외의 다른 조합원은 검사권만을 가진다. 조합원은 임의 탈퇴가 가능하며 부득이한 사유가 있을 경우 조합 해산을 청구할 수도 있다.

조합의 출자 경영 지배의 면에서는, 법률상의 주체가 조합이 아니고 조합원이기 때문에 조합에 출자된 재산은 조합의 소유가 아니라 조합원의 소유가 된다. 따라서 조합의 재산은 조합원의 함유(含有)에 속하고, 조합해산 시까지 분할청구를 할 수 없다.

4) 익명조합

익명조합(dormant partnership)은 출자자와 영업자로 구분되는 두 당사자 간의 계약으로 상법 제 78 조에 의거하는데, 이는 앞에서 소개한 합자회사의 경우처럼 중세의 「콤멘다」(commenda)에서부터 유래된 조합이다.

익명조합에서는 당사자의 일방이 상대방의 영업을 위하여 출자하고 상대방은 그 영업의 결과인 이익을 분배할 것을 약정하는데, 이때 출자자는 익명조합원이 되며 영업자는 출자자와 영업자 간의 직접 업무를 집행하게 된다. 합자회사와 비슷한 형태의 조직이지만 이는 법인이 아니며, 익명조합원이 자신의 이름을 드러내지 않는 익명이기 때문에 대외적으로는 업무담당자인 영업자의 단독영업이다. 이렇게 출자자의 신분이 노출되지 않는 연유로 사회적 신용 면에서 불리한 경우도 있다.

익명조합에서는 출자자의 출자금이 영업자의 재산에 귀속되므로 공동사업으로 볼 수 없는데 반하여 민법상의 조합은 조합원 전원의 공동사업이고 조합재산은 조합원 전원의 함유(含有)에 속하는 점과 대비 된다. 또한 익명조합의 당사자는 영업자와 익명조합원 2인뿐이지만 민법조합의 당사자는 그 수에 제한이 없다.

이러한 익명조합은 경영능력자인 무자본가와 자본가인 무능력자간에 조직되는 것으로, 이것이 조직되는 사업상의 이유는 다음과 같다.

첫째, 자금이 부족하거나 없는 사람이 자금이 많은 사람과 공동의 사업을 개시하기 위하여 둘째, 개인 기업을 확대 또는 확장하기 위해서 셋째, 개인 기업을 회사 기업으로 변경하기 위한 과도기적인 형태로서 이용하기 위해서 등이다.

5) 협동조합

(1) 협동조합의 의의

협동조합(cooperative, cooperative society)은 소비자 또는 소생산자들이 상부상조(相扶相助)의 정신에 입각하여 그들의 경제적 지위향상을 도모하기 위해서 조직하는 조합이다. 오늘날과 같이 고도로 발달한 자본주의사회에 있어서 소생산자나 소비자들은 대규모의 기업에 대해서, 그리고 상업 자본에 대해서 경제적으로 불리한 입장에 놓여 있는 것이 현실이다. 그러므로 이들은 공존공영하며 상호부조하기 위한 수단을 협동조합을 통하여 모색하게 된 것이다. 이러한 배경위에 결성된 협동조합은 대자본의 압력과 유통과정상의 중간이익을 배제함으로써 조합원의 이익을 증진시킬 목적으로 출자하는 공동기업이다. 협동조합도 다른 영리기업처럼 구매, 생산, 판매, 제공 등 각종 사업을 영위하지만, 이는 영리를 목적으로 하는 것이 아니라 조합원에게 생활필수품과 기타 상품이나 용역 등을 실비로 제공하여 복리를 증진하고 상부상조하기 위한 것이다. 이들이 일반영리기업과 같은 사업 활동을 하는 것은 경제성의 원칙에 입각하여 그들 조합을 유지 · 발전시키기 위한 것이지 영리성을 주목적으로 하는 것은 아니다. 이러한 까닭으로, 국가는 협동조합이 사회통합과 국민경제의 균형적 발전에 기여할 수 있는 여러 활동을 지원하고 있다.

(2) 협동조합의 기원

협동조합은 1844년 12월 영국에서 설립된 로치데일(Rochdale) 소비조합을 기원으로 보는데, 이는 18세기 중엽 영국에서 시작된 기술혁신과 이에 수반하여 일어난 사회 · 경제구조 변혁의 결과로 여긴다.

당시의 영국은 산업혁명으로부터 비롯된 많은 사회적 변화와 문제를 경험하였다. 생산성의 급격한 증대와 그 관련 산업의 발전이라는 긍정적 효과 이면에는 공장제 공업의 출현이 수반하는 노동조건과 생활환경의 악화 등 어두운 면이 크게 주목을 끌었기 때문이다. 공장생산의 경쟁에 의해 몰락해가는 가내공업의 빈곤화와 공장 노동자의 궁핍화는 자본가와 노동자의 대립을 격화시켜 노동자들이 기계 파괴운동을 하기에까지 이르게 된다.

이를 극복하기 위한 방책은 당시 영국의 사회주의 개척자였던 로버트 오웬(Robert Owen)과 그의 사상을 신봉하는 호리오크(Jacob Holyoake)의 권고에 의하여 모색되었다. 28명의 방직공들이 신흥공업 도시인 랭카셔(Lancashire)의 로치데일(Rochdale)에 소매점을 개설함으로써 이른바 유명한 로치데일 공정개척자조합(Rochdale Society of Equitable Pioneers)을 출범시킨 것이다. 이들은 공존공영과 상부상조의 정신으로 조합을 개설하고 운영하여 조합원의 경제적 지위향상을 위해 노력하였는바, 이 제도가 서유럽 각국으로 보급되어 프랑스에서는 생산조합, 독일에서는 신용조합 등으로 운영되게 되었으며 우리나라에도 협동조합이 곳곳에 도입되기에 이르렀다.

근래에는 세계의 많은 나라들이 협동조합에 대한 관심과 기대를 증대시켜오고 있어서, 이미 8억 명이 넘는 사람들이 협동조합에 관여하고 있다. 유엔이 2012년을 '세계 협동조합의 해'로 지정하는 등 협동조합은 농수축산업과 금융에서 보건, 교육에 이르기까지 그 영역의 확대를 거듭하고 있다.

(3) 협동조합의 특징

자본주의 경제사회가 고도로 발달함에 따라 여러 가지 사회적 현상에 결함이 나타나기 시작했으나, 이를 시정하기 위한 노력도 다각도로 행해지게 되어 협동조합운동이 일어나게 되었다. 협동조합도 자본주의 경제사회의 소산물이기는 하나, 이의 성격은 일반적인 사기업과는 전혀 달라서 다음과 같은 차이점을 가진다.

첫째, 조직의 면에서 볼 때, 자본주의적 기업의 대표격인 주식회사는 자본을 중심으로 하는 물적 조직인데 반해 협동조합은 조합원을 기본으로 하는 인적 조직이다. 협동조합의 활동도 경제활동을 매개로 하는 기업의 그 것과 크게 다르지 않지만 조직의 영리보다는 조합원의 인간적 가치를 실현하기 위한 목적으로 활동하는 점에서 인적 조직으로 분류하는 것이다. 협동조합은 소비자나 소생산자들이 상호부조와 자활의 원리를 기조로 하여 자신들의 경제적 지위향상을 꾀하기 때문에 공존공영의 정신을 최우선으로 하는 조직이다.

둘째, 운영의 면에서 보면, 주식회사는 한 주(株)당 하나의 의결권이 부여되고 있어서 주의 수에 따라 의결권을 행사하고 회사의 운영과 지배가 이루어지지만, 협동조합은 출자금액에 관계없이 일인일표(一人一票) 제를 원칙으로 하는 민주적 운영 · 지배 조직이다.

셋째, 주식회사는 상품생산 활동을 통해서 영리를 극대화하는 것이 목적이지만 협동조합은 조합원들에게 편익을 제공하고 이용하게 하는 상부상조의 목적을 가진다.

요컨대 협동조합은 노동자나 독립 소생산자들이 제품 또는 용역의 생산, 판매, 구입을 상호 용이하게 함은 물론 유통과정을 합리화하는 데에 설립과 활동의 목적을 둔다. 조합은 이러한 활동을 통하여 조합원의 복리를 증진시키고자 하는 민주적 조직이며, 영리 목적 대신 ① 상부상조주의 ② 민주주의 ③ 이용주의 등으로 요약되는 특징을 지니는 기업형태이다.

(4) 협동조합의 지도원칙

협동조합은 앞서 소개한 바와 같이 1844년 영국 랭카셔 주 신흥공업도시 로치데일에서 28명의 노동자들이 결성한 로치데일 공정개척자조합(Rochdale Society of Equitable Pioneers)이 효시이다. 소비조합으로 출발하여 협동조합으로 발전한 이 조직은 그 면모를 갖추며 제도를 정비해감에 따라 다음과 같은 원칙을 정하게 된다. 그러나 이 원칙은 협동조합의 종류와 국가와 학자에 따라 적용의 요소 등 내용이 다를 수 있다.

1930년 국제협동조합회의(International Cooperative Congress)에서는 협동조합 경영의 기본원칙으로 7개항을 정하였다. 이 원칙은 거의가 로치데일 소비조합에서 지도원칙으로 시행하였던 것으로, 이를 로치데일 원칙이라고도 한다. 그 항목은 다음과 같다.

가. 조합의 공개(open membership)

조합의 문호를 인종, 종교, 정치와 관계없이 개방하여 조합정신에 부합하는 누구든 차별 없이 자유롭게 조합에 가입, 탈퇴할 수 있게 한 원칙이다. 가입, 탈퇴자유의 원칙이라고도 한다.

나. 1인 1표제(one man one vote)

조합원은 출자액에 관계없이 원칙적으로 평등하게 한 사람이 하나의 의결권을 가진다. 이는 각 조합원들에 의하여 민주적으로 지배되고 운영되어야 한다는 원칙으로, 민주적 관리의 원칙이라고도 한다.

다. 구매고(購買高) 비례 환불(dividend on purchase)

조합운영의 결과 잉여금이 발생하였을 때, 이 잉여금은 출자액에 비례하지 않고 구매금액에 따라 조합원에게 환불되어야 한다는 원칙이다. 조합을 많이 이용한 조합원은 결과적으로 많은 잉여금을 적립시켰다고 보기 때문이다. 이를 이용실적에 의한 잉여금의 분배원칙이라고도 한다.

라. 출자금에 대한 이자의 제한(limited interest on capital)

출자금에 대해서 이자를 지급하되, 이는 이윤이 아니므로 그 이자는 일반의 이자율 이하로 제한하는 원칙이다.

마. 정치 및 종교상의 중립(political and religious neutrality)

정치와 종교상의 중립을 지켜 정치와 종교 등의 대립과 분쟁으로부터 야기될 수 있는 조합의 분열 또는 대립을 사전에 방지한다는 목적을 지니는 원칙이다.

바. 교육의 촉진(promotion of education)

협동조합의 발전을 위해서는 상호부조를 취지로 하는 조합의 정신을 조합원들에게 또는 조합원이 되고자 하는 사람들에게 교육하여야 한다는 원칙이다.

사. 현금거래(cash trading)

경영의 건실화를 위해서 조합원에게 거래할 때나 구입할 때도 현금거래를 한다는 원칙이다.

(5) 협동조합의 종류

협동조합은 각국의 경제구조의 특성에 의해서 소비조합, 생산조합, 신용조합 등 세 가지 기본 형태로 조직되고 발전하여 왔다. 이들 기본 형태는 자본주의 경제사회의 발달과 각국의 경제사회 구조의 특질을 규정짓는 여러 가지 요인 등에 의해서 복잡한 관계를 갖게 되었다. 이에 따라 각국의 협동조합도 다양한 형태로 발전하게 되는데, 이는 협동조합의 종류를 분류하는 사람의 입장과 관점에 따라서도 달라질 수 있다. 관점에 따른 분류를 살펴보면 다음과 같다.

표 3-2 협동조합의 종류

<table>
<tr><td rowspan="4">조합 구성원이 구매자인가? 판매자인가?</td><td rowspan="2">매자(賣者)의 협동조합</td><td>생산조합</td></tr>
<tr><td>판매조합</td></tr>
<tr><td rowspan="2">매자(買者)의 협동조합</td><td>소비조합</td></tr>
<tr><td>원료구매조합</td></tr>
<tr><td rowspan="2">조합결성의 목적이 무엇인가?</td><td>조합원의 영리경제를 위하여 존재하는 협동조합</td><td>생산자 협동조합</td></tr>
<tr><td>비영리경제를 위하여 존재하는 협동조합</td><td>소비조합</td></tr>
<tr><td rowspan="2">조합원의 지역적 구성의 입장은 어떤가?</td><td>시가지(市街地) 협동조합</td><td>수공업 협동조합</td></tr>
<tr><td>농림협동조합</td><td>농업 협동조합</td></tr>
<tr><td rowspan="3">조합원의 책임은 어느 정도인가?</td><td colspan="2">무한 책임조합</td></tr>
<tr><td colspan="2">유한 책임조합</td></tr>
<tr><td colspan="2">보증 책임조합</td></tr>
</table>

(6) 협동조합의 형태

협동조합을 관점에 따라 분류할 경우는 위와 같이 구분해볼 수 있지만, 경제구조의 특질에 따라 조합의 유형을 구분해보면 일반적으로 생산자 협동조합, 소비자 협동조합, 신용 협동조합 등의 세 가지 형태로 구분할 수 있다.

가. 소비자 협동조합

소비조합 또는 소비자 협동조합(영; consumers' cooperative, 미; consumers' association)은 소비자들로 조직된 협동조합이다. 이는 소비자인 조합원이 필요로 하는 물품을 조합이 공동으로 싸게 구입하여 공급함으로써 조합원의 소비생활을 경제적으로 할 수 있도록 하는 조합이다. 소비조합에는 그 취급하는 상품과 용역의 종류에 따라 식료 및 의류를 조달하는 일반소비조합, 주택을 조달하는 주택조합 또는 건축조합, 생명보험이나 도난보험 등의 보험을 운영하는 보험조합, 기타 식당조합, 의료조합, 목욕탕조합 등이 있으며 이 외에도 조합원의 범위에 따라 지역조합, 직장조합 등을 들 수 있다.

나. 생산자 협동조합

생산자 협동조합(producers‘ cooperative)은 소생산자들이 조직하는 협동조합이다. 생산자 협동조합은 이를 구성하고 있는 생산자의 산업별 구분에 따라 농업 협동조합, 수산업 협동조합, 중소기업 협동조합 등으로 분류할 수 있는데 이들은 각각 농민의 조합, 어민의 조합, 소공업자 혹은 소상업자의 조합임을 뜻한다. 생산자 협동조합은 그 사업내용에 따라 다음과 같이 세분할 수 있다.

가) 판매조합(cooperative sale association)

소생산자들로 결성된 판매조합은 조합원이 생산한 생산물을 판매하기 위한 조합이다. 소생산자들의 생산물은 대개가 소량인데다 시장상황의 판단력과 판매에 대한 지식이 부족하여 상품 유통과정에서 불리한 입장에 있을 수 있다. 때문에 생산품의 판매를 위해 필요한 소비자의 구매성향과 시장상황 또는 경기변동의 추세 등 관련 정보를 확보하고 교류하기 위해 소생산자들이 조합을 결성하게 된다. 조합은 이러한 정보를 바탕으로 시장상황을 관찰하고 대처하며 대량거래를 하는 한편 공동판매와 관련한 금융의 편익을 도모하기도 한다. 이러한 판매조합에는 조합원의 생산물을 그대로 판매하는 단순 판매조합과 생산물을 가공하여 공동으로 판매하는 가공 판매조합이 있고, 조합원의 개별적 판매를 인정하는 임의적 공동판매(부분적 공동판매)형태의 조합과 강제적 공동판매(전부 공동판매)형태의 조합 등이 있다.

나) 구매조합(consumers' purchase cooperative association)

소생산자인 조합원이 자신들이 필요로 하는 물자를 공동으로 구매하는 협동조합이다. 조합원은 공동구매를 통해 대량구입의 이점과 시장상황의 파악, 그리고 금융상의 편익을 얻을 수 있다. 구매조합은 조합이 구입한 물자를 그대로 조합원에게 제공하는 단순 구매조합과, 구입한 물품을 조합이 가공하거나 스스로 생산하여 조합원에게 제공하는 가공생산 구매조합이 있다.

다) 이용조합(service cooperative)

이용(利用)조합은 조성(造成)조합이라고도 하는데, 이는 조합원이 공동으로 출자하여 생산설비를 마련하고 그 설비를 공동으로 이용하는 것을 목적으로 한다. 이러한 조합은 소생산자의 생산설비가 극히 빈약하지만 구입을 필요로 하는 설비의 가격이 매우 고가여서 소생산자 단독으로 구입할 수 없을 때 해당 설비를 공동으로 구매하고 설치함으로써 생산 활동의 효율을 높이고자 하는 목적으로 결성한다. 이렇게 구입하는 생산설비의 운전을 위해 전문 기술자가 필요할 때에도 조합은 해당 기술자를 공동으로 고용하여 상호 편익을 도모할 수 있다. 단, 조성조합은 생산자 이용조합을 말하며, 소비자 이용조합은 여기에 포함되지 않는다. 예를 들면 농업의 경우 탈곡기, 제분기, 정미기 등을, 또 소생산자들의 경우 공작기계, 화물자동차 등을 공동으로 구입하고 공동으로 이용하는 사례가 이에 해당된다.

라) 생산적 조합(productive association)

생산조합과 구분되는데, 생산적 조합에서는 조합원을 위한 공동생산을 하는 점에서 생산조합과 다르다. 생산적 조합에서는 공동공장을 만들어 조합원이 필요로 하는 원료를 조달하거나 생산 또는 가공하는 경우와, 조합원의 생산물을 가공하여 판매하는 경우가 있다. 전자를 가공구매조합이라 하고, 후자를 가공판매조합이라 한다. 가공생산구매조합은 원료의 확보 등 원료 조달의 합리화를 위해서 결성되며, 가공판매조합은 대량거래의 이권, 판로의 확보, 수송력의 증가 등 편익을 얻기 위해서 조직된다. 생산적 조합 중 가공판매조합은 조합원이 독립하여 생산한 제품을 동일한 조합에서 가공하여 판매하지만, 조합이 가공 생산하여 판매한다는 점에서는 다음에 설명하는 생산조합과 동일하다고 할 수 있다. 그러나 생산조합에서는 제품의 생산을 독립된 조합원이 하지 않고 조합자체에서 한다는 점에서 독립된 조합원이 생산하는 생산적 조합과 다른 것이다. 예를 들어 사료공장 · 비료공장 등을 경영함으로써 농가용 물질을 자가생산하는 경우는 가공생산구매조합으로 볼 수 있고, 양잠가들이 조직하는 제사(製絲)조합, 조합원들이 생산한 우유에서 치즈, 버터 등을 제조하여 판매하는 낙농조합 등은 가공판매조합의 사례로 볼 수 있다.

마) 생산조합(production cooperative)

생산조합은 조합원이 각자의 독립적 생산을 하지 않고 1개의 생산업체를 경영하는 조합이다. 생산조합의 조합원은 출자자임과 동시에 노동자로서 생산에서 판매에 이르는 모든 활동을 조합 내에서 공동으로 행한다. 이 점에서 생산 면의 사회성을 찾아볼 수는 있지만 공동 출자, 공동 생산, 공동 판매라는 전제 아래에서 상실되기 쉬운 개인의 이기적 의욕은 생산 능률의 향상을 기대하기 어렵게 하며 창의성 또한 결핍되기 쉽다는 약점을 가지고 있다. 이는 협동조합이 변형된 것으로 볼 수도 있으나, 리프만(R. Liefmann) 등의 학자는 협동조합으로 인정할 수 없다고 주장하고 있다.

다. 신용 협동조합(credit union)

신용조합(credit union, finance cooperative)은 독일이 그 시조이며 중소기업이나 노동자의 상호 부조적 조합조직에 의한 금융조직이다. 신용조합은 조합원 또는 조합원 이외의 가족 등으로 부터 예금을 수취하며, 조합원을 위한 자금의 대부, 어음할인, 예금을 담보로 하는 대출 등의 업무를 취급하는 조직으로 상호금융 또는 협동금융의 조합 형태를 말한다. 이는 이종(異種)의 서민은행(people's bank) 또는 협의의 금융조합이다.

신용조합의 주요업무는 여신과 수신이지만 부차적으로 조합원교육을 비롯한 복지

생활을 그 실정에 따라 행하고 있다. 이는 외형적으로 은행금융과 유사하나 실질적으로는 아래와 같은 차이가 있다. 즉,

가) 신용조합이 상호부조의 정신으로 조직하는 비영리적인 조합금융기관인데 대해서, 은행은 이익을 목표로 하는 자본가의 조직으로서 영리단체이다.

나) 신용조합은 예금주가 조합원이므로 조합원의 자격으로 자금관리에 관여할 수 있다. 그러나 은행의 예금자는 자금관리에 대하여 관여할 권리가 없다.

다) 신용조합은 조합원의 생활향상을 목적으로 사업을 경영하지만, 은행은 주주에 대한 높은 이익배당을 목적으로 한다.

라) 신용조합은 조합원에 한해서 대출을 하지만, 은행은 주주 이외의 제3자에게 대출할 목적으로 사업을 경영한다.

마) 신용조합은 인격을 담보로 한 신용대출을 하지만, 은행은 물적 신용을 주담보(主擔保)로 하여 대출한다.

바) 신용조합은 상호금융기관이기 때문에 한 사람에 대한 최고대출한도액이 정해져 있으나, 은행은 유력한 물적 담보에 의해서 행하므로 원칙적으로 무한정이다.

(7) 한국의 협동조합

오늘날 우리나라에는 여러 가지의 협동조합이 존재한다. 협동조합의 법률형태로는 보통 민법상의 조합이 조직되지만 특별법에 의한 협동조합이 설립되기도 있다. 농업협동조합법에 의해 설립되는 특수법인인 농업협동조합, 그 외 수산업협동조합법에 의한 수산업협동조합, 중소기업협동조합법에 의한 중소기업협동조합, 그리고 신용협동조합법에 의한 신용협동조합 등이 그것이다.

가. 농업 협동조합

농업협동조합은 농민에 대한 생산지도 · 구매 · 판매의 업무를 담당하며, 농업금융

을 담당하는 농민의 협조기관인 동시에 금융기관으로서의 혼합적 성격을 지닌다. 농업협동조합은 1957년에 농업 협동조합법과 농업은행법이 각각 제정됨으로써, 현재와 같은 농업금융 업무는 농업은행에서 따로 취급하는 형태로 설립되었다. 초기에는 이처럼 농업협동조합이 농민에 대한 생산지도 · 구매 · 판매 등의 업무를 담당하는 기관이었으며 농업은행은 농업금융을 전담하는 기관으로 각각 설립되었으나, 1961년 8월부터는 농업은행의 업무를 농업협동조합에서 흡수 통합하는 업무 일원화의 과정을 거쳐 오늘날의 농업협동조합에 이르게 되었다.

농업협동조합법의 제정과 농업협동조합의 설립 목적은 농민의 자주적 협동조직을 통하여 농업생산력을 증진시키고 농민의 경제적 · 사회적 지위향상을 도모함으로써 국민경제의 균형 있는 발전을 기하는데 있다. 농민은 식량공급자로서의 역할뿐만 아니라 공산품 소비자로서의 경제적 역할 또한 지대하기 때문에 건실한 농업협동조합의 육성을 통한 농업생산력의 증대를 필요로 하는 까닭이다.

나. 수산업 협동조합

수산업협동조합은 1962년 1월 수산업협동조합법의 제정 · 공포를 통하여 설립되었으며 어민 및 수산물 제조가공업자의 협동을 촉진하여 수산업의 생산력을 증대하고 그 경제적 · 사회적 지위를 향상하도록 하려는데 목적을 두는 조직이다. 이러한 1차적 목적의 실현을 통하여 국민경제의 균형 있는 발전을 기하고자함이 조합이 지향하는 최종 목표인 바, 이들은 중앙에 수산업협동조합 중앙회를 두고 지역별 어업협동조합, 업종별 어업협동조합, 수산제품업 협동조합 등을 운영하고 있다.

다. 중소기업 협동조합

중소기업협동조합은 중소기업자의 협동조직을 장려하여 그들의 경제적인 기회 균등을 확보케 하고 또한 자주적인 경제활동을 촉진하여 그들의 경제적 지위를 향상시키며, 따라서 국민경제의 균형적 발전을 기하려는 목적 하에 설립된 특수기관이다. 중소기업협동조합은 1961년 12월 제정된 중소기업협동조합법에 근거해 설립되었으며 최초의 조합은 한국자동차 공업협동조합이다. 중소기업협동조합은 중소기업협동조합 중앙회 산하에 전국차원의 업종별 협동조합 연합회를 두고 있으며 그 아래 조직으로 특별시 · 도 단계의 업종별 · 지구별 단위협동조합으로 구성되는 등, 총 3단계의 체계로 구축되어 있다.

라. 신용 협동조합

우리나라의 신용협동조합은 1960년에 시작되어 임의조직으로 운영되어 오다가 1972년 8월 1일 신용협동조합법이 제정됨에 따라 법적인 보호를 받기 시작하였다. 신용협동조합은 상호유대를 가진 구성원간의 인적협동을 통하여 자금을 조성하고 이용하도록 하기 위해 조직되었다. 이는 신용협동조합의 이용을 통하여 각 구성원 개인의 자질향상을 도모하도록 하고 건전한 국민정신을 함양케 함으로써 국민경제의 발전에 이바지할 수 있도록 함을 목적으로 한다.

2 혼합적 공동기업

기업은 그 구성요소인 인적 요소와 자본적 요소 중 어느 쪽에 더 큰 비중을 두고 조직되었는가? 에 따라 인적 공동기업과 자본적 공동기업으로 분류한다. 때문에 혼합적 공동기업(mixed business organization)이란 인적 공동기업의 성격과 자본적 공동기업의 성격이 비슷한 비중으로 구성되어 있는 중간적 기업형태를 말한다.

기업의 형태에 관한 견해는 학자마다 다를 수도 있어서 어떤 학자는 합자회사를 혼합적 공동기업의 대표적 기업형태로 분류하기도 한다. 그러나 위에서 소개한 바와 같이 합자회사는 합명회사의 성격에 유한책임사원을 참가시킨 회사의 형태로, 인적 요소의 색채를 많이 띠고 있는 합명회사의 성격이 짙은 회사이다. 때문에 본서에서는 합자회사를 혼합적 공동기업으로 분류하지 않고 인적 공동기업의 범주에 포함시켰다. 다만 유한회사는 사원의 책임이 유한하다는 점 외에도 회사의 특성상 주식회사의 그 것과 비슷한 점이 많아서 인적 공동기업과는 구분되는 인적 · 물적 공동기업, 즉 혼합적 공동기업으로 분류한다.

1) 유한회사

유한회사(limit company)는 2인 이상의 유한책임사원만으로 구성되는 회사이다. 이는 인적 구성요소와 자본적 구성요소를 유기적으로 절충한 독특한 중간 형태의 회사로 주식회사의 성격과 비슷한 점이 많다. 다시 말하여 사원 모두는 유한책임사원이며 회사의 설립이나 조직의 구성면에서도 주식회사를 많이 닮았다는 것이다. 그러나 다음과 같은 특징을 통하여 유한회사와 주식회사의 상이점을 구분할 수 있다.

첫째, 사원총수는 2명 이상 50명 이하로 한정되어 있다.

둘째, 자본총액은 균일한 출자좌수로 분할되며, 출자 1좌의 금액은 1,000원 이상으로 균일하게 하여야 한다.

셋째, 자본총액은 10만원 이상 이어야 한다.

넷째, 사원이 각자의 지분을 사원 이외의 자에게 양도할 경우에는 사원총회의 허가를 요한다.

다섯째, 유한회사의 기관에는 사원총회와 이사, 감사가 있다. 그 중 사원총회와 이사는 필수기관이지만 감사는 임의기관이어서 설치를 생략할 수도 있다.

이러한 유한회사는 외형상으로는 자본적 공동기업에 속하지만, 사원 이외의 사람에 대한 지분양도가 제한되어 있는 점을 고려해보면 그 본질은 혼합적 공동기업에 속한다고 볼 수 있다.

3 자본적 공동기업

자본적 공동기업은 기업의 2대 구성요소인 인적 구성요소와 자본적 구성요소 중 후자가 중심이 되어 구성하는 기업형태이다. 자본적 공동기업은 현대자본주의 경제사회를 구성하는 중심이며 이를 대표하는 기업형태는 주식회사이다.

1) 주식회사

(1) 주식회사의 의의

주식회사(영: joint stock company, 미: stock corporation)는 자본적 공동기업형태의 대표적인 기업형태로서 다수인의 출자에 의해서 형성되는 회사이다. 이는 합명회사, 합자회사의 형태로부터 점차 발전하고 변화되어 온 것으로 기업발전의 최종단계에 해당되는 형태이다. 따라서 주식회사를 현대경영의 대표적인 기업형태라고 할 수 있다. 이러한 주식회사 형태가 자본주의적인 기업형태로서 가장 적절한 이유는 다수인의 자본적 참가가 용이하고 거액의 자본을 조달할 수 있다는 점에 있다. 즉, 주식회사는 주주라는 다수의 출자자로부터 거액의 자본조달이 가능하고 출자된 자본은 출자자로부터 독립되어 전문경영자에 의하여 운용되는 형태의 회사라는 것이다. 주식회사가 오늘날과 같은 중요성을 갖게 된 배경은, 현대생산의 기계화와 상품시장의 확대가 고정설비의 증대를 포함한 경영의 대규모화를 가져왔으며 이에 따른 대자본의 집결이 필요하게 된 점에서 찾을 수 있다. 또한 경영내용의 복잡화, 기업의 영속화 추구, 그리고 위험부담의 분산에 대한 요구의 증대와 같은 이유는 개인 기업이나 인적 · 혼합적 공동기업의 형태로는 감당할 수 없게 된 다양하고 커다란 변화였다. 이러한 변화는 출자자본의 위험을 다수의 출자자가 부담하도록 분산하는 한편, 경영을 담당하는 전문경영자의 필요성을 대두케 함으로서 새로운 기업형태로서의 주식회사의 출현을 촉구하게 되었던 것이다.

(2) 주식회사의 기원

주식회사의 기원은 1602년 네덜란드 정부에 의해 설립된 동인도무역회사에서 찾을 수 있다. 이는 식민과 동방무역을 목적으로 연방의회의 특허상(特許商)에 의하여 설립되었던 것으로, 그 후 영국의 동인도회사(1612년 설립) 등 많은 기업에 이러한 형태의 회사가 보급되었다.

동인도회사는 여러 역사적 사건을 통하여 변모하고 발달하여 오늘날의 주식회사 면모를 갖추게 하는 원형이 되는데, 주식회사는 18세기 초 영국남해회사의 주가를 둘러싼 투기사건(South Sea Bubble : 남해포말사건; 南海泡沫事件)이 회사에 대한 법률적 제재를 불러오게 되어 그 후 개발된 회사 관련법과 제도위에서 발전하게 된다. 이는 포말회사 조례(泡沫會社 條例 ; 1720년 제정되어 1952년 폐지됨)를 뜻하는 것으로, 주식회사를 설립하고자할 때에는 그 설립에 필요한 특허를 국가로부터 받아야함을 정한 규제이다. 이후 회사와 관련된 법제도가 정비되면서 1862년에는 유명한 회사법(companies act)이 제정되어 주식회사법의 확립에 이르게 된다. 독일의 경우는 1843년 프로이센에 의한 주식회사법 제정을 시작으로 1870년의 주식개정법이 제정됨에 따라 설립준칙주의가 안착하게 된다. 한편 영국에서는 1871년에 설립된 북미은행(Bank of North America)등 주 의회의 특별법에 따라 주식회사를 설립하였으며, 미국 등지에서는 1811년 뉴욕 주의 일반회사법 제정을 시초로 각주에서 일반회사법을 제정함에 따라 준칙주의를 확립하게 되었다.

(3) 주식회사의 경제적 특징

주식회사의 기본적 특징은 다음의 3가지로 요약할 수 있다. 이는 경제적 특질을 뜻한다.

가. 유한책임제도

주식회사는 다수인으로부터 거액의 자본을 모으기 위하여 발달된 제도이다. 이 목적을 달성하기 위해서는 출자자의 위험을 적게 하며, 그 책임부담을 출자액에 국한시킬 필요가 있다. 따라서 주식회사는 그 구성원인 주주가 인수 또는 양수한 주식금액의 한도 내에서, 또한 회사에 대해서만 유한책임을 지도록 함으로써 거대한 자본의 조달을 용이하게 하는 것이다. 이러한 주주의 유한책임제도는 일반으로부터 다액의 자금을 조달할 수 있는 중요한 요인이 되는 것이라 볼 수 있다.

나. 자본의 증권화 제도

주식회사에서의 증권화 제도는 소요자본을 주식이라는 균등한 금액의 다수로 나누어,

나누어진 각 금액을 증권(주권)으로 발행함으로써 그 매매와 양도를 용이하게 하려는 제도이다. 이는 대중으로부터 다액의 자본을 조달하려는 목적을 가지는 제도로, 자본의 용이한 흡수를 위한 자본의 균분조달제와 자본의 자유양도제도를 내용으로 한다.

가) 자본의 균분조달제 : 이는 소요자본을 소액의 균분단위로 나누어 조달함을 의미한다. 주식회사는 이 제도를 통하여 영세의 자본을 흡수하고 거액의 자본을 형성할 수 있게 된다. 주식회사의 자본은 자기자본과 타인자본으로 이루어지며, 그 중 자기자본은 다시 납입자본과 부가자본(잉여금)으로 나누어지고 타인자본은 장기부채와 단기부채로 나누어진다. 주식회사에서는 자기자본을 주식(주권)으로 발행하며, 1주의 금액을 소액으로 하여 널리 다수인으로부터 자본을 흡수한다. 또 주식회사는 타인자본 중 장기화한 부채를 소액의 균등한 금액으로 나누어 조달하는데, 이러한 타인자본을 증권화한 것이 사채이다. 주식과 사채에 대하여는 각기 배당금과 이자가 지급되기 때문에 자본의 증식을 원하는 다수의 대중투자가로부터 다액의 자본을 신속히 모을 수 있는 수단이 된다.

나) 증권의 자유양도제 : 이 제도는 증권의 매매를 통하여 자본의 출자와 그 회수를 임의로 할 수 있게 한다. 주식과 사채는 대체성(代替性)을 가지고 있으며 그 단위금액이 적기 때문에 매매 또한 용이한데, 특히 증권거래소의 발달로 증권가격의 안정을 기할 수 있게 됨에 따라 투자가들은 자유양도제의 틀 속에서 필요에 따라 자유로운 투자와 회수를 할 수 있게 되었다. 이러한 증권의 자유양도제는 대중 투자가에게는 큰 매력이 되기 때문에 배당이익을 목적으로 투자하는 투자주주 외에도 투기적 매매이익의 획득을 기대하는 투기주주층을 생성케 하였으며, 이로 인해 다수의 대중 투자를 흡인하는 자석역할도 하게 되었다. 이들 주주의 유형은 아래와 같다.

> **※ 주주의 유형**
> ① 사업주주 : 회사의 경영에 참여하거나 회사를 지배하기 위한 목적으로 투자한다.
> ② 투자주주 : 투자한 자본을 보존하거나 증식하여 주식시세의 안정을 꾀하는 한편 투자한 주식의 이익배당에 관심을 갖는다.
> ③ 투기주주 : 주식시세의 변동에 따라 발생하는 매매차액으로부터의 이익 획득에 투자목적을 둔다.

다) 출자와 경영의 분리제도 : 자본과 경영의 분리제도라 함은 주식회사에 있어서 출자자인 주주가 직접 경영을 담당하는 것이 아니고 출자자인 주주 대신 전문적 경영지식을 가진 유능한 경영자가 경영을 담당하도록 하는 제도를 말한다. 이러한 현상은 대체로 다음의 두 가지 원인으로 설명된다.

(가) 기업의 발전이 경제의 성장을 견인함에 따라 기업은 그 규모가 커지고, 그렇게 대규모화하는 기업의 성장에 비례하여 경영환경 또한 복잡다기화하게 된다. 때문에 변화하는 기업내외의 환경은 경영자의 전문적인 지식과 경영 훈련, 그리고 축적된 경험을 필요로 하게 되어 주주가 출자자라는 이유만으로 경영에 참여하기에는 부적합한 경영현실에 다다르게 한다. 이에 주주는 단순 출자자인 무기능자본가로 후퇴하게 되고, 대신 전문경영자가 경영의 집행담당자로 나서게 되는 것이다.

(나) 오늘날의 주식회사는 주식의 고도분산을 그 특징으로 하기 때문에 주주의 수가 증가함에 따라 개인주주의 지분비율은 점차 낮아질 수밖에 없다. 또한 증권거래소를 통한 주식의 분산화와 대중화는 투자주주와 투기주주의 수를 급격히 증가시킴으로서 일반주주(사업주주)를 경영책임(손익)이 귀속되는 출자자로서의 직분만을 가지게 하며, 기업의 경영적 직능은 별도의 경영자 층에게 위임하게 한다. 따라서 일반 주주는 직접 경영에의 참가를 포기할 수밖에 없게 되는 것이다.

※ **주식회사의 지배형태가 발전된 과정**

① 완전지배(private)… 이것은 개인 또는 소수집단의 출자자가 전부 또는 대부분(80%이상)의 주식을 보유함으로써 회사를 지배하는 경우이다. 이 경우에는 외형상으로는 주식회사의 형태를 가지나, 실체상으로는 개인기업과 같은 성질을 가진다. 가족회사가 이에 해당된다.

② 과반수지배(majority control)… 이것은 주식의 다수(50%이상)를 보유한 출자자가 회사를 지배하는 경우이며, 이 단계에서는 소유와 경영의 분리가 약간 이루어진다.

③ 소수지배(minority control)… 이것은 소수의 주식(20%내지50%)을 보유함으로써 회사를 지배하는 경우이다. 주식회사가 대규모화하고 대중자본이 동원됨에 따라 주식이 고도로 분산되며 다수의 주주가 생기게 된다. 따라서 소수의 주식보유로도 능히 회사의 지배를 할 수 있게 된다. 그것은 경영과 지배에 무관심한 주주가 많이 생기기 때문이다. 이 경우에는 경영과 소유의 분리는 상당히 진행된다.

④ 특수법적 수단에 의한 지배(control through a legal device)… 이것은 주식회사가 무의결권주 · 의결특권주 · 의결권신탁 등 법적 수단에 의하여 회사를 지배하는 경우이다. 주식회사 제도의 발달은 보다 소액의 자본으로도 주식회사의 지배를 가능하게 하는 법적 수단을 제시한다. 이 법적 수단이 발달함으로써 일부 대주주의 지배가 집중되는 한편, 보다 대다수의 주주는 지배권을 잃게 된다.

⑤ 경영자 지배(management control)… 이것은 주식회사가 고도로 발전함에 따라 주식의 고도분산화가 이루어져 총자본의 50%이상을 보유하는 대주주가 존재하지 않는 상태에 있는 경우, 출자와 전혀 무관한 경영자에 의하여 회사가 지배되는 경우를 말한다. 현대의 거대기업에서 볼 수 있는 지배경향이며, 여기에서는 경영과 자본은 완전히 분리된다. 이 경우에는 주식회사의 거대화 및 자본의 분산화로 인하여 주식의 매점에 의한 자본적 지배의 강행은 곤란해지며 자본소유에 의한 지배는 없어지게 된다.

(4) 주식회사의 설립

주식회사의 설립에는 특별한 입법을 요하는 특허주의와 일반법에 따라 행정처분으로 허가하는 면허주의, 또 일정한 설립요건에 적합한 한 당연설립이 되는 준칙주의 등이 있다. 초기에는 특허주의 내지 면허주의가 채용되었으나 현재에는 준칙주의가 일반적이며, 우리나라도 준칙주의를 채택하고 있다. 인적 회사와는 달리 주식회사는 다수의 주주로 형성되는 결합체이므로 이 다수인 간의 관계를 보호하기 위해서 법은 엄격한 설립수속을 설정하며 이로써 회사 설립의 건전화를 기하고 있는 것이다.

설립에는 발기설립과 모집설립의 두 가지 방법이 있다. 발기설립은 동시설립 또는 단순설립이라고도 하며, 발기인이 설립당시에 발행하는 주식의 전부를 인수한다. 따라서 주식자본의 형성은 발기인단에서만 이루어지고 창립총회의 단계도 필요치 않은 설립방법이다. 이에 반하여 모집설립은 점차설립이라고도 하며, 발기인이 설립당시에 발행하는 주식의 전부를 인수하지 않고 그 일부를 일반으로부터 모집한 주주에게 인수하게 함으로써 주식자본을 형성하는 설립방법이다. 따라서 주식 인수인들에 의한 창립총회를 필요로 한다.

발기설립과 모집설립 모두 7인 이상의 발기인을 요하며, 이들 발기인들은 발기인조합을 형성하여 조합의 업무를 집행하여 정관의 작성 및 기타 설립절차를 밟는다. 발기인은 설립사무에 종사하며 최소한 1주 이상의 주식을 인수해야 한다.

(5) 주식회사의 정관

정관이라 함은 회사의 목적 · 조직 · 활동 등에 관한 근본적인 규칙을 서면화한 것이며, 공증인의 인증에 의하여 효력을 발생한다. 정관의 기재사항에는 다음과 같이 절대적인 것, 상대적인 것, 임의적인 것 등 3가지가 있다.

가. 절대적 기재사항 : 다음사항 중 어느 하나라도 빠지면 정관 자체가 무효가 되는 필수기재사항이다.

가) 목적

나) 상호

다) 회사가 발행할 주식의 총수

라) 1주의 금액

마) 회사의 설립시에 발행하는 주식의 총수

바) 본점과 지점의 소재지

사) 회사가 공고를 하는 방법

아) 발기인의 성명과 주소

자) 정관의 작성 년 월 일

나. 상대적 기재사항 : 이는 법에 한정된 사항으로 이것을 정관에 기재했을 때에만 효력을 발생한다. 그러나 상대적 기재사항은 기재되지 않은 경우

에도 정관 전체의 효력에는 영향을 미치지 않는다. 이에 해당되는 사항에는 다음과 같은 것이 있다.

가) 발기인이 받을 특별이익과 이를 받을 자의 성명

나) 현물출자를 하는 자의 성명과 그 목적, 자산의 종류 · 수량 · 가격과 이에 대하여 부여할 주식의 종류와 수

다) 회사설립 후에 양수할 것을 약정한 재산의 종류 · 수량 · 가격과 그 양도인의 성명

라) 회사가 부담할 설립비용과 발기인이 받을 보수액

다. 임의적 기재사항 : 법의 강행규정에 위반되지 않는 모든 임의적 기재사항을 말하며, 다음을 예로 들 수 있다.

가) 주권의 종류

나) 주금납입방법 및 연체자에 대한 이자

다) 인감의 신고

라) 주식의 명의개선 청구절차

마) 주권상실 또는 종류변경에 의한 주권의 재교부

바) 이사와 감사의 수 및 자격

사) 이사의 사무분담과 그 임기 · 보수 · 영업 년도 · 이익금 처분방법 · 준비금 관계 등

(6) 주식회사의 기관

주식회사의 기관이라 함은 주식회사의 조직상의 일정한 직위에 있는 자의 의사결정 또는 행위가 그 회사의 의사 또는 행위로 인증되는 경우, 그러한 조직상의 단위를 말한다. 주식회사에는 주주총회 · 이사회 · 이사 · 감사 등의 기관이 있다.

가. 주주총회

주주총회는 회사의 기본적인 의사를 결정하는 기관이며, 주주로서 구성되는 회의체

이다. 주주총회의 권한, 즉 결의사항은 법률상 정해져 있는데 이는 다음과 같다.

가) 정관에 특별한 규정이 없는 한 업무집행에 관한 결정권은 없다.

나) 상법 · 특별법 또는 정관에 주주총회의 권한이라고 명백히 규정되어 있는 사항 이외에는 결정권이 없다.

다) 상법에 규정된 주주총회의 결의사항에는 다음과 같은 것이 있다.

(가) 회사의 기구나 업태에 관한 사항으로 정관변경, 자본의 증감, 해산, 영업의 양도 · 양수 · 합병 등에 관한 사항

(나) 인사에 관한 사항으로 이사 · 감사 · 검사인 · 청산인 등의 선임 · 해임에 관한 사항

(다) 주주의 이해관계에 관한 사항으로 주식배당 · 신주인수권 · 계산 서류의 승인 등에 관한 사항

라) 주주는 1주에 대해서 한 개의 의결권을 가지며 이를 대리인에 의하여 행사할 수도 있다. 단, 의결에 관하여 주주가 특별한 이해관계를 가지는 경우에는 그 주주는 결의권을 행사하지 못한다. 결의는 다수결의에 의하며 이에는 특별결의와 보통결의가 있다. 보통결의는 발행주식의 총수의 과반수에 해당하는 주식을 가진 주주의 출석과 그 의결권의 과반수로 결정하는 것이며, 특별결의는 발행주식 총수의 과반수에 해당하는 주식을 가진 주주의 출석과 그 의결권의 3분의 2이상의 다수로 결정하는 것이다.

나. 이사 · 이사회 및 대표이사

주식회사의 업무집행기관으로서 이사회 및 대표이사가 있다. 이사회(board of directors)는 업무집행에 관한 의사결정을 담당하고, 대표이사는 구체적인 업무집행을 담당하며 회사를 대표한다. 이사는 직접 회사의 기관이 되는 것이 아니고 다만 이사회의 구성원으로서 참가하며 이사회에서 대표이사를 선임하거나 해임한다. 이사의 자격에 관하여는 특별한 제한이 없지만 그 임기는 3년을 초과하지 못한다. 이사회는 3인 이상으로 구성되는 상설적 의결기관이며 그 활동은 정기 또는 임시회의의 형식으

로 한다. 이사회의 결정권한에는 다음과 같은 것이 있다.

가) 법령 또는 정관에 의하여 주주총회의 결정권한으로 된 사항을 제외할 모든 업무집행에 관한 사항

나) 지배인의 선임 · 해임

제4절 공기업

1 공기업의 의의

공기업(public enterprise, public ownership)은 국가 또는 지방공공단체가 출자 · 경영 · 지배를 담당하는 기업형태를 말하며, 영리를 주목적으로 하지 않고 직접 급부를 목적으로 하는 것이다. 이는 자본주의사회의 대표적 기업형태인 사기업과는 대조적인 형태이며, 반자본주의적인 것, 즉 사회주의경제하의 기업체계로 볼 수 있다. 이러한 반자본주의적인 공유 공영의 공기업이 자본주의경제하에서도 필요한 이유는 대체로 민간자본에 의한 영리를 목적으로 하는 경영으로서는 어떤 특수한 경영의 목적을 달성하기가 곤란하거나 불가능한 경우가 있기 때문이다. 즉, 공기업은 오늘날 자본주의의 발전에 따라 달라진 경제사회의 사정상 자본주의의 모순을 조정하여 자본주의를 유지 · 발전시키기 위해서 존재하는 것이기 때문이다.

2 공기업의 설립목적

자유를 기반으로 하는 자본주의사회에서는 기업의 본래적 형태란 사기업을 말하는 것이기 때문에 순수 고전적 자본주의 이념으로는 공유공영의 공기업을 상상하기가 어렵다. 그러나 자본주의의 발전은 자유경쟁을 원칙으로 하는 사기업만으로는 목적하는 실효를 거두기가 곤란한 오늘날의 사회경제문제를 야기하였으며, 또한 사기업의 모순을 보완하는 수단으로서의 공기업의 존립을 요구해왔다.

이러한 공기업의 존재이유라 볼 수 있는 설립목적 중 중요한 몇 가지를 다음과 같이 살펴본다.

1) 재정정책상의 목적

이것은 국가가 재정적으로 필요한 자금을 조달하기 위하여 공기업을 설립하고 경영하는 경우를 말하며, 전매사업의 형태가 대표적이다. 우리나라의 경우 과거의 연초, 염, 인삼 등의 전매사업을 들 수 있으며, 이들의 생산이나 판매 혹은 양자를 전부 국가가 독점하여 경영함으로써 재정수입을 확보하고자했던 경우이다. 이들은 재화의 생산과 판매 중 어느 한 쪽을 독점하거나 양쪽모두를 독점함으로써 가능한 한 많은 재정수입을 획득하려는 목적을 가졌다. 그러나 이 전매이익은 세금과 같은 성질을 가지는 것이라고 할 수 있으며, 공기업의 목적으로는 예외적으로 볼 수 있다. 전매의 형태에는 다음과 같은 것이 있다.

※ 전매의 형태

① 완전전매 … 생산과 판매를 다 같이 독점하는 것 – 연초
② 일부전매 … 판매만을 독점하는 형태 – 인삼, 염(소금)은 민영과 국영이 혼재하므로 완전전매와 일부전매가 겸용된 형태라고 할 수 있다.

2) 공익정책상의 목적

이는 공익목적의 달성을 위한 공기업 설립의 경우를 말한다. 우편, 전신, 전화, 철도, 전력, 상수도, 가스 등의 공익사업은 타 산업부문에 비하여 공익성이 강하고 그 사업의 특성상 막대한 고정자본을 필요로 하는 독점적 성질을 갖는다. 이러한 사업은 그 공익성으로 보아 사기업의 독점 하에 방임하기가 곤란하며, 소요자본의 규모면에서도 약소한 민간자본으로는 설립에 애로가 있을 수밖에 없기 때문에 거대자본의 조달이 용이한 공기업 산업부문을 취하는 것이다. 그러나 오늘날은 발전된 경제규모에 비례하는 민간자본의 조달이 용이해지고 있으며 사기업이라 할지라도 그 경영상의 사회적 책임을 요구할 만큼 공익적 성격을 증가시켜가고 있는 사회경제적 분위기여서, 사기업을 통한 공기업 역할의 분담을 꾀하기도 한다. 이외에도 국가나 공공단체의 신용력을 바탕으로 하는 민간자본과 외국자본의 동원을 통하여 공익사업을 운영하는 사유공영(私有公營)의 형태를 생각해볼 수도 있다.

3) 경제정책상의 목적

국가는 국민경제의 안정과 발전, 그리고 특정산업의 육성과 발전을 위하여 공기업을 설립한다. 국가가 경제정책 수행을 위해 꼭 필요한 사업이거나 사기업으로는 신속한 설립과 유효한 결과를 기대하기 곤란한 경우에 설립하는 기업을 말하며, 이에는 기간산업, 원자력산업, 전력산업, 국토개발산업, 도로산업, 항공산업 등이 해당된다. 특히 자본주의의 초기발전단계에서 민간자본의 축적이 미약한 후진국가의 경우이거나, 전쟁 혹은 이에 상응하는 불황기에 설립이 요구되는 형태의 공기업을 생각해 볼 수 있다. 다음의 예를 살펴보자.

(1) 자본주의 발전초기에 경험할 수 있는 상황으로, 산업에 투입할 민간의 자본이 극히 미약하거나 민간의 기업가정신과 경영능력을 보완할 필요가 있을 경우 국가가 자국의 산업육성과 발전을 도모하기 위한 목적 하에 기간산

업을 설립 하여 경영하는 형태가 있다. 과거 우리나라의 한국비료주식회사, 한국광업공사 등을 그 예로 들 수 있다.

(2) 국제관계의 변화 등으로 인한 국방력 강화의 필요성이 대두되는 경우, 국가는 군수산업을 설립하고 경영하여 그 확충과 발달을 도모하게 된다.

(3) 세계대공황 당시 미국의 뉴딜정책이었던 테네시강유역 개발공사(Tennessee Valley Authority; T.V.A.)는 미개지를 개발하고 산업을 진흥시키기 위해 설립한 공기업의 좋은 예가 된다.

(4) 어떤 종류의 사업을 민간 기업이 독점함으로서 가격이나 요금조작을 통하여 공익을 해할 우려가 있는 경우, 이러한 사적 독점을 막아 그 폐해를 제거하기 위해 설립하는 공기업으로 국영철도 등이 있다.

(5) 배급의 통제나 가격의 통제 등 경제적 통제를 목적으로 설립되는 공기업으로 대한석탄공사 등의 예가 있다.

(6) 우리나라의 한국산업은행이나 미국의 부흥금융공사(Reconstruction Finance Corporation)처럼 전쟁이나 심각한 경제공황 등의 이유로 산업의 유지가 어렵게 되는 경우, 산업의 부흥과 그 유지를 도모하기 위하여 설립되는 공기업이 있다.

4) 사회정책상의 목적

노동자의 생활안정, 불황시의 실업구제 등 사회 안정을 위한 정책적 목적에 의해서 공기업이 설립되는 경우이다. 즉, 불황시의 실업구제사업, 각종의 사회보험사업, 근로자를 위한 주택사업과 같은 사회정책상의 실행기관으로서 공기업이 설립되는 경우를 말하는 것이다.

5) 기타의 목적

국가의 정치적 · 문화적 · 군사적 정책상 가장 필요로 하는 재화와 용역의 생산에 있어서 사기업으로는 그 실효를 기대하기 곤란한 경우에 설립하는 공기업이 있다. 예컨대 한국조폐공사, 군부에서 직영하는 각 공장 등은 국가 또는 공공단체가 직접 필요로 하는 물자와 용역을 생산하기 위하여 설립된 것이라 할 수 있다.

※ 공기업 성립의 원인 – 좀바르트(W.Sombart)의 「공기업의 장래」에서, –

① 객관적 원인
㉠ 공적 활동의 증대 – 발달한 문화국일수록 공공단체의 활동이 질적 · 양적으로 증대한다.
㉡ 욕망충족의 집단화 – 개인이 개별적으로 욕망충족을 하는 것이 아니고 단체적 · 공동체적으로 욕망을 충족하려는 경향이 진전된다. 즉, 교육기관(학교 · 도서관) · 박물관, 보건위생시설(병원 · 요양소), 오락기관(극장 · 영화관 · 실내운동장), 숙박기관(호텔 · 식당), 가옥설비(수도 · 가스 · 전력), 교통기관(철도 · 기선 · 전차 · 우편 · 전신전화)등이 증가한다.
㉢ 경영형태의 변화 – 첫째, 경영의 대규모화
둘째 경영의 물화
셋째 제품시장의 확보에 따르는 특별기업가 활동의 불필요 등)
② 주관적 원인
㉠ 역사적 원인(과거로부터 공영형태로 내려온 것) – 국립은행, 광산 등
㉡ 국가정책, 군사정책상 – 철도, 군사산업의 국유
㉢ 화폐 · 신용정책상 – 발권은행 등
㉣ 사회정책상 – 전매사업과 사회보험
㉤ 이론상의 원인 – 사회민주주의적 입장

3 공기업의 종류

공기업의 분류기준은 일반적으로 공기업의 발전과정을 따른다.

1) 순수행정기업

순수행정기업은 행정기관의 일부분으로 운영되는 공기업을 말하며 순수관청기업이라고도 한다. 이는 일반 행정기관과 동일한 제약을 받는 공기업으로서 인사 · 경영 등의 영역은 물론 예산의 편성까지도 공공단체의 통제를 받으며 그 집행 또한 공무원에 의한다. 이처럼 순수행정기업은 그 내부조직이 국가 또는 공공단체에 속하는 공법조

직의 일부이기 때문에 사업의 경영체라기 보다 행정기관의 일부로 볼 수 있다. 과거 우리나라의 담배・인삼 전매사업, 전화・우편사업 등을 예로 들 수 있다.

2) 독립공기업

독립공기업은 사업의 독립채산성과 업무활동의 자유를 일정수준 인정받는 공기업으로, 순수행정기업이 공공단체의 공법조직으로부터 분리되어 운영되는 형태이다. 독립공기업은 자립화 관청기업 혹은 독립관청 기업이라고도 한다. 독립공기업이 공익을 목적으로 설립되어 국가 또는 공공단체의 공법조직으로 운영되는 점에서는 순수행정기업과 기본을 같이 하지만, 경제원칙에 입각한 경영활동을 영위하기에 필요한 자율성 등 운신의 폭을 넓혀 주는 면에서는 두 공기업이 구별된다. 다시 말하여, 공기업에 가해지는 재정적 제약으로 말미암아 경영활동이 민활하지 못하고 소극적으로 되기 쉬운 단점을 제거할 수 있도록 지원하는 특별회계제도 등에서 독립공기업이 순수행정기업보다 유리하다 할 수 있다. 이렇게 두 공기업의 일반 행정으로부터의 독립성을 비교할 때는 독립공기업이 순수행정기업보다 유리하다고 할 수 있겠지만, 두 공기업 모두 관청기구 내에서 사업을 운영하기 때문에 순수행정기업의 단점을 완전히 보완한다고 볼 수는 없다. 독립공기업의 유래는 1922년에 「도레스텐」 시가 시영사업을 개편한 형태에서 찾아볼 수 있다.

3) 공공기업체 형태

공공기업체 형태(public corporation)는 공법인 또는 특수법인의 법인체를 채택하여 완전한 자주적 경영체로 운영하는 형태의 기업이다. 이는 공기업을 행정기구로부터 분리시켜 경영의 자주성과 독립성을 확보하기 위해 설립하는 완전한 독립사업체를 말한다. 따라서 공공기업체 형태는 특별법에 의해 설립되어 완전한 자치권이 인정되고, 독립된 법인격이 부여되는 공법상의 법인이다. 공공기업체 형태는 국유이기는 하지만 일반 행정으로부터 분리되어 있으므로 완전한 국유라고는 할 수 없고, 그렇더라도 사기업으로 분류하지도 않는다. 이 형태는 영국의 국영기업 형태 혹은 미국의 T.V.A.(Tennessee Valley Authority)가 대표적이며, 독일에는 독립 경제체의 공기업이 있다. 우리나라의 대한석탄공사 · 한국조폐공사 등과 같이 공사라는 명칭으로 통용되는 조직과 한국은행 · 한국산업은행 등이 이 형태에 속한다.

4) 사법형태의 공기업

사법형태의 공기업이라 함은 국가 또는 공공단체가 출자를 하여 성립되기는 하나 주식회사와 같은 사법상의 형태를 취하는 공기업이다. 따라서 경영형태를 일반의 주식회사와 같이 사기업적(私企業的)으로 운영할 수 있어서 이사, 감사, 주주총회와 같은 기관을 두며 사채도 발행할 수 있기 때문에 자금조달이 용이한 편이다. 이러한 공기업은 국영사업의 효율을 높여 사기업적 경영성과를 얻고자 사기업형태를 취하지만, 그 소유관계에서는 국가의 지배를 받는다. 과거 미국의 정부회사(Government Corporation)라 불렸던 부흥금융주식회사(Reconstruction Finance Corporation)가 좋은 예이기는 하나, 1932년 설립되었다가 1957년 폐지되었다.

4 공기업의 장 · 단점

공기업은 그 종류에 따라 장 · 단점에 차이가 있을 수 있으나 일반적으로는 다음과 같이 설명할 수 있다.

1) 장점

(1) 자금조달이 용이하다. 공기업은 국가 또는 공공단체의 공적 자금을 동원할 수 있기 때문에 금융능력이 사기업과는 비교할 수 없을 만큼 크다. 자본의

증가를 필요로 하는 때에도 국 · 공채 발행 등의 방법을 통해 저금리의 대자본을 용이하게 조달할 수 있다.

(2) 자재구입이 용이하다. 출자와 경영이 국가 또는 공공단체에 귀속되므로 필요한 자재의 구입과 조달이 용이한 편이다.

(3) 시장개척이 용이하다. 공기업은 국가 또는 공공단체의 주문에 우선적으로 대응할 수 있기 때문에 공공단체의 후원을 확보하기가 비교적 유리하며 판로의 개척과 확보 또한 용이한 편이다.

(4) 제경비의 절감에 유리하다. 공기업은 제세공과금(諸稅公課金)의 감면 혜택을 받을 수 있으므로 수지균형상 유리한 입장일 수 있다.

2) 단점

(1) 신속한 의사결정이 어렵다. 공기업은 국가 또는 공공단체의 법령과 예산의 제약을 받는 관계로, 자유재량의 폭이 적은 편이어서 경영상의 환경변화에 대한 신속한 대응을 기대하기 어렵다.

(2) 적극성이 결여되기 쉽다. 공기업은 출자와 무관한 공무원이나 여타 공직자의 지휘와 관리를 따라야하는 경우가 많고, 관할관청이 해당기업 관리자의 임면(任免)과 경질을 행하게 됨으로 경영자의 자주적 책임감이 결여되거나 경영의사결정이 소극적으로 되기 쉽다.

(3) 사무행정이 번잡해질 수 있다. 국가 또는 공공단체의 회계감사 등 직간접적 감독과 시찰을 받게 됨으로 그에 따른 보고와 서식업무의 번잡과 혼선을 초래하기 쉽다.

5 공기업의 합리화

공기업은 공익을 위한 재정 정책적, 경제 정책적, 사회 정책적 목적의 수행을 이유로 설립되어 운영된다. 그러나 공기업이 공익을 위한 본연의 역할을 성공적으로 수행하기 위해서는 앞서 살펴본 공기업의 장단점과 태생적 불합리성을 극복하는 일이 선행되어야 한다. 이는 공기업의 경영합리화를 의미하는 말이 되므로 이를 위한 몇 가지 방안을 다음과 같이 생각해볼 수 있다.

첫째, 자주적인 경제성의 인정이다. 공기업의 자주적 경제성을 인정함으로써 국가가 추구하는 공기업의 정치행정상 목적을 달성시키는 한편 경영주체로서의 경제적 특성과 역량을 향상시킬 수 있도록 해야 한다. 자주적 경제성을 확보하기 위해서는 공기업을 일반 행정으로부터 분리시켜서 공기업경영전반에 대한 권한을 위양할 필요가 있다. 이러한 권한위양은 공기업 경영자의 책임감 증대와 조직사기(morale) 진작의 효과를 거두어 자발적인 경영의지의 확대를 기대할 수 있게 될 것이므로, 결과적으로 공기업이 가지는 가장 큰 결점인 소극적 경영의 폐단과 임기응변의 민활성 결여를 제거하고 보완해나갈 수 있게 될 것이다.

둘째, 직위의 안정화 문제이다. 안정적 직위의 보장은 경영관리자의 책임감 고취와 사기의 진작을 위한 중요한 사항으로, 공기업과 사기업 모두의 경우에 해당된다. 그러나 공기업의 경영 관리자는 국가나 지방자치단체의 빈번한 임면과 경질 의사결정을 출자와는 무관하게 따라야 하므로 그 직위의 안정화를 기대하기가 어렵다. 이 때문에 공기업은 계획, 명령, 지휘 등 관리상의 통일성 결여로 인한 경영상의 혼란을 우려하게 되며, 이에 더하여 일반 행정의 법령과 동일한 제약에 따라 한정된 자율성 내에서 경영을 해야 하는 어려움이 있다. 빈번한 인사이동은 가장 나쁜 경영방법 중의 하나라고 지적한 페이욜의 주장은 직위의 불안정이 숙련도를 느리게 하는 요인이 되며, 결국은 합리적인 경영을 기대할 수 없게 만든다는 점을 간파한 것이다. 공기업이 소극적 경영의 타성에 안주하지 않도록 직위를 안정되게 하는 일은 그래서 더욱 중요하다.

셋째, 권한위양을 통한 업무의 간소화이다. 공기업은 사기업과 달리 행정기관의 직접적인 감독 하에 있기 때문에 사업과 관련된 사무행정의 지시, 집행, 보고, 회계감사 등의 관계서류를 필요 이상으로 작성하거나 접수, 발송해야 하는 업무가 빈번하게 발생할 수 있다. 이러한 과도한 서류처리 업무는 공기업 본연의 업무활동에 지장을 초래하기 쉬우므로, 이를 방지하기 위하여 적절한 범위의 책임과 의무를 일반 행정으로부터 분리하여 경영담당자의 권한으로 위양하는 선택이 필요하다 하겠다.

오늘날의 공기업은 그 위상과 역할의 중요성이 날로 증대되고 있는 까닭에, 경영의 합리화를 위하여 국가 또는 공공단체로부터 독립되어 운영되는 여러 가지 형태의 공기업이 출현하고 있으며, 이에 관한 연구도 계속되고 있다.

6 공기업의 독립채산제

독립채산제라는 용어는 소련의 지배적인 사회주의 기업형태인 공기업의 경영능률 향상을 위해 채택된 경영관리제도로서「호즈라스쵸트」(Khozraschot)란 말의 번역어로 본다. 독립채산제는 경제계산제라고도 하며, 공기업이 기업의 경영상 지출을 그 기업자체의 수입으로 충당하고 국가의 일반회계로부터 아무런 원조나 보조를 받지 않고 독립하여 운영하는 경영체제를 말한다. 오늘날 공기업을 운영하는 많은 나라에서 독립채산제를 채택하고 있는데, 이는 소비에트연방(1991년 붕괴)이 신경제정책(NEP: New Economic Policy)의 운용을 위하여 이 제도를 최초로 채택한 1921년 8월 이후부터로 본다. 제2차 세계대전의 종식과 함께 공기업의 재정 궁핍과 적자로 인한 경영난을 심각하게 겪은 세계 각국은 공기업 경영의 합리적 방안을 강구하게 되어 그 결과로 공기업의 재정적 독립을 중심으로 하는 독립채산제를 채택하게 되었다.

오늘날의 독립채산 제도는 경제계산 제도를 통하여 경영의 자주성과 국가의 계획성이라는 두 원리를 결합하는 개념으로 이해되고 있고, 그 원리는 세계 대공황 당시 미국이 채택하였던 테네시강 유역 개발사업(T.V.A.)에서 찾아볼 수 있다. 이처럼 사회주의국가만이 아니고 많은 자본주의사회에서도 적용되고 있는 이 제도는 우리나라에서도 기업재정의 독립성과 공기업의 경영합리화, 나아가 기업구성원의 책임제 확립을 도모하기 위한 제도로 도입되어 운용되고 있다.

제5절 공사합동기업

공사합동기업(mixed corporation)을 기업형태론의 입장에서 연구한 학자는 파쏘우(R. Passow)가 대표적이며, 그는 공사합동기업을 국가 또는 공공단체와 사인(私人)이 공동으로 자본을 출자하고 공동으로 기업을 경영하는 것이며 사법에 의하여 규제되는 기업이라고 주장하였다. 그러나 좀바르트(Werner Sombart)등은 공사합동기업의 상호접근화 경향을 중시하였으며 국가 또는 공공단체가 협동하여 운영하는 사업은 모두 공사합동기업으로 보았다. 좀바르트의 견해는 공동출자를 한 사실보다도 공동경영 및 공동지배의 사실에 중점을 둔 것이다. 또 다른 견해는 공사합동기업을 공기업이 변형된 하나의 형태로 보는 것이지만, 이 경우 공사합동기업의 형태를 취하는 대부분의 기업이 실질적으로는 공기업인 것이 많다고 하더라도 전부가 그렇지만은 않다는 점에서 문제가 있다는 비판을 받는다.

공사합동기업은 사기업과 공기업의 중간자적 기업형태로 양자의 혼합형 기업을 말한다. 이는 국가나 공공단체와 민간이 합동으로 출자하는 형태를 취하는데, 그 형태는 출자와 지배와 경영의 주체에 따라 다음과 같이 구분된다.

첫째, 국가 또는 공공단체가 기존의 사기업(私企業)에 부분적 출자를 함으로써 그 지배와 경영에 참여하는 경우

둘째, 이와는 반대로 개인이 기존의 공기업에 일부를 출자하여 그 지배와 경영에 참여하게 되는 경우

셋째, 기존의 공기업과 사기업이 공동출자하여 지배하고 경영하는 경우 등이다.

이 때 국가 또는 공공단체의 공직자는 민간 출자자와 함께 이사 등의 경영진이 되어 경영에 참여하거나 경영자를 임면하는 등의 지배에 관여하게 된다. 이렇듯 공사합동기업이란 위의 3가지 경우처럼 출자의 주체들이 경영에 참여하는 때에 그 성립이 가능하다는 설명이 된다. 그러므로 국가나 공공단체가 일부 출자는 하지만 사업의 경영에 참여하지 않거나, 이와는 반대의 경우로 사업의 경영에는 참여하면서 출자를 전혀 하지 않는 경우의 기업형태는 공사합동기업으로 볼 수 없게 된다.

공사합동기업이 성립되는 동기와 목적은 국가별로 혹은 각기의 상황별로 다를 수 있다. 우리나라의 경우는 국가가 정책상 중요한 사업을 수행해야 하거나 특수금융기관을 설립해야 하는 등의 필요가 있을 때 민간과 관(官)의 공동출자를 꾀하여 공사합동기업을 설립함으로서 공기업의 경직성과 비효율을 최소화하는 한편 사기업 경영의 효율을 극대화하여 경영효과를 높이고자 하는데 의의를 두고 있다.

그러나 공기업의 폐단을 없애고 공기업과 사기업의 장점만을 얻기 위해 설립한 특수회사나 공사 등은 그 본래의 목적과는 달리 공기업과 사기업의 단점만을 노정시키는 결과를 초래해온 것이 사실이다. 때문에 오늘날의 공사합동기업은 공기업이 사기업으로 변모되어가는 과도기적 형태로서의 역할을 할 정도인 것이 현실이며 기업 형태론적 관점에서도 그 중요성을 상실해가고 있다고 본다.

제6절 중소기업

1 중소기업의 정의

기업군(企業群)을 논함에 있어 대기업(big business)군과 중소기업(small and medium sized business)군 간의 계층적 분화는 산업혁명에 의한 기계제 대공업의 출현과 함께 이루어졌다고 본다. 그 후 과학의 발달, 생산성의 향상, 자본축적의 증대, 시장의 확대에 의하여 대량생산과 대량판매가 진행되어감에 따라 거대기업, 대기업이 출현하게 되고, 다른 한편으로는 중소기업, 영세기업이 널리 존재하기에 이르렀다.

중소기업이란 대기업에 대비되는 상대적인 개념으로, 대기업에 비해 그 규모가 작은 기업을 말한다. 중소기업의 범위는 국가나 산업 또는 시기 등에 따라 달라질 수 있기 때문에 동일한 나라의 동일한 시대에서도 다양한 정의가 존재하게 된다. 그리고 중소기업의 규모란 일반적으로 자본금, 종업원의 수, 생산량, 매출액 등을 뜻하며, 그 규모가 작다는 말은 대기업에 비해 자본금의 조달과 운영규모가 작고 종업원 수가 일정규모 이하인 경우 등을 의미한다. 또한 형태면에서의 중소기업은 개인기업 또는 법인기업으로 구분되어 대기업과 다르지 않지만 그 외형은 대기업에 비해 작다.

중소기업의 범위와 규모를 관련 법령을 통해 규정하는 근본 목적은 산업의 균형발전을 꾀하는데 있다. 이는 중소기업을 대기업과의 경쟁에서 보호하여 지원하고 육성함으로서 산업의 발전이 균형되게 하고자 함을 의미한다. 이를 위해서는 중소기업의 범위를 확실하게 규정해 둘 필요가 있지만 그 규정을 위한 기준이 일정하지 않다. 그러나 상시 종업원의 수, 자본금, 매출액, 총자산 등과 같은 정량적 기준 외에 소유와 경영의 분리 상태, 경영의 현대화 정도, 자금조달능력 등의 정성적 기준 등을 근거로 중소기업의 범위를 규정하고 있다.

우리나라의 중소기업기본법(2008년 12월 26일 개정)은 동법 제2조에서 다음과 같이 중소기업을 정의하고 있다. 즉, "중소기업을 육성하기 위한 시책의 대상이 되는 중소기업자는 업종의 특성과 상시 근로자 수, 자산규모, 매출액 등을 참작하여 그 규모가 대통령령이 정하는 기준에 해당하여야 한다."라는 정량적 기준에 따라 중소기업을 정의하는 한편, "기업의 소유와 경영의 실질적인 독립성이 대통령령이 정하는 기준에 해당하여야 한다."라는 정성적 기준에 따라 정의하도록 규정하고 있다. 중소기업기본법 시행령 제3조 제1호(2009년 3월 25일 개정)와 관련하여 중소기업을 업종별 상시 근로자 수, 자본금 또는 매출액의 규모 등에 따라 구분하는 기준은 다음과 같다.

1) 제조업 : 상시근로자 수 300명 미만 또는 자본금 80억원 이하

2) 광업, 건설업, 운송업 : 상시근로자 수 300명 미만 또는 자본금 30억원 이하

3) 출판, 영상, 보건 및 사회복지사업 : 상시근로자 수 300명 미만 또는 매출액 300억원 이하

4) 농업, 임업 및 어업, 전기, 가스, 도 · 소매업, 숙박 및 음식점, 금융 및 보험업, 전문, 예술, 스포츠 : 상시근로자 수 200명 미만 또는 매출액 200억원 이하

5) 하수처리, 폐기물, 교육 서비스, 수리 및 기타 서비스업 : 상시근로자 수 100명 미만 또는 매출액 100억원 이하

6) 부동산 및 임대업 : 상시근로자 수 50명 미만 또는 자본금 50억원 이하

2 중소기업의 특성

경제가 발전함에 따라 새로운 분야의 산업이 생성되고 그 사업영역 또한 확대되고 있는 가운데 중소기업은 대기업이 진출하기 어려운 특정분야에서 자생력을 확보하며 성장하기도 하고, 때로는 대기업과의 공존을 모색하는 역할의 분담을 택함으로서 스스로의 생존을 위해 노력하기도 한다. 이처럼 중소기업은 독립성(independence)과 모험성사업(enterprise)이라는 공통적 특성 위에서 성장을 위한 노력을 하지만 취약한 존립기반의 한계를 극복하지 못할 때는 도태의 어려움을 겪게 되어, 같은 분야 같은 영역의 산업 내에서도 수 없이 많은 기업들이 부침(浮沈)을 계속하고 있다.

이러한 현실 속에서도 중소기업이 차지하는 국민경제에서의 역할과 비중은 날로 크게 인식되고 있어서 중소기업의 특질과 장단점을 파악하는 일은 그 지원과 육성을 위한 중요한 과정이 될 것이라 하겠다. 중소기업의 상대적 장단점을 다음과 같이 요약한다.

1) 중소기업의 상대적 장점

(1) 경영규모가 작기 때문에 경기변동에 대해 탄력적으로 적응할 수 있다.

(2) 개인적 기호나 유행의 변화가 심하고 상품에 대한 수요가 잡다할 경우 다품종소량생산에 적합하다.

(3) 기계화가 어렵고 노동집약적인 제품생산의 경우 유리하다.

(4) 재화나 서비스의 생산에 고도의 기능과 대규모의 생산설비를 필요로 하지 않는 경우 자본수요가 적기 때문에 유리하다.

2) 중소기업의 상대적 단점

(1) 외형상 회사형태를 취하고 있더라도 실제로는 개인기업적 색채가 농후하다. 따라서 경영자 개인의 능력의 한계가 경영의 한계로 나타나는 경우가 적지 않다.

(2) 경영조직 면에서의 비합리성을 들 수 있다. 중소기업은 경영자 한사람에게 지배력이 집중되어 있는 경우가 많고 경영규모 또한 작기 때문에 부문적 분화나 계층적 분화를 이루기가 쉽지 않다. 조직자체가 기능본위가 아닌 인물본위인 경우가 많기 때문이다.

(3) 최신의 기계나 설비 등이 적고 기술수준 또한 낮은 경우가 많다.

(4) 원재료 구입이나 제품 판매를 위한 거래조건상 불리한 경우가 많다.

(5) 열세의 노동조건 때문에 근로자의 정착율이 낮은 편이며, 유능한 인재의 채용에도 한계가 있다.

(6) 기업의 신용도가 높지 않기 때문에 사업의 확장이나 경영합리화를 추진하기 위한 자금 또는 운영자금 등의 조달이 용이하지 않다.

(7) 대기업에 종속되어 있는 경우에는 기업의 독립성이 약화되기 쉽고, 대기업의 여러 가지 영향이 곧 파급되는 경우가 많다.

(8) 중소기업 중에서도 그 규모가 상대적으로 더 작은 영세기업의 경우는 가계와

기업이 실질적으로 분리되어 있지 않으며, 노동력 또한 가족노동에 의존하는 비율이 높다.

3 중소기업의 역할

우리나라 경제에서 차지하는 중소기업의 위상과 역할을 다음과 같이 요약할 수 있다.

1) 개인적 발전기회의 제공

사회 환경의 변화와 전문직종의 증대는 새로운 중소기업의 설립을 자극하게 되며, 이는 보다 많은 일자리의 창출로 연결된다. 이와 함께 산업발전에 따른 생산현장의 자동화와 기술력 향상은 노동력의 재배치를 이끌어 근로자의 개인적 발전기회를 제공하게 된다. 한편 중소기업 경영자에게는 창의적인 경영을 통한 물적 보상은 물론 기업경영 경력개발의 기회를 제공한다.

2) 국민경제의 안정대 형성

중소기업은 우리나라의 경우 산업전체에서 차지하는 수적 비중이 99.9%에 달하며 고용의 88.4%를 담당하는 중요한 위치에 있다. 이처럼 커다란 비중으로 생산과 고용 및 소득증대의 면에서 지대한 공헌을 하고 있는 중소기업은 국민경제의 안정대로서 역할을 담당한다.

3) 산업간 균형발전의 유지 및 수출산업의 저변구축

중소기업은 대기업 및 중화학공업과 경공업 간의 상호보완관계를 유지함으로써 산업 간의 균형된 발전이 유지될 수 있도록 역할을 한다. 중소기업의 이러한 역할은 공산품의 품질향상, 생산성향상 그리고 기술혁신 등을 도모하는 일익을 담당하여 수출산업의 저변을 구축한다.

4) 투자의 효율화와 불황위험의 분담

중소기업은 자본의 회임기간이 짧고, 투자액이 적은 반면에 상품의 수요변동에 따른 시장에의 탄력성을 가질 수 있기 때문에 투자의 효율화를 기할 수 있는 장점이 있다. 중소기업의 이러한 장점은 불황 시 타 산업으로의 전환을 용이하게 하며 투자액을 신속히 회수할 수 있도록 하는 등 위험분산의 이점이 된다.

5) 지역사회의 균형적인 공업화

중소기업은 제조업은 물론 도 · 소매 등 유통업과 음식, 숙박, 운송업 등의 다양한 서비스 영역에 걸쳐 각 지방에 광범하게 분산되어 있기 때문에 지역사회의 균형적인 발전을 촉진하는 역할을 한다.

제7절 벤처 비즈니스와 벤처 캐피탈

1 벤처 비즈니스의 의의

벤처(Venture)와 비즈니스(Business)의 합성어인 벤처 비즈니스를 우리나라에서는 모험기업, 벤처기업, 신기술사업, 기술 집약형 모험기업, 연구개발형 중소기업, 기술개발선행형 중소기업, 또는 기술입각형 기업 등으로 다양하게 표현하며 '지식노동의 투입도가 매우 높은 신생중소규모기업'이라 정의하고 있다. 일본인들이 Venture Capital로부터 합성해낸 단어로 알려져 있는 벤처 비즈니스를 그들은 연구개발형 기업, 모험기업 등으로 부르고 있으며 미국에서는 Venture Company, New Technology Company, Small Business, High-Tech Company 등으로 부르고 있다.

벤처 비즈니스는 주로 기술적인 배경을 가진 창업가들이 설립하는 위험회사를 말하는 것으로, 이들은 자신들이 보유한 기발하고 첨단적인 기술에 대하여 모험자본(Venture Capital)의 지원을 받아 기업을 설립하고 운영한다. 이처럼 벤처기업은 첨단의 신기술을 보유하고도 사업화를 하는 과정이 힘들고 사업의 위험성이 매우 높은 사업이지만 성공할 경우 상당한 수익(high risk high return)을 기대할 수 있는 적극적 신규 사업이다.

벤처 비즈니스는 반도체, 컴퓨터 등의 전자공학, 통신, 에너지, 정밀화학, 생명공학 등을 중심으로 한 첨단기술 분야, 혹은 시대적 요청에 부응하는 신규생산분야에서 주로 생성 발전하고 있다. 벤처 비즈니스는 고도의 첨단기술개발을 전업으로 하거나 연구개발능력의 집약적 발휘를 주체로 하는 기업이다. 이는 고도의 혁신적 · 창조적 기술을 가진 사람들이 대기업이나 연구기관에서 독립(分社, spin off)하여 그들을 주축으로 구성한 중소규모의 기업을 말하는 것으로 이들은 기술혁신에의 참여도가 매우 높은 것으로 알려져 있다.

이 밖에도 제품라이프 사이클의 단축, 시장의 개성화, 전문화, 다양화 등의 요인은 전통적 산업사회를 지식집약형 산업사회로 전이하게 함으로써 벤처 비즈니스의 출현을 촉진시키고 있으며, 최근에 와서는 벤처 비즈니스의 영역이 유통, 서비스, 사회개발 분야로도 넓혀지고 있는 추세이다.

2 벤처 비즈니스의 일반적 특징

벤처 비즈니스의 일반적 특징을 살펴보면 다음과 같다.

첫째, 중소규모기업으로서 대기업이 실질적으로 지배하고 있지 않은 기업이다.

둘째, 종래의 중소기업과는 달리 독자적인 기업특성과 전략을 가지고 있는 고도의 지식집약형 기업 또는 연구개발형 기업이다.

셋째, 기업가의 대부분은 고도의 전문적 지식과 연구개발 능력을 가진 고학력자들로서, 대기업 혹은 연구소의 전문직에 종사하다가 자신의 능력발휘의 장을 왕성한 기업가정신으로 개척하여 독립한 사람들이다.

넷째, 인적자원 축적형 조직이며 동태적 조직임을 경영상 특징으로 들 수 있다. 벤처 비즈니스는 자본 등의 물적 자원 면에서는 기존의 기업보다 불리하지만, 기술자 출신의 경리담당 인력 또는 영업담당출신의 기술자 등과 같이 다면적 전문가를 상당수 확보한 편이어서 인적 자원 면에서는 불리하지 않다. 기업의 기동성면에서도 관료적 특성이 강한 대기업보다는 유연한 조직 특성을 바탕으로 운영되는 벤처기업이 유리하다. 대학 등의 연구기관이나 대기업에서 분사 독립한 벤처기업 경영자는 조직의 동태성(dynamic)과 소통을 존중하여, 조직원의 자발적이고 주체적인 성과확인은 물론 적극적인 경영참여를 유도하는 조직분위기 조성을 위해 노력한다.

다섯째, 기업 내 조직이 수평적이며 인간중심의 노사관계를 형성하고 있다.

여섯째, 시스템적 발상을 중시하며 외부경제를 활용한다. 벤처 비즈니스는 고도로 전문화되고 특화되어 있기 때문에 단독으로는 자기완결적인 기능이 부족한 경우가 많다. 따라서 본질적으로는 사회적 분업에 의존하고 시스템적 발상을 중시하여 타전문기업과 상호보완적 관계를 유지하는 특성을 가진다.

3 벤처 캐피탈

‘벤처 캐피탈(Venture Capital)’은 신설기업 또는 투기적 기업에 투자되거나 투자가 가능한 자금이라는 사전적 의미를 가진다. 벤처 캐피탈이 독립된 산업으로 각광을 받기 시작한 것은 1960년대 이후 미국에서 부터이며, 이와 같은 벤처 캐피탈이 벤처 비즈니스와 함께 우리나라에 소개된 것은 신기술을 배경으로 출범하는 새로운 형태의 기업이 그 설립과 운영자금의 필요성을 인식하기 시작한 70년대에 들어서면서부터라고 본다.

벤처 캐피탈이란 일반적으로 투기적 신설기업 또는 기업 확장을 꾀하는 고도의 기술 지향적 기업에 투자하는 자본을 말하는 것으로, 배당과 자본이득의 높은 수익을 기대하는 위험성 높은 투자자본이다. 벤처 캐피탈은 개인투자가(엔젤 캐피탈)와 더불어 자금이 없어서 기업화하지 못하는 기업가들에게 자본과 경영능력을 지원하는 주식투자를 원칙으로 한다. 이때의 자본투자는 부동산 등을 담보로 하는 투자방식이 아니라 기업의 기술력과 시장성, 수익성 및 성장가능성 등을 평가하여 투자하는 무담보 투자방식을 택한다. 또한 벤처 캐피탈의 투자는 기업의 지배에 목적을 두는 것이 아니고 성공후의 이익 취득을 목적으로 하는 점에 특징이 있다.

04

기업환경과 의사결정론

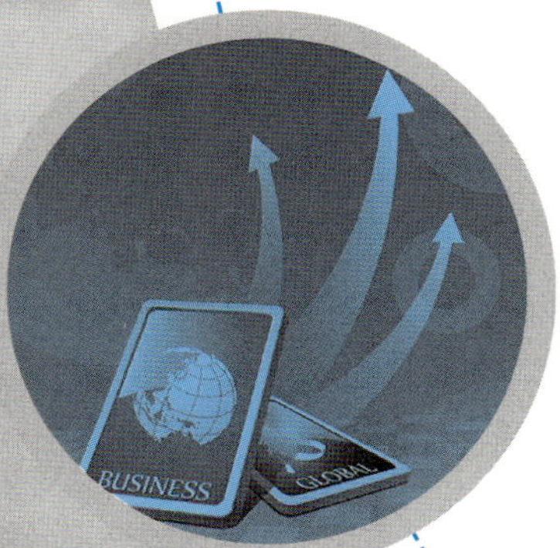

제1절 기업환경의 주체와 기업의 환경적응

제2절 기업의 전체 환경

제3절 기업의 사회적 책임과 사회감사

제4절 의사결정의 개념

제1절 기업환경의 주체와 기업의 환경적응

1 기업환경의 주체

기업환경(business environment)이란 기업의 생존과 성장에 관련되는 기업 내·외의 모든 요인을 말한다. 기업활동을 투입과 산출의 반복과정으로 요약할 때, 그 과정 속에는 기업이 영향을 미치는 대상과 이와는 반대로 기업에게 영향을 미치는 대상이 기업 내·외에 있게 된다. 이렇게 기업과 끊임없는 상호 작용을 하는 대상들을 기업환경이라 한다.

기업환경은 내부환경(internal environment)과 외부환경(external environment)으로 구분되고 외부환경은 다시 직접외부환경과 간접외부환경으로 구분된다. 내부환경이란 기업내부에 존재하며 경영자의 통제가 가능한 대상을 말하는 것으로 이에는 주주, 기업구성원, 경영자 그리고 조직문화 등이 있다. 특히 조직문화는 기업의 목표달성을 위해 조직구성원들이 공유해야하는 가치관과 사고방식을 형성하는 환경요인이므로, 경영자는 조직의 기본적 구성요소인 공통목적(common purpose), 협동의욕(willingness to cooperate), 의사소통(communication) 등이 향상될 수 있도록 바람직한 조직문화를 형성하기 위해 관심과 노력을 기울여야 한다. 한편 기업과 이해관계를 맺고 있는 외부환경요인으로는 소비자, 경쟁기업, 금융회사, 지역사회, 정부 등의 직접외부환경이 있으며 정치, 경제, 법률, 사회, 문화, 기술 등의 간접외부환경이 있는데, 이들 중 직접외부환경은 경영자의 통제가 쉽지 않은 환경으로 분류된다.

2 기업의 환경적응

기업은 하나의 개방시스템(open system)이다. 개방시스템이란 본래 생물을 설명하는 개념으로 생물이 그 생명력을 보전하기 위해서는 환경과의 끊임없는 물질, 에너지 및 정보의 교환이 이루어져야 함을 의미한다. 모든 생명은 환경의 변화에 따라 그 변화에 적응해 나가지 않으면 생명력을 보전할 수 없기 때문이다. 따라서 개방시스템을 적응적 시스템(adaptive system)이라고도 한다.

기업은 기계설비와 같은 물적 시설을 가지고 있으나, 기업 전체의 시스템은 오히려 생물 또는 개방시스템의 본질을 가지고 있다. 기업을 둘러싼 환경의 변화 속에서 기업이 생존하고 성장하기 위해서는 변화에 따른 기회를 활용하거나 당면하는 문제를 해결해 나가야 한다. 기업은 이와 같은 문제해결의 과정을 통하여 동태적인 환경변화에 꾸준히 적응해 나감으로써 생존능력을 확보할 수 있게 된다.

과학적 관리법이나 고전적 관리론, 관료제론 또는 인간관계론 등과 같은 고전적 경영학은 기업을 폐쇄시스템(closed system)으로 간주하였다. 폐쇄시스템이란 시스템과 환경 사이에 물질, 에너지 및 정보교환이 없는 시스템으로서 환경변화로부터 영향을 받지 않는 시스템을 말한다. 즉 시스템의 구성 부분만이 존재하고, 그 자체로서 모든 것이 충족된다고 가정하여 환경의 영향은 무시되거나, 그 영향이 고려된다고 해도 중요성을 거의 갖지 않는 것으로 간주한다. 그러므로 하나의 기계설비는 상대적인 의미에서는 폐쇄시스템에 가깝다고 보는 것이다.

종래의 경영자는 생산의 기계화나 기업내부의 능률 개선에 대해서만 전념하고 외부환경의 변화에 대한 적응을 간과하는 경향, 다시 말하면 기업을 외부환경으로부터 단절된 폐쇄시스템으로 보는 경향이 있었다. 그 결과 국제환경의 변화나 산업구조의 변화에 대한 적응이 뒤져서 사양화에 이른 기업도 있게 되었다. 뿐만 아니라 인간의 가치관 등과 같은 사회환경 변화에의 적응을 무시하거나 자연환경의 오염 등을 가볍게 생각한 결과, 소비자 권익보호를 위한 운동이나 공해반대 운동을 야기하기도 한다. 요컨대 생명체로서의 인간이 인간을 둘러싼 환경을 벗어나서 살 수 없듯이 기업도 다른 모든 생물과 마찬가지로 환경에 적극적으로 적응할 때에 비로소 생존이 가능하다는 것을 알게 되는 것이다. 기업은 외부환경에 적응하여 그 변화에 능동적으로 대처할 때에 존속이 가능한 생명체이다.

제2절 기업의 전체 환경

기업경영전략의 새로운 기회와 문제 및 도전을 올바르게 발견하기 위해서는 기업의 장 · 단기적 생명력에 영향을 미치는 전체 환경(total environment)을 파악해야 한다. 기업의 전체 환경시스템을 파악하기 위해서는 다음과 같이 경제적 환경, 정치적 환경, 사회적 환경, 기술적 환경, 자연적 환경 등으로 구분하여 살펴볼 필요가 있다.

1 경제적 환경(economic environment)

경제적 환경이란 한 나라의 기업 활동에 직접적인 영향을 주는 경제 시스템 전반을 말한다. 기업이 생산에 필요한 경영자원을 조달하는 곳이 시장이고 생산된 재화나 용역을 판매하는 곳도 시장임을 고려할 때 기업의 활동은 시장이라는 환경에서 수행되어야 한다. 이렇게 시장의 활동을 가능하게 하는 경제적 환경은 자유기업제도를 바탕으로 하는 시장경제체제를 뜻하므로, 한 국가의 경제적 환경 중 가장 중요한 요인으로는 우선 경제체제를 생각해볼 수 있다. 경제체제와 더불어 정부의 경제정책, 재정정책, 산업구조, 유통구조, 국제수지, 환율, 금리, 경제성장률, GDP, 소비구조, 저축구조, 임금수준, 고용수준 등을 기업의 경영활동에 영향을 미치는 경제적 환경요인으로 보며, 이들 경제적 환경의 장래 변화에 대하여 행하는 예측을 경제예측(economic forecasting)이라고 한다.

2 기술적 환경(technological environment)

제조공정이나 원재료, 제품 등의 물적 유통기술, 또는 정보기술 등에서 볼 수 있는 기술적 요인들이 기술적 환경에 포함되는데, 이러한 기술적 환경은 사회변화를 야기하는 중요한 변수 중의 하나가 된다. 예컨대 컴퓨터의 출현이 모든 산업에 혁신을 가져와서 생산성을 높여주고 원가를 낮추는 한편 수익을 증대시키는 것과 같이, 기술의 혁신은 기술 환경을 변화시킨다. 이러한 기술적 환경의 변화는 다시 사회 환경 변화의 요인으로 작용하게 된다. 각 분야의 기술혁신에 대하여 행하는 예측을 기술예측(technological forecasting)이라고 한다.

3 사회 · 문화적 환경(social and cultural environment)

사회적 환경의 변화는 소비자의 소비생활은 물론 산업구조의 변화를 야기한다. 문화적 환경 또한 사회 구성원의 생각과 행위에 영향을 미치는 제도와 태도 등을 말하는 것으로 소비자의 생활양식에 지대한 영향을 미치는 요소이다. 소비자와 기업과 사회 간의 관계에 영향을 미치는 사회 · 문화적 환경은 다음과 같은 요인으로 이루어지는 하위시스템을 형성하고 있다.

1) 인구통계학적 요인

출산율의 감소, 인구의 고령화, 핵가족화, 독신자 수의 증가, 여성 취업자 수의 증가, 고학력자의 증가, 이혼율의 증가 등이 있다.

2) 지역사회학적 요인

도시화의 진전, 도시의 과밀화, 주거의 교외분산, 교통의 혼잡, 각종 공해의 발생 등이 있다.

3) 가치관

가치관이란 가치를 중심으로 보는 관점을 말하는데, 가치란 어떤 상황에서 적절한 반응이 무엇인가에 대한 믿음과 인식을 포함하는 사고의 조합이다. 산업의 발달은 가처분소득과 여가시간의 증대를 가져왔으며, 다양한 개성과 삶의 질을 추구하는 인간존중주의 가치관이 형성되어왔다. 이는 산업의 복합화와 분업화가 진전됨에 따라 인간의 근본적인 사고방식과 태도와 신념이 달라지는 환경의 변화를 의미하는 것이다.

4 정치적 환경(political environment)

국가 또는 지방공공단체의 정책방침 및 이를 구체화한 예산의 동향을 정치적 환경이라고 한다. 정치적 환경의 변화는 근본적으로 국민 또는 지역주민의 가치관의 변화에 바탕을 두고 있다.

5 자연적 환경(natural environment)

자연적 환경이란 오염되지 않은 대기, 일광, 하천, 바다, 녹지 등 인간의 건강에 필요한 자연의 환경을 가리킨다. 공해란 이러한 자연환경의 오염이나 파괴 때문에 인간의 생명이나 건강을 해치게 되는 작용을 말한다.

이상에서 살펴본 여러 환경들은 기업이 신제품을 개발하거나 생산 공장의 건축을 기획하는 경우 주로 고려하는 종래의 환경요인을 설명하는 것으로 볼 수 있다. 그러나 기업이 원활한 활동을 하기 위해서는 기술적 환경이나 경제적 환경 외에 사회적 환경이나 자연적 환경에도 신중한 주의를 집중해야 한다. 기업의 의사결정은 기술적 환경이나 경제적 환경과의 상호작용뿐만 아니라 사회적 환경이나 자연적 환경과의 밀접한 관련을 고려하여 수립되어야 하기 때문이다. 그러나 기업은 기업을 둘러싸고 있는 위의 5가지 환경 외에도 소비자와의 원만한 관계를 유지하기 위해 노력해야한다. 기업의 사회적 책임(Corporate Social Responsibility; CSR)을 보다 충실히 수행해나가기 위한 이유에서이다.

제3절 기업의 사회적 책임과 사회감사

1 기업의 사회적 책임의 의의

기업이 행하는 의사결정이나 행동이 사회적 책임의 달성을 전제로 행하여지고 있는가의 여부는 중대한 사회문제 중의 하나가 되어 있으며, 기업에 대한 사회적 비판의 대부분은 이 문제와 관련되어 있다. 기업의 사회적 책임(Corporate Social Responsibility; CSR)에 관해서는 여러 견해가 있지만, 이는 기업이 그 환경주체인 각 이해자 집단의 목표와 요구 또는 그에 관한 제도상의 규칙에 적합하게 의사결정을 하고 행동하는 것을 주로 의미한다. 그러므로 기업의 사회적 책임(socially responsible)과 관련한 의사결정과 행동을 환경주체별로 살펴볼 필요가 있다.

예컨대 내부 환경의 주체인 조직구성원에 대하여 기업은 그들의 주체성과 인간성을 존중하고 정신적 · 경제적 욕구를 충족시켜주는 동시에, 구성원관계의 각종 법적 규제를 준수하는 것이 구성원에 대한 사회적 책임이 된다. 이와 같은 구성원에 대한 책임을 사회적 책임이라는 개념으로 명확하게 정의한 대표적 문헌은 쉘든(O. Sheldon, 영국)의 「관리사상」(The Philosophy of Management)이다. 쉘든이 그의 저서에서 구성원에 대한 존경, 능력의 최대 활용, 고용의 안정적 확보, 참여, 생활수준의 향상, 여가의 증대 등을 이미 1924년에 구성원에 대한 사회적 책임의 내용으로 삼고 있었다는 점은 주목할 만하다. 그는 기업의 사회적 책임이나 사회봉사의 의미를 강조하는 한편, 경영면에 있어서는 관리의 기법과 함께 구성원의 협동의사를 중심으로 하는 인간적 측면을 중시함으로서 실천적인 과학적 관리법에 사회윤리를 적응시키는 관리사상을 주장한 것이다.

내부환경의 주체인 구성원에 대한 사회적 책임 외에, 외부환경의 주체인 소비자, 지역사회, 주주, 거래처기업, 금융기관, 정부, 기타의 이해자 집단에 대해서도 각 주체의 목표나 요구, 그리고 법적 규제에 적합한 행동을 취하는 것이 외부환경주체에 대한 기업의 사회적 책임에 해당된다. 이는 기업과 관련된 지역의 자연환경이나 생활환경의 오염과 파괴의 발생을 방지할 뿐만 아니라, 그러한 문제가 발생하였을 경우의 손실을 보상하며 환경을 복원하는 동시에 환경보전관계의 법률과 법령 등의 규제를 준수할 것을 의미하고 있다. 따라서 회사의 지역사회에 대한 사회적 책임을 비용의 측면에서 파악하는 경우, 흔히 공해방지비용의 기업 부담을 가리키는 것으로 이해되고 있으나, 기업의 지역사회에 대한 책임은 공해방지비용, 공해손실보상비용, 그리고 환경복원비용의 합으로 이루어지는 것으로 이해해야 한다.

기업의 환경에의 적응이 환경주체의 욕구에 대한 적응이라고 한다면, 그의 적응과정은 당연히 사회적 책임의 달성과 이를 위한 비용부담을 전제로 한 의사결정과 행동을 내용으로 한 것이라야 할 것이다.

2 기업의 사회적 책임의 내용

기업의 사회적 책임은 다음을 그 구체적 내용으로 볼 수 있다.

1) 주주에 대한 책임

첫째, 주주에 대한 안정적인 배당 및 도산의 회피
둘째, 업적 신장 및 각종 우대제도
셋째, 영업보고서의 구체화 및 주주와의 소통, 주주 간담회의 개최 등

2) 기업 구성원에 대한 책임

첫째, 구성원 고용의 안정화
둘째, 안정 임금의 보장
셋째, 부가 급여(fringe benefits)의 충실
넷째, 주휴 2일제 등 생산성 향상에 따른 노동시간의 단축
다섯째, 노동 재해의 위험 예방
여섯째, 구성원의 재산형성에의 주력
일곱째, 구성원의 능력개발
여덟째, 구성원 복지후생시설의 충실화 등

3) 소비자에 대한 책임

첫째, 경영 합리화를 통한 제품 및 서비스의 저가격 · 안정적 공급
둘째, 품질표시, 사용법 등 상품정보의 제공
셋째, 제품의 수리 · 교환 등 애프터서비스(After Sales Service; A/S)의 제공
넷째, 선전광고의 적정화
다섯째, 과잉포장, 불량포장의 금지 등

4) 지역사회에 대한 책임

첫째, 자사제품의 사용과 소비에 따른 고정 폐기물의 회수 및 처리
둘째, 공해와 사고의 방지
셋째, 훼손된 환경의 신속한 복원
넷째, 지역주민의 고용증대
다섯째, 공장과 사무실의 녹지조성 및 경관조성
여섯째, 기업 복지후생시설의 지역사회에의 개방
일곱째, 지역사회의 문화 · 예술 · 교육활동에 대한 지원
여덟째, 지역사회 주민과의 대화를 위한 노력 등

5) 관련기업에 대한 책임

첫째, 하청업자나 중소거래업자에 대한 경영상의 압박금지
둘째, 하청업자에 대한 기술 및 자금지원 등

6) 일반사회에 대한 책임

첫째, 신기술 개발을 위한 노력

둘째, 자원 및 에너지 절약을 위한 노력
셋째, 공장의 신설 및 이전 등을 통한 과밀 · 과소 해소노력
넷째, 물가억제정책에 대한 협조 등

3 기업의 사회적 책임에 대한 긍정론과 부정론

기업의 사회적 책임에 대한 긍정론은 기업이 기업환경을 구성하는 모든 주체의 요구에 적극적이고 자발적으로 대응하는 것이 기업자체의 존속과 성장을 위하여 필요하다는 견해이다. 이에 반하여 부정론은 기업을 그 본래의 사회적 기능인 생산적 행동 범위에만 한정시키고, 기업환경주체가 요구하는 이상의 주장은 정부나 기타의 제도에 맡겨야 한다는 내용이다.

1) 긍정론

월튼(C. C. Walton), 벌리(A. A. Berle), 리건(M. D. Regan) 등의 긍정론자들은 현대기업의 소유 특성에 근거하여 긍정론적 기업책임을 주장하고 있다. 오늘날에는 다수의 주주가 고도로 분산된 주식을 통하여 기업을 소유하기 때문에 기업 활동이 사회전체의 이익을 위해 공헌할 수 있어야 하며, 이를 위해서는 기업이 모든 이해자집단의 이해조정자로서 책임있게 행동해야 한다는 주장이다. 기업, 특히 대기업의 권력은 현대사회에서 광범위하고 강력하게 확대되어 그 영향력이 지대하기 때문에 경영자는 기업에 집중되어 있는 다양한 이해관계자집단의 이익을 균형되게 도모하는 공정한 이해조정자로서의 역할을 해야 한다는 것이다. 기업이 사회에 대하여 가지는 영향력과 지배력을 기업의 권력이라 할 때, 이를 대내적 권력과 대외적 권력 두 가지로 나누어 제시한 벌리(A. A. Berle)의 주장은 다음과 같다. 대내적 권력이란 기업조직내의 개인과 관계되는 것으로 구성원의 채용, 해고, 고용조건 등을 좌우하는 권력으로 표

현하였으며, 대외적 권력으로는 다음의 여섯 가지를 제시하였다.

첫째, 기업을 경영하는 의사결정 권력이며 이는 지역사회에의 권력이다.

둘째, 원재료나 서비스를 구입하는 권력이며 이는 지역사회에의 권력을 뜻한다.

셋째, 기업이 제공할 생산력을 결정하는 권력이며 이는 소비자에의 권력이다.

넷째, 가격을 결정하고 관리하는 권력이며 이 또한 소비자에의 권력이다.

다섯째, 배당의 정도를 결정하는 권력이며 주주와 사회에의 권력을 의미한다.

여섯째, 자금의 일부를 자선사업에 제공하는 권력이며 주주와 사회에의 권력을 의미한다.

기업의 사회적 책임에 대한 긍정론에서는, 경영을 위해 부여된 권력이 경영의 결과에 대한 책임을 수반해야 되는 바와 같이, 기업이 사회에 대하여 향유하는 대내외적 권력에 상응하는 책임을 지각하여 신중하고 책임 있게 행동해야 한다고 강조하고 있다.

2) 부정론

프리드만(M. Friedman), 레비스(B. W. Lewis), 보웬(H. R. Bowen) 등의 부정론자들 중 보웬(H. R. Bowen)은 기업이 이윤추구 이외의 책임을 자발적으로 인수하는 것을 다음과 같은 이유로 반대하고 있다.

첫째, 시장경쟁이 존재하는 이상, 기업이 사회적 책임에 관심을 가진다 하더라도 이를 실천에 옮기기는 불가능하다.

둘째, 대기업에 의한 사회적 책임의 수용은 원가의 증대를 초래하게 되어 고가격의 형태로 소비자에게 전가되거나, 혹은 저임금의 형태로 종업원에게 전가 된다.

셋째, 기업가는 이윤동기에 의하여 행동하기 때문에 사회적 책임의 자주적인 수용은 기대할 수 없다.

넷째, 사회적 책임론은 결국 기업가의 자기권리 보전과 정당화를 위한 수단으로 사용될 수밖에 없다.

다섯째, 불명확한 사회적 책임의 이행을 기업가에게 요청한다는 것은 기업의 직접적인 관계자에 대한 책임을 경시하는 것이 된다.

여섯째, 기업가가 사회적 목적을 위한 결정을 한다는 것은 결과적으로는 주주에 대한 법률적 업무의 모독이 될 수도 있다는 것이다.

이렇듯 기업의 사회적 책임에 대한 부정적 논지는 기업을 이윤추구에만 전념하도록 하는 반면 공익실현을 위한 노력은 자발적이거나 적극적인 자세를 거부할 수 있도록 합리화함으로서 공익실현의 임무를 정부의 몫으로 일임하게 한다. 그러나 이러한 논지는 결국 기업의 자율성을 축소시키는 결과를 가져온다.

위에서 살펴본 바와 같이 기업의 사회적 책임에 대한 긍정론과 부정론이 각기의 특징을 가지고 있기는 하지만, 기업이 사회의 소산이며 사회의 동향을 무시하고는 존속할 수 없다는 사실 또한 분명하다. 그렇기 때문에 기업은 싫든 좋든 사회적 책임을 거부하기 어려우며, 기업주체로서의 경영자도 사회적 책임에의 대응을 경영정책 활동을 위한 과제로 삼아야 하는 것이다.

4 사회감사

사회감사(social audit)란 기업이 수행한 사회적 목표의 달성도를 측정하여 기업이 환경주체의 요청에 어느 정도 대응하고 있는가를 평가하는 제도를 말한다. 즉 기업의 정책이나 방침이 기업을 둘러싼 사회 환경에 대하여 어떠한 영향을 미치고 있는가, 그리고 기업에 대한 사회의 기대에 어느 정도 부응하고 있는가를 감사하는 것으로서 사회에 영향을 미치는 기업의 활동을 조직적으로 평가하는 제도이다. 회계감사의 개념을 원용한 사회감사는 일정한 사회적 성과기준(social performance standard)을 설정하여 그 달성상황을 감사하는 데에 목적을 두고 있다. 사회감사제도는 1940년 크렙스(T. J. Kreps)가 정부기관에 의한 기업의 업적감사를 주장하며 제창하였다. 1953년에는 보웬(H. R. Bowen)에 의하여 이 제도의 원형이 제시되었으며, 1970년 이후 급속히 발전되기에 이르렀다.

사회감사의 평가대상으로는 공해방지 투자의 효과, 신체장애자의 고용률, 지역사회에의 공헌, 구성원복지대책의 실적 등을 들 수 있으며 각 기업의 사회감사보고는 사장 또는 회장을 경유하여 이사회에 제출하도록 하고 있다.

사회감사를 통하여 기업이 얻게 되는 이점은 다음과 같은 것이 있다.

첫째, 사회감사는 경영자에게 지역개발 등에 관련된 활동의 효과를 평가하는데 필요한 정보를 제공한다.

둘째, 경영자는 사회감사에 필요한 보고와 평가가 요구하는 활동에 주의를 기울이게 될 것이므로 사회적 목적을 충족시키기 위한 대상에 적극적인 관심을 갖게 된다.

셋째, 사회감사는 경영자가 서로 다른 사회적 활동의 상대적 효과를 비교할 수 있는 정보를 제공한다.

넷째, 사회감사는 경영자가 사회업적에 관하여 기업에 요구하는 여러 외부집단에게 정보를 제공할 수 있게 한다.

제4절 의사결정의 개념

1 의사결정의 기초 이론

의사결정에 관한 기초이론을 한계 이론, 계량적 이론, 심리적 이론을 중심으로 소개한다.

1) 한계이론(marginal theory)

한계이론은 이윤극대화(profit maximization)의 과정을 수확체감의 법칙을 바탕으로 설명하는 경제학 이론으로서, 총이익의 극대화를 위하여 수익과 비용의 한계점(marginal point)에서 의사결정을 한다는 이론이다. 여기서 한계점이란 한계비용과 한계수익이 일치하는 점을 말하며 총이익은 그 점에서 극대화될 수 있다고 본다.

이러한 한계이론을 구성하는 한계분석(marginal analysis)은 관리적 의사결정에는 도움을 줄 수 있다. 그렇지만 미래의 이익을 극대화하기 위한 실제의 의사결정에는 근본적으로 다양한 가정과 변수가 영향을 미치게 되고 그에 따른 의사결정 자료를 함께 고려해야 하기 때문에 한계이론을 통해 타당한 한계점(marginal point)을 모색하고 이를 결정에 적용하는 데는 현실적 어려움이 있다.

2) 계량적 이론(mathematical theory)

계량적 이론은 수학적 개념과 공식을 근간으로 컴퓨터를 이용하여 의사결정과정을 설명하는 계획기법이며 OR 기법(Operations Research Technique)이 이에 속한다. 이 이론은 의사결정 환경내의 다양한 변수와 가정(假定) 그리고 여러 전제조건 등을 수리적 모형을 통해서 분석하고 중요 결정요인을 파악함으로서 당면문제를 해결하는 의사결정 이론이다. 그러나 계량적 이론에는 의사결정에 필요한 정성적(定性的)이거나 정량적(定量的)인 요소 모두를 수치화하여 모형화해야 하는 어려움이 있다.

3) 심리적 이론(psychological theory)

심리적 이론은 위에서 소개한 한계이론이나 계량적 이론이 추구하는 의사결정의 초점과 구분된다. 한계이론과 계량적 이론이 그 추구대상을 경영자의 이윤극대화에 두고 의사결정을 시도하는 점에 있는 반면, 심리적 이론은 인간의 만족을 추구하는 행동과학적 입장에서의 의사결정을 설명하려는 데 초점을 두고 있다는 점에서 다르다. 그러나 이러한 심리적 이론에서는 만족추구(satisfying)와 이윤극대화 추구(profit maximizing)의 개념적 구분이 쉽지 않으며, 경영자의 만족기준(satisfying criteria : 만족한 경영환경, 시장점유율, 이익 및 적정제품가격 등)을 설정하는 과정에도 어려움이 따른다. 또한 의사결정을 위해 측정해야하는 인간의 욕구수준도 무의식적으로 증대되는 속성이 있어 그 불확실성과 위험성을 간과할 수 없다.

2 의사결정의 의의와 유형

1) 의사결정의 의의

의사결정이란 일정한 목표를 설정하고, 그 목표를 효과적으로 달성하기 위한 몇 가지 대체안(대안 : alternatives) 중에서 가장 유리하고 실행 가능한 대체안을 선택하는 합리적인 인간행동이라고 정의된다. 그러므로 의사결정(decision making)이란 효과적인 목표달성을 위해 대체적 가능성이 있는 다양한 활동과정 중에서 특정한 하나의 활동과정을 선택하는 과정이라고 할 수 있다. 현대의 경영관리(management)란 의사결정을 뜻한다고 할 정도로 의사결정의 의의와 비중이 증대되어왔다. 의사결정론은 경영학의 전체적인 체계 면에서나 경영정책론적, 전략론적 관점에서도 그 비중이 절대적이며, 실제적 응용과학인 실용학문으로서의 유효성이 큰 학문적 의의를 지닌다.

의사결정론은 경영학의 전체적 체계 면에서나 경영정책론적, 전략론적 관점에서도 그 비중이 절대적이며 실제적 응용과학인 실용학문으로서의 유효성이 큰 학문적 의의를 지닌다. 당면과제의 해결을 위하여 등장한 의사결정론은 일반적인 학리상의 문제로도 다음과 같은 요약이 가능하다.

첫째, 달성해야 할 목적이 두 가지 이상이 있을 경우

둘째, 선택을 해야 하는 대체적인 활동과정이 둘 혹은 그 이상이 있는 경우

셋째, 어떤 활동과정이 목적을 극대화시킬 수 있는지 불명확할 경우

이상과 같은 당면과제를 해결해야 하는 것이 의사결정인 만큼 학문적 의의가 클 뿐 아니라 실제적인 면에서도 유용성이 인정되고 있다고 볼 수 있는 것이다.

목표달성을 위한 경영자의 핵심적인 행동은 의사결정이라는 관점에 집중되기 때문에 의사결정론적 방법론(decision theory approach)만이 가장 합리적인 연구라고 주장하는 의사결정학파(decision theory school)까지 등장하게 되었다. 의사결정학파란 행위나 방책에 관한 가능한 대체안으로 부터의 선택(the selection from among possible alternatives)을 그 접근방법의 주제로 하는 조류를 말한다.

2) 의사결정의 유형

의사결정 유형의 분류방법에 관한 사이먼(H. A. Simon)과 앤소프(H. I. Ansoff)의 주장을 소개한다.

(1) 사이먼(H. A. Simon)의 두가지 의사결정 유형

가. 정형적 의사결정(programmed decisions)

일상적(routine)으로 처리되는 절차와 방법에 따라 반복적으로 행해지는 의사결정이므로 「프로그램화된 의사결정」이라 한다.

나. 비정형적 의사결정(non-programmed decisions)

이러한 의사결정은 그 결정에 대한 경험이 없기 때문에 이를 새로운 유형의 의사결정이 요구되는 비정규적이고 불특정적인 의사결정이라 하고 「프로그램화 되지 않은 결정」으로 비교한다.

(2) 앤소프(H. I. Ansoff)의 세가지 의사결정 유형

가. 전략적 의사결정(strategic decisions)

기업과 환경과의 관계에서 동태적인 균형을 확립시키기 위한 전략과 관련된 결정으로 이는 기업목표의 변경, 기업규모의 확대를 위한 성장계획, 다각화 및 신제품개발계획 등을 포함하는 의사결정을 말한다. 전략적 의사결정에는 OR/MS(Operations Research / Management Science : 계량경영학)기법 등이 주로 적용된다.

나. 관리적 의사결정(administrative decision)

전략적 의사결정을 구체화하기 위하여 최적상태의 성과를 나타낼 수 있도록 기업의 모든 자원을 조직화하는 전략으로 여기에는 전략실현을 위한 조직구조의 변경, 재무조직의 적응, 인적 자원의 확보, 협동심이 강한 조직의 형성과 조정 등에 관한 의사결정 등이 해당된다.

다. 업무적 의사결정(operational decision)

전략적 결정과 관리적 결정을 구체화하기 위한 하위결정으로 일상적으로 수행되는 업무에 관한 의사결정이다. 이는 인적 · 물적 자원을 조달하여 새로이 결합하거나 기존의 결합방식을 변경함으로서 상위결정의 실행을 위한 효율적인 최적화상태 유지를 목적으로 하는 의사결정이다.

의사결정유형은 앤소프가 제시한 위의 3가지 유형 외에 개인적 의사결정(personal decision)과 조직적 의사결정(organizational decision)으로 구분하기도 한다. 전자는 개인이 자신의 평가기준에 따라 의사결정을 하는 경우를 뜻하며 이를 무의식적 의사결정이라고 한다. 후자는 개인이 자신의 평가기준에 따르지 않고 조직의 한 구성원으로서 비개성적인 의사결정을 하는 경우가 해당되는데, 이를 의식적 의사결정이라고 한다.

3 기회비용과 불확실성

1) 의사결정과 기회비용

의사결정이란 문제해결을 위해 활용될 여러 다양한 대체안(alternatives) 중에서 가장 유리한 대체안 하나를 선택하는 과정을 포함하는 행위이다. 그러므로 의사결정자는 이 과정에서 하나의 대체안을 선택하기 위해 다른 대체안들을 포기해야 하고, 포기한 대체안이 가지고 있는 이익을 상실하거나 그로 인해 발생할 수 있는 비용을 고려해야 한다. 이러한 이익이나 비용을 의사결정과정에서 발생하는 기회비용 또는 기회원가(opportunity costs)라고 한다. 이는 특정한 의사결정 과정에서 발생하는 이익이 이와 대체적(代替的)인 관계성을 갖고 있는 다른 의사결정과정에서 생기는 이익에 의해 부분적으로 상쇄되는 상태를 의미한다. 다시 말하여 의사결정시 고려하는 다양한 대체안들은 모두 이익의 개념을 전제로 마련된 것이기 때문에 그 중에서 가장 유리한 대체안을 선택하게 되는데, 그렇지 못할 경우에는 잠재적 희생이 발생하게 된다는 것이다. 때문에 의사결정을 할 때에는 이와 같은 기회비용을 분석하여 대체적 활동과정에서 초래되는 상대적 이득(comparative advantage)을 충분히 검토하고 평가해야 기업목표와 정책에 가장 적합한 대체안을 선택할 수 있게 된다.

2) 의사결정과 불확실성

의사결정을 위해 수집된 자료(input)가 신뢰할만하고 정확하다면 의사결정 실행의 결과(outcome)는 거의 확실한 예측을 할 수 있다. 그러나 그렇지 못할 경우는 의사결정시의 불확실성(uncertainty)이 증대하게 되어 의사결정자가 위험(risk)에 직면할 수도 있다. 이 때 불확실성하에서 예측할 수 있는 의사결정안의 대체가능한 결과로는 다음의 세 가지 유형이 있다.

첫째, 목표의 완전한 달성
둘째, 목표의 부분적 달성
셋째, 목표의 미달성 등

그러나 이는 결국 불확실성하에서의 의사결정에는 예측할 수 없는 미래의 사태를 유발할 수 있는 위험성이 내포되어있음을 의미하게 된다. 그러므로 불확실성과 위험에 대한 불안으로부터 의사결정자의 심리적 부담을 경감시키고 의사결정 결과의 효과를 증대시키기 위해서는 자료의 분석과 평가에 신중을 기할 필요가 있다.

4 전략적 의사결정의 방법과 패턴

1) 의사결정의 방법

의사결정의 방법은 일반적으로 자기 발견적 방법(heuristic method)과 준분석적 방법(quasi-analytic method) 등 두 가지로 구분된다.

(1) 자기 발견적 방법(heuristic method)

불확실한 미래에 대하여 불완전하거나 충분하지 못한 정보로 당면과제를 해결하고자 할 때 적용되는 기법이다. 이는 의사결정자 개인이 갖고 있는 경험이나 기억을 의사결정의 중요한 기초로 삼아 각 단계별 해결책을 선택하고, 이를 토대로 일정한 결정규칙에 따른 반복적 선택과정을 밟아 최적 해결책을 얻고자 하는 문제해결 방법이다.

실제로 의사결정이 처음부터 명확한 구상이나 사고를 가지고 이루어지는 경우는 드물다. 처음에는 막연한 구상으로부터 출발하지만 축적된 경험과 기억 또는 환경적 분석요인 등을 바탕으로 하여 일정한 전략이 차차 수립되고 이를 지속적으로 보관하고 보충함으로서 해결방안이 수립되어가는 기법이 휴리스틱 방법인데, 이는 조건의 설정이나 정형화에 국한되지 않는 방법이다.

이러한 의사결정방법은 우리의 일상생활 속에서 자주 있는 일, 예컨대 축구경기를 한다든가, 장기와 바둑을 두어서 승리를 해야 할 상황이라던가, 또는 현재의 수입을 절약하여 미래의 일정한 사업을 성공시켜 보겠다는 미래의지의 실현 등과 같이 추리과정에 따라 결정할 수 있는 여러 과제의 경우에서 찾아볼 수 있다.

(2) 준 분석적 방법(quasi-analytic method)

당면과제의 해결을 위해 설정된 일정한 조건과 정형화된 특정의 방법론을 요하는 의사결정기법이다. 이 방법은 과정 지향적이고 정형적이면서 피드백을 중시하는 기법으로, 두 개 이상의 목표를 효과적으로 달성하는데 적용하기 용이한 전략적 의사결정방법이다. 이 기법은 앤소프(H. I. Ansoff)가 개발한 의사결정의 방법이며 그 특성은 다음과 같다.

가. 목표지향적 방법

이 방법에서는 의사결정자가 추구하는 성과와 목표달성에만 주력하기보다 목표달성을 위해 노력하는 대체적 과정을 중시한다. 그러므로 목표 지향적 방법에서는 자본이익률의 개선과제를 해결하기 위한 상황적 요소를 비교하여 장기적으로 개선 가능한 기술혁신 전략이나 안정성 전략을 선택하게 된다.

나. 정성적 요인을 중심으로 의사결정

당면문제와 관련되는 정성적 요인을 확보하여 과제의 범위 내에서 의사결정을 한다.

다. 피드백(feedback)과정의 중시

문제의 해결과정에서 발생되는 다양한 가정을 검증하고 수정함은 물론, 당면과제에 대한 자기 수정절차와 그 수정작용의 시도를 반복함으로서 문제해결을 위한 의사결정을 한다.

라. 목표달성을 위한 복수의 전략선택

두 개 이상의 목표를 달성하기 위해 목표 간의 전략적 기준을 균형되게 하고, 이를 전제로 의사결정 선택대안을 마련한다.

2) 의사결정의 패턴

의사결정이 이루어지는 패턴은 확실성하(確實性下)에서의 의사결정(Decision Making Under Certainty: DMUC), 위험하(危險下)에서의 의사결정(Decision Making Under Risk: DMUR), 불확실성하(不確實性下)에서의 의사결정(Decision Making Under Uncertainty) 등 세 가지로 구분되는데, 이를 다음과 같이 요약 설명한다.

(1) 확실성하에서의 의사결정(DMUC)

의사결정의 자료가 정확하여 불확실한 결정요인이 전혀 없는 상황에서 이루어지는 의사결정이다. 다시 말하여 어떤 상황이 나타날 것인지를 언제나 사전에 알고 있기 때문에, 각각의 의사결정대안에 대하여 주어지는 하나뿐인 상황 속에서 결정대안을 명확하고 쉽게 선택할 수 있다는 것이다. 그러나 이처럼 확실한 상황이라 해도 의사결정 기준이 분명하지 못하거나 결정변수가 너무 많아서 모두 수용할 수 없는 경우에는 의사결정이 반드시 쉽다고 말할 수는 없다. 이 경우의 의사결정에는 대수(algebra)적 기법인 손익분기분석(break even analysis), 비용편익분석(cost-benefit analysis)과 수리계획법 모형인 선형계획법(linear programing method)등이 많이 이용된다.

(2) 위험하에서의 의사결정(DMUR)

주어진 상황의 내용별 출현 가능성이 알려져 있는 경우로, 의사결정자는 부분적으로 알고 있는 각 상황별 정보에 대응하는 결정대안을 선택한다. 예컨대 일기예보를 듣고 우산을 준비하여 외출하거나 외출을 자제하는 경우를 생각해볼 수 있다. 비가 올 것이라는 확률예보에 따라 우산을 준비하여 외출한다면 비를 맞지 않아도 될 것이고, 그 반대의 경우라면 비를 맞아 감기에 걸리거나 옷이 젖는 결과를 가져올 결과 등이 그 것이다. 이러한 상황에서 의사결정자에게 도움을 줄 수 있는 계량적 기법으로 통계적 분석(statistical analysis), 대기행렬 이론(queuing theory), 시뮬레이션(simulation), 휴리스틱 방법(heuristic method), 네트워크 분석기법(network analysis technique), 효용이론(utility theory) 등을 들 수 있다. 이들 중 특히 네트워크 분석기법은 의사결정나무(decision tree), CPM/PERT(critical path method/program evaluation review technique) 등을 포함한다.

(3) 불확실성하에서의 의사결정(DMUU)

이러한 의사결정은 의사결정을 위해 제공되는 자료가 객관적 확률을 전혀 확보하지 못한 상황에서 이루어진다. 다시 말하여 주어진 상황이 어떻게 나타날지 도무지 알 수 없는 상태에서 결정대안을 선택하는 경우이다. 예컨대 특정제품의 수요가 어떻게 변동될지, 경쟁자의 전략이 어떻게 결정될지, 국내외의 경제상황이 어떻게 변화할지에 대해서 전혀 알지 못하여 그 발생확률 조차 예측할 수 없는 상황 속에서 의사결정을 해야 하는 경우이다.

그러나 이러한 상황에서도 의사결정에 적용할 수 있는 몇 가지 기준이 있다. 라플라스-베이스 기준(Laplace-Bayes criterion), 후루빅스 기준(Hurwics criterion), 월드 기준(Wald criterion), 맥시맥스 기준(maximax criterion), 새비지 기준(Savage criterion) 등을 말한다.

05

기업집중과 국제화

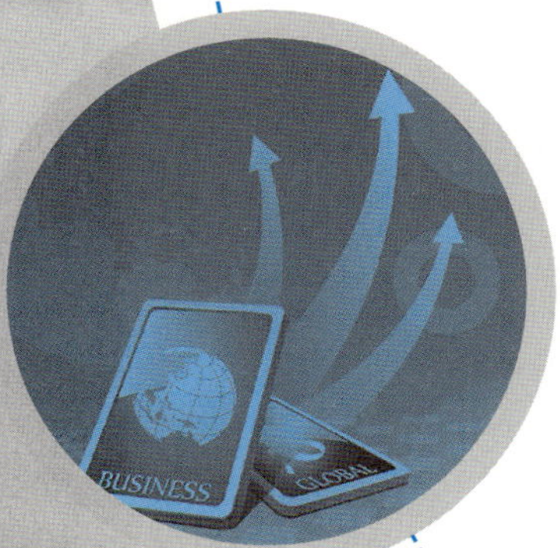

제1절 기업집중의 의의와 기본 형태

1 기업집중의 의의

기업집중(concentration)이란 기업 간의 결합조직을 말하는 것으로, 기업 상호간의 경쟁을 제한하거나 완화 또는 배제하는 시장통제를 꾀함으로서 시장에서 유리한 상태를 유지하고 이를 통하여 이윤추구를 도모하려는데 목적을 둔다.

이윤추구가 목적인 기업은 자본주의의 발달과 더불어 규모의 확대, 기업체수의 증가, 생산방법의 개선 등에 의한 괄목할 성장을 하였으나 한편으로는 생산의 과잉을 초래하게 되었고, 이에 따라 시장의 확보를 위한 치열한 경쟁을 감수해야 하는 상황에 이르렀다. 때문에 각 기업은 과도한 판매비를 지출하거나 부품과 원자재 등의 가격 등귀(騰貴)를 감내하고 때로는 제품가격을 경쟁적으로 인하(引下)해야 하는 어려움에 처하게 되어 도산의 위험을 직면하기도 한다. 기업은 이러한 어려움과 위험을 타개하기 위한 방법을 경쟁의 제한과 배제에서 찾아 원재료를 확보하고 불요불급(不要不急)한 비용을 절약하는 등의 경영합리화를 추구하는 바, 이와 같이 기업에게 유리한 상태를 유지하기 위하여 서로 연합하거나 합동하고, 혹은 자본적 지배를 기도(企圖)하려는 형태의 결속이 기업집중 또는 기업결합이다.

기업이 결합하여 복합 형태를 이루는 목적에는 여러 가지가 있겠으나 그들 중 중요한 것은 다음과 같다.

1) 경쟁의 제한 또는 배제의 목적

이는 동종 또는 유사부문의 기업들 사이에 조직되는 결합으로, 특정산업부문을 통제하려는 데 목적이 있다. 수평적 결합(horizontal combination) 혹은 횡단적(橫斷的)

결합이라 불리는 이러한 형태의 기업집중은, 관련기업 간에 제품의 생산과 판매에 관한 협정을 맺음으로서 생산이나 판매에 있어서의 경쟁을 제한하거나 배제하려는 경우이다. 다음에 소개하는 카르텔(Cartel)과 트러스트(Trust)가 대체로 이러한 목적을 위해 형성된다.

2) 생산 공정의 합리화 목적

이는 원료부문의 기업과 생산부문의 기업 그리고 판매부문의 기업이 서로 결합하여 원료의 공급이나 생산 또는 제품판매의 각 영역에서 우위를 유지하기 위해 형성하는 기업집중이다. 이러한 형태의 기업집중을 종단적(縱斷的) 결합 또는 수직적 결합(vertical combination)이라 하며, 펄프부분기업과 제지업체 그리고 지류(紙類)판매기업 간의 경우를 예로 들 수 있다.

3) 출자에 의한 지배력의 강화 목적

이는 재벌이나 금융업자가 출자를 통해 여러 개의 기업을 집중시킴으로써 그의 지배력을 행사하려는 경우이다. 이를 자본적 결합(capital combination)이라 하며 금융콘체른(Concern)이 이에 해당한다. 은행이나 재벌이 제조회사에 대출을 하거나, 주식투자를 하여 제조회사를 지배하고자 하는 경우가 그 예이다.

2 기업집중의 기본 형태

기업집중의 형태는 여러 방법으로 분류할 수 있다. 그 방법 중 집중방법에 따라 분류한 기본형태 세 가지를 소개한다.

1) 기업연합형태(association)

협약관계에 바탕을 둔 집중형태이다. 기업이 독립성을 유지하면서 상호협약에 의하여 결합하는 형태이므로 그 결합은 용이하나 협약사항의 위약성(違約性)을 면하기 어렵다. 카르텔(Cartel)이 이에 해당된다.

2) 기업합동형태(fusion)

기업이 완전히 합체하여 형성되는 집중형태이다. 이 형태 내의 기업은 견고한 결합을 유지할 수는 있지만, 집중 내 기업들의 특정성과 고정성에 따라 융통이 어려운 결함이 지적된다. 트러스트(Trust)가 이에 해당된다.

3) 콘체른형태(Concern)

금융적 방법에 의하여 형성되는 집중형태이다. 콘체른의 금융적 방법에는 융자와 주식참여(주식보유)의 두 가지 형태를 들 수 있지만, 일반적으로는 주식참여의 금융적 방법에 의한 결합을 주로 의미한다. 이 형태 내의 기업은 법률적 독립성을 보유하고는 있으나 실질적으로는 독립성이 확보되지 않는 결합관계를 형성하고 있다. 주식보유의 방법에는 대기업이 다른 여러 기업의 주식을 보유하여 이것을 지배하는 경우와, 여러 기업이 각자의 주식을 상호교환 함으로써 결합하는 경우가 있다. 어떠한 방법으로 결합하든, 이 형태는 기업의 실질적인 결합관계를 형성하기 때문에 기업합동형태의 어색함에서 벗어나 있다.

제2절 기업집중의 형태

기업집중의 형태는 집중방법에 따른 분류 외에 집중기업의 법률적, 경제적 독립성의 유무에 따라 여러 가지로 분류할 수 있다. 이들은 카르텔(Cartel), 트러스트(Trust), 콘체른(Concern), 신디케이트(Syndicate), 퓨젼(Fusion) 등으로 분류되며 이들 중 가장 대표적 형태를 카르텔, 트러스트, 콘체른으로 본다.

1 카르텔(Cartel)

1) 카르텔의 의의

카르텔은 동종(유사)의 기업들이 상호경쟁을 제한하거나 완화할 목적으로 시장을 통제하여 공동의 이익을 도모코자 결합한 기업연합형태이다. 이는 각 구성기업이 법률적 독립성을 유지하면서 계약에 의하여 성립되는 것으로 다음과 같은 특성이 있다.

첫째, 시장의 경쟁제한을 목적으로 한다. 따라서 시장 통제적 활동을 주된 내용으로 하고 시장에 대한 통제는 가격통제를 중심으로 하며, 생산통제가 포함되기도 한다.

둘째, 기업집중의 결합도는 약한 편이다. 각 기업의 독립성을 유지하며 구성기업간의 공동이익을 취하는 독립기업 상호간의 계약에 의해서 성립되기 때문이다.

셋째, 동종기업간의 결합이다. 동일산업부문 내 기간의 불리한 경쟁을 완화하거나 배제하기 위한 결합이기 때문이다.

넷째, 경영활동의 부분적 계약에 의한 단기결합이다. 트러스트가 경영활동 전부를 합동하는데 반해, 카르텔은 시장통제에 필요한 범위 내의 일정한 계약을 체결하고 이러한 협정사항의 범위에 한정하여 조직되며 그 협정기간이 만료되면 계약은 자동적으로 해지된다.

이러한 카르텔은 기업의 자발적 의사에 의하여 서로 결합하는 것이 일반적이지만, 국가가 전시(戰時) 또는 유사시에 국방상의 목적 또는 통제경제를 운영하기 위해 기업을 집중시켜서 기업의 생산력을 증대시키거나 배급의 확보를 도모하는 경우도 있다. 전자를 자유카르텔이라고 하며, 후자를 강제카르텔이라고 한다.

2) 카르텔의 종류

카르텔은 구성기업 간의 협정내용이 어떠한 활동을 제한하는가에 따라 판매카르텔과 생산카르텔로 구분되며 그 구체적 내용은 다음과 같다.

(1) 판매 카르텔

판매상 간의 경쟁제한을 목적으로 동종 또는 유사부문의 기업 간에 이루어지는 카르텔이며 그 유형은 다음과 같다.

가. 가격 카르텔

각 가맹기업이 판매가격을 협정하여 가격경쟁에서 오는 불리함을 방지하기 위한 카르텔이다. 이때 판매가격을 결정하는 방법으로는 확정가격법과 최저가격법이 있다.

나. 계산 카르텔

가격카르텔의 일종으로, 가맹기업의 원가계산방법을 통일하여 그에 따라 산정되는 원가 이하로는 판매하지 않을 것을 협정하는 카르텔이다.

다. 조건 카르텔

각 가맹기업이 판매수량에 관한 일정한 협정을 맺는 카르텔이다. 이에는 각 기업에 판매수량을 할당하는 할당 카르텔도 있다.

라. 지역 카르텔

판매지역이나 판로 또는 고객을 각 가맹기업에 할당하고, 지정된 지역 또는 장소 내에서만 판매활동을 하도록 하는 카르텔이다.

마. 신디케이트

공동 판매 카르텔이라고도 한다. 가맹기업들이 별도의 공동판매기구를 설립하고 이 기구를 통해서만 판매를 할 수 있도록 하여 각 가맹기업의 개별적인 직접 판매를 금지하는 공판 카르텔이다. 신디케이트는 카르텔 중에서 가장 발달된 형태이며, 가장 강력한 구속력을 가지고 있는 고도카르텔이라 할 수 있다. 이는 판매활동의 제한을 위해서 조직되는 경우가 일반적이지만, 원료나 제품 등의 재화가 부족하여 구입에 곤란을 느끼는 경우 구매활동상의 경쟁력 강화를 위한 수단으로 강력한 신디케이트를 조직하기도 한다. 이러한 신디케이트는 가맹기업의 수가 많을수록 시장에 대한 통제력이 강하게 작동되지만 그에 반하여 아웃사이더(outsider)의 수가 많을수록, 특히 아웃사이더의 시장점유율이 클수록 대시장(對市場) 효력은 약하게 된다.

(2) 생산 카르텔

동종 또는 유사부문의 기업들이 그 생산에 관하여 서로 협정하고 결속하는 경우를 말하며 그 협정내용에 따라 다음과 같이 세분할 수 있다.

가. 생산제한 카르텔

각 가맹기업이 그들의 생산수량을 제한하여 시장에의 공급량을 감소시킴으로써 제품가격을 유지할 것을 목적으로 하는 카르텔이다. 이의 방법으로는 각 가맹기업에 대하여 생산수량을 할당하는 것이 보통이나 때로는 생산설비의 일부를 봉인하는 경우도 있고 작업시간을 제한하기도 한다. 이와 같이 생산수량을 할당하는 것을 할당 카르텔이라고 하고 1일의 작업시간이나 주 또는 월 중 일정한 휴일을 두어 작업시간을 단축하는 것을 조업단축 카르텔이라고 한다.

나. 특수화 카르텔

생산의 합리화 또는 시장독점을 목적으로 하는 카르텔이다. 이는 가맹기업들이 생산하는 제품계열 중 1개 또는 수개의 제품생산을 가맹기업별로 특화시킴으로서 시장에서의 가맹기업 간 경쟁을 피하고자 하는 것이다. 가맹기업이 다른 가맹기업의 전문영역을 침범하지 않는다는 의미에서 전문화 카르텔이라고도 한다.

다. 특허 이용 카르텔

제조상의 특허 기술이나 기타 비밀기술을 가지고 있는 수개의 기업이 생산 상의 이익을 증대시키기 위하여 그것을 서로 이용하기로 협정하는 경우의 카르텔이다.

2 트러스트(Trust)

1) 트러스트의 의의

트러스트(Trust)는 동종 또는 유사부문의 독립기업이 법률적 경제적 독립성을 상실하고 동일 경영자의 지휘나 관리 하에 통일적으로 결합되는 고도의 기업집중형태이다. 이는 미국에서 발전한 기업합동형태로 그 역사적 특수사정을 반영하여 여러 가지 형태로 분류된다.

1879년 록펠러(J. D. Rockefeller)는 정유와 수송을 지배하는 자가 미국의 전석유조직체의 관리권을 획득할 수 있다는 점에 착안하여 정유업자와 파이프라인(pipeline)의 소유자를 모아 합동회사를 조직했다. 그리고는 가맹회사의 주식을 신탁증서(trust certificate)와 상환하여 록펠러를 중심으로 하는 9명의 수탁자(trustees)에게 신탁하게 함으로서 미국 전체석유정제능력의 95%를 지배하는 46사를 결합한 것이다. 이는 외관상으로는 독립된 가맹회사였지만 실질적으로는 그들의 경영 관리권 일체가 이 수탁자들에게 귀속된 회사였다. 이것이 세계 최초의 트러스트인 「스탠더드 오일 트러스트

(Standard Oil Trust; SOT)」이다. 그 후 1887년 「위스키 트러스트」와 「사탕 트러스트」가 결성되었다. 이와 같은 트러스트는 처음에는 생산비의 절하에 의하여 가격을 인하시키기도 하였으나 결국 시장을 독점하게 되고 가격인상 등의 횡포를 나타내었다.

따라서 일반소비자나 소경쟁자에게 주는 피해를 막기 위한 트러스트 규제법이 제정되는데, 1890년에 트러스트 금지법(The Federal Antitrust Law)인 셔먼 법(Sherman Act)이 공포되어 트러스트나 기타의 형식에서 거래를 제한하는 계약은 위법으로 규정하였다. 법이 제정된 후 트러스트는 독점금지법 위반의 판결을 받아 여러 개의 회사로 해체되거나 특수회사 등의 다른 형태를 취하게 되었다. 셔먼 법은 1914년 연방상업위원회 법(Federal Trade Commission Act)과 클레이톤 법(Calyton Act) 등이 제정되어 보강되었다.

2) 트러스트의 형태

트러스트는 미국에서 발전된 기업합동형태이지만 시대적 배경에 따라 그 성격을 달리하며 다음과 같은 것들이 있다.

(1) 신탁조직(Trust in legal)

트러스트를 조직하려는 각 기업의 주주가 그의 주식을 수탁자(trustee)에게 신탁하고 그 신탁된 주의 수에 따라 신탁증서를 수령하는 방법을 취하는 트러스트이다. 이는 신탁의 절차에 의거하므로 트러스트라 할 수 있다. 이 신탁증서 자체는 자유로운 매매양도가 허용되지만, 이러한 신탁증서의 소유자는 이익배당만을 받고 경영에는 참여할 수 없으며 신탁된 주식을 타인에게 양도할 수 없게 하였다. 때문에 트러스트의 관리권은 수탁자위원회(board of trustees)가 장악하게 되며 기업의 생산량과 가격, 판매 등에 대한 절대적 지배권을 갖게 된다. 트러스트는 이러한 방법에 의해 경영되고, 시장을 통제하여 독점이익을 취한다. 이 조직은 앞에서 기술한 「스탠다드 오일 트러스트」 석유회사에서 시작되었다. 그러나 트러스트 금지법(Anti-trust Law)의 제정으로 해산되거나 그 조직이 변경되었다.

(2) 의결권 트러스트(Voting Trust)

가맹기업의 주주가 의결권을 수탁자위원회(board of trustees)에 영구히 위임하여 그 의결권의 대리행사를 하도록 함으로서 가맹기업의 경영권을 장악하는 형태이다. 한때 미국의 제너럴 모터스사(General Motors)가 이 트러스트를 채택하였으나, 약소경쟁자나 소비자에게 주는 피해가 너무 크다는 이유로 이를 금지하는 법을 제정하였다. 때문에 이는 지주회사형태를 취하는 콘체른형 트러스트와 합동하여 새로운 회사를 신설하는 퓨전(Fusion)이 설립되는 계기가 되었다.

(3) 기업합동(Fusion)

합동에는 한 기업이 다른 기업의 자산을 취득하는 흡수합병(merger)과 수개의 회사가 해산하여 신설회사를 설립하는 신설합동(consolidation, amalgamation)이 있다. 이 경우 기존의 회사주주에 대해서는 신회사의 주권(株券) 또는 합병회사의 주권을 교부하는데, 가맹회사 중에서 자본을 증가시켜 자사의 주권과 타사의 주권을 교환함으로써 다수의 회사가 한 회사로 융합되는 점진적 방법을 택하는 경우도 있다. 이러한 형식의 기업합동을 퓨전(Fusion)형 트러스트라고 한다. 시장통제와 독과점을 목적으로 하는 점에서는 트러스트와 다를 바 없다.

(4) 지주 트러스트(Holding Trust)

이는 지주(持株)방식에 의한 트러스트 형식으로, 신탁트러스트가 셔먼의 반트러스트법(Sherman Anti-trust Act)에 의하여 금지되자 새로이 조직된 독점형식이다. 이 체제에서는 일군의 회사주식이 지주회사에 의해 소유되므로 법률적으로는 독립되지만 경제적 독립성은 상실된다. 따라서 이들 주식은 지주회사에 종속되어 지배되기 때문에 트러스트의 구성부분이 된다. 이러한 형태는 앞에서 소개한 횡단적 결합이나 종단적 결합의 개념과 부합되기 때문에 풀(Pool)이나 신디케이트(Syndicate)또는 기업합동보다 적용범위가 넓다.

3) 트러스트와 카르텔의 비교

기업 간 경쟁을 배제하고 집중기업의 세력을 증대하기 위하여 결속한 기업군으로서 강화된 시장지배력을 통하여 독점이윤을 확보하고자 하는 점에서는 트러스트나 카르텔이나 다를 바 없다. 공통된 목적을 추구하는 이들은 그 목적달성을 위하여 취하는 수단과 방법이 다를 뿐이다. 카르텔의 가맹기업들이 각각의 경제적, 법률적 독립성을 유지하고 활동하는 점에 반해, 트러스트 내 기업들은 경제적, 법률적 독립성을 상실한다는 점을 말한다. 다음과 같이 비교할 수 있다.

첫째, 카르텔은 각 가맹기업이 완전히 독립하면서 경영활동에 부분적 제한만을 가하여 시장을 통제하거나 경쟁을 배제하려 하지만, 트러스트에서는 가맹기업이 독립성을 상실하고 단일의사에 지배되기 때문에 경영활동 전부가 구속된다.

둘째, 카르텔이 기업 간의 치열한 자유경쟁의 폐해를 방지하여 각 기업의 존립을 보장하는 계약관계임에 반하여, 트러스트는 집중기업 내의 자유경쟁이 극도로 전개됨에 따라 강대한 기업이 약소기업을 병합하여 성립되는 소유기관이 된다.

셋째, 카르텔은 동일 종류의 제품에 관하여 성립하므로 다종의 제품을 생산하는 기업은 동시에 다수의 카르텔에 가맹할 수 있지만, 트러스트는 다수의 기업이 완전 합동되는 조건이므로 각 기업은 단일의 트러스트에 가입될 뿐이다.

넷째, 카르텔은 일시적 계약을 기초로 성립되므로 그 존속의 기한 또한 갱신에 의하여 연장시킬 수 있는 일시적 계약이다. 그러나 트러스트 계약은 성립과 동시에 영구적 계약이 된다.

다섯째, 카르텔이 가맹기업의 경영내부를 간섭하지 못하고 주로 외부관계를 제한하는 정도에 불과한 반면, 트러스트는 가맹기업의 경영내부에도 변화를 가할 수 있으며 각 기업의 소지분에 대한 배당을 하는 구속력이 있다.

3 콘체른(Concern)

1) 콘체른의 의의

콘체른(Concern, Konzern)이란 수 개의 기업이 법률상 독립성을 유지하면서 경제적으로는 독립성을 상실하고, 금융관계를 통하여 통일적 지휘에 따르는 기업집중의 형태이다. 리프만(R. Liefmann)은 콘체른을 법률상 독립을 유지하고 있는 수 개의 기업이 생산기술, 관리기술, 상업 특히 금융관계에 의하여 통일체가 되는 것으로 정의하고 있다. 이는 재벌 또는 기업집단이라 하는 것으로, 기업 간의 결합이 주식의 참여나 자본참여 등의 금융상 대차(貸借)관계에 의하여 성립되기 때문에 강력한 지배력이 행사된다. 따라서 기업의 집중력은 카르텔보다는 강하며 트러스트보다는 약하게 평가된다. 이러한 까닭으로 리프만은 카르텔을 경제촉진의 결합이라 하고, 콘체른을 금융적 경영단체 혹은 관리단체라고 하여 양자를 대립시킨 바 있다.

2) 콘체른의 형성방법

콘체른을 형성하는 수단으로는 주식소유, 금융, 중역파견, 경영위임 등이 있으나 이들 중 주식의 소유와 금융적 방법이 주로 이용되는 방법이다. 하지만 경우에 따라 주식참여를 기반으로 하는 중역파견 등의 방법을 활용하기도 한다.

콘체른은 주식회사의 발달을 근간으로 형성되는데, 주식회사가 주식이나 사채를 발행하는 일은 자사의 자본충족 목적만이 아니라 타 기업의 주식을 획득하기 위한 자금 마련의 수단으로 이용되기도 한다. 그러한 자금으로 타 기업에 자본참여를 하여 타 기업을 지배한다. 다시 말하여 증권대위(證券代位)의 방법으로 지주회사(holding company)를 형성하고 지주회사는 종속회사인 자회사나 손자회사를 지배하게 된다는 말이다. 지주회사의 기능은 증권대위에 그 핵심이 있다.

3) 지주회사

지주회사(持株會社; holding company)는 타 기업의 경영 지배를 목적으로 해당 기업의 주식을 보유하는 회사이며, 콘체른 형식에 의한 독점의 형태이다. 이는 증권대위(證券代位)의 방법에 의하게 되는데, 증권대위란 자기회사의 주식이나 사채를 발행하여 조달한 자금으로 타 회사의 주식을 취득하고 그를 통하여 해당 기업을 지배하게 되는 방법을 말한다. 결과적으로 자기 회사의 유가증권과 타 회사의 유가증권을 교체하는 방법이 증권대위인 것이다.

증권대위는 과반수에 미달되는 소량의 보유주식만으로도 타 회사지배의 목적을 달성할 수 있도록 하는 방법이다. 주식의 고도분산과 일반주주들의 소극적 경영참여 추세가 특징인 주식회사 체제에서 지주회사를 통하여 타 회사를 지배할 수 있도록 하는 효과적 방안인 셈이다. 예를 들어 A기업이 B기업을 지배하기 위해서는 일정량의 주식보유가 필요하다고 가정할 때 A는 자기회사의 주식이나 사채를 발행하고 여기서 조달된 자금으로 B기업의 주식을 상당부분 매입함으로서 B를 지배할 수 있게 된다. B기업이 C기업을 지배하고자 하는 경우에도 같은 관계를 형성하고 유지할 수 있게 되어 A, B, C의 지배관계는 피라미드형을 만들고 이 정점에 지주회사가 있게 되며 그 아래에 많은 종속회사를 지배하게 된다.

카르텔이 기업 간의 계약에 의한 집중인 점과 달리 지주회사는 증권대위에 의한 주식소유를 통하여 기업을 지배하고 집중하는 특성이 있다. 카르텔의 경우는 가입기업 간에 지배와 종속의 관계가 없이 경영활동 중의 부분적인 제한만 가능하지만 지주회사의 경우는 다수의 관계회사를 통일적으로 지휘감독하며 지배와 종속의 관계를 형성한다. 또한 트러스트가 법률상, 경제상의 독립성을 상실하는데 반해 지주회사의 종속회사들은 법률상의 독립성은 유지하고 있다. 지주회사의 존속을 비교할 때 카르텔에 비해서는 영속적이지만 트러스트에 비해서는 비영속적으로 본다.

4) 콘체른의 형태

콘체른(Concern)은 금융적 방법에 의한 기업집중의 형태로, 지주회사(持株會社)나 금융회사가 중심이 되어 주식을 보유하거나 자금을 융자하는 방식으로 산하 기업을 지배한다. 그러나 이는 독점금지법과 충돌하는 면이 있다. 콘체른의 형태는 참가기업의 상호관계나 결합방식에 따라 수직적 콘체른, 수평적 콘체른, 금융적 콘체른 등으로 분류할 수 있다.

(1) 수직적 콘체른

수직적 콘체른(vertical combination)은 생산 공정의 합리화를 위해 관련기업이 종적(縱的)으로 결합하는 형태이다. 이는 원료, 가공, 판매부문의 기업들이 결합하여 일관된 경영체제를 구축하는 형태로 생산을 합리화하고 생산관련 제비용을 절감함으로서 이윤을 증대하기 위한 목적을 갖는다. 산업형 콘체른이 이에 속하며 펄프회사, 제지회사, 지류판매회사 간의 결합을 그 예로 들 수 있다.

(2) 수평적 콘체른

수평적 콘체른(horizontal combination)은 동종 기업이 횡적(橫的)으로 결합하는 판매형 콘체른이다. 이는 영업비의 절감과 판매의 합리화를 목적으로 하며, 미국의 「스탠다드 석유 콘체른」「유에스 스틸 콘체른」 등이 이에 해당된다.

(3) 금융적 콘체른

금융적 콘체른(financial combination)은 은행과 같은 금융업체가 타 기업의 주식을 소유하거나 주식의 발행인수, 장기융자 등의 방법을 통하여 금융상의 결합을 하는 것이다. 종류에 관계없이 다각적 결합이 가능한 콘체른이다.

(4) Guido Fischer가 제시한 5가지 형태의 구조별 콘체른

가. 자본 교환적 콘체른

관련기업들이 각각의 소유 자본을 상호 평등하게 교환한다. 경영에 대한 호혜적 영향력과 평등한 자본이익률에 대한 공통의 관심을 유도하는 콘체른이다.

나. 자본 지배적 콘체른

영향력 있는 기업이 콘체른 산하의 여타 회사에 다수의 자본참여를 하기 위해 주식을 소유하는 경우이다.

다. 참가금융회사 또는 지주회사 콘체른

지주회사가 타 기업에 다수의 자본참여를 하고 있는 경우, 금융회사가 이 지주회사의 주식을 보유하여 기업을 지배한다.

라. 관리회사적 콘체른

자본지배와는 무관한 관리회사를 별도로 설립하여 그 관리회사가 공동 지배하거나 관리회사를 지주회사가 지배하는 경우이다.

마. 트러스트 콘체른

관련기업의 주식은 지주회사가 소유하지만 관련기업은 법인으로 존재한다.

4 최근의 기업집중 형태

1) 기업집단

기업집단이란 두 개 이상의 기업체가 계약이나 합동 등의 여러 형태로 결합하여 하나의 집단을 형성하는 기업결합체를 의미한다. 이는 콘체른의 한 형태로 형성되지만 자본적 관계가 없는 거래관계나 계열관계에서도 형성될 수 있다. 여기서 기업계열은 기업 상호간의 계속적인 거래관계를 유지하면서 하나의 기업을 중심으로 형성하는 하청기업의 집단을 의미한다. 종래의 하청관계는 대기업이 중소기업을 개별적으로 종속시키는 방식이 일반적이었으나, 오늘날의 계열화 형태는 이러한 하청관계를 기업집단 내에서 전체적으로 재편성하는 방향으로 변모하고 있다는 말이다. 예를 들면 나일론을 제조하는 대기업이 중소규모의 기업들에게 나일론 원사의 임가공, 염색, 정리가공의 관리 및 판매를 각각 맡기는 등 생산과 판매의 과정에 관계되는 일련의 중소기업을 집단적으로 동원하는 경우가 위의 계열화에 해당된다. 이와 더불어 자동차 등의 기계를 제조하는 기업이 부품의 제조를 중소기업에 하청하는 경우도, 이를 자동차나 기계생산계획의 일환으로서 생산계획의 체계 속에 편입시킨다면 이는 단순한 하청관계와는 다른 계열관계를 형성하게 된다는 의미이다. 계열관계는 하청관계를 기초로 하고는 있지만, 이에는 집단적 관계가 형성되어 있으므로 모회사의 기술적 · 인적 · 금융적 지원이 이루어지고, 그 때문에 장기의 생산계획과 관련된 상호관계가 형성된다는 점에 그 특징이 있다고 본다.

최근에 사용되기 시작한 기업집단이라는 용어는 기술혁신과의 관계에서 새로운 과제로 등장하고 있다. 이는 기업집단이 전개됨에 따라 관계회사의 관리문제가 중요시되고 있다는 점을 의미하는데, 이러한 문제는 모회사가 주로 감사의 관점에서 관계회사의 관리를 행하던 종래의 관행이 오늘날에는 기업집단으로서의 통일적 운영을 요구하는 추세로 바뀌고 있다는 점에서 연유되기도 한다.

2) 콤비나이트

콤비나트(Kombinat)란 기술적으로 연관이 있는 다수의 생산부문이 근접 입지에 유기적으로 결합되어 있는 지역적 집단을 말한다. 이는 기업의 결합이 기술적인 유기적 결합이라는 점과 다각적 결합이라는 점에 그 특징이 있다. 콤비나트의 자본적 결합 형태는 콘체른의 그것과 같다고 볼 수 있지만, 콤비나트의 자본적 결합은 기술적 결합을 기초로 한다. 따라서 공장 간의 기술적 연계를 전제로 하는 콤비나트 내의 공장들은 지역적으로 인접되어 있어야 하며 공장들이 지역적 집단화의 양상을 띠게 된다. 콤비나트의 전형은 석유화학분야에서 찾아볼 수 있다.

3) 콩글로메레트

콩글로메레트(conglomerate)는 근래 미국에서 주목받는 기업집중형태로서, 타 회사를 합병하거나 인수(Mergers & Acquisitions; M&A)하여 다각적 경영을 하는 거대기업을 말한다. 이의 결합방식은 경쟁을 배제하기 위한 수평적 결합이거나 경영의 합리화를 꾀하는 수직적 결합이 아니라, 전혀 관련이 없는 이종(異種) 기업을 합병 또는 매수하여 거대기업으로 확대하는 것이다. 다시 말하면 수평적 결합과 수직적 결합을 혼합한 기업합병인 것이다.

이는 1950년 미국의 클레이톤 법(Clayton Act) 제 7조의 개정에 의하여 기업의 수평적 결합과 수직적 결합이 곤란하게 됨에 따라 산업부문을 달리하는 새로운 형태의 합병으로 나타났으며 1968년에는 이러한 방법에 의한 합병이 기업집단의 대부분을 차지하게 되었다.

4) 조인트벤처

조인트 벤처(joint venture)는 2명 이상의 사업자 또는 관련회사가 공동으로 출자하여 공동출자회사를 설립하는 것이다. 이는 영리의 추구를 목적으로 하는 공동계산 하에 일시적으로 조직되는 기업이다. 조인트 벤처는 언제나 1개 또는 수 개의 특정한 사업을 대상으로 하여 일정한 기간 동안 당해 사업을 운영하고, 이의 완료와 동시에 해산하는 것을 원칙으로 한다. 때문에 조인트벤처 협정은 어떠한 경우에도 정해진 사업에 한해서만 유효하다.

조인트 벤처는 수 개사가 공동으로 출자하여 사업을 운영하기 때문에 자금 면에서의 부담이 경감되고 위험이 분산된다. 사업경험이나 기술면에서도 공동참여를 원칙으로 하기 때문에 사업을 무리하지 않고 견실한 사업을 할 수가 있다.

이는 원래 하나의 국가 내에서 조직되었으나 세계경제의 발전과 더불어 국제적 공동사업체로 발전하게 되었다. 이와 관련한 국제적 공동출자회사를 국제적 합병회사(joint international business venture)라고도 한다.

제3절 기업집중의 대책

1 기업집중의 조성

기업의 경영규모가 확대됨에 따라 기업 간의 시장 확보 경쟁은 점점 더 치열하게 전개되고 있다. 그러나 이러한 시장 확보경쟁은 기업의 불이익을 초래할 수도 있다는 이유에서 서로가 경쟁을 제한할 목적으로 기업집중의 형성을 시도한다. 기업의 집중은 생산기술의 향상과 경영의 합리화, 그리고 경쟁에 따르는 기업과 사회의 손실을 예방하는 효과도 기대할 수 있을 것이지만 다른 한편으로는 시장의 독점을 초래하게 되며, 이러한 독점체제의 형성이 국민경제 전체에 미치는 커다란 부정적 영향을 염려하는 경영문제가 대두되기도 한다. 때문에 기업과 국가는 이에 대한 적절한 대책을 강구할 필요가 있는 바 그 대책으로 첫째, 기업집중의 조정을 목표로 하는 대책과 둘째, 강력한 국가정책을 통한 기업집중에의 개입을 대책으로 생각해 볼 수 있다.

이러한 대책은 국가와 시대에 따라 구체적 내용이 다를 수 있다. 그러나 일반적으로 볼 때 기업집중은 후진자본주의국가에서 조성의 의의를 찾아 볼 수 있어서, 제 1차 세계대전 후 산업합리화를 위한 여러 형태의 강제카르텔이 독일에서 출현한 점과 우리나라의 국민보건이나 경제 정책적 목적 하에서 행해진 주류업의 합동, 연탄 제조업의 결합 등 중소기업의 경영상 합리화를 위한 집중을 그 예로 삼을 필요가 있다.

2 기업집중의 배제

기업은 규모의 경제성을 추구하기 위하여 대형화하거나 다수의 기업과 결합한다. 그러나 이러한 현상은 경쟁의 제한과 시장독점을 가능하게 하여 일반소비자의 희생을 강요하기도 한다. 그 때문에 각국은 건전한 국민경제의 발전과 공정한 경쟁을 실현하기 위하여 기업집중을 배제하거나 제한하는 법체계를 정비하고 각종의 정책을 수립하게 되었다.

미국의 경우 국내 및 국제 간 거래 시의 독점방지를 위한 목적으로 1890년 최초의 독점금지법인 셔먼 반트러스트법(Sherman Anti-trust Act)이 제정되었으며, 1914년에는 셔먼법의 보완을 위하여 연방거래위원회법(Federal Trade Commission Act)이 제정되었고 같은 해 10월에는 클레이톤 법(Clayton Act)이 제정되기도 하였다.

연방거래위원회법은 트러스트에 관한 조사와 부정경쟁의 방지를 위한 위원회 설치의 제정이 중심이 되었다. 위원회는 상원의 권고와 동의에 의하여 대통령이 임명한 5명의 전문위원으로 구성되고, 독립된 관청을 개설하여 트러스트에 대한 활동을 시작하였다. 그 활동내용은 첫째, 불공정한 경쟁방법과 기만적 행위 및 관행을 조사할 것 둘째, 그 조사사실을 공표할 것 셋째, 위법행위가 있을 때는 사법권을 발동할 것 등으로 규정되었다. 클레이톤 법은 차별가격 및 거래의 금지, 지주회사 및 독점을 위한 주식보유금지, 회사중역의 교환 및 은행중역의 타 은행중역 겸임금지를 주된 내용으로 규정하였다.

미국이 이러한 독점금지법을 제정한 것은 1870년 경제공황이 농촌에 심한 타격을 주었음에도 불구하고 공산품의 가격이 저하되지 않아 농민들의 반감을 불러일으킨 데 근거하고 있다. 미국의 독점금지정책은 가격인상에 의한 소비자의 불이익을 배제하는 것이 중심과제이며 목표인데, 이는 최초의 법제정 취지와 다르지 않다.

독일에서는 제 1차 세계대전 전후를 통해 카르텔이 시장을 통제하며 독점력을 발휘하였기 때문에 일반대중은 카르텔의 이러한 시장통제와 독점에 대한 반감이 고조되었다. 이에 대해 독일정부는 1932년 경제력남용금지령을 반포하고 카르텔을 단속하기도 하였지만, 나치정권 하에서는 카르텔을 전시통제경제의 수단으로서 다시 이용하기도 하였다.

우리나라에서는 건전한 상거래의 질서유지를 목적으로 1961년 12월 30일 법률 제911호(1962년 1월1일 시행)인 부정경쟁방지법을 최초로 제정하였으며, 그 후 가격인상에 따른 불이익과 불공정거래로부터 소비자를 보호하기 위해 공정거래법을 제정하였다.

제4절 중소기업의 공동화

중소기업은 경영의 합리성과 생산 기술력, 자금력으로부터 비롯되는 독자 생존능력과 경영의 안정성, 생산기술력 등 여러 면에서 대기업보다 불리한 입장에 있다. 중소기업의 이러한 취약성에도 불구하고 경제환경과 제도를 포함하는 여러 여건의 변화가 창업을 용이하게 함으로써 그 수적 증가는 자연스러운 현상이 되었으며 과당경쟁 또한 피할 수 없는 현실이 되었다. 생산뿐만 아니라 유통 면에서도 대기업과의 경쟁상 불리한 입장에 있는 중소기업은 중소기업 간의 횡단적인 경합관계에 더하여 계열적 관계에서도 경쟁력이 취약하므로 부당한 대우를 받는 경우가 많다. 이와 같이 중소기업이 갖는 취약성을 극복하고 횡단적인 과당경쟁을 피하여 상호이익을 도모하기 위한 수단으로 중소기업의 공동화와 조직화의 필요성이 제기된다. 중소기업이 그 취약성을 극복하고 존속한다는 것은 경제적 측면과 더불어 사회정책적인 관점에서도 중요한 것인바, 이를 위한 방책이 기업적 입장에서는 물론 정책적인 면에서도 고려되어야 할 것이다. 따라서 적정규모에 이르지 못하는 경영단위를 적정규모 수준까지 확대하고 유통부문의 결여된 경제력을 크게 강화하고 보완하지 않으면 안 된다. 그러나 이러한 문제를 개개의 중소기업이 단독으로 해결하기는 어려운 일이므로 중소기업의 조직화와 공동화를 강구하게 되는 것이다.

중소기업의 조직화와 공동화는 두 가지 측면에서 생각해볼 수 있다. 그 하나는 대기업에 대한 방어적 수단으로서의 선택이며, 다른 하나는 중소기업 상호간의 과당경쟁 배제를 위한 선택이다. 전자는 공동구매, 공동가공 및 공동판매 등과 같은 공동적 사업을 통한 상호부조에 의하여 경쟁력을 강화하려는 것이고, 후자는 생산을 조정하거나 설비를 제한하는 등의 사업조정에 중점을 두는 것이다.

중소기업의 조직화와 공동화를 위한 수단으로는 조합의 형성을 생각할 수 있으나, 조합생성의 다음 단계는 기업 간의 합병에까지 이르게 된다. 특히 유통과정에서의 공동화는 첫째, 공동구매나 공동판매에 관한 업무제휴수준의 수단으로부터 백화점이나 수퍼마켓 등의 공동점포를 설치하는 사업자집단화, 도매사업단지 등의 조성이 있으며 둘째, 도매 업무를 공동화하기 위해 공동출자를 통한 새로운 회사를 설립하거나 합병을 시도하는 등의 경우가 있고 셋째, 유통 면의 통합을 촉구하기 위하여 생산과정에서의 공동화를 꾀하는 경우를 생각해볼 수 있다. 이외에도 단순한 기업체제정비로부터 작업장의 통합을 위한 지역적 집단 단지를 조성하는 방법까지, 또는 공동생산체제를 신공장의 건설에 의해 마련하는 공동기업형식의 합동 등도 공동화의 대안으로 볼 수 있다.

중소기업은 대부분의 국가에서 경제의 근간을 이루고 있어서 전체기업체수의 비중과 고용에 기여하는 바가 지대하다. 우리나라의 경우 기업체수로는 99.9%를 차지하고 있으며 고용측면의 종사자수로도 87% 이상의 비중을 점하고 있다. 그 비율들은 일본이 99.1%, 78%이며 대만이 97.6%, 77%이고 미국이 85.2%와 50.2%를, 그리고 영국의 그 것은 99.9%, 59%를 보여 우리나라의 통계수치와 크게 다르지 않다. 통계에서 알 수 있듯이, 기업의 대부분을 점하고 있는 중소기업에 대하여 공동화와 조직화를 위한 정책적 배려와 법률적 조성 및 배치는 중요한 선택이라 본다.

제5절 기업의 계열화와 국제화

기업의 계열화(integration)와 국제화(internationalization) 문제는 관련기업 상호간의 분업적 협력관계를 기업집중형태 내에서 설명할 수 있다고 본다. 따라서 이들을 우선 기업집중의 범위 내에서 소개하고자 한다.

1 기업 계열화의 개념과 형태

1) 기업의 계열화 개념

기업의 계열화란 제조업자, 가공업자, 판매업자, 수리 및 유지보수업자 등의 관계처럼 수직적 관련이 있는 각 업자의 기능을 그 전문적 특성에 따라 분류하여 관련 업무를 위탁하거나 하청하기 위한 관계를 형성함을 뜻한다. 따라서 이는 조직적 제조활동을 전개하고자 하는 상호 분업적 협동관계나 거래관계를 구축하는 형태가 된다. 예를 들면, 자동차메이커가 부품을 생산하는 계열부품메이커들에게 자금과 인력 및 기술을 제공하여 자사(自社)의 생산계열에 집중시켜서 전문적인 하청기업으로 통제할 수 있도록 생산방식을 분업화하고 통일하는 방식이 해당된다. 이때 자동차회사는 모회사, 계열부품메이커는 자회사가 된다고 볼 수 있다. 이렇게 계열화를 유지하는 기업집단은 모자(母子)회사의 관계를 형성하게 되는데, 이때 형성된 생산과 자본 및 판매계열에 속하는 기업은 모회사의 경영활동과 이에 따른 경영실적에 따라 공동의 연쇄적 영향을 받게 된다.

2) 기업 계열화 형태

(1) 수직적 계열화

생산과정의 관련성을 기반으로 경영활동이 연계되는 이종(異種)기업 간에 생산과 경영의 합리화를 목적으로 구축하는 기업집단의 형태를 말한다. 방직회사가 제사회사, 염직회사, 가공회사, 봉제회사 등을 계열화하는 경우가 이에 속한다.

(2) 수평적 계열화

동일한 생산단계에 참여하고 있는 기업 간의 집단화형태를 뜻한다. 예컨대 기계제조 기업이 가정용 재봉틀회사와 공업용 재봉틀회사를 계열화하는 경우가 이에 해당되는데, 이는 동일한 기계를 생산하는 기업이 생산품종과 상품시장의 전문화를 위하여 여러 기업과의 계열화를 시도하는 것이므로 수평적 계열화라 한다.

(3) 분기적 계열화

동일한 원료를 사용하여 동일한 공정을 거치는 생산과정에서 이종(異種)의 제품이 공정별로 생산되는 경우, 제품공정이 나누어지는 기술적 조직과 관련이 있는 기업을 집단화하는 계열화이다. 화학공업분야의 석유화학콤비나트가 그 전형적 예로, 정유공장이 정유생산과정에서 분기되는 납사공장, 폴리에스텔 공장, 나프탈린 공장, 나일론공장, 코올타르 공장 등을 집단화하여 석유화학콤비나트를 형성하는 경우를 생각할 수 있다.

(4) 복합적 계열화

이종원료와 부품으로 이종공정에서 기술적인 조직과 관련을 갖고 동일한 제품계열이나 동일시장계열을 계열화하는 것을 뜻한다. 전기기기생산기업이 전기냉장고, 전기청소기, 전기다리미, 전기밥솥 등의 생산기업을 계열화함으로써 가정전기제품의 시장분야를 충실하게 하여 고객의 욕구를 충족시키는 경우가 해당된다.

(5) 사행적 계열화

특정생산기업의 생산 활동과정에서 나타나는 부산물을 가공하거나 원료로 이용하는 기업을 집단화하거나, 보조적 서비스를 제공하는 기업을 집단화하는 형태이다. 원양수산업을 위주로 경영활동을 전개하는 기업이 냉동회사, 통조림회사, 비료회사 등을 집단화하는 것이 좋은 예이다.

2 조인트 벤처

1) 조인트 벤처의 개념

조인트 벤처는 2명 이상의 투자자가 공동계산방식에 따라 손익을 분담하는 공동출자회사를 설립하는 과정에서 파생된 용어로, 이를 국제경영론에서는 합작투자회사라 한다. 이는 기업의 국제화 과정에서 국내기업이 유망사업을 설립하고자하나 자본력이 부족할 경우 외국의 자본가와 함께 공동출자자가 되어 설립하는 공동투자기업을 말한다. 조인트 벤처의 출자방식은 현금, 시설, 기계, 기술 등 다양하다. 그러나 일반적으로는 외국인과의 합작투자를 일정한 투자비율을 정하여 규제함으로써 국내자본을 보호하고 육성하는 정책을 택한다.

2) 조인트 벤처의 특성

조인트 벤처는 기술적으로 앞선 선진국이 개발된 기계나 기술을 후진국에게 제공하는 조건으로 합작회사를 설립하여 상호 일정한 이익을 배당하는 형식을 취하거나, 기술과 특허권을 가진 선진국이 이를 후진국에 제공하고 그 대가로 사용료(royalty)를 지급받는 관계를 형성하는 경우가 일반적이다. 조인트 벤처는 영리목적성(business purpose), 공동목적성(common purpose), 공동손익의 회계성(joint account), 단일목적성(single purposed nature), 일시성(temporary nature) 등의 기본적 특질이 있다.

(1) 영리목적성

기업의 근본목적을 영리추구에 두고 있다는 점에서는 국내기업경영활동이나 국제경영활동 모두에서 공통적이다. 조인트 벤처는 쌍방의 영리목적성을 기초로 한다.

(2) 공동손익의 회계성

조인트 벤처 투자자는 계속기업의 유지라는 전제아래 투자비율에 따른 이익의 배분을 공동 목적으로 하고 있다.

(3) 공동목적성

기업은 영리를 목적으로 하는 사업이면서 투자자에게 이익을 보장해야한다. 기업으로서의 조인트 벤처 역시 투자자의 투자비율에 따라 손익이 배분된다.

(4) 단일 목적성

투자자들이 특정사업을 대상으로 투자를 할 경우에는 협정에 규정되어 있는 사업목적 이외에는 영향력을 행사할 수 없으므로, 그 영향력은 단일사업 목적에만 한정된다.

(5) 일시성

조인트 벤처 투자자는 한시적 기간에만 특정목적 사업을 공동으로 영위할 수 있다. 그러므로 조인트 벤처는 명시된 기간의 만료 시 해체된다.

3 기술전략과 노하우

선진첨단기술은 보유기업의 기밀이며 귀중한 자산이다. 그러한 첨단기술이 개발 국가로부터 기술후진국으로 유입되면 이는 국제무역이 되기 때문에, 국경을 초월하여 기술이전이 이루어지는 다국적기업의 한 기능을 하게 되는 것이다. 이러한 현상을 국제경영전략 및 R&D에 의한 기술전략이라고 한다. 따라서 기술전략(technical strategy)은 개발된 첨단기술(제조공법, 공정 및 기능적 특성 등)의 기밀이나 특허내용을 가장 유리한 수단으로 이전하는 정책적인 방침을 의미하게 된다. 노하우(know-how)란 사업목적에 부합하는 기술의 실현에 필요한 특정기술, 응용지식, 방법 및 관계 자료에 관한 기밀사항을 뜻한다. 그러므로 기술전략의 내용은 노하우의 이전방침을 뜻하는 것이라 할 수 있다.

제6절 벤처기업

1 벤처기업의 정의

벤처기업이라는 용어는 모험기업, 신기술기업, 기술집약기업, 지식집약적 중소기업, 연구개발형 기업, 하이테크기업, 도전기업 등의 의미로 쓰이며 미국에서는 이를 Venture Company, Risky Business, Small Business, High Technology Company, High Technology Business, HTSF(High Technology Small Firm), NTBF(New Technology Based Firm)등으로 표기한다.

벤처기업이란 첨단의 기술을 통하여 고수익과 고성장을 추구하는 기술집약적 유망기업에 대한 일반적 통칭인데, 이러한 용어는 1950~60년대 미국에서 사용되기 시작하여 일본의 70년대, 우리나라의 경우 80년대에 본격적으로 사용되었다고 본다. 그러나 벤처기업에 대한 정의와 관련법은 국가에 따라 다소 차이가 있다. 예컨대 미국에서는 중소기업투자법에 정의된 고위험과 고성과를 특징으로 하는 신규 사업이라 정의하지만, 일본에서는 중소기업의 창조적 사업 활동촉진에 관한 임시조치법에 따라 연구개발비율이 3%이상인 기업으로 업력이 5년 미만인 특정중소기업자로 규정하며, 대만에서는 촉진산업조례 제8조에 의거한 기술 집약형 기업을 정부가 2년마다 벤처기업으로 지정한다.

우리나라의 경우는 첫째, 소수의 기술 창업인이 기술혁신의 아이디어를 상업화하기 위해 설립한 신생기업으로서 둘째, 높은 위험부담이 있으나 성공할 경우 매우 높은 기대이익이 예상되는 기업 셋째, 모험적 사업에 도전하려는 왕성한 기업가 정신을 가진 기업가가 주도하는 기업으로서 다음 항목 중 하나에 해당하는 기업이거나 그러한 기업으로 전환 중인 기업 또는 창업 중인 중소기업을 벤처기업이라 한다.(법안 제 1장 제 2조)

(1) 중소기업으로서 중소기업창업투자회사, 중소기업창업투자조합, 신기술사업금융업자, 신기술사업투자조합이 취득하거나 소유한 주식의 합계액이 당해 주식발행총수의 10% 이상인 기업

(2) 중소기업창업투자회사 등 벤처캐피탈회사의 투자총액이 자본금의 20% 이상인 기업

(3) 전년도 매출액에 대한 연구개발비의 비율이 5% 이상인 기업

(4) 특허권, 실용신안, 의장권에 의한 권리 또는 등록출원 중인 기술로서 특허청장이 인정하는 기술을 주된 부분으로 하여 사업화하는 기업

(5) 공업기반기술개발사업의 성과를 사업화하거나 신기술의 사용 또는 지식을 집약하는 사업 등으로 벤처기업활성화위원회의 심의를 거친 사업을 영위하는 기업

2 벤처기업의 성장배경

벤처기업은 벤처캐피탈 제도가 등장한 1950년대 초 미국에서 시작되었다고 보는

데, 이는 제 2차 세계대전의 종전 이후 소비자의 생활이 안정되고 그에 따라 소비자의 욕구 또한 다양하게 분출되었기 때문에 그 수요를 충족하기 위한 생산활동이 활발히 전개된 시대적 상황에서 벤처기업이 태동하게 되었다는 설명이라 할 수 있다. 종전(終戰) 당시의 환경에는 유연하고 기동성 있는 중소기업 형태의 생산활동이 적합하였으므로 빠른 속도로 발달하는 기술을 대기업이나 대학 등의 연구소에서 축적한 후, 그 경험을 바탕으로 기업을 경영하려는 기술창업인의 배출계기가 많았다. 이에 따라 기술집약적 기업에 대한 투자를 목적으로 하는 벤처캐피탈이 등장하였으며 이는 벤처기업의 생성과 발전에 긍정적 역할을 하게 되었다.

이를 시대별로 살펴보면, 1950년대에는 미 항공우주국(NASA)을 중심으로 하는 군사, 우주개발 등 국가적 프로젝트 수행 시 축적된 기술을 바탕으로 전직한 전문가들이 벤처비즈니스의 기업화를 추진한 경우가 대표적이었으며, 1960년대에는 반도체산업의 발달에 따라 수많은 벤처비즈니스를 태동시켜 '실리콘밸리'를 중심으로 세계적 테크노폴리스를 탄생시킨 예가 있다. 1970년대 말부터는 반도체산업에서 유전공학, 퍼스컴 등의 첨단기술을 중심으로 하는 벤처비즈니스가 탄생되기 시작하였다. 이러한 기술의 발달과 더불어 기술 집약형 벤처비즈니스를 육성하기 위하여 자본이득에 대한 세율인하 등 지원조치를 취함으로써 벤처캐피탈이 성장하였고, 일반투자가들은 빠르고 세분화 되어가는 기술 및 산업에 투자를 집중하여 벤처비즈니스의 기업화를 촉진시켰다. 90년대에 들어서는 정보통신과 PC분야를 중심으로 벤처기업이 확산됐다.

미국의 벤처기업은 정부의 육성책이라 할 만한 정책적 배려가 거의 없이 벤처기업과 투자자들이 시장원리를 십분 활용하며 '자력갱생'한 특징이 있다. 유망한 벤처기업에 '벤처캐피탈(기관투자자)'과 '엔젤(개인투자자)'이 몰리고, 나름대로 회사의 기초를 다진 벤처기업은 장외 주식시장인 '나스닥(NASDAQ)'에 주식을 공개하는 방식으로 성장한 것이다. 일본의 경우는 미국과 달리 벤처캐피탈이나 벤처비즈니스의 발달이 비교적 늦은 편인데, 그것은 일본이 창의력에 의한 자체 기술개발보다는 주로 기술도입 등에 의한 기술모방으로 혁신을 꾀하였기 때문이며, 기술개발 또한 벤처캐피탈에 의한 방식보다는 정부가 연구조합 등의 조직에 보조금을 지급하는 방식으로 유도하였기 때문이라 분석된다.

그러나 벤처기업의 본격적 대두는 산업구조의 근본적 변화와 제품 수명주기의 단축, 지식집약형 산업과 벤처캐피탈의 출현 등에 기인한다고 볼 수 있다. 여기서 산업구조의 변화란 석유, 철강, 자동차, 유통, 종합상사 등을 중심으로 하는 공업사회로부터 반도체, 전자공학, 생명공학, 소프트웨어, 정보통신 등이 주축이 되는 정보화사회로의 전이를 의미한다. 또한 글로벌화로 인한 무국적 무한경쟁과 완전경쟁여건의 형성에 따른 생존전략 및 경영성과의 달성노력, 그리고 변화에 대한 탄력적 대응을 통하여 고수익과 고성장 전략을 추구하려는 기술혁신노력 등이 매우 중요한 요소가 되어 벤처기업이 출현하였다고 이해된다.

3 한 · 미 · 일 벤처기업의 특징

미국의 벤처기업은 첨단기술을 비롯하여 기술기반이 다양한 가운데 고수익성을 목표로 설립 운영되고 있다. 따라서 벤처기업의 대상 분야도 첨단기술 분야 단계별로 기업화 초기사업에 집중되는 등 고수익성 지향적이다. 이와 달리 일본의 경우는 첨단기술분야에의 집중도가 미국처럼 크지 않고 성장단계에 돌입하고 있는 벤처기업에의 투자가 많으며 유통과 서비스 부문의 비중이 높은 것이 특색이다. 우리나라의 경우는 벤처기업의 개념이 기술 집약형 중소기업의 성격으로 첨단기술 개념이 강한 편이다. 그러나 우리나라 벤처기업이 생산하는 제품은 제품수명주기 상 성장기와 성숙기 사이에 있는 경향을 보이고 있으며 수입대체상품의 개발이라는 특성을 보이는 것이 보통이다.

벤처캐피탈의 투자자금 회수기간도 미국이 3~4년으로 비교적 짧은데 반하여 일본과 우리나라는 비교적 회수기간이 긴 편이다.

4 벤처기업의 유형

벤처기업의 형태는 개별 기업가가 창업하는 전형적인 독립사업체 외에 대기업의 자본참여에 따라 파생되는 다양한 종류의 벤처기업들이 등장하고 있다. 이에 따라 생성된 벤처기업들의 유형은 다음과 같다.

1) 벤처스핀오프(Venture Spin-off)

가장 전형적인 유형으로, 개별기업가가 독립적 벤처기업을 창업하여 운영하는 형태이다. 개별 기업가는 이전에 대학이나 연구소, 또는 기업에서 일을 하다가 그들이 가지고 있는 기술을 상업화하기 위해 직장을 떠나 자신의 사업을 시작하는 경우가 많다.

2) 합작벤처(New Style Joint Venture)

중소규모의 벤처기업들은 고도의 기술을 제공하고 대기업은 자본과 판매망 또는 기술개발 결과의 활용과 적용에 역점을 두는 경우이다.

3) 벤처합병(Venture Merging)

대기업이 전략적 필요에 의해 벤처기업을 흡수 합병하여 자회사나 사업부로 운영하는 것을 말한다.

4) 사내벤처(Internal Venture)

대기업이 회사 내부에 모험자본을 마련해 놓고 기업 내부의 구성원들에게 사업아이디어를 제안하게 하여 벤처기업을 스스로 운영하거나 참여하도록 하는 방식이다. 최근 대기업들이 적극적으로 추진하고 있는 전략으로, 사내 기업가 정신(intrapreneurship)을 고취시킬 수 있는 장점이 있다.

5) 벤처캐피탈(Venture Capital)

벤처캐피탈 자체가 금융회사라는 점에서 벤처기업이라고는 할 수 없다. 그러나 벤처기업에 대해 자본참여를 하기 때문에 넓은 의미에서 벤처기업과 연관된다고 할 수 있다. 이때 벤처캐피탈은 원칙적으로 자본참여만 할 뿐 경영참여는 하지 않는다.

6) 벤처기업 육성(Venture Nurturing)

벤처캐피탈과 같이 벤처기업에 자본참여를 하지만 경영참여를 한다는 점에서 구분된다. 그러나 경영권 확보 자체를 목적으로 하기 보다는 경영관리가 미숙한 벤처기업을 정상적으로 운영하기 위한 과도기적 지원육성이 일반적이다.

5 벤처캐피탈의 형태

벤처캐피탈(Venture Capital)이란 창업하는 회사의 기술과 사업전망에 기대를 걸고 투자하는 자본금이다. 벤처캐피탈회사란 이런 자금을 가지고 전문적으로 투자하는 회사를 말하며 벤처자본가는 이러한 자금을 운영하는 사람을 말한다.

벤처캐피탈은 기본적으로 은행에서 제공하는 융자(Loan)와는 성격이 다르다. 벤처캐피탈은 회사의 무형자산에 기대를 걸고 자본금으로 투자되어 주식의 소유와 자본이득(Capital Gain)을 원하는 지금을 말한다. 금융회사(은행)의 융자가 신용 또는 부동산 등의 담보를 대상으로 빌려주는 자금으로 이자 소득이 목적이지만, 벤처캐피탈은 담보가 없이 지원하는 자금이므로 회사가 실패하면 그 자금은 회수할 수가 없다는 점에서 다르다.

미국에서 1946년 처음으로 벤처캐피탈회사가 설립 · 운영된 이래, 일본에서는 1963년, 우리나라에서는 실질적으로 1981년에 벤처캐피탈의 활동이 시작되었다고 본다. 우리나라는 1974년 설립된 한국기술진흥주식회사(KTAC)를 벤처캐피탈회사의 효시로 보고 있는데, 그 후 1981년 한국기술개발법이 제정되고 이어서 중소기업 창업지원법과 신기술사업 금융지원법 등 벤처캐피탈 육성법이 발효됨에 따라 다수의 창업투자회사가 활동 중이다.

벤처캐피탈의 투자형태는 일반적으로 다음과 같다.

1) 자본투자(Equity Investment)

사업 초기에 또는 회사의 성장과정에서 자본금으로 직접 투자하는 방식이다. 투자자는 일반적으로 투자 5~7년이 경과한 후 출자한 지분을 장외시장이나 증권시장에서 현금화하기를 원한다.

2) 전환사채(Convertible Bond)

벤처자본주식회사와 기업 간의 계약에 의해서 일정한 이자율로 발행된 사채를 인수하여 자금지원을 한다. 이와 같이 인수한 사채는 만기일 이전 사채 금액의 일부 또는 전부를 사전에 계약한 가격으로 주식으로 전환하는 것이 가능하다.

3) 신주인수권부 사채(Bond Warranted)

투자자가 투자한 회사에서 발행하는 사채를 인수하는 경우로, 회사는 신주의 인수권을 투자자에게 별도로 부여한다. 예컨대 투자자가 10억 원의 채권을 구입하면 회사는 다음 증자 시 그 금액만큼의 신주를 인수할 권리를 준다. 물론 양당사자는 채권의 구입 시 인수할 주가와 개수를 정한다.

4) 엔젤캐피탈(Angel Capital)

벤처기업의 창업자는 설립초기에 자신의 자본을 중심으로 사업을 경영하게 되고 이에 부족한 자금은 친구나 친척, 동업자 등의 다양한 투자를 통해 조달하게 되는데, 이러한 자금을 엔젤캐피탈(Angel Capital) 또는 러브머니(Love Money)라고도 한다. 엔젤캐피탈은 개인투자가가 신기술을 상업화할 목적으로 새로이 창업하는 벤처기업에 투자하는 자금을 말하며, 개인이 최종 투자결정으로 직접 투자하는 방법과 엔젤기금(Angel Fund)에 소액을 출자하여 투자나 투자 후 관리를 위임하는 시스템으로 운영된다. 엔젤캐피탈이 자신과 특별한 관계가 없는 다른 사람의 사업에 투자하는 자금을 말하는데 반해 러브머니는 자신과 밀접한 관계가 있는 벤처기업에 투자하는 자금인 점에서 구분된다.

벤처캐피탈 회사들의 투자가 창업 후 제품의 판매단계에서 주로 이루어지는데 비해, 엔젤캐피탈과 러브머니는 아이디어만 있고 제품이 없는 창업초기 단계의 자금공급을 하는 것이 특징이라고 할 수 있다.

6 벤처기업 지원제도

1) 입지지원제도

입지지원이란 공장을 지을 수 있는 입지를 싼값에 공급해 주는 것을 말한다. 정부가 직접 나서서 국가공단 혹은 지방공단과 같은 공업단지를 조성하고 이를 낮은 값에 분양하거나, 정부를 대신하여 그런 공업단지를 조성하고자 하는 개인 또는 단체에게 많은 혜택을 주어 공장입지를 원활히 확보할 수 있도록 지원하는 제도이다.

2) 지적재산보증제도

벤처기업의 활성화 방안으로 벤처기업의 기술능력을 평가하여 이를 담보로 자금을 이용할 수 있도록 하는 제도이다.

3) 조세지원제도

조세지원이라 함은 창업기업이 조금이라도 자금 부담을 덜고 하루 속히 뿌리를 내릴 수 있도록 각종 세금을 감면해 주는 제도이다. 이를 위한 제도로는 투자촉진을 위한 조세지원, 수출지원을 위한 조세지원, 산업합리화를 위한 조세지원, 협동화 및 계열화 촉진을 위한 조세지원 등이 있다. 조세지원의 핵심내용은 세금을 면제해주거나 감액해 주는 것이다.

4) 행정지원

행정지원이라 함은 창업자 혹은 중소기업자에게 각종 행정적 편의를 제공해 주는 제도이다. 이런 행정지원에는 상담지원, 정보지원, 기술지도, 인력지원 등이 있다. 행정지원은 주로 분야별 전담기관에 의해 행해지고 있는데 그 대표적인 기관으로는 중소기업진흥공단, 중소기업협동조합, 생산기술연구원, 중소기업상담회사, 각 행정단위별 중소기업 창업민원실 등이 있다.

5) 주식옵션(Stock Option) 제도

벤처기업의 기술이나 경영 인력을 확보하기 위한 수단으로, 임직원에 대한 혁신적인 보상체제인데 임직원들은 이 제도를 통하여 회사의 주식을 저렴한 가격에 살 수 있다. 예컨대 회사에 꼭 필요한 임직원이 일정기간 동안 근무하면서 매년 일정량의 주식을 계약 시점의 주가보다 싸게 살 수 있는 권리를 주는 방식인데, 이를 통하여 임직원들이 오랫동안 회사에 근무할 수 있도록 하며 주주로서의 주인의식을 가지고 일할 수 있도록 유도하는 것이다. 이 때 주식옵션으로 매입한 주식에 대해서는 양도소득세 등의 감면혜택이 주어지며, 매년 할당된 주식을 매입하지 않는다 해도 그 권리는 소멸되지 않고 다음해로 이월된다. 이점은 우리나라에서 그동안 실시해오던 우리사주와는 구분되는 특성인데, 우리사주는 직원에게 배당된 주식을 당시에 매입하지 않으면 그 권리가 소멸되기 때문이다. 스톡옵션의 경우 임직원이 계약기간 내에 회사를 떠나게 되면 그때까지 매입하지 않은 권리가 자연 소멸되는 점에서 우리사주와 다르다.

스톡옵션 제도에 의한 주식의 매입가는 계약 시의 가격으로 동결되므로 회사의 가치가 상승하여 주가가 오른다면 사원에게 매우 큰 이익이 된다. 예를 들어 주가가 8,000원일 때 향후 3년 간 매년 1,000주씩 7,000원에 매입할 수 있도록 계약하고 회사에 입사하는 경우를 살펴보자. 입사 1년 후 회사실적이 좋지 않아 주가가 6,000원으로 떨어졌다면 주식매입 권리를 유보하였다가 2년 후 주가가 1만원으로 올랐을 때 2년간의 매입 권리를 행사해 2,000주를 계약가인 7,000원에 매입할 수 있기 때문에, 주식옵션은 임직원 개인의 목적이 회사의 목적과 일치하도록 해주는 제도이기도 하다.

6) 벤처캐피탈회사

벤처기업에 자본을 투자하는 업무를 전담하는 투자 회사이다. 이 중에는 창업 투자와 융자를 병행하는 신기술사업 금융회사와 투자만을 전문으로 하는 창업투자회사(창투사)가 있는데, 이러한 투자 회사를 통하면 창업과 기술에 관한 풍부한 정보를 얻을 수 있다.

7) 창업보육센터(Business Incubator)

신생 기업을 육성하기 위해 창업에 관한 각종 지원시설을 이용할 수 있도록 해준다. 사무실, 통신시설 등을 저렴하게 이용할 수 있게 하고 창업절차와 회사경영 등에 대해 도움을 준다.

8) 공장설립 대행센터

입지 선정에서 공장 등록까지 공장 설립에 필요한 모든 절차를 소정의 수수료만 받고 대행해 준다.

9) 코스닥(KOSDAQ)

코스닥 시장(Korea Securities Dealers Automated Quotations; KOSDAQ)은 유가증권시장(Korea Stock Price Index; KOSPI)과는 별개의 주식시장으로, 중소기업이나 유망한 벤처기업 등이 자금 조달을 용이하게 하고 투자자들의 안전한 투자를 보장하기 위해 1996년 상장조건을 완화해서 개설한 증권거래시장으로 거래소시장(한국증권거래소: Korea Stock Exchange; KRX)과는 다른 별도의 시장이다. 이는 1987년 중소기업의 주식거래 활성화 방안으로 시작된 장외시장 제도를 기반으로 하였으며, 첨단 기술주 중심인 미국의 나스닥(NASDAQ)을 본떠 개설하였다.

7 사업계획서

1) 사업계획서 필요성

성공적인 사업계획서는 첫째, 계획에 의한 사업의 체계화 둘째, 다양한 분석을 통한 사업의 타당성 검증 셋째, 사업에의 방향 제시 넷째, 이해관계자에 신뢰성 부여 다섯째, 미래 예측 등의 효과를 기대할 수 있게 한다. 창업자가 기업을 설립하고 사업을 지속적으로 성장시키기 위해서는 구체적인 계획과 의지를 체계적으로 정리한 사업계획서가 반드시 준비되어야 한다.

(1) 사업계획서는 체계적인 사업 준비를 하는데 유리하다.

창업절차는 매우 복잡하고 시행과정상 예상치 못한 문제로 차질을 빚는 경우가 많아 사업계획서를 미리 작성한 후 사업을 준비하는 과정이 꼭 필요하다.

(2) 사업성공 가능성을 높여준다.

창업자는 사업계획서 작성과정에서 사업에 관한 여러 가지를 살펴보게 되어, 성공가능성과 위험부담, 시장조건 등을 빠뜨리지 않고 객관적으로 점검할 수 있다. 그러므로 사업계획구상 시 위험요소를 사전에 체크하고 대책을 수립하여 사업실패의 위험요소를 최소화할 수 있다.

(3) 사업계획서는 자본조달 수단이다.

계획사업의 효율적 추진을 위해 도움을 줄 동업자, 금융기관, 투자자, 일반고객 등에게 자기사업을 설명하고 홍보하기 위해서는 설득력 있는 사업계획서가 효과적 수단이 된다.

(4) 점포경영의 지침서다.

사업이 시작되면 사업계획서는 점포경영과 평가의 지침이 될 수 있다. 이러한 기록이 없으면 처음 시작할 때 의도했던 목표나 예측이 정확하지 않아 즉시의 평가기준에 의해 성과를 평가하게 되므로 경영의 일관성 유지가 힘들다.

(5) 사업계획서는 창업자의 인격이다.

사업계획서의 수월성은 상품의 공급과 수요관련 거래처들에게 사업목표와 경영방침 등은 물론 창업자 자신의 인격과 성품을 정확히 알릴 수 있는 효과적 수단이 된다.

2) 사업계획서 작성법

(1) 사업계획서는 착상단계, 계획단계, 실행단계 등의 3단계로 구분하는 창업절

차에 따라 작성해야 한다.

첫째, 착상단계는 사업아이템을 선택하는 단계이므로 자사의 보유기술이나 아이디어의 시장성 및 경쟁력을 꼼꼼히 살펴야 한다. 독창적 기술력을 갖췄어도 시장이 형성되지 않는다면 의미없는 기술이 되기 때문이다. 다음으로는 선택한 업종이 정부지원을 받을 수 있는 육성업종에 해당하는지의 여부를 미리 살필 필요가 있다.

둘째, 계획단계는 창업초기의 업무계획이므로 회사의 개요를 시작으로 다음사항을 포함해야한다. 시장조사, 판매계획, 생산품설계와 개발, 공장입지와 설비투자, 인력수급, 조직, 재무 및 이익 계획의 수립 등. 이 단계에서의 사업성 검토는 생산된 제품이 얼마나 팔릴 수 있는지를 검토하는 시장분석, 보유기술의 유용성 검증, 제품생산에 필요한 물적 · 기술적 요소를 파악하는 기술 분석, 필요자금과 창업 후의 수익성을 측정하는 재무 분석 등을 중심으로 이뤄진다.

셋째, 사업계획이 수립되면 회사설립 및 사업자등록을 해야 한다. 개인기업 형태로 설립하기 위해서는 세무서에 사업자등록을 해야 하고, 법인형태로 설립하기 위해서는 관할지방법원 등기소에 법인설립 등기 후 세무서에 사업자 등록을 한다.

(2) 사업계획서는 작성의 목적에 따라 내용과 양식이 달라져야한다. 예컨대 회사의 구성원, 투자자, 은행, 벤처캐피탈, 공급자, 고객, 컨설턴트 등 다양한 대상에 대한 각기의 목적에 부합되어야 하기 때문이다.

가. 동업자, 후원자를 찾기 위한 자료

나. 외부자금 조달용

다. 공장설립 허가 혹은 공업단지 입주신청용

라. 대외 홍보용

3) 작성원칙 및 유의사항

(1) 사업계획서는 착상단계, 계획단계, 실행단계 등의 3단계로 구분하는 창업절차에 따라 작성해야 한다.

(2) 창업계획서는 충분성과 자신감을 바탕으로 작성되어야 한다. 창업자 자신의 목표를 제3자에게 설득력 있게 납득시킬 수 있어야 하기 때문이다.

(3) 창업계획서는 객관성이 결여되어서는 안 된다. 계획의 신뢰성을 확보하기 위해서는 공공기관이나 관련전문기관의 증빙자료를 근거로 시장수요, 매출액, 수익 등의 추정치를 제시하여야 한다.

(4) 계획사업의 핵심내용을 부각시켜야 한다. 창업계획이 평범하여서는 제3자의 호감을 사지 못하므로 창업초기의 전략계획상품을 강조 · 설명할 필요가 있다.

(5) 제품 및 기술성 분석에 대한 내용은 전문적 용어의 사용을 가급적 줄여서 단순하고 보편적인 내용으로 구성해야 한다. 그러나 제품생산 공정은 구체적 설명을 필요로 할 것이므로 공공기관의 기술타당성 검토보고서 또는 특허 등의 관련 증빙서류를 첨부하여 제품 및 기술성 분석 근거의 신뢰성을 높여줄 필요가 있다.

(6) 자금조달 운용계획은 정확하고 실현 가능성이 있어야 한다. 창업자 자신의 조달가능 자기자본은 구체적으로 현금과 예금이 얼마이며, 부동산담보 등에 의한 조달금액이 어느 정도 되는지 표시함으로써 제3자로부터 창업자의 자금조달능력을 신뢰하게 할 필요가 있다. 이와 함께 동업자, 금융기관 등으로부터의 조달계획도 구체적으로 표시하여야 한다.

(7) 계획사업에 잠재되어 있는 문제점과 향후의 발생 가능한 위험요소를 철저히 분석하여 창업의 지연이나 불가능 요소에 대해 점검해야한다. 사업계획서는 상황에 따라 계속 수정되어야 한다.

(8) 사업계획서는 상황에 따른 새로운 요소가 발견될 때마다 수정해야 하기 때문에 계획 사업에 잠재되어 있는 문제점에 대해서는 항상 점검하고 분석하고 수정해야 한다.

(9) 경쟁점포의 시장점유율을 과소평가해서는 안 된다. 제품의 가격, 이윤, 판매량, 시장점유율 등을 예측할 때는 지나치게 낙관적인 자세로 임하지 말고 예상되는 경쟁관계 또한 과소평가해서는 안 된다.

4) 사업계획서에 포함되어야 할 사항

사업계획서에는 사업 기술서, 마케팅 계획, 자금 계획, 경영관리계획 등 4가지의 중요내용이 포함되어야하며 전체의 요약, 상세자금계획, 임대차계약서 등의 부속 문건들도 첨부되어야 한다.

(1) 사업기술서

가. 사업기술서의 내용

사업기술서에는 일반적으로 아래 사항들이 포함된다.

가) 법적문제 : 사업형태, 소유권 문제, 동업자 문제, 회사의 형태와 관련된 면허 또는 로열티 등

나) 업종 : 도소매, 제조, 또는 서비스업 등

다) 제품이나 서비스에 대한 설명 : 자사 상품 및 서비스의 장단점과 경쟁력 유무, 차별성 유무와 그 조건 등

라) 독립 신규사업 여부, 기존사업의 인수승계 또는 확장 여부, 프랜차이즈 혹은 대리점 여부 등

마) 사업의 수익성 및 성장성여부와 그 판단 이유 등

나. 사업기술서의 내용(사업대상/지역)

가) 고객의 물리적 접근용이성 및 안전에 관한 사항

나) 시장의 입지 및 인구의 유동성 등

(2) 마케팅전략

가. 고객과 시장

가) 목표시장과 고객의 정의 및 범위

나) 목표시장의 안정성 및 성장성

다) 가격정책 등

나. 경쟁대상

가) 직 · 간접 경쟁자의 정의 및 확인

나) 경쟁대상의 사업 활동상황 및 그 장 · 단점

다. 광고와 홍보

가) 광고와 네트워킹 계획을 수립

나) 광고 및 홍모 수단의 선정 : 인쇄매체, 우편물, 개별접촉, 인터넷, 이벤트

(3) 자금계획

가. 현금흐름표, 손익계산서, 재무상태표 등의 재무제표작성

나. 추정재무제표작성 시 예측의 합리성과 내부의 일관성 유지를 전제로 함

다. 손익분기분석

(4) 경영관리계획

가. 경영팀의 구성, 의미 및 권한 등에 대한 기술

나. 경영팀의 업무분장 내용

8 벤처기업의 성공요인

벤처기업의 성공요인에 대한 연구는 기업가적 행동성향(entrepreneurship), 산업조직론, 전략경영 등의 3가지 측면에서 전개되어 왔다. 기업가적 행동성향 연구에서는 벤처기업의 성과가 창업인의 특성과 함수관계가 있다고 보았으며, 산업조직론적 시각에서는 산업의 규모나 자본, 그리고 제품의 이질성 등 구조적 특성들이 산업진입에

있어 장벽으로 작용한다고 예측하였다. 한편, 전략경영 연구자들의 분석은 기업전략이 벤처기업의 성과와 함수관계가 있다고 보는 것이었다. 이러한 연구들은 아래와 같이 정리할 수 있다.

첫째, 벤처기업의 창업자는 과감한 도전의식과 예리한 판단력을 바탕으로 하는 모험정신이 있어야 한다.

둘째, 기초과학이 발달하고 전반적인 기술수준이 높은 환경에서는 사업화 혹은 기업화를 할 수 있는 대상기술이 많아야 된다. 미국에서 벤처기업이 발달할 수 있었던 가장 중요한 요인 중의 하나이다.

셋째, 벤처기업 창업을 촉진하는 과감한 투자가 양질의 벤처캐피탈을 통하여 이루어져야 한다. 벤처캐피탈의 조성이 제한적일 때는 벤처기업 창업에 한계가 있다.

넷째, 내수시장의 기반이 건전해야한다. 유용한 기술이 벤처기업 창업으로 연결되기 위해서는 구매력과 잠재수요가 뒷받침되어야 한다.

다섯째, 벤처기업 활성화를 위해 적극적인 정책적 지원이 있어야 한다. 특히 벤처기업을 위한 운전자금의 적기조달 제도가 마련되어야 한다.

9 벤처기업의 성장과정

벤처기업의 성장과정은 연구단계, 창업단계, 성장단계, 확장단계, 성숙단계 등 5단계로 구분할 수 있다. 이들 단계는 해결해야할 경영과제가 각기 다르므로 자금의 용도와 조달방법 또한 다르다.

1) 연구개발 단계

새롭고 검증되지 않은 아이디어나 제품을 모형으로 제작하고 그 목표시장을 정하며 경영자원을 조직화하는 착안단계이다. 이 시기에는 사업에 따른 불안과 위험을 줄이며 기업화를 위한 연구와 개발을 진행한다.

창업이전 단계인 연구개발 단계에서 투자되는 자금을 씨앗자금(seed money) 혹은 씨앗자본(seed capital)이라고 한다.

2) 창업단계

신제품이나 신기술을 기업화하기 위해 구체적 사업을 시작하는 단계이다. 목표시장 등 마케팅 전략이 정해지면 경영진과 조직이 구성되고 생산에 착수하게 된다. 창업단계의 경영자는 시장의 수요를 파악하고 새로운 기술이나 아이디어를 사업계획과 연결시키며 사업수행에 필요한 조직을 구상하게 된다.

이 단계에서는 사업개시나 사업정착을 위한 창업자금이 많이 소요되지만 높은 위험부담 때문에 벤처캐피탈의 투자가 원활하지 않다. 그러나 우수한 사업계획에 대해서는 벤처캐피탈의 투자가 실행되며 중요의사결정을 위한 경영진회의에의 참여와 기술 및 경영컨설팅이 지원되는 단계이다.

3) 성장단계

신제품이나 신기술이 시장에 진입할 수 있게 되어 점차 시장을 확대해가며 성장하는 단계이다. 새로운 기술이나 경영 노하우가 시장에서 받아들여진다는 사실이 확인되는 시기이므로 기업의 매출액이 대폭 신장되는 단계이다.

이 단계의 기업은 경영의 틀이 완전하지 않은 탓에 제품의 개량과 기술개발, 마케팅과 판로의 변경, 판매가격의 수정 등을 필요로 한다. 자본의 축적 또한 충분히 이루어지지 않아 재무구조가 취약한 단계이며 금융회사의 대출을 기대하기도 쉽지 않다. 그러나 기업이 손익분기점에 이르게 되어 그 미래가 확실해지기 시작하면 벤처캐피탈은 적극적으로 투자를 하고자 한다.

4) 확장단계

최대 경영과제는 동업계나 다른 업종으로부터 신규로 참여한 회사와 경쟁하는 단계이다. 이는 대기업과의 전면적 경쟁을 의미하기도 하므로 기업은 규모를 확대하거나 신제품을 추가하고자 하며 새로운 시장에의 진출을 모색하기도 한다.

이 시기는 기업에 축적된 자본과 확보된 담보력으로 금융기관의 주목을 받게 되어 비교적 용이하게 자금조달을 할 수 있다. 그러므로 소요자금, 자금코스트, 경영권의 확보, 세무문제, 주식공개 준비 등 여러 사항을 고려하여 각종 금융회사를 선택하고 이용할 수 있게 된다. 기업의 전망이 가시적으로 밝다면 벤처캐피탈도 더 적극적으로 투자하고자 하는 단계이다.

5) 성숙단계

주식을 증권거래소에 상장할 수 있는 단계이다. 이 단계부터는 기업의 종합적 경영능력과 전망에 따라 사회적 존재로서의 기반을 형성해 나갈 역할이 부여된다. 벤처기업의 주식이 공개시장에 상장되면, 벤처캐피탈 회사는 대부분의 보유주식을 매각하여 자본이득을 취할 수 있게 된다.

10 벤처기업의 경영전략

벤처기업의 경영상 문제점과 위험의 관리를 위한 전략 등을 성장단계별로 살펴본다.

1) 창업기

창업기는 부족한 자본과 인재로 사업을 시작하는 단계이다. 경영상의 다양한 위험이 존재하는 시기이므로 위험관리를 위한 기획과 구체적 실행계획이 수립되어야 한다. 이 단계에서 필요한 경영전략은 다음과 같다.

(1) 회사의 형태, 조직, 주주관리 등을 명확히 결정한다.
(2) 전체를 포괄하는 신뢰할 수 있는 사업계획을 작성한다.
(3) 성장에 필요한 자본금을 확보한다.
(4) 특허권과 실용신안권 등을 획득한다.
(5) 기술개발에 주력한다.
(6) 원재료 공급선을 확보한다.
(7) 공인회계사, 세무사 등 전문가를 선정한다.
(8) 회사설립에 따른 창업자와 임원의 개인소득세에 대한 영향을 조사한다.
(9) 관리회계, 세무, 업무상 절차 등에 관한 방침을 확정한다.

2) 성장초기

아이디어의 상품화에 성공하여 사업이 순조롭게 진행되는 단계이다. 이 시기의 가장 중요한 문제는 판매와 리더십의 리스크 관리이다. 그러므로 경영진은 상품개발에만 집중해서는 안 되며, 기업의 조직화에 초점을 맞춰서 다음 단계로의 성장을 기대하도록 해야 한다. 이 단계의 중요한 관리사항은 다음과 같다.

(1) 제조와 마케팅에 관한 종합적이고도 계속적인 최신정보가 필요하다.
(2) 기업규모에 맞는 재무보고시스템을 구성해야 한다.
(3) 사업의 성장에 따라 최고경영자의 교육, 훈련이 필요하다.

3) 성장중기

시장의 제품수요가 증가하고 이익이 발생하기 시작하는 시기이다. 수요가 많아지면 조직과 관리상의 리스크를 간과하기 쉽다. 다음과 같은 경영전략이 필요하다.

(1) 실정에 적합한 조직적 제조관리와 재고관리를 해야 한다.
(2) 적절한 재무관리 시스템을 구축해야 한다.
(3) 기업의 시스템화와 조직화에 초점을 두어 경험 있고 유능한 경영진의 충원을 고려해야한다.

4) 성장가속기

기업의 지속적 성장을 위해서는 관리직의 동기부여가 필요하게 된다. 이를 위한 권한의 이양과 분권화 및 분산된 관리체제 확립의 경영전략은 다음과 같이 생각해볼 수 있다.

(1) 다각화가 진행되어 제휴와 매수가 확대정책의 하나로 된다.
(2) 경영체제와 조직의 점검 및 진단이 필요하게 된다.
(3) 인적자원의 재교육, 재배치를 통한 분권관리와 전체통제시스템을 완성시킨다.

5) 성장안정기

이 단계에서는 조직이 비대해지고 경영자가 다시 중앙 집권화를 지향하는 시기로 변하는 경향이 있다. 따라서 효율적인 경영을 막는 관료주의가 중요한 과제로 나타나게 되며 다음과 같은 경영전략이 필요하다.

(1) 조직의 재정립, 인재충원, 컴퓨터 도입, 구성원 재교육 등을 실시한다.
(2) 생산성 향상을 위한 방안을 모색한다.
(3) 새로운 경영전략의 검토가 필요하다.

6) 성장성숙기

이 단계는 조직의 관료화에 따른 조직경직화의 위험이 노정된다. 이 시기에는 다음 사항에 특히 유의해야 한다.

(1) 관련회사의 관리, 내부통제의 충실화, 정밀한 재무보고서의 작성 등이 필요하다.
(2) 사내 벤처제도 등을 고려할 필요가 있다.
(3) 전략형 위험관리제도의 도입에 의한 조직 활성화가 필요하다.

7) 성장지속기

친인척 또는 소수 주주에 의한 사적기업에서 다수 주주에 의한 공적기업으로 전환되는 시기이다. 다음의 경영전략을 고려해야 한다.

(1) 주식공개에 대한 영향과 기업가에 대한 영향 등을 검토해야 한다.
(2) 주식매점에 대한 대응책을 수립해야 한다.
(3) 공적기업으로서의 책임을 다하기 위한 경영체질의 개선, 체제의 구축 등이 필요하다.

11 벤처경영 마인드

벤처기업들은 일반적으로 기술개발에만 치중하는 경향이 있다. 그러나 벤처기업의 경우 경영자의 역할이 무엇보다 중요하다.

벤처기업들 중에는 기술력이 부족해서 실패한 기업도 있지만, 기술적인 우위에도 불구하고 실패를 거듭하고 있는 기업이 많다. 경영환경의 악화와 경영자의 경영마인드 부족이 이유일 수 있다. 경영환경의 변화가 예측할 수 없는 통제 불능변수라는 점을 고려할 때 경영자의 경영마인드 확립은 성공의 중요한 요인임을 알 수 있다. 성공한 벤처기업 경영자의 역할 모델(role model)을 통하여 이를 이해할 필요가 있다.

1) 창업자의 강력한 기업가 정신

기술력은 벤처기업을 특징시켜 주는 필요조건이다. 그러나 경영자는 연구개발 뿐만 아니라 생산, 마케팅, 인사, 재무 등 모든 기업 활동을 총괄할 수 있어야 한다. 목표 달성을 위한 전체적인 그림을 그리고 각 부문이 해야 할 과업을 명확히 정의해 줄 수 있어야 하기 때문이다.

2) 인재중시의 경영

벤처기업의 특성상 인재가 스스로 찾아오기만을 기대해서는 안 된다. 경영자 자신이 인재를 구하기 위해 시간과 정열을 투자해야 한다. 기술력과 의욕으로 무장된 인재들이 모일 때 좋은 아이디어와 제품을 기대할 수 있기 때문이다.

3) 구체적인 비전 제시

벤처기업의 비전은 다소 허황되게 들려도 좋다. 그러나 명확하고 구체적이어야 한다. 구성원들을 몰입하게 해야 하기 때문이다. 불명확하고 추상적인 목표에 몰두할 사람은 없다.

4) 틈새시장 전략

새로운 기업은 좋은 아이템의 제품이라도 기존제품이 이미 존재하고 있거나, 소비자에게 잘 알려지지 않았기 때문에 시장을 개척하는 것이 매우 어렵다. 때문에, 벤처기업이 성공하기 위해서는 소비자가 원하는 제품이 무엇인지 꿰뚫어야 하며 틈새시장을 공략해 오랫동안 독점적인 시장을 만들어낼 수 있는 아이템을 개발해야 한다.

5) 공동운명체 경영

성공한 기업들은 나름의 독특한 기업문화를 형성하고 있다. 이들 기업문화의 공통점은 기업의 전 직원이 한 가족 같은 공동체를 이루고 있다는 것이다.

6) 장기적인 투자안목

벤처캐피탈과 엔젤 등이 벤처기업에 투자하는 과정에서 벤처기업 경영자와 투자자 간의 힘겨운 줄다리기가 시작된다. 객관적으로 기업을 평가할 수 있는 근거가 마련되지 않은 상태에서 서로의 이익만을 추구하기 쉽다. 이렇게 되면 서로에 대한 불신만을 조장하여 장기적으로는 서로에게 이익이 되지 않는다. 단기적인 안목으로 협상을 하기 보다는 장기적인 관계(relationship)를 강화하여 서로에게 이익이 되는 윈-윈(Win - Win)전략으로 협상에 임해야 하는 이유이다. 특히, 벤처기업 경영자는 자신과 사원들에게 충분한 대가가 돌아가도록 투자 포트폴리오를 세워야 한다는 점을 명심해야 한다. 벤처캐피탈을 지나치게 많이 이용하면 성공의 열매가 회사 외부로 흘러가게 되며, 이것을 걱정하여 벤처캐피탈을 회피하면 자금 악화로 인하여 회사 자체의 경영이 어려워 질 수 있기 때문이다.

7) 전략적 제휴

상상할 수 없을 만큼 많은 기술들이 개발되고 소개되는 상황에서 한 기업이 이러한 기술 모두를 수용하기는 불가능하다. 합당한 기업과의 전략적 제휴를 고려하는 과정은 반드시 필요하다.

제7절 M&A

세계경제의 구조적 변화는 상품과 서비스는 물론 지적소유권과 생산 요소에 이르기까지 거의 모든 분야에서 국가 간 장벽을 허물어 국경 없는 경제 환경을 형성하고 있으며, 정보화와 지식산업화로 인한 또 다른 환경을 조성하고 있다. 기업들은 이러한 세계 경제의 구조와 환경변화에 대응하여 경쟁력 강화를 위한 사업구조 개편과 경영효율화 노력을 경주하고 있으며, 그 노력의 일환으로 기업합병 및 매수(Merger & Aquisition)를 중요한 경영전략 중 하나로 고려하게 되었다.

1 M&A의 개념

세계화의 급진전과 각종 규제의 확산 등 오늘날의 경영환경변화로 인해 날로 치열한 경쟁을 감내해야 하는 기업들은 적대적인 M&A를 포함하는 적극적인 M&A 전략을 구사하고 있다. 기업들은 규모 경제의 실현과 시너지효과의 극대화, 그리고 신속한 경영자원 획득 등의 이점을 추구하기 위해 적극적인 M&A 전략을 활발히 시도하는 추세이다. 특히 기업도 거래대상으로서의 상품이라는 인식의 변화가 M&A를 더욱 활성화시키게 될 것이며, 오늘날의 국경 없는 경제환경 하에서는 M&A가 기업 간의 전략적 제휴와 함께 가장 중요한 글로벌 경영전략 중의 하나로 대두될 것이라는 전망이 설득력을 갖는다.

2 M&A의 문제점

M&A는 경쟁력이 소진된 기업의 소유와 지배와 경영의 주체를 혁신하여, 기업의 생명을 강화하고 연장시킴으로써 투자자본의 생산성과 자본배분의 효율성을 제고하는 순기능이 있다. 이는 개인 대주주 중심의 경영에 대한 폐해를 시장 기구를 통해 감시하고 시정하는 순기능도 있다. 그러나 다른 한편 M&A는 독과점을 형성하거나 경제적 집중을 심화시킬 수 있으며, 특히 적대적 M&A가 성행할 경우 경영자들은 단기적 경영성과에만 치중할 가능성이 크게 될 것이므로 장기적으로는 산업발전이 위축될 수 있고 실물투자 경시풍조가 만연할 부작용의 우려도 있다. 물론 적대적 M&A가 진정한 경영권시장(market for corporate control)의 형성에 기여할 뿐만 아니라 경영과 자본의 효율성을 증대시키는 순기능이 있다고 할 수도 있지만, 경영권시장이 제대로 작동하여 M&A의 순기능을 기대하기 위해서는 공명정대한 경기규칙의 확립이 선행되어야 할 것이다. 따라서 M&A가 기업의 경쟁력을 제고하고 국민 경제에 미치는 순기능을 최대한 살려 그 역기능을 최소화할 수 있는 규제장치로서의 공정한 게임룰을 정하도록 하는 과정은 중요하다 하겠다. 이러한 점에서 각국은 시장구조의 독과점을 방지하고 투자자를 보호하기 위한 여러 형태의 M&A 규제제도를 운영하고 있다.

06

경영관리론

제1절 기업관리의 기본 개념

1 경영관리의 의의 및 기본원칙

1) 경영관리의 의의

경영을 논할 때 매니지먼트(management)라는 용어는 일반적으로 '관리' 혹은 '경영관리'라 번역되는데, 이는 용도와 목적에 따라 다양한 의미를 지닌다. '관리'를 기업의 경영목적을 달성키 위한 계획을 수립하여 다수인의 활동을 합리적이며 효율적으로 조직하고 지휘하고 통제해가는 인간 활동이라 할 수 있는 한편, '경영관리'라 함은 기업의 각종 부문관리 위에 형성되는 고차적이고 포괄적인 관리를 말하는 것으로, 주로 최고 경영층에 의해 전개되는 관리를 뜻하게 된다. 여기서 부문관리란 기업경영의 제 분야에서 구체적으로 전개되는 생산관리, 인적자원관리, 판매관리, 구매관리, 재무관리 등을 말하며 이들 부문들은 기업전체의 관점에서 종합돼가야 하는 대상이다.

역사적으로 말한다면 이러한 '관리'의 개념은 일찍이 테일러(Frederick W. Taylor)에 의해 제창되고 페이욜(Henri Fayol)에 의해 보다 구체화되었다고 볼 수 있다. "매니지먼트는 관리하는 데 있다"고 주장한 테일러의 정의에 대하여 페이욜은 "관리란 예측하고, 조직하고, 지휘하고, 조정하고, 통제하는 것" 이라고 정의한 점이 그 것이다.

이렇게 고전적이며 전통적인 관리론적 사고는 오늘날에도 그대로 계승되어 일반화되기에 이르렀다.

2) 경영관리의 기본원칙

이상과 같은 의미의 경영관리를 합리적이고 효율적으로 수행하기 위해 필요한 기본원칙은 다음과 같이 요약할 수 있다.

첫째, 관리능률은 다수인에게 업무를 분담시킴으로써 증진될 수 있다.

둘째, 관리능률은 업무의 내용, 목적, 과정 등에 따라 구성원을 각 분야별로 집단 분류하여 통제함으로써 증진될 수 있다.

셋째, 관리능률은 다수인의 권한을 계층화시킴으로써 증진될 수 있다.

넷째, 관리능률은 각 계층별 통제범위를 최소한으로 한정함에 의해 증진될 수 있다.

다섯째, 관리능률은 경영활동의 방향을 결정하고, 그 결정된 방향으로 구성원이 자발적이며 의욕적으로 협동하도록 유도해 나갈 때 증진될 수 있다. 경영관리의 원리는 조직의 관점에서 본 이상의 원리 외에, 행동의 관점에서 본 '리더십(leadership)확립의 원리'를 필요로 하기 때문이다.

3) 과업관리와 목표 및 결과에 의한 관리

경영관리를 위한 방식은 크게 두 가지 유형이 있다. 과업관리와 목표 및 결과에 의한 관리를 말하는데 양자는 기본적으로 상이하다.

(1) 과업관리(Task Management)

작업자가 담당하는 일을 과학적으로 측정하여 과업(task)을 설정하고 이를 수행하는데 따르는 가장 합리적인 작업방법과 노동시간 등을 규정하여 이에 따라 작업을 수행하도록 하는 관리방식이다. 여기서 과업(課業)이란 노동자 1인당 1일의 공정한 작업량(a fair day's work)을 말한다.

과업에 의거하여 공정임률(公正賃率)을 결정하려 하였던 테일러(Frederick W. Taylor)의 과학적 관리법(scientific management)은 과업관리의 전형적 형태이다. 이러한 과업관리방식은 구성원의 의사와는 관계없이, 달성하여야 할 목표나 그것을 달성키 위한 활동계획과 방법 등이 상사로부터 일방적으로 통고되는 강제적 관리방식인 것이다. 따라서 이 제도 하의 근로자들은 인간적 대우를 받기가 매우 어려웠던 것이 사실이다. 때문에 그들의 자발적인 활동의욕이나 창의력의 발휘를 기대하기가 어려웠으며, 생산성 또한 낮아질 위험이 상존했다. 드럭커(Peter F. Drucker)가 과업관리를 일컬어 '강요에 의한 관리'(management by drive) 혹은 '위기에 의한 관리'(management by crisis)라고 폄하한 것도 그런 이유에서 이다.

(2) 목표 및 결과에 의한 관리

위에서 살펴본 것처럼 과업관리는 그 일방적이며 명령적인 방식으로 말미암아 조직구성원의 자발적 활동의욕이나 창의를 저해하는 결함을 면치 못한다. 이에 드럭커는 그러한 결점으로부터 조직구성원의 활동의욕과 창의를 불러일으켜 높은 성과를 기대할 수 있는 관리방식을 창안하게 된다. 조직구성원 스스로 목표를 설정하고 이를 달성할 수 있도록 관리하여야 한다고 주장한 '목표에 의한 관리'(Management By Objectives; MBO)가 그 것이다.

한편 슈레히는 기업으로서 기대되는 결과를 구성원 각자에게 할당하고 그것을 달성하는 과정이나 방법은 종업원 스스로가 선택하도록 하는 내용의 관리방법을 제창하였다. 이는 '결과에 의한 관리'(Management By Results; MBR)를 의미한다. 이 관리방식에서는 결과에 대한 책임을 조직구성원 스스로가 지게 되므로 그들은 목표를 달성하기 위한 행동계획을 수립하고 이를 실시할 책임도 아울러 지게 된다. 따라서 작업자들은 일에 대해 능동적 태도를 취하게 되는 한편 과업달성에 대한 인간적인 흥미와 관심도 높아지게 된다. 결과로서의 목표의 달성은 그들의 성취의욕을 충족시켜 주게 되고 보다 높은 성과를 기대할 수 있게 된다는 것이다.

이상과 같은 두 가지 주장은 후에 '목표 및 결과에 의한 관리'(Management By Objectives and Results; MOR)로서 통합되기에 이르렀는데, 이것은 작업 활동을 수행하는 구성원이 스스로 목표의 구체적인 달성정도를 나타내는 결과로서 목표를 설정하고, 이를 달성키 위한 계획을 세우고 그와 같은 결과가 달성되도록 자신의 활동결과에 대해 스스로 통제하도록 하는 종합관리방식이다. 이 방식을 따를 때 조직구성원의 인간성이 중시되고 그들에게 직무만족을 줌으로써 생산성이 향상되기에 이른다는 것이다.

이 관리방식에 있어서 달성되어야 할 결과와 관련하여 조직구성원은 아래와 같은 사항들을 스스로 결정하게 된다.

첫째, 어떤 활동을 수행하여야 할 것인가?
둘째, 그 활동은 어떤 방법으로 수행되어야 할 것인가?
셋째, 그 활동이 수행되어야 할 시기는 언제인가?
넷째, 그 활동을 수행하는 데 어느 정도의 비용이 소요될 것인가?
다섯째, 그 활동이 만족스럽게 이루어지려면 무엇이 필요한가?
여섯째, 그것이 어느 정도로 수행될 수 있는가?
일곱째, 그러한 활동결과에 대한 수정은 언제 어떻게 이루어져야 하는가?

여기서 첫째에서 넷째까지는 '목표에 의한 관리'와 관련되는 것이고 다섯째에서 일곱째까지는 '결과에 의한 관리'와 관련되는 것이다. 계획이 제대로 집행되면 그 결과에 대한 통제가 필요하며, 통제는 그 계획의 달성도를 확인하여 주기 때문에 양자는 통합이 가능하다는 것이다.

2 경영관리의 기능과 순환

1) 경영관리의 기능

경영관리가 수행하는 기능은 아래와 같다.

(1) 계획기능(planning)

기업 활동의 기본목표, 기본방침, 기본계획을 수립하고 설정함으로써 각종 업무담당자들에게 업무수행의 지침을 부여하는 것으로, 관리과정(management cycle)의 출발점이 되는 가장 기본적인 기능이다.

(2) 조직기능(organizing)

직무를 분할하고 각종 직무에 관련된 책임과 권한을 명확히 하며, 여러 직무간의 상관관계를 합리적으로 규정함으로서 인간과 업무를 결합시키는 기능이다. 기획업무는 이러한 조직 편성을 통해서 실행에 옮겨지게 되는 것이다.

(3) 조정기능(coordinating)

경영조직 내의 여러 활동을 한 가지 방향으로 통일하는 기능이다. 즉, 어떤 문제를 둘러싸고 이해나 견해가 대립되는 경우 일정 목적을 향해 이들 대립을 통합하며, 혹은 일정한 순서에 따라 시간적으로 수행하게 하는 기능인 것이다.

(4) 동기부여기능(motivating)

경영에 참여하는 다수인의 중심에, 자발적이며 의욕적으로 협동하도록 하는 동기를 유발하고 사기를 앙양하는 기능이다.

(5) 통제기능(controlling)

다수인의 제 활동이 계획된 표준에 합치되어 있는지의 여부를 검토하여 표준과 어긋나는 점이 발견되었을 때에는 이를 시정하고, 나아가 실시된 제 활동의 결과를 판정, 평가하는 기능이다. 이러한 판정과 평가의 결과는 다시 계획수립에 반영시키게 된다.

2) 경영관리의 순환

위에 소개한 계획(planning), 조직(organizing), 조정(coordinating), 동기부여(motivating), 통제(controlling) 등 5가지의 경영관리기능(POCMC)은 경영자(men), 원재료(material), 기계(machine), 자본(money), 시장(market) 등의 5요소(5M)를 중심

으로 경영관리를 위한 반복적 활동을 계속한다. 이러한 활동을 '관리의 순환'(management cycle)이라 하는데, 이는 일체적이며 통일적 관련을 이루어 계속되는 과정이다. 테리(G. R. Terry)는 이러한 '관리의 순환'을 특히 아래와 같은 도식으로 나타내고 있다. 그는 위의 5가지 기능 중 계획, 조직, 통제의 3가지가 필수기능이라 강조하며 그 외의 동기부여나 조정 등은 부차적인 기능으로 간주했다.

그림 6-1 관리의 순환

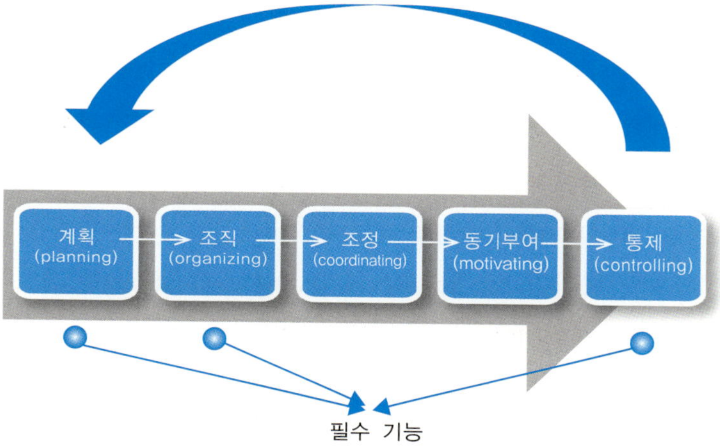

3 목표관리

1) 목표관리의 의의

드럭커(Peter F. Drucker)는 목표관리(Management by Objectives; MBO)를 "개인이 능력을 발휘함에 있어서의 책임소재를 명확히 하고, 미래의 전망과 노력에 대한 지침을 제공하며, 팀워크를 조성하게 함으로써 관리원칙에 따라 관리하여 스스로를 통제하는 관리과정(management and self-control)이다"라고 정의하였다. 이에 대해 험블(John W. Humble)은 기업의 욕구를 통합하고 조정하는 동태적 시스템을 MBO

라 보았는바, 이를 통해 기업은 설정된 목표와 이익을 효과적으로 달성하게 되며 관리자는 자신이 스스로를 개발하고 조직에 공헌하게 된다고 하였다. 또한 마헤쉬 와리(B. L. Mahesh-Wari)는 MBO를 장단기의 성과를 증진시키기 위한 관리기술이라 하였으며, 래딘(W. J. Raddin)은 관리계층별 성과 영역과 기준을 설정하여 일정기간마다 주기적으로 산정함으로써 장·단기적 계획을 수직적, 수평적으로 연결시켜 나가는 관리기술이 MBO라 하였다. 요컨대 MBO란 장기적이며 미래지향적인 관리통제를 통해서 이익과 목표를 달성하고자 하는 기업의 동태적 욕구를 조정하고 통합하는 관리기법인 것이다. MBO의 관리적 특성은 아래와 같이 요약할 수 있다.

(1) 목표달성을 지향하는 행동계획(action plan of objectives)
(2) 목표관리(goals management)
(3) 책임관리(accountability management)
(4) 개인적 개발평가(individual development evaluation)
(5) 사업결과개선관리(business result improvement management)
(6) 성과개선관리(performance improvement management)
(7) 중요결과영역(key result areas)
(8) 결과관리(management by results)
(9) 성과검토(performance review)

2) 목표관리의 특성 및 효과

(1) 목표관리의 특성

가. 조직의 모든 계층에 목표를 부여한다.
나. 우선순위 영역에 주안점을 둔다.
다. 구성원들의 참가를 필수조건으로 한다.
라. 주기적인 검토를 실시한다.

마. 적절한 시스템 및 절차를 위한 지침을 설정한다.
바. 관리결과에 대한 주기적인 검토가 필요하다.
사. 복수책임체제이다.

(2) 목표관리의 효과

MBO의 실시효과에 관한 캐롤(S. J. Carroll)과 토시(H. I. Tosi)의 견해는 다음과 같다.

가. MBO는 조직 내의 커뮤니케이션과 구성원 간 상호이해를 증진시켜 협동체제 구축에 긍정적 역할을 한다.
나. MBO를 위한 계획 자체를 유용하게 활용할 수 있다.
다. MBO에 명시된 조직목표는 구성원의 작업활동 관리에 효과적이다.
라. MBO는 명확한 자기통제기준을 제공하고 있으므로 자기통제가 용이하다.
마. MBO는 성과에 대한 책임을 제시함으로써 책임수행을 독려한다.
바. MBO는 권한위양 및 분권화의 원칙을 활성화한다.
사. MBO는 인적 자원의 개발과 이용에 효과적이다.
아. MBO는 기업의 대내외적 환경변화에 부응하는 업무계획을 원활하게 교체할 수 있도록 한다.

3) 목표관리의 절차

목표관리의 기본절차를 아래와 같이 정리한다.

(1) 목표의 발견(finding the objectives)

실현하여야 할 목표가 어떤 것인지를 발견한다.

(2) 목표의 설정(setting the objectives)

구체적으로 추구해 나갈 수 있는 실천계획을 수립한다.

(3) 목표의 검증(validating the objectives)

목표가 제반 상황에 비추어 적절한 것인지 여부를 재검토한다.

(4) 목표의 수행(implementing the objectives)

목표실현을 위한 노력을 구체적으로 행동과정에 옮긴다.

(5) 목표의 평가(controlling & reporting status of objectives)

추구된 목표의 달성치를 검토하고 평가함으로써 차기목표의 수립에 참고가 되도록 한다.

이상의 절차 중 가장 중요한 과정은 (2)의 목표를 설정하는 일이다. 목표설정의 기준을 요약하면 다음과 같다.

가. 목표는 반드시 개인 자신의 목표인 동시에 기업의 목표여야 한다.
나. 목표는 긍정적이며 적극적인 표현으로 설정되어야 한다.
다. 목표는 실질적인 동시에 달성 가능한 것이라야 한다.

4) 목표관리의 관련이론

목표관리 연구의 관련학자와 그 이론을 소개하면 아래와 같다.

(1) 드럭커(Peter F. Drucker)

MBO 개념의 최초 주창자이다. 그는 기업이 필요로 하는 관리원칙으로 첫째, 개인능력의 발휘 둘째, 책임소재의 명확화 셋째, 과업지침의 제공 및 팀워크의 조성 넷째, 공동목표와 개인목표의 조화를 제시하였다. 드러커는 이러한 원칙을 '목표관리와 자기통제'(MBO & self-control)라고 표현하였으며, 자기통제가 따르는 목표관리의 경영은 해당조직의 유효성을 확보하는데 공헌한다고 주장하였다.

드럭커는 위와 같은 주장에 더하여, MBO를 실시하는 과정에서 당연히 요구되는 조직의 개선을 강조하고 그 개선을 위한 조직형식의 원칙을 다음과 같이 규정하였다.

가. 경영조직은 사업목적달성에 적합한 것이라야 한다.
나. 조직은 가능한 한 중간계층이 적고, 명령계통이 짧아야 한다.
다. 조직의 구조는 미래의 경영계층 육성과 능력테스트가 가능하도록 이루어져야 한다.

(2) 슈레히(E. C. Schleh)

일의 과정보다는 결과를 중시하는 결과관리(Management by Results)의 주창자이다. 그의 이론은 조직과 개인의 목표를 상호 연계시켜 목표달성을 향해 매진해 나갈 때 인간은 비로소 흥미와 요구를 충족시킬 수 있다고 주장한다. 그의 핵심적 관점은 다음과 같다.

가. 개인별 목표는 측정이 가능한 범위 내에서 설정될 때 개별성과를 증진시킬 수 있으며, 그에 따라 조직전체의 성과도 증대시킬 수 있다.
나. 개인별 목표를 확정 시켜줄 때 조직의 역동적(dynamic) 운영을 기대할 수 있다. 그는 이에 더하여 조직의 유효성을 증대시킬 수 있는 기본지침을 아래와 같이 제시하고 있다.
다. 목표를 설정함으로써 조직의 역동성을 확보할 수 있다.
라. 조직에서 개별구성원의 사기와 성취의욕은 개별직무에 대한 동기유발(動機誘發; motivation)의 정도에 의존한다.

이상 슈레히의 이론을 살펴보았듯이 그의 MBO에 대한 개념은 결과를 중시하는 MBO/R(Management by Objectives and Results)의 사고에 가깝다.

(3) 맥그리거(Douglas McGregor)

맥그리거는 MBO의 이론을 그의 저서「The Human Side of Enterprise」를 통하여 행동과학적 측면에서 집약하고 있다. 그는 X이론과 Y이론을 전제로 하여 "인간에게 목표 지향적 동기를 부여함으로써 자발적인 노력을 창조하게 한다면, 높은 생산성을 기대할 수 있고, 동시에 개인과 기업의 목표를 통합시킬 수 있다"고 주장하였다.

(4) 오디온(G. S. Odiorne)과 험블(H. W. Humble)의 이론

오디온과 험블은 MBO를 하나의 종합적인 관리체계로 보고, 개인의 목표와 기업의 목표를 통합시키는데 주력하였는바, 그들 이론의 초점은 아래와 같다.

가. 조직 상・하위 관리자들의 상호협의에 의거하여 공동의 목표를 설정하고, 개인별 책임영역을 성과로 확산 측정할 수 있도록 운용지침을 확정함으로써 개인별 또는 부문별로 공헌도를 평가하는 과정이 MBO이다.

나. 자기개발에 따른 조직공헌도에 의거하여 기업의 이익과 성장목표를 설정함으로써 기업과 개인의 욕구를 통합하며 조정시키고자 하는 동태적 시스템이 MBO이다.

오디온과 험블은 위의 이론적 근거를 토대로 MBO에서 명확하게 규정되어야 할 조건들을 제시하였다. 이는 목표의 명확성, 목표와 관련된 개인별 기대치, 실행기회의 부여, 직무수행의 속도, 개인별능력인정 표, 공헌도에 따른 보상요구 등이다.

제2절 기업관리론의 개념

1 경영관리론의 성립

오늘날의 경영관리는 20세기 초 테일러(F. W. Taylor)의 과학적 관리기법을 기반으로 발전되어왔다. 이는 근대적 대기업과 전문경영인의 출현이 과학적 관리기법의 확립으로부터 비롯되었음을 의미한다.

테일러의 과학적 관리기법은 처음에는 직장관리를 대상으로 하는 것이었으며, 부문관리를 대상으로 하는 적용상의 한계가 있었다. 그러나 과학적 관리기법은 생산관리의 영역에서 다른 여러 영역으로 범위를 넓혀가며 일반화하게 되고 점차 종합관리기법으로 확립되게 된다. 이 기법은 1919년 미국의 제너럴 모터스사(General Motors Corp.)와 듀퐁사(Du Pont de Nemours Co.)에 의해 선구적으로 전개된 이래 1929년의 세계대공황을 전기로 하여 종합관리로 확립되는 발전과정을 거친다.

경영관리는 위에서 소개한 바와 같이 미국에서 부문적 관리로부터 종합적 관리로 발전되어 왔으나 그 후 인간 관계론의 대두를 보게 된다. 인간 관계론이 경영관리론에 도입된 단서는 1926년 웨스텐 일렉트릭사(Western Electric Co.)의 호오손 공장(Hawthorne Factory)에서 행해진 노동생산성에 관한 실험이었다. 호오손 실험(Hawthorne Experiment)은 1924년부터 1932년까지 8년간에 걸쳐 하버드 대학의 메이요(A. Mayo)와 뢰슬리스버거(Roethlisberger)교수가 실행한 실험활동이었으며, 이 실험을 통해 개발된 인간 관계론은 제2차 세계대전 후 경영관리에 일반적으로 적용되어 경영관리의 제3기 발전단계를 가져오는 계기가 되었다.

미국의 테일러와 동시대에 활동한 프랑스의 페이욜(Henri Fayol)은 페이욜리즘(Fayolism)으로 불리는 종합관리이론을 개척하였다. 테일러가 공장의 현장관리를 주로 연구한데 반하여 페이욜은 경영체의 종합적이며 전체적인 관리의 합리성을 주체로 연구하였다. 관리를 독립된 직능으로 분리하여 분석한 그의 연구방법은 종래의 경영 이론에서는 시도된 적이 없었던 것으로, 관리의 문제를 기능적으로 분석하는 새로운 방향을 제시하였다. 특히 그의 연구는 미국의 종합관리 연구의 발전과 최고 경영층(top management)의 본질규명에 많은 영향을 주었다.

2 테일러의 과학적 관리법

1) 과학적 관리법의 생성 기반

산업혁명 직후의 미국의 공장경영은 주기적인 불황과 가격인하경쟁의 대책으로 생산비 절감을 위한 능률증진운동을 필요로 하였다. 당시 미국의 기계기사협회장 타운(H. R. Towne)은「경제적 기사론」을 발표하여 기사들에게 기계기술을 개발하도록 주문하는 한편, 생산직 노동조직의 경제성을 향상시키는 전체적 관리와 능률급을 연구하도록 종용했다. 그의 지시에 따른 전체적 관리에 관한 연구는 시스템관리(systematic management)에 주력되었으며, 메트카프(H. C. Metcalf) 등의 연구도 비용과 재료의 전표제도(card system)에 의하여 작업을 일원적으로 통제하는 수준이었다. 그러나 당시의 임금지불형태인 성과급제도로서는 기업 측의 임률절하를 제어할 수 없었으며, 이에 대항하는 노동자 측의 조직적 태업도 막을 수 없었다. 이와 관련하여 핼시(F. A. Halsey) 등도 임률절하와 태업방지를 위한 이윤분배제도(premium system)라는 독특한 임금지불제도를 고안하였으나 이 또한 효과적이지 못하였다.

작업을 일원적으로 통제하며 능률급을 효과적으로 운용하기 위해서는 그를 위한 계획과 작업기준의 설정, 그리고 임금결정의 기초가 되는 작업시간 및 작업량의 측정을 필요로 하였으나 당시의 경영관리는 막연한 추측과 인습 등에 의존하는 불모적 상황이었다.

2) 인습적 관리

테일러(F. W. Taylor)는 이러한 관리방식을 인습적 관리(rule of thumb methods)라거나 표류관리(drifting management), 혹은 창의와 자극에 의한 비과학적인 관리라고 꼬집었다. 인습적 관리 하에서는 좋은 관리자를 얻어 그 인물에 모든 관리를 맡기면 된다는 생각이 주류를 이루었으며, 좋은 관리를 위해서는 정확한 지식에 의존하기보다 관리자의 직권이나 직감에 의존하는 것이 효과적이라는 사고가 지배적이었다. 좋은 관리는 계획과 기준과 측정과 통제 등의 제도 보다 좋은 관리자를 통해 얻을 수 있다는 믿음의 방식이었음을 말한다.

작업상의 지식에 관해서도 공장장보다는 직장(職長)이, 또 직장보다는 노동자가 더 잘 알고 있는 상태였으며 관리자의 유일한 임무는 노동자가 최고의 능력을 발휘할 수 있도록 고무하는 것이었으므로 경영의 능률을 노동자의 창의와 자극(initiative and incentives)에 의존하는 것으로 생각되었다. 인습적 관리를 표류관리라 비판한 이유는 경영에 대한 명확한 방식의 확립 없이 노동자나 직장(職長)의 의견에 따라 상황마다의 형편에 의해 관리되는 점을 꼬집은 때문이다.

3) 테일러 시스템

테일러의 과학적 관리법(scientific management)은 테일러 시스템(Taylor system)이라고도 한다. 테일러 시스템의 본질은 과업관리와 조직론으로 요약된다. 첫 번째 특성인 과업관리(task management)란 과업(task)을 통한 관리의 제도화를 뜻하는데, 과업(課業)이란 공정한 1일의 작업량(a fair day's work)을 의미한다. 테일러는 관리의 기초를 종래의 노사(勞使) 쌍방이 관심두지 않았던 작업의 과학적 연구, 즉 시간연구(time study)에 둔다. 이는 작업분석에 의하여 요소동작을 구하는 동작연구를 필수로 하며, 이 요소작업에 대한 표준단위시간을 설정하는 것이다. 테일러는 최소시간이 곧 최대생산량이라는 관점에서, 불필요한 동작을 제거한 유일최선의 방법에 의한 작업을 표준화하여 과업이라고 명명하며 이를 관리제도화 한 것이다.

테일러는 1903년 그의 저서인「공장관리」(shop management)에서 고임금과 저노무비를 결합한다는 과학적 관리법이 목표를 달성하기 위해서는 다음의 4가지 원리가 필요하다고 하였다.

(1) 높은 1일의 과업
(2) 표준적 제조건
(3) 성공에 대한 높은 지불
(4) 실패 경우의 손실

테일러 시스템의 두 번째 특성은 관리의 실천체계인 조직론이다. 이는 모든 일은 '지배인, 공장장, 직장에 의해서가 아니고 계획부에 의해서 관리되어야 한다.'는 예외원리(exception principle)에 입각한다. 이와 함께 노동자의 머릿속에 있는 종래의 관리지식(작업)을 관리에 집중하는 과학적 관리의 첫 번째 원리에 의하여 관리(계획)직능을 상하에서 분리시켜 과학화하는 것이다. 이것을 중심으로 과업을 형성하여 직장과 노동자를 지도표제도(instruction card system)에 의해 일하게 하는 과학적 계획이 테일러 시스템의 본질이었다. 테일러는 직능적 직장(functional foremanship)제도를 두었는데 이는 관리직능을 분업화하는 직능화 원리의 실천이었다.

그는 1911년 이러한 연구와 경험을 총괄하여 다음의「과학적 관리의 4대 원칙(Principles of Scientific Management)」을 발표하였다.

가. 주먹구구식 방법을 타파하고 참된 과학(true science)을 수립하여야 한다.
나. 종업원 선발을 과학적으로 해야 하며 훈련방법 또한 과학적이라야 한다.
다. 경영자와 작업자의 업무를 명확히 구분하여 분담하고 수행해야 한다.
라. 경영자와 작업자 간의 우호적인 관계를 유지해야 한다.

그의 시간연구를 포함하는 관리의 원칙은 독일을 거쳐 노동과학(Arbeitswissenschaft)을 발전시키는 계기가 되었으며, 오늘날의 IE(Industrial Engineering)의 기초가 되었다.

4) 테일러리즘

테일러의 경영철학을 테일러리즘(Taylorism)이라 하는데, 이는 최대생산성과 최소생산성을 통하여 노사(勞使) 모두의 최대번영을 추구하는 것이었다. 작업의 과학화를 통해 생산성 향상을 이룩하면 단위당 고정비를 체감하여 저생산비를 실현하게 될 것이므로, 그에 따라 고임금(변동비)을 적극적으로 가능하게 할 수 있다는 것이다. 이와 같이 노사쌍방이 만족할 수 있는 '고임금 저노무비(High Wages and Low Labor Cost)'의 원칙을 성립시키고자한 것이 테일러 시스템의 이념적 기본이며 현대적 생산이론과 협력적 노사관계론의 기조를 이루게 된다.

테일러는 1856년에 미국의 필라델피아에서 출생했다. 소년시대에는 양친과 같이 유럽에 건너가서 교육을 받았다. 법률가를 뜻하고 하버드대학의 대학시험에 합격하였으나 시험준비에 눈을 상하여 응시를 포기하고 기사가 될 결심을 하였다. 필라델피아 교외에 있는 그의 묘에는 「과학적 관리의 아버지」라는 비명이 새겨 있는데, 이 존칭은 미국인뿐만 아니라 세계의 모든 사람에게 받는 것이다. 그는 기본과정의 분석, 측정 기술의 창조로서 새로운 합리사상을 발전시켰다.

과학적 관리법과 테일러(Frederick Winslow Taylor)

테일러(Fredrick Winslow Taylor, 1856-1915)는 미국 필라델피아의 유복한 가정에서 태어났다. 양친을 따라 유럽에서 생활하며 교육 받은 그는 하버드 법과대학에 우등생으로 합격하였으나, 눈을 상하여 법률가의 꿈을 접고 필라델피아 수력공사에서 기계견습공으로 일을 배우게 된다. 그 후 미드베일 철강회사(Midvale steel co.)에서 근무하면서 작업자의 생산성에 관심을 갖게 되는데, 직장(職長)으로서의 그의 초기 관심사는 노동자의 조직적 태업과 생산제한을 없게 하는 것이었다.
그는 태업과 생산제한 등 생산현장의 문제가 작업자들에 대한 직무분석이 부실하여 성과급제도의 표준이 적절치 못하다거나, 사용자가 임률을 임의로 조절하는 등의 비과학적인 경영관행으로부터 야기된다는 점을 간파하였다. 사용자는 공정한 1일의 지불에 대하여 공정한 1일의 노동을 요구하고 종업원은 그 요구에 응할 마음으로 있으나, 공정한 1일의 노동이 얼마만큼의 양인지 노사쌍방이 모두 모르기 때문에 막연한 인습에 따라 결정하고 있었으며 그것이 노사분쟁의 원인이 된다는 것이었다. 그 해결을 위하여 테일러는 우선 각종의 일에 대한 작업시간을 측정하여 표준시간을 찾아내고 이것으로 표준과업을 구성하여 임금을 보증하려고 하였다. 이것은 임률의 일방적 인하와 조직적 태업을 방지하고자하는 노력이었다.
그는 1일의 공정작업량인 과업을 결정하기 위하여 작업방법과 작업조건을 표준화한 뒤 작업자의 작업시간을 초시계(stop watch)로 일일이 측정하였는데, 이것은 오늘날 표준시간의 모태가 되었다. 그 결과로 노동자의 일을 항상 표준 또는 그 이상으로 확보하기 위하여「직능별직장제도」,「계획과 작업의 분리」,「예외의 원칙」등 많은 발전을 가져왔다.
그는 1902년 이후 금전적 보수가 따르는 일을 떠나 과학적 관리를 보급하는 일에 여생을 바쳤다. 많은 개혁자의 경우와 같이 그도 처음에는 오해를 많이 받았다. 그의 문하생이라고 자칭하는 소위 능률전문가들이 그의 방법을 모방하였으나, 그들은 동료들의 행복을 원하는 테일러의 열정과 달리, 방법의 근저에 있는 원리에 충실하지 않았으며 그 적용에서 생기는 사회적 책임에 대해서도 등한시 하였다. 이러한 여러 연유로 1911년에는 테일러의 능률증진운동을 반대하는 파업이 일어나게 되고, 파업으로 야기된 청문회가 미국하원특별위원회에서 1912년까지 계속되는 등 테일러는 곤란을 겪게 된다. 그러나 그는 테일러 시스템의 기본적 사고를 이해하는 데 중요한 문헌이 되는 「테일러 증언」(Taylor's Testimony before the Special House committee, 1912)을 하원특별위원회의 청문회에서 남기게 된다.
테일러는 1906년 미국 기계공학회(ASME)의 회장으로 선출된 후 하버드 대학을 포함한 미국 각지의 교육기관과 산업체에서 강의를 하는 등 59세에 생을 마감할 때까지 활발한 활동을 계속하였다. 그의 주된 저서에는 「성과급제」(A Piece Rate System, 속95), 「공장관리」(Shop Management, 1903) 및 「과학적 관리법의 제원리」(The Principles of Scientific Management, 1911) 등이 있다.

3 페이올의 관리론

1) 페이올 관리론의 의의

페이올은 테일러와 동시대에 활동하면서 그의 독특한 관리론인 페이올리즘(Fayolism)을 발전시켰다. 페이올리즘은 생산 중심인 테일러의 과학적 관리론과는 달리 최고 경영자의 시각에서 경영관리를 논하고 있다. 두 사람의 이론은, 테일러가 생산현장의 업무에 중점을 둔 반면 페이올은 관리계층의 업무에 초점을 맞추고 있다는 점에서 서로 대립적이면서도 상호보완적인 양면성을 가진다고 평가된다. 페이올의 기업경영관리론은 다음 6가지의 기본적 활동으로 구성되며 관리는 그 중의 한 활동이라 정의되었다.

(1) 기술적 활동 : 생산 제조 가공
(2) 영업활동 : 구매 판매 교환
(3) 재무활동 : 자본의 조달과 운영
(4) 보전활동 : 재화와 종업원의 보호
(5) 회계활동 : 재산목록 대차대조표 원가 통계
(6) 관리활동 : 계획 조직 지휘 조정 통제

페이올은 위의 6가지 활동은 사업의 종류나 규모의 대소에 관계없이 필수불가결한 직능(활동)이라 정의하였으며, 특히 (6)의 관리활동을 다음과 같이 설명하였다.

가. 계획은 장래를 연구하고 행위계획을 수립하는 것
나. 조직은 사업의 물적, 사회적 구조를 형성하는 것
다. 지휘는 각자에게 부여된 직능을 수행하도록 배려하는 것
라. 조정은 모든 활동과 노력을 결합하고 통일하며 조화를 이루는 것

마. 통제는 모든 것을 주어진 기본과 명령에 따라 실행되도록 감시하는 것

2) 페이욜 관리론의 특징

페이욜의 관리론에는 다음과 같은 특징이 있다.

(1) 관리활동이 5가지의 타 활동과 구별되어 독자적인 직능으로 이해되고 있다.
(2) 관리의 개념과 경영의 개념이 명확히 구별되어 있다.
(3) 페이욜 관리론은 사회체(corps social)의 개념을 기초로 한다. 이는 페이욜 관리론의 본질이 되는 가장 중요한 특징이다.

페이욜은 '관리활동의 발휘는 사회체의 구성원을 통해서만 가능하다. 다른 5가지 활동이 재료, 기계 등을 활동 상태로 만들 수 있는데 반하여, 관리활동은 사람에 대해서만 작용한다.'라고 정의하였다. 그는 사회체를 사회적 유기체(organism social)라 하고, 사회체에 대한 관리활동은 자연유기체의 신경조직과 같다고 정리하며 '신경조직이 없는 유기체가 활동할 수 없듯이 사회체 역시 관리능력 없이는 활동할 수 없고 존재할 수도 없다.'고 설명하였다.

3) 페이욜의 관리원칙

페이욜은 경영관리를 위한 14가지의 원칙을 다음과 같이 제시하고 있다.

(1) 분업
(2) 권한과 책임
(3) 규율
(4) 명령의 일원성
(5) 지휘의 통일

(6) 개인적 이익의 일반적 이익을 위한 종속

(7) 공정한 보상

(8) 집중화

(9) 계층

(10) 질서

(11) 공정

(12) 종업원의 안정

(13) 창의력

(14) 단결심

위의 14가지 관리원칙들은 1) 페이욜 관리론의 의의에서 설명한 6가지 경영활동을 수행하기 위해 필요한 규칙을 말한다. 이들 관리원칙은 창의력과 단결, 전체의 이익을 위한 개인적 이익의 복종 등과 같은 인간사회적 요인에 중점을 둔 점과, 테일러의 작업관리와 달리 기업조직 전체에 관심을 가지고 고안된 경영관리론인 점에서 주목된다.

페이욜(Henri Fayol, 1841-1925)은 프랑스의 자산가의 가정에 태어나서 리용의 대학예비교에서 상테엔느에 국립 광업학교에서 배웠다. 오랫동안 고망드리회사(commentry fourchambault, Decazeville)의 사장(chief executive)의 지위에 있어 사회의 번영에 노력했다.

경영관리론과 앙리 페이욜(Henri Fayol)

페이욜(Henri Fayol,1841-1925)은 프랑스에서 태어나 테일러와 거의 같은 시대를 살았다. 1860년 상데디엔의 국립광업대학을 졸업한 후 코망트리푸르샹보 광산회사의 광산기사로 입사하여 최고경영자의 위치에 까지 오르며 전 생애를 그 회사에서 보냈다. 그는 1918년 77세로 은퇴할 때까지 사장으로 재직하며 그 회사를 프랑스 최고의 건전기업으로 성장시켰다. 퇴직 후에는 기업 이외의 육해군, 행정관청 등에도 그의 이론을 전달하고 이것을 적용하게 하기 위해 노력하였다.
페이욜은 최고경영자로서의 경험을 바탕으로 1925년 「산업 및 일반 경영관리론(General and Industrial Management)」이라는 저서를 남겼다. 그는 이 책을 집필하면서 옳은 관리이론이란 기업뿐만 아니라 관리를 필요로 하는 곳이라면 어느 분야건 다 같이 적용되어야 한다고 생각하게 된다. 그는 또 그가 경영자로서 성공할 수 있었던 것은 자신의 자질보다는 과학적 원리의 적용에 있었다는 신념을 항상 가지고 있었기 때문에, 경영관리에 관한 일반원칙과 지식은 학습될 수 있다고 주장하며 경영자를 위한 지침과 방향을 체계화하려 하였다. 페이욜은 그러한 경험과 신념을 바탕으로 그의 관리론인 페이욜리즘(Fayolism)을 구체화한 경영관리학자로 활동하였다.
테일러가 공장의 현장관리를 중심으로 하는 공장관리에 치중한데 반하여 페이욜은 경영 전반의 합리적 관리를 주제로 관리이론을 전개했다. 그러나 그들 두 사람의 이론이 과학적 원리를 적용하였다는 점에서는 공통된다.

07

경영조직론

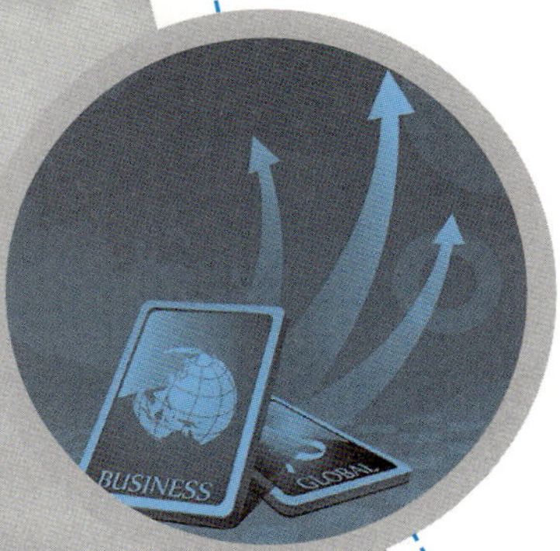

제1절 경영조직의 의의

1 조직의 개념

기업조직(organization)을 연구한 대표적 학자인 버나드(C. I. Barnard)는 '조직이란 일정한 목적의 달성을 위하여 복수의 인간이 의식적으로 조정하는 활동체계'라고 정의하였다. 복수의 인간이 공통적으로 추구하는 목적을 달성하기 위하여 서로 힘을 합쳐 활동하는 것을 조직으로 본 것이다. 이에 대하여 샤인(E. H. Schein)은 조직을 '공통적인 목적을 달성하기 위하여 노동과 직능을 분화하고, 이에 권한과 책임을 부여한 일정계층을 통해서 여러 사람들의 활동을 합리적으로 조정하는 것'이라고 정의하였다.

요컨대 조직이란 공통의 목적을 달성하기 위하여 특수화되고 상호 조정된 복수의 인간의 협동시스템을 말하는 것이다. 우리는 이러한 협동시스템을 우리 사회의 정부나 기업, 군대나 대학, 또는 병원 등에서 조직으로 확인할 수 있는 까닭에 오늘날의 사회를 조직사회라 부르는 이유로 이해할 수 있다.

2 경영조직의 본질

브라운(A. Brown)은 경영조직이란 조직구성원의 협동적 활동을 경영목적에 적합하게 하도록 하기 위하여 각 구성원이 수행할 역할과 각 구성원 간의 관계를 규정하는 것이라고 말하고 있다. 한편 알렌(L. A. Allen)은 경영조직을 정의함에 있어, 조직화(organizing)는 조직구성원들이 기업목표의 달성을 위해 가장 효과적으로 협력할 수 있도록 그들이 수행해야 할 직무의 내용을 명확히 편성해야 하며 이에 수반되는 책임과 권한을 분명히 함과 동시에 이의 상호관계를 정확하게 설정하는 과정이라고 정의하였다. 요컨대 경영조직의 본질이란 경영목적의 달성에 필요한 각 구성원의 직무를 일정한 권한과 책임의 배분을 통하여 확정하고, 확정된 각각의 직무를 합리적인 상호관계 위에서 설정해야 함을 뜻한다.

제2절 경영조직의 원칙

경영조직의 원칙(principles of organization)이란 합리적인 조직을 편성하거나, 그것을 유효하게 관리하기 위하여 따라야 할 행동지침을 말하며, 경영(관리)원칙(principles of management)이라고도 한다. 경영원칙은 경영자나 관리자의 경험으로부터 도출되고 정리된 것이므로 그 보편적 적용가능성이 인정된다고 할 수 있다. 그러나 경영원칙은 자연과학의 원칙처럼 엄밀하거나 절대적이라 할 수 없는 것이기 때문에 이를 경영상에 실제로 적용하기 위해서는 경영관리자의 숙련된 판단과 기술이 필요하게 된다. 이의 구체적 설명을 위하여 다음과 같은 경영조직의 원칙을 소개한다.

1 명령일원화의 원칙(principle of unity of command)

조직 활동의 능률적 수행을 위해서는 조직의 규율과 질서의 유지가 반드시 필요한데, 이러한 규율의 확립과 질서의 유지는 각 직무의 담당자가 한 사람의 직속상사로부터 명령을 받게 될 때에 가능하게 된다는 원칙이다. 이를 명령일원화의 원칙 또는 명령통일의 원칙이라고 한다.

명령일원화의 원칙이 지켜지지 않고 2인 또는 그 이상의 상사가 동일한 부하에게 각기 다른 명령과 지시를 하게 되면 상호 모순된 명령이 주어질 가능성이 있게 되어, 명령을 받은 부하는 어느 한쪽의 명령을 무시하거나 수행할 수 없게 되고 조직은 혼란에 빠질 수도 있다. 이와 관련하여 테일러(F. W. Taylor)가 제창한 직능식 조직(functional organization)의 개념이 오늘날의 경영조직에서 채택되기 어려운 이유를 명령일원화의 원칙으로부터 제시하는 학자들도 있다. 또한 뒤에 소개하는 '라인(line)과 스텝(staff)'에서도 명령일원화의 원칙에 바탕을 두고 양자의 기능과 역할을 설명할 것이다.

2 권한 위양의 원칙(principle of delegation of authority)

권한 위양의 원칙이란 권한을 가진 상위자가 부하에게 직무를 위임할 경우 그 직무 수행에 관하여 일정한 권한을 부여하는 원칙을 말하며, 단순히 위양의 원칙(principle of delegation)이라고도 한다.

기업의 규모가 커지고 조직이 확대되면 그에 따라 업무의 양이 증대되고 복잡하게 되어가는 것이 조직의 일반적 현상이지만 직무담당자의 능력이 그에 비례하여 증가하기를 기대하기는 쉽지 않다. 때문에 관리자는 개별직무담당자가 가지는 직무능력의 한계를 극복하기 위하여 권한의 위양이라는 방법을 모색하게 되고, 나아가 위양 → 재위양 → 재재위양이라는 일련의 과정을 해결책으로 체계화하게 된다. 이와 같이 권한을 위양함으로써 상위자는 과중한 업무의 부담에서 벗어나게 되어 본래의 직무에 충실할 수 있게 되고, 또한 하위자도 상위자의 승인을 매번 받지 않으면서도 자신의 독자적인 판단으로 직무를 수행할 수 있게 된다. 상위자는 자신의 직무와 권한의 일부를 부하에게 위양한 경우에 부하에게 위양된 권한이 적절히 행사되는지 그리고 그 직무를 만족스럽게 수행하는지의 여부를 감독할 의무를 지게 되며, 상사에 대하여는 그 수행의 결과에 대한 책임도 지게 된다.

3 기능화의 원칙(principle of functionalization)

기능화의 원칙이란 조직을 '사람 중심'이 아닌 '해야 할 일'을 중심으로 구축하여야 한다는 의미이다. 여기서 '해야 할 일'이란 조직이 경영목적을 달성하기 위하여 '반드시 수행해야할 일'을 뜻하므로, 경영조직은 기능의 체계를 최우선의 바탕으로 형성되어야 한다는 것이다. 기능화의 원칙을 따르는 조직의 합리적 제도로 직계제도(job class system)를 들 수 있다.

4 감독 한계의 원칙(principle of span of control)

감독 한계의 원칙이란, 한 사람의 상사가 직접 지휘하고 감독할 수 있는 부하의 수에는 일정한 한계가 있어야 한다는 원칙을 말한다. 많은 부하를 가지면 불충분한 감독이 되기 쉽고, 반대로 적은 부하를 가지게 되면 지나친 감독으로 인하여 부하의 창의성과 자주성의 발휘에 방해가 될 수도 있다는 의미에서 이다.

적정한 부하의 수는 감독자의 개인적 능력이나 직무내용, 부하의 능력, 의사소통의 난이도 등과 같은 구체적인 요인에 따라 달라질 수도 있지만, 일반적으로는 육체적인 작업과 두뇌를 주로 활용하는 정신적 작업의 감독한계가 다르다고 알려져 있다.

5 계층 단축화의 원칙(principle of scholarship or hierarchy)

최고경영층부터 하위 작업자에 이르는 상하의 계층이 길면 길어진 만큼 상하의 의사소통이 어려워지며 명령이나 정보의 전달이 더뎌지게 된다. 뿐만 아니라 계층이 많이 나뉠수록 중간관리자의 수가 많아지며 인건비도 늘어날 수밖에 없다. 이러한 문제를 최소화하고 조직의 효율을 높이기 위해서는 가급적 조직계층을 단축하기 위해 노력해야 하는데, 이는 계층 단축화의 원칙을 따름으로부터 비롯된다.

6 전문화의 원칙(principle of specialization)

전문화의 원칙이란 조직의 구성원 모두가 각자에게 특화된 단일 업무를 전문적으로 담당하게 하는 원칙을 말하는 것으로, 경영활동의 능률을 증진시키는 효율적 방법이다. 이는 숙련이나 전문적 지식의 습득을 용이하게 하는 방법이기 때문에, 경영능률을 향상시키기 위해서는 여러 가지 활동에 종사하기보다 한정된 특정 활동에 노력을 집중하는 것이 바람직하다는 조직원칙이다.

경영활동을 분할하여 부문을 편성해 나가는 부문화는 이러한 전문화의 원칙에 따라 이루어지게 된다. 부문화가 이루어지게 되면 조직의 업무가 각 부문에 할당되어 부문별 조직이 형성되고 이에 따라 업무분담을 하게 되는데, 이를 더욱 세분하여 각 과나 계 등에 할당함으로서 구성원의 직무 종류와 범위가 정해진다. 기업에 적용되는 전문화의 분류기준으로는 다음과 같은 것이 있다.

1) 제품종류를 기준으로 한 제품별 부문조직

제조업의 부문화는 제품별로 이루어지나, 판매업의 경우는 업무를 상품별 부문으로 분류한다.

2) 판매지역을 기준으로 한 지역별 부문조직

이러한 부문조직은 업무의 종류와 범위가 지역에 따라 정해지는 경우로, 제조회사의 판매활동은 지역별로 부문화 되어 해당 지역 내 모든 제품의 판매를 그 부문이 책임지게 된다.

3) 생산 공정이나 시설을 기준으로 한 공정별 또는 시설별 조직

생산 공장을 조직하는 방법으로, 공장을 작업공정별 조직으로 분류하거나 생산설비별 조직으로 분류하는 부문화의 경우를 말한다.

4) 고객의 분류를 기준으로 한 고객별 부분조직

고객의 다양한 욕구와 구매력을 분석하여 고객별로 부문조직을 형성하는 경우이다. 제조회사의 판매활동을 목표 고객별로 구분하거나 백화점의 매장을 화장품부, 숙녀복부, 신사복부, 아동복부 등의 부문으로 구성하는 형태가 해당된다.

5) 직능별 분화를 기준으로 한 직능별 부문조직

직능에 따라 부문화가 이루어지는 경우는 경영조직의 총무부, 경리부, 영업부, 생산부 등과 같은 부문조직에서 그 일반적 예를 찾아볼 수 있다.

이상 다양한 부문화의 분류기준을 살펴보았으나 실제로 이 중 어느 하나의 기준만으로 경영조직이 부문화 되거나 직무가 할당되는 경우는 드물다. 예컨대 대규모 제조회사의 경우 다음과 같은 몇 단계의 분화과정을 거치게 되는데, 먼저 직능별 분류기준에 따라 생산부, 인사부, 마케팅부, 재무부, 회계부 등으로 크게 나누고, 그 다음으로 생산부를 제품별, 공정별로 분화하는 한편 영업부의 경우는 지역별 또는 고객별로 나누는 과정을 거친다. 이처럼 경영조직의 부문화는 여러 가지의 기준들이 결합되어 그 형성을 가능하게 한다.

7 조정의 원칙(principle of coordination)

조정의 원칙이란 조직운영의 효율을 높이기 위하여 분화한 경영활동들을 기업목적의 효과적 달성에 적합하도록 기업전체의 관점에서 적절히 통합하고 조율하는 원칙을 말한다.

조정활동은 분업화한 경영업무의 각 전문영역이 협력을 유지하며 통합 체제를 구축할 수 있도록 하는 중요한 역할을 담당한다. 그러므로 조직 전체의 종합적인 힘이 발휘되어 조직의 공통목적을 달성하도록 하기 위해서는 조직내부의 모든 활동이 균형을 유지하도록 해야 하는데, 이는 조정의 원칙이 확립되지 않고는 기대하기 어렵다.

8 예외의 원칙(principle of exception)

상위의 최고경영자는 일상적으로 반복되는 일반 업무(routine work)와 정형적 의사결정(programmed decisions)을 하위관리자 등에게 위임하고 자신은 예외적이며 우발적인 업무, 또는 비정형적 의사결정(non-programmed decisions)의 처리에 전념한다는 원칙을 말한다. 예외의 원칙은 상위의 경영자로 하여금 하위의 관리자라도 처리할 수 있는 일상적인 반복 업무로부터 벗어나게 하고, 그들의 귀중한 시간을 보다 중요한 전략적 문제를 처리하는 데 사용하게 하는 것을 목적으로 한다.

9 사기와 리더십의 원칙(principle of morale and leadership)

조직화의 목적은 직무의 효율적 수행과 목표의 효과적 달성에 있다. 이를 위해서는 경영조직 구성원의 인적 능력이 충분히 발휘될 수 있는 조직이어야 하므로, 조직은 유능한 인적 자원을 적재적소에 배치하고, 직무에 대한 권한과 그 위임의 사항을 명확히 하여 각 직무담당자의 능력이 충분히 발휘될 수 있도록 하여야 한다. 또한 단위 조직의 책임자는 조직 구성원의 근로의욕을 높이기 위하여 사기를 진작시킬 수 있는 리더십을 발휘할 줄 알아야 한다. 이를 사기와 리더십의 원칙이라 한다.

그러나 이상에서 살펴본 경영조직의 여러 원칙들은 서로 모순되거나 이율배반적이라는 비판을 받기도 한다. 예컨대 감독 한계의 원칙과 계층 단축화의 원칙, 그리고 전문화의 원칙과 조정의 원칙 등은 그 대립되는 특성 때문에 경영 일선에서 보편적으로 적용하기가 쉽지 않다는 것이다. 따라서 경영조직 전체의 균형을 유지하고, 경영활동의 활성화를 위해서는 위에 제시한 원칙들을 종합적으로 다룰 필요가 있다. 조직을 구성하고 유지하기 위해서는 위의 여러 원칙들이 기본이 되어 흔들림 없이 지켜져야 하겠지만, 급변하는 내외의 환경 속에서 생존하고 성장하기 위해서는 원칙들의 유연한 적용이 필요할 때도 있게 될 것이기 때문이다. 특히 오늘날과 같이 엄중한 경쟁속의 세계시장에서 활동해야하는 기업에게는 혁신적인 제품을 개발하고 새로운 판로를 개척하는 등의 시장 지향적 노력 외에도, 경영조직의 원칙을 탄력적으로 운영하여 조직의 체질을 개선하는 등 목표시장에의 적응력을 높이기 위한 노력이 필요할 것으로 본다.

제3절 경영 직능의 분화

기업의 업무활동은 크게 두 가지로 분화할 수 있다. 수평적 분화와 수직적 분화라는 기본형태가 그것인데, 수평적 분화란 업무의 종류에 의한 분화를 뜻하는 것으로 업무를 횡적으로 분할하여 담당하는 부문화를 뜻하며 수직적 분화란 업무를 조직계층별로 분화하는 종적 부문화를 말한다.

1 경영 직능의 수평적 분화

기업이 성장한다는 의미는 그 규모가 커지는 것은 물론 업무의 내용이 다양화하고 복잡하게 되어 감을 뜻한다. 그러므로 경영조직이 효율을 높이기 위해서는 경영의 직능을 분화할 필요가 있다. 수평적 분화의 형태는 다음과 같다.

1) 과정적 분화

과정적 분화란 기업목표의 달성에 필요한 기본적 활동을 분화하는 것으로, 라인(line)부문의 형성은 과정적 분화를 따른다.

제조업의 경영활동은 구매(조달), 생산, 판매라는 순환적 활동과정으로 이루어진다. 이러한 순환적 활동은 경영활동의 근간이 되는 것으로, 이와 같이 구매(조달)와 생산과 판매의 순환과정을 따라 분화하는 방법을 과정적 분화 또는 경영 직능의 1차적 분화라 한다. 기업의 구매부, 생산부, 마케팅부와 같은 부문은 이러한 과정적 분화에 의하여 형성된다.

2) 요소적 분화

기업은 사람(man), 자금(money), 물자(material), 기술(technology) 등의 요소를 결합하여 경영활동을 하므로 이러한 경영활동의 기본적 구성요소들을 기준으로 분화하기도 한다. 이러한 분화를 요소적 분화 또는 2차 분화라 하는데, 이는 경영조직의 인사부, 경리부, 총무부, 기술부 등을 형성하게 된다. 이들은 전문적 기술을 가지고 라인(line)부문을 보조하거나 조언하는 부문으로 전문스탭(special or technical staff)이라 한다.

3) 단계적 분화

과정적 분화와 요소적 분화에 의해 형성되는 각 직능부문을 수행하기 위해서는 경영관리의 직능이 공통적으로 필요하다. 이러한 경영관리의 직능은 계획, 조직화, 지휘, 통제 등의 관리과정(management process)으로 이루어지는데, 이와 같은 관리과정의 분화를 단계적(phasic)분화 혹은 3차 분화라고 한다.

계획, 조직화, 지휘, 통제 등으로 분화한 관리업무의 직능은 앞에서 설명한 과정적 분화와 요소적 분화의 각 국면과 단계(phase)를 강화하고 보강하는 총합적 관리의 목적을 가진다. 경영관리의 여러 직능은 계획국면을 분화한 기획부, 조사국면을 분화한 조사부, 통제국면을 분화한 관리부 등의 부문이 되는데, 이와 같은 부문을 관리스탭(management staff)이라 한다.

4) 단위적 분화

지금까지 설명한 과정적, 요소적, 단계적 분화는 경영 직능상의 분화이며 단일사업체내에서 이루어지는 분화이다. 그러나 하나의 사업체를 여러 개의 독립된 사업부(divisional organization)로 분할하는 분화방법도 있다. 이를 단위적 분화라 하는데, 이는 과정적 분화에서 설명한 구매(조달), 생산, 판매 등의 경영활동을 망라한 전체 경영활동을 사업단위별로 분화하는 경우를 말한다. 단위적 분화의 예로는 지역별, 제품별, 고객별 사업부 등을 들 수 있다.

2 경영 직능의 수직적 분화

경영 직능의 수직적 분화란 경영의 직능을 계층적인 분화의 관점에서 파악한 개념이다. 기업경영의 직능은 관리기능과 작업기능이 계층적으로 분화되어 있으며, 그 조직 또한 관리조직과 작업조직으로 계층화되어있기 때문이다.

기업의 활동이 1인 경영의 상태를 벗어나 2인 이상이 참여하게 되는 경우가 되면, 경영자는 분업의 효과를 고려하게 된다. 분업의 효과에 대한 고려는 계획기능과 작업기능을 분화하게 되어 계획기능을 담당하는 경영자와 작업기능을 담당하는 작업자와의 계층적 분화를 이루게 한다. 이와 같이 계획기능과 작업기능의 담당자로 분화하게 되면 각 기능의 담당자는 별도의 영역에서 활동하게 되지만, 계획기능을 예로 들 경우의 경영자는 계획기능 이외에 동기부여, 지휘, 감독, 통제, 조정 등의 기능도 함께 담당하지 않을 수 없게 된다. 그러나 한 사람의 경영자가 이처럼 다양한 관리기능을 담당하며 일정 수 이상의 부하를 직접 유효하게 통솔하기란 쉽지 않은 일이 된다. 때문에 경영자는 감독 한계의 원칙을 따르는 관리범위의 한계를 인정하게 되고 경영자와 작업자 사이의 중간계층을 필요로 하게 되어 경영자를 정점으로 하는 피라미드형 계층구조를 자연스레 이루게 된다.

그림 7-1 피라미드형 계층구조

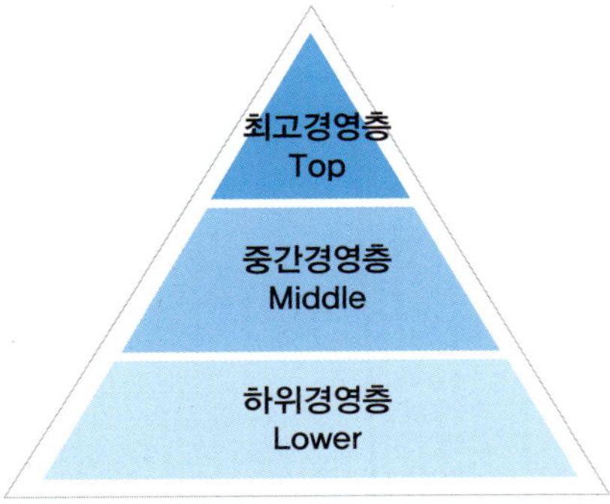

기업은 그 규모가 확대되고 경영 직능이 수직적으로 분화되는 과정에서 기업운영을 위한 관리조직과 작업수행을 위한 작업조직으로 나누어진다. 기업의 관리조직은 최고경영층(top management), 중간관리층(middle management), 하위관리층(lower management)으로 이루어지는데, 이들 관리조직이 작업조직과 결합함으로서 전체로서의 경영계층조직이 형성된다.

제4절 라인과 스탭

1 라인과 스탭의 부문 개념

경영조직으로서의 기업이 성취하고자 하는 목적을 계획한 후 그 목표의 달성을 위하여 조직을 구성하는 과정은, 수행되어야 하는 제반 활동을 각각의 구성원들에게 부여하는 과정과 다르지 않다. 이 과정에서 조직의 목표와 수행업무와의 관련특성에 따라 라인(line)과 스탭(staff)이라는 기본개념이 적용된다.

라인(line)이란 경영활동의 목표달성에 필요한 기본적이고 직접적인 직능을 수행하는 개념을 뜻한다. 라인은 기업목적에 직접적으로 관련되는 주요업무를 집행하며 포괄적 결정과 명령의 권한을 가지는 직위나 부문을 말하는데, 이를 일반적으로 라인직능(line function) 또는 라인부문(line department)이라 부른다. 라인직능은 조직에 따라 다르게 구성되는데 제조업에서는 구매, 생산, 판매부문을 말하고, 상업조직에서는 조달과 판매부문을 뜻하며, 금융업에서는 예금과 대출부문 등으로 구성된다. 요컨대 라인직능은 주된 경영활동을 수행하는 기간적(基幹的) 직능으로서 자본의 순환과정을 직접 구성하게 되며, 그 활동의 결과는 직접손익으로 나타나게 된다. 라인부문의 분화는 경영활동의 과정적 분화나 단위적 분화에 의해서 이루어지는데, 전자는 직능부문조직이 라인부문으로 전개되며 후자의 경우는 사업부제조직이 라인부문으로 전개된다.

한편 스탭(staff)이란 집행기관으로서의 라인의 활동이 효과적으로 수행될 수 있도록 라인을 보좌하고 원조하는 직위나 부문의 개념이다. 그렇기 때문에 스탭에게는 조언이나 조력의 역할 외에 지휘 또는 명령의 권한을 기대할 수 없다. 여기에서의 조언(advice)을 알렌(L. A. Allen)은 상담을 하거나 자문에 응하며 권고하는 것이라 정의하였으며, 조력(service)이란 타 조직단위가 전문적 능력이나 객관성 혹은 합당한 시간을 갖지 못하기 때문에 전문적 분야에서 도와주는 것을 뜻한다고 보고 있다. 따라서 스탭은 경영활동의 목표달성을 위해 간접적으로 기여하는 부문인바, 자본순환과정을 직접 담당하는 부문이 아니므로 그 활동결과도 손익으로 나타나지 않는다. 이처럼 스탭의 활동은 라인에 대한 조언과 조력이라는 관계에서 행해지게 되므로, 그 기능은 라인 활동에 대한 촉진효과의 여부에 의해 판단된다.

2 스탭의 종류

스탭은 담당업무의 내용이나 특성, 혹은 조직상의 위치 등과 같은 여러 기준에 따라 구분할 수 있는데, 여기서는 스탭의 업무내용을 기준으로 분류하는 개인 스탭, 전문 스탭 및 관리 스탭을 중심으로 살펴보고자 한다.

1) 개인 스탭(personal staff)

개인 스탭이란 관리계층의 특정한 1인에게만 조언하거나 조력하는 스탭을 말한다. 개인 스탭은 특정관리자의 업무전반에 걸쳐 다방면의 보좌역할을 하므로, 그 서비스는 전문적 사항을 망라하는 종합적 조력의 특성을 가진다. 개인 스탭은 업무의 범위나 성격에 따라 라인 보조자와 스탭 보조자의 두 가지 유형으로 나눌 수 있다.

(1) 라인 보조자(line assistant)

라인 보조자란 부사장, 부서의 차장, 과장, 대리 등의 직위에 있는 스탭을 말한다. 이들은 상위자의 업무전반에 걸쳐 보좌를 하며 상위자의 부재 시에는 그의 업무를 대행하게 된다. 또한 라인보조자가 상위자로부터 상위자의 특정 권한을 위임받은 경우에는 위임받은 직능을 평시에도 직접 수행할 수 있다. 라인 보조자는 이처럼 스탭의 업무와 라인의 업무를 함께 수행하는 특성을 갖는다.

(2) 스탭 보조자(staff assistant)

스탭 보조자는 사장보좌, 부장보좌, 등의 명칭으로 불리는 개인 스탭을 말하며 비서(secretary)라는 명칭으로 사용되는 경우가 더 많다. 스탭 보조자는 상위자의 권한에 속하는 업무의 일부에 대하여 조언하거나 조력을 할뿐 일체의 결정권이나 명령 권한이 없다는 점에서 라인 보조자와 구별된다. 물론 상사 부재 시의 대리권도 없다.

2) 전문 스탭(specialized staff)

전문 스탭은 특정 경영자나 관리자만을 보좌하는 개인 스탭의 역할과 달리, 라인부문 또는 다른 스탭부문이 필요로 하는 전문적 직능에 대하여 조언과 조력을 제공하는 스탭이다. 이들을 서비스 스탭(service staff)이라고도 한다. 전문 스탭부문은 경영활동의 요소적 분화에 의하여 형성되는 부문으로 경리부, 인사부, 기술부, 총무부 등이 이에 속하는데, 이들은 특정한 전문영역에 한해서 조언과 서비스를 담당한다.

3) 관리 스탭

관리 스탭은 라인관리자의 전반적 관리활동을 보좌한다. 이들은 라인관리자의 계획과 지휘통제에 관련된 조력은 할 수 있지만 조직의 관리를 위한 명령을 하거나 결정을 할 수는 없다. 관리 스탭 중에는 최고경영층이 담당하는 전반관리기능(general management function)을 측면에서 보좌하는 스탭이 있는데 이들을 전반 스탭(general staff) 또는 일반 스탭이라 한다. 이들 전반 스탭은 사장 등의 최고 경영층을 보좌하는 조직으로, 총합적 관점에서 관리활동을 지원하는 총합관리 스탭이다. 전반 스탭은 흔히 사장실, 부속실, 기획실, 통제부, 관리본부 등의 명칭으로 불린다.

우리나라의 경우 보통은 전반 스탭(general staff)을 두지 않고 전문 스탭(specialized staff)이 해당 전문영역에서 최고경영층을 조언하거나 조력하는 것이 일반적이다. 그러나 기업의 규모가 확대되고 스탭부문의 수가 증가하는 오늘날에는 조직의 각 부문을 계획하고 조정하며 통제해야할 사장의 전반활동은 조력자로서의 전반 스탭을 필요로 하는 경우가 많게 되었다. 뿐만 아니라 최근에는 기업전체를 기술혁신이나 국제환경 등과 같은 외부환경의 변화에 적응시켜나가야 하는 전략적 경영계획의 중요성이 특히 증대되고 있다. 최고경영층이 전략적 경영계획을 통하여 적시에 적절한 전략적 결정을 할 수 있도록 지원하는 역할은 오늘날의 전반 스탭이 수행해야하는 중요한 직능으로 되어가고 있다. 이에 더하여, 전반 스탭의 임무는 경영계획에 도움이 될 내외의 자료를 수집하여 분석하고 각종 정책을 입안하는 역할에서부터 의견이 상충되는 부문 간의 대립을 해소하는 조정기능과 조직상의 여러 면에서 행해지는 통제직능을 수행하는 기능에까지 그 위상과 필요성의 중요도가 높아지고 있다.

3 라인과 스탭의 권한 관계

1) 라인의 권한 관계

라인의 권한은 상위자와 하위자간의 관계에서 생성되며, 결정과 명령에 의하여 상위직위와 하위직위를 연결하는 종적 관계를 갖는다. 그러므로 상위자는 하위자에게 명령을 하고, 하위자는 그 명령에 따라 업무를 수행하여 결과를 상위자에게 보고할 의무가 있다. 이처럼 상사와 부하로 구성되는 라인부문 내에서는 라인의 권한 관계가 위양을 통하여 직선적으로 형성되기 때문에, 그 권한관계는 조직 내 모든 계층의 직위를 상하관계로 연결시켜주는 역할을 한다.

이와 같은 라인의 권한관계는 라인부문 내에만 있는 것이 아니고 스탭부문 내에서도 찾아볼 수 있다. 예컨대 인사부의 경우 직능상으로는 스탭부문으로 분류되며 인사부장 또한 전사적인 관점에서는 스탭의 직능을 수행하지만, 인사부장은 인사부내에서는 결정과 명령의 권한을 가지고 인사부를 관리하는 부서의 장으로서 인사부 내에 라인관계를 형성하고 있다. 이는 스탭 관리자가 조직 내의 타 부문에 대해서는 스탭의 관계에 있지만 스탭부문 내에서는 라인권한(line authority)을 가지고 스탭부문을 관리하는 예가 된다.

2) 스탭의 권한 관계

스탭의 권한은 라인부문이나 타 스탭부문에 대하여 전문적 조언과 조력을 하는 권한 또는 직능적 권한(functional authority)으로 한정된다. 스탭은 기본적으로 라인부문의 직능적이고 전문적인 능률을 촉진하기 위하여 생성된 부문에 속하며, 라인 권한과는 달리 지휘나 명령의 권한이 없다.

직능적 권한은 전문적 권한 또는 기능적 권한이라고도 하는데, 이는 스탭이 전문적 사항에 대하여 직능적 지시(functional instruction)를 하거나 직능적 통제(functional control)를 할 수 있는 권한을 말한다. 다시 말하여 스탭에게는 전문적 사항을 결정할 수 있는 직능적 권한이 있으며, 그 결정사항을 타 부문에 지시하는 관계를 성립시킬 수 있도록 직능적 권한이 주어진다는 것이다. 스탭부문들은 이러한 직능적 권한을 통해서 스탭 본연의 기능을 능률적으로 수행할 수 있게 될 것이므로 라인의 지휘 명령권 유지와 스탭의 직능적 권한의 한정에 대한 원칙은 구분하여 유지될 필요가 있다.

4 라인과 스탭을 구별하는 이유

오늘날에는 경영조직의 목표를 능률적이며 경제적으로 달성하기 위해서는 라인과 스탭의 권한과 역할을 구분하는 과정이 필요하다는 점에 일반적 인식을 같이 하고 있다. 알렌(L. A. Allen)은 라인과 스탭이 구별되어야 하는 이유를 다음과 같이 설명하고 있다.

1) 전문화된 원조와 서비스의 제공

현대의 경영자는 경영조직 내외의 복잡하고 다양한 문제, 특히 전문성을 요하는 과정적 혹은 부문적인 많은 문제에 직면하게 되므로 각 관리단계의 문제를 효과적으로 해결하기 위하여 전문 스탭으로부터 지식과 기술적 조력을 받게 된다.

최고경영자는 경영상의 의사결정을 함에 있어서 스탭으로부터의 전문적인 정보제공을 필요로 하며, 작업현장의 관리를 위해서 직장이 작업자를 훈련하고 그 고충을 처리하는 경우에도 스탭의 전문적인 조력을 필요로 한다.

2) 적절한 견제와 통제의 유지

건전한 경영을 위해서는 각 개인과 부문에 할당된 권한에 대하여 일정한 상호 견제가 필요하다. 부여된 권한의 집행자가 자기의 집행결과를 통제하고 평가하는 것은 객관성을 유지할 수 없을 뿐만 아니라 비합리적이기 때문이다. 따라서 라인의 집행기능을 견제하여 권한의 균형을 유지하기 위해서는 업무의 집행결과에 대하여 직접 책임을 지지 않는 스탭으로부터 통제에 대한 지원을 받을 필요가 있다.

3) 책임성의 확보

경영조직이 효과적으로 운영되기 위해서는 서로 다른 기술과 지식을 가진 구성원들이 하나의 공통목표에 대하여 효율적인 협력 체제를 구축해야하며, 최후결과에 대하여 책임을 지는 개인을 정해 두어야 한다. 그러므로 라인은 목표달성을 위하여 조직운영에 필요한 권한을 행사할 수 있는 직위인 동시에, 운영의 최종결과에 대하여 책임을 지는 직위가 되어야 한다. 이와 같이 조직운영의 결과에 대한 개인적 책임소재를 명확히 하기 위하여 라인과 스탭의 관계를 명확히 구별할 필요가 있다.

제5절 조직구조의 유형

1 전통적 조직구조이론

가장 기본적이며 보편적인 조직구조의 형태로는 라인조직(line organization), 기능식 조직(functional organization) 그리고 라인 · 스탭 조직(line and staff organization) 등이 있다. 이러한 형태의 조직을 전통적 조직이라 하는데, 이들 조직형태에 각종의 위원회제도를 병용하는 경우가 있다. 전통적 조직구조설계의 기본이념은 최소의 투입으로 최대의 산출을 기대하는 기계적 능률성에 있다.

1) 라인 조직(line organization)

(1) 라인조직의 장점

가. 조직구조가 단순하여 책임과 권한의 한계를 명확히 이해할 수 있다.

나. 명령계통이 일원화되어 있기 때문에 상의하달이 신속하게 이루어질 수 있다.

다. 각 부, 과의 수평적 분화에 중점을 두지 않기 때문에 주무자는 자기의 권한 내에서 업무에 임기응변의 조치를 강구할 수 있다.

라. 작업자의 훈련을 위한 직장(foreman)의 개인적 지도가 용이하다.

(2) 라인조직의 단점

가. 상위자에게 권한이 집중되므로 일의 내용이 복잡해지는 한편 상위자가 부담하는 책임이 과다하여 조직의 적정한 관리가 어려워진다.

나. 부문별 업무 간에 혼란이 야기될 수 있다.

다. 모든 일에 능통한 직장을 구하기가 어렵다.

라. 하위자에게 부여되는 권한이 적은 관계로 하위자의 직무에 대한 의욕상실과 창의력 결여가 우려된다.

2) 기능식 조직(functional organization)

기능식 조직은 테일러(F. W. Taylor)가 라인조직의 결함을 시정하기 위하여 제창한 개념이다. 기능식 조직은 전문 능력자를 부문 관리자로 배치함으로서 각 부문의 작업자를 해당 부문의 전문 관리자가 지휘 감독하도록 하는 형태의 조직이다. 이는 여러 명의 직능별 직장(functional foremen)이 각자의 특수부문에서 여러 작업자를 관리하는 조직임을 뜻한다. 기능식 조직의 장단점을 아래와 같이 비교한다.

(1) 기능식 조직의 장점

가. 감독의 전문화가 능률적이다.

나. 직장(foreman)의 직능범위가 좁으므로 직장을 단기간에 양성할 수 있다.

다. 작업자가 전문가의 지도를 받을 수 있다.

(2) 기능식 조직의 단점

가. 명령일원화의 원칙이 적용되기 어려운 구조이므로 조직전체의 관리질서를 확립하기가 쉽지 않다.

나. 전문 관리자가 부문별로 분화되어 있기 때문에 조직 관리를 위한 간접비용이 증가한다.

다. 전문적 직능에 대한 합리적 분할이 용이하지 않으며, 그에 따른 책임의 전가나 권한 다툼 등의 문제발생 우려가 있다.

3) 라인 · 스탭 조직(line and staff organization)

에머슨(H. Emerson)은 조직 기능화의 원칙과 명령 일원화의 원칙을 조화시킨 라인 · 스탭 조직을 제시하였는데, 이는 스탭의 권한을 조언권에 한정시켜 설계한 라인조직과 직능식 조직의 절충형태이다. 라인 · 스탭 조직은 직계참모식 조직이라고도 하는데, 이러한 조직에서는 라인조직을 구성하는 경영자들에게만 지휘명령의 권한이 주어지고, 스탭들에게는 이들 경영자들에게 전문적 사항에 관하여 조언하거나 권고하는 측면적 역할이 주어질 따름이다.

(1) 라인 · 스탭 조직의 장점

가. 전문적인 스탭의 조언으로 효율적인 관리활동을 전개할 수 있다.

나. 라인조직의 특성이 유지되므로 명령일원화의 원칙이 준수되어 통솔력의 발휘를 기대할 수 있다.

(2) 라인 · 스탭 조직의 단점

가. 라인조직과 스탭 조직 간의 명령, 조언, 권고사항에 혼란이 발생할 수 있다.

나. 소수의 스탭 왕국이 생성되어 사업에 전혀 도움이 되지 않는 공론가집단을 형성할 수 있다.

다. 라인의 스탭 의존도가 높아질 수도 있다.

라. 스탭이 라인의 의사결정을 방관하여 전문 조언자로서의 역할을 회피하거나 유기할 수 있다. 이는 경영상의 손실로 연결된다.

위와 같이 조직의 여러 유형과 장단점을 설명하였으나, 경영조직이 하나의 순수한 형태를 그대로 적용하기는 현실적으로 쉽지가 않다. 그러므로 이를 해당기업의 실제적 여건에 따라 적용하거나 몇 가지 형태를 조합해서 활용하는 것이 바람직할 것이다. 조직형태적용시의 여건을 살펴볼 필요가 있다.

4) 조직형태 선택의 요건

(1) 규모

소규모기업의 경우에는 라인조직이 바람직하나 그 규모가 커짐에 따라 라인 · 스탭 조직이 합리적으로 적용된다.

(2) 지역성

생산 공장이 여러 지역으로 분산되어 있는 경우는 라인조직보다 라인 · 스탭 조직이 유리할 경우가 많다.

(3) 기술적 성질

제품과 생산기술 및 공정에 따라 적합한 조직의 유형이 달라질 수 있다. 표준화된 적은 품종의 제품을 생산하는 소품종 대량생산 기업의 경우에는 라인조직이 유리하다. 그러나 노동자와 직원의 높은 기술력이 전체적으로 필요하며 생산과정이 복잡하거나 상호교착하고 있는 산업의 경우, 예컨대 화학공업 또는 자동화된 산업의 경우에는 기능식 조직이 적합할 것이다. 이에 반하여 생산을 위한 기술적 조직이 특히 필요하고 계획, 조정, 검사 등의 업무비중이 높은 기업의 경우에는 라인 · 스탭 조직이 합리적이다. 예를 들어 방적기계 등의 산업처럼 생산과정의 연속성을 명확하게 구별할 수 있는 산업을 말한다.

(4) 신속성

업무의 특성상 신속을 요하는 산업에서는 집권적인 라인조직이 합리적이다.

(5) 인적 특성

조직 구성원의 인적 특성이 조직구조 선택에 영향을 미칠 수 있다. 구성원의 지적 수준이 높고 사기가 확립되어 있는 경우에는 기능식 조직이 유리하다. 그러나 기능식 조직에 필수적인 직능적 전문화의 요건을 충족시키기 어려운 제약이 있을 경우도 있다. 구성원의 특성이 위와 반대일 경우에는 라인조직이 합리적이다.

5) 위원회 조직(committee organization)

(1) 위원회 조직의 의의

위원회 조직은 각 계층에서 추천 또는 차출된 위원으로 구성되며 경영조직의 다양한 문제해결을 목적으로 기본조직에 병설하여 설치하는 조직이다. 위원회 조직을 구성, 운영하는 목적은 다음과 같이 요약할 수 있다.

가. 특정개인에게 과도한 권한위양이 되지 않도록 조율함
나. 경영방침 의사결정 과정에 여러 이해관계자의 참여를 유도함
다. 의사결정에의 참여를 통한 동기부여의 효과를 제고함
라. 기업의 계획 설정 및 집행방침을 조정함
마. 정보의 충분한 전달과 소통을 기함

(2) 위원회의 종류

위원회의 종류는 다음의 2가지 기준에 따라 분류된다.

가. 위원회의 성격에 의한 분류

위원회의 성격은 위원회가 보유하는 권한의 특성에 따라 결정되며 다음과 같이 분류된다.

가) 경영활동의 결정권을 가지며 그 결과에 책임을 짐으로서 라인의 역할을 수 행하는 위원회

나) 라인에게 조언하고 조력하여 스탭의 역할을 수행하는 위원회

다) 경영관리상의 권한은 없으나 정보교환을 위해 운영되는 위원회

나. 위원회의 기능에 의한 분류

가) 의사결정의 기능을 가진 결정위원회

나) 정보교환을 기능으로 하는 정보위원회

다) 특정문제에 대하여 답신하는 자문위원회

라) 부문 간의 조정을 기능으로 하는 조정위원회

마) 교섭을 기능으로 하는 교섭위원회 등으로 나누어진다.

기업에서 운영하는 다양한 위원회는 임원 중심의 위원회와 직원 중심의 위원회로 대별할 수 있다. 이사회 중심의 위원회에서는 기업의 기본정책을 결정하고 결정된 정책에 따라 경영활동이 수행되도록 방침을 설정한다. 예로는 집행위원회(executive committee), 금융위원회(financial committee) 등이 있다. 한편 부장 등의 직원이 중심이 되는 위원회에는 경영목적을 실행하기 위한 위원회로서 각종 조정위원회 등이 있다. 우리나라의 경우는 예산위원회, 제품위원회, 마케팅위원회, 급여위원회, 인사위원회, 특별위원회 등을 위원회조직의 예로 들 수 있다. 특별위원회는 반복적으로 발생되지 않는 문제를 다루기 위해 설치되는 조직으로서, 공장입지, 재조직, 중요재산의 매각 혹은 구입 등의 내용을 토의하게 된다.

(3) 위원회 조직의 장점

가. 다수인의 의견을 수렴하므로 다양한 의견과 아이디어를 얻을 수 있다.

나. 다수인의 공통의견은 보다 타당하고 정확한 판단에 도움을 줄 수 있다.
다. 동일관리계층에 속하는 책임자들에게 의사소통의 기회를 제공하므로 부문 간의 의견조정을 수월하게 하여 원활한 경영활동을 기대할 수 있다.
라. 경영방침이나 계획을 관계자 간 협의에 의해서 수립하므로 그 실행 시에 관련부문의 지지를 얻기 쉽고, 조직전체의 협조체제 구축을 용이하게 한다.
마. 하위계층에 토의참가의 기회를 줌으로써 구성원의 능력계발과 사기양양을 기대할 수 있다.

(4) 위원회 조직의 단점

가. 핵심 관리자들의 빈번한 위원회 출석으로 인해 관련부문의 활동이 지연되거나 경영능률이 저하될 우려가 있다.
나. 다수의 위원이 참여하는 위원회에서는 의사진행이 원활하지 못하여 결론을 얻기가 쉽지 않고 이 때문에 시간을 낭비하게 되면 기동성을 상실하게 된다.
다. 결과에 대한 책임이 위원회에 귀착됨으로 구성원 개인의 책임 의식이 희박해지거나 타인에게의 책임전가 분위기가 조성되기 쉽다.
라. 위원회의 논의사항의 증가하게 되면 개별 활동의 여지를 좁게 하여 개인의 참여의욕을 감퇴시킬 수 있으며, 결과적으로 조직의 분위기를 소극적으로 변모시킬 우려가 있다.
마. 위원들이 납득할만한 충분한 토의를 거치지 않고 단순한 타협으로 결론을 맺을 경우는 부문 간의 대립을 조장할 위험도 발생한다.
바. 참여위원의 식견신장과 성장 기회를 제공할 수 있다.

2 조직설계

현대의 경영조직은 전통적 조직구조의 한계에서 벗어나 과감한 변화를 시도해왔다. 이는 내외의 환경변화와 불확실성에 대처하며 유연한 적응력을 높이기 위한 노력의 결과이다. 조직이 새로운 구조를 설계하거나 변화를 가져오게 하는 요인을 요약하면 다음과 같다.

첫째, 오늘날의 급격한 환경변화에 대해 기존의 전통적 조직구조로는 적응의 탄력과 역동성이 부족하다. 현대의 경영은 종래의 일상적이고 정형적이며 기계적으로 수행되던 업무들이 줄어드는 한편 비일상적이고 비정형적이며 유기적인 업무가 증가하는 추세이므로 새로운 조직을 필요로 하게 된다.

둘째, 고도의 전문성과 복합성으로 대변되는 오늘날의 경영과제는 첨단의 과학기술과 방대한 정보를 필요로 한다. 이는 조직 관리자의 관리능력의 변화를 요하는 것이며, 전문가의 능력 활용에 적합한 새로운 조직구조의 설계를 탐구하도록 하는 요인이 된다.

셋째, 인간의 욕구수준이 달라졌다. 전통적 조직론에서의 인간의 욕구는 생리욕구나 안전욕구 수준에 머물러 있으며 인간을 의존성과 수동성을 갖는 존재로서 파악하였으므로 그들에 대한 관리는 명령과 통제방법이 효과적이라고 생각하였다. 맥그리거(D. McGregor)의 X이론은 그 점을 가장 잘 함축하고 있다. 그러나 오늘날의 인간은 자아실현(self-actualization)의 욕구를 가지며 자율성과 독립성을 추구하는 존재라는 점 또한 그의 Y이론에서 간파하였다. 그러므로 조직구조는 욕구수준의 변화에 적합하게 설계되어야할 필요가 있다는 것이다.

위에서 살펴본 조직구조의 3가지 변화요인은 조직내외의 환경변화에 대한 적응력 제고와 인간존중의 의도에 합당한 새로운 조직의 필요성에 대한 설명이다. 이는 조직의 목표와 가치를 최우선시하는 전통적 조직구조의 시각에서 인간의 가치와 목표를 존중하는 조직과 인간의 통합이라는 방향으로의 변화를 의미하는 것이다. 다시 말하여 조직 속의 인간의 가치를 존중하고, 그들을 조직의 결정과 정에 평등한 권한의 행사자로서 참여시켜야 하는 문제를 제기하게된 것이다. 이러한 관점은 전통적인 조직구조의 결함에 대한 보완이나 수정을 위한 대안적 수단의 필요성으로 연결되었으며 그 결과로 다음에 소개하는 조직구조의 형태가 출현하게 되었다고 본다.

1) 프로젝트 조직(project organization)

프로젝트조직은 임시편성조직 또는 기동적 조직이라고도 하는데, 이는 미국의 군대와 방위산업분야에서 최초로 도입하였다고 한다. 그 후 일반산업분야에도 보편화되기 시작하여 근래에는 다양한 연구개발 분야에서 널리 활용되고 있는 조직형태이다. 프로젝트조직이란 일시적이고 잠정적인 조직이므로, 특정 프로젝트를 수행할 필요가 발생할 때 그 프로젝트의 목표달성에 필요한 전문적 지식과 능력을 가진 인물을 조직의 해당 부문으로부터 선발하여 프로젝트조직을 편성한다. 이렇게 구성된 프로젝트 조직은 일정한 계획과 예산에 의하여 업무를 시작하며 프로젝트가 완수되면 해산한다. 해산 후 프로젝트조직의 구성원은 원래의 소속부문에 복귀하거나 새로운 프로젝트조직에 배치되는 것이 보통의 예이다. 프로젝트조직은 이와 같이 기동적이며 동태적 조직이다. 그 특징은 다음과 같다.

(1) 프로젝트 조직의 장점

가. 필요에 따라 인원을 선발하거나 차출할 수 있으며, 해산 후 원래의 소속 부문에 복귀시킬 수 있으므로 인적 구성상의 탄력을 유지할 수 있다.

나. 팀의 목표가 명확하여 과제의 달성에 집중할 수 있다.

(2) 프로젝트 조직의 단점

가. 팀 구성부터 해산까지의 한시적인 존속기간 동안 팀 자체와 구성원이 팀 리더의 수완에 전적으로 의존하게 된다.

나. 프로젝트조직에의 편중이 기타 부문의 사기를 저하시킬 우려가 있다.

2) 매트릭스 조직(matrix organization)

매트릭스조직은 프로젝트조직과 기능식 조직을 결합한 조직형태이다. 조직구성원은 기능식 조직의 일원임과 동시에 프로젝트조직의 일원이 되어 종적 횡적으로 양 조직에 중복 소속이 된다. 때문에 매트릭스조직에서는 명령계통이 다원화될 수 있는데, 이는 직능별 책임자와 프로젝트별 책임자 두 계통에 대한 명령과 보고가 이중으로 존재하게 됨을 의미한다.

(1) 매트릭스 조직의 장점

가. 조직의 효율제고와 시장적응력 향상

나. 환경 변화에 대응하여 프로젝트 간 인재의 이동과 활용이 용이함

다. 전문지식과 기술의 축적 및 개발 가능성

(2) 매트릭스 조직의 단점

가. 명령계통의 다원화에 따른 갈등과 다툼의 우려

나. 갈등의 해결과 조정에 불필요한 시간이 투입되어 의사결정이 지연될 수 있음

다. 역할과 책임의 다원적 공유에 따른 관리자의 스트레스 증대

3) 자유형 조직(freestyle organization)

자유형조직은 다변적 경영목적의 달성을 위해서는 조직의 역할이나 구조가 고정적이기 보다는 가변적인 것이고 환경 적응적인 조직이라야 한다는 점을 전제로 하고 있다. 그러므로 자유형조직은 특정의 한 가지 형태에 국한되지 않고 필요시에 필요성에 합당한 여러 가지의 형태로 조직구조를 변화시킬 수 있는 조직이라야 한다. 자유형조직에서는 전통적인 기능조직이 독립된 하나의 집단인 이익중심(profit center)으로 대체되고 그 집단의 구성원은 한 팀으로 관리되는 특징을 갖는다. 그러므로 팀

내에서의 개인 활동은 행동과학적 어프로치를 통하여 조직목표와 통합된다. 행동과학적 어프로치란 팀 내 구성원 개인의 다음 사항을 강조하며 훈련하고 통제하는 과정을 말하는 것으로 참여, 자기통제, 개인의 창의성, 독립적 판단, 개방적 의사 전달 망, 감수성훈련 등이 해당된다.

자유형조직의 첫 번째 특징은 분권화를 들 수 있는데, 이는 조직의 최고관리자와 관리집단이 고도로 분권화된 이익중심, 즉 독립집단에 대하여 통제권을 행사할 수 있다는 점이다. 자유형조직의 이익중심에 대한 자율성 보장은 동태적 환경변화에의 적응을 위한 것이다. 따라서 이렇게 분권화된 이익중심은 조직 내의 다른 이익중심에 아무런 영향을 미치지 않고 이를 폐지할 수 있으며 다른 업무를 위한 새로운 이익중심점으로서의 독립기구를 추가 할 수도 있다. 둘째로는 자유형조직에서는 컴퓨터에 의한 정보처리체제를 광범위하게 이용한다는 것이며, 셋째는 자유형조직이 위험을 회피하지 않는 젊고 패기 있는 관리자에 의해 운영된다는 점을 말하는 것으로 보수적 입장을 취하는 관리자보다 진보적 경향을 가지는 관리자에 의해 운영된다는 것이다.

자유형 조직구조는 대중소비의 미개척분야에 해당하는 제품이나 용역(예컨대 공해 통제장치), 또는 수요가 많은 산업생산재, 소비재, 군용소비재(예컨대 전자기구, 렌즈, 인공위성이나 우주선에 필요한 부품) 등과 같이 부침이 심한 외부환경변화에 잘 적응해야 하는 기업이 선호한다. 자유형 조직구조는 기술적으로는 외부환경의 변화와 새로운 지식의 흡수를 용이하게 하며, 운영 면에서는 경제 기술 사회적으로 발생하는 우발적 문제점을 감소하거나 제거할 수 있는 이점이 있다. 거대복합기업(conglomerate)이나 첨단기술회사를 포함한 미국의 많은 기업들이 이 자유형 조직구조를 채택하는 추세에 있다.

제6절 사업부제 조직

1 사업부제 조직의 의의

경제의 발전은 시장의 양적 팽창으로 연결되며 제품과 서비스에 대한 소비자수요의 다양화와 고급화에까지 이어지게 된다. 물론 생존과 성장을 위한 기업의 자발적 노력이 경제발전의 주요한 요인이 되기도 하지만, 경제발전은 새로운 제품의 개발과 기술혁신을 위한 기업의 지속적 노력을 자극하는 동인이 된다. 결과적으로, 확대된 기업의 경영규모와 가속화하는 기업 간의 치열한 경쟁은 최고경영자에게 집중되어 있던 의사결정권을 경영문제가 제기되는 현장에 위양함으로서 결정행위의 신속성과 결정내용의 현실적합성을 높이기 위한 방법을 모색하게 된다.

이러한 이유들은 현대의 기업경영관리형태가 종래의 집권적 조직으로부터 분권적 조직으로 변화하도록 유인하고 있다. 이는 사업부제 조직(divisionalized organization)의 출현을 의미하는 것으로, 사업부제 조직은 분권적 구조의 대표적인 조직형태를 말한다. 분권적 조직은 연방적 분권제(federal decentralization)와 직능적 분권제(functional decentralization)의 두 가지 형태로 나눌 수 있는데, 이들 중 연방적 분권제는 경영조직이 수평적으로 분화되어 형성되는 사업부제 조직을 뜻하며 보통의 경우 분권적 조직구조를 대표한다. 직능적 분권제는 생산, 판매, 인사, 재무, 회계 등의 직능부문에 따라 분화되는 조직으로, 이러한 형태의 조직에서는 최고경영층의 권한이 각 직능담당자에게 위양된다.

사업부제 조직에서는 본사의 최고경영층 아래 제품, 지역, 고객 등의 부문별 사업부(division)를 두게 되며 각 사업부는 독립채산제로 운영되는 이익 책임단위(profit center)가 된다. 독립채산제란 포괄적인 업무권한을 가지고 있는 자주적 경영관리단위가 분권관리를 행하는 전형적인 조직형태를 말한다. 최고경영층이 각 사업부로 분산하는 권한을 기초로 편성되는 사업부제 조직에서는 본사를 사업부의 총괄주체로 하지만, 실제로는 개별사업부가 물자의 조달부터 인원의 고용, 제조 및 판매활동, 그리고 일정한 범위내의 재무활동에 이르기까지 일괄 수행하는 자율적이며 자기 완결적인 경영관리단위가 된다. 그러므로 사업부에 권한을 위양하는 최고경영층의 입장에서는 위양하는 권한만큼의 책임과 의무가 경감되어 고유의 전략적 업무에만 전념할 수 있게 되며, 위양된 권한에 따라 비교적 독립된 결정권을 가지는 단독기업으로서의 사업부 또한 자율적 운영을 하게 되어 조직전체의 성과를 높일 수 있게 된다.

2 사업부제 조직의 역사적 형성 배경

미국에서 생성되어 발전해 온 사업부제 조직은 선진경제국의 거대기업에서 채용되기 시작하여 오늘에 이르고 있다. 미국에서는 1920년대에 뒤퐁(Du Pont)사, 제너럴 모터스사(General Motors Corporation), 스탠다드 석유회사(Standard Oil Company), 시어즈 로벅사(Sears, Roebuck & Company) 등이 사업부제 조직을 채택하였다. 이들 기업들은 세계대공황 전후의 재고과잉과 이윤의 감소, 그로 인한 누적적자 등의 문제를 해소하고 경영위기를 극복하기 위하여 단일제품 생산에서 복수제품(제품 다각화) 생산으로의 전략적 변화를 꾀하였는바, 이러한 변화는 기존의 집권적 직능별 조직이 분권적 사업부제 조직을 채택하게 하는 계기가 되었다.

제품의 다각화란 새로운 제품을 개발하거나 타사제품을 자회사 제품에 흡수 가입시키는 일, 또는 타사의 특허권을 인수함으로서 제품라인을 확장하는 일 등을 포함하는 변화를 뜻한다. 제품 다각화를 위해서는 각기 다른 시장의 상황파악과 적응에서부터 서로 다른 기술과 생산 공정의 적용, 그리고 상이한 인적자원관리 기준 등에 이르기까지의 제반문제를 해결해야 한다. 그러나 제품 다각화를 목적하는 경영조직의 규모와 내외의 환경을 고려할 때 관련문제의 해결을 최고경영층의 획일적 결정에만 기대하기는 어렵다고 보았기 때문에, 그러한 상황의 극복을 위하여, 최고경영자에게 집중되어 있던 의사결정권을 문제가 제기되는 현장에 위양하여 결정행위의 신속성과 결정내용의 현실적합성을 기하려고 한 것이 분권화 방식이었다. 그에 따라 새로이 등장한 조직구조가 사업부제 조직이다.

사업부제조직의 형성과 관련하여 챈들러(A. D. Chandler)는 "조직구조는 전략을 따른다(Structure follows Strategy)."고 주장하였다. 챈들러는 뒤퐁 등 위의 4대기업을 포함한 70개 기업을 대상으로 이들 기업의 발전패턴을 추적한 결과 1900년 이후 대기업의 성장은 기본적으로 인구와 기술의 변화에 바탕을 둔 다각화전략에 의존한다고 주장하였다. 그는 이러한 전략을 첫째, 해외활동을 통해 시장과 공급원을 확대하는 전략 둘째, 주로 현재의 고객을 대상으로 제품계열을 확대하는 전략 셋째, 다른 고객을 대상으로 신제품을 개발하는 전략 등이라고 분석하였다. 그는 위와 같은 다각화전략을 통하여 성장하는 경우는 조직구조가 복잡해지기 때문에 기업이 분권적인 사업부제를 채택하게 된다고 설명하였다.

3 사업부제 조직의 특징

사업부제 조직의 특징은 다음과 같다.

첫째, 각 사업부는 최고경영층에 대하여 독자적 이익책임을 지는 이익관리단위(profit center)를 이루고 있다. 이는 단순한 매출액 책임이나 원가책임을 넘어 이익을 실현해야 함을 의미한다.

둘째, 이와 같은 이익책임을 다하기 위해서는 사업부가 제조, 판매, 관리, 제품개발 등의 직능을 통합하여 자기완결성을 기하며 타 부문에 대해서는 독립성을 유지한다.

셋째, 각 사업부가 분권관리의 단위를 이루도록 대폭적인 분권화가 행해진다.

넷째, 본사의 스탭 부문은 라인사업부에 대하여 전문적인 조언과 조력을 제공하는 스탭 업무에만 전념하고 업무절차나 방법의 표준화에 간여하지 않음으로서, 라인 ·

스템 조직을 확립한다.

다섯째, 최고경영층은 기업전략, 조직계획, 경영자 육성, 사업부의 업적평가, 설비투자 등과 같은 자원배분을 행하는 임무에 전념한다.

4 사업부제 조직의 존립 조건

사업부제 조직의 존립조건으로는 다음과 같은 것이 있다.

1) 생산조건

단일 제품만을 생산하는 기업은 제품별 사업부제를 형성할 수 없다. 그러나 단일제품 생산기업이 광범위한 지역에 수많은 사업소를 운영할 경우는 지역별 사업부제 조직을 형성할 수 있다. 한편 다각화제품을 생산하는 기업의 경우는 각각의 제품생산을 공장별로 전문화하게 되면 제품별 사업부를 형성할 수 있다.

2) 시장적 조건

사업부는 독립된 시장을 확보해야 한다. 독립된 시장이 존재하는 경우에만 시장가격이 형성되어 경쟁적 요소가 개입될 수 있으며, 효과적 판매업무가 가동되기 때문이다. 다음으로 고려해야 할 조건은 시장의 안정성이다. 독립 사업부가 판매활동을 하기 위해서는 일정규모의 적정판매량이 확보되어야함을 의미한다.

3) 경리계산상의 조건

각 사업부는 해당사업부별 독립계산이 가능할 경우에만 운영이 가능해지므로 제품별, 지역별 등 사업부의 독립계산체계가 확립되어 있어야 한다.

4) 경영관리상의 조건

사업부는 체제 내에 경영관리층을 유지할 수 있을 정도의 힘은 확보해야 한다. 적정수의 경영관리자를 확보하지 못할 정도로 영세한 사업부는 독립적 운영에 불리하기 때문이다.

이상에서 살펴보았듯이 사업부제는 여러 가지의 존립조건이 필요하지만, 이들 조건은 일반적으로는 대규모경영을 대상으로 하는 것이어서 사업부제조직은 실제로도 대규모경영에서 많이 볼 수 있다. 이는 대규모경영 내에 중규모경영에 상당하는 분권적 단위를 두어 대규모경영의 이익과 중규모경영의 이익을 동시에 실현하려는 사업부제 조직의 목적을 말하는 것이다. 그러나 중규모경영의 경우도 여러 가지 종류의 제품을 생산하는 기업에서는 중규모 나름의 사업부제조직을 형성하여 운영하는 사례를 볼 수 있다.

전사적인 관점에서 볼 때 사업부제 조직의 분권화에는 일정한 한계가 있으며 정도의 차이도 다양하다. 예컨대 분권화의 정도가 높아지면 사업부는 자회사(子會社) 수준의 분권화가 될 수도 있기 때문에, 그러한 경우에는 '분권화를 사업부제로 할 것인가, 혹은 자회사로 할 것인가?'라는 선택의 문제에 이르게 되어 세금과 임금문제 등의 실제적인 조건을 함께 고려해야 한다. 자회사 대신 사업부제 조직을 선택해야 할 경우의 필요조건으로는 첫째, 당해업무가 회사의 기간적인 업무인지 둘째, 사업의 변화에 따라 새롭게 재편성해야 할 필요가 있는 업무인지를 판단하는 일이 있다.

5 본사 권한과 사업부 권한

1) 본사의 권한

사업부제 조직에 있어 본사는 모든 사업부의 본부가 된다. 이에 본사의 권한으로는 다음의 내용을 생각해볼 수 있다.

(1) 전사적인 기본방침의 설정, 종합적인 장기경영계획 및 이익계획의 설정
(2) 예산의 최종 결정, 예산 외 계별 계획의 승인, 일정금액을 초과하거나 혹은 그 성질상 중요한 설비투자의 승인, 또는 그의 결정
(3) 사업부의 본사에 대한 보고제도의 설정
(4) 전사적 관점에 입각한 사업부에 대한 업적평가 및 내부감사
(5) 고급인사
(6) 종합자금계획 및 기본적 자금조달
(7) 전사적인 조직계획
(8) 회계 · 원가계산 · 예산통제내부감사에 관한 절차기준의 제정 및 변경
(9) 전사적으로 조정을 요하는 경우의 가격방침
(10) 본사에서 외부기관과 교섭하여 처리해야 할 사항 : 대외계약, 노동협약, 소송 및 세무 등
(11) 기타 전사적 통제를 필요로 하는 사항 및 계열 사업에 관한 사항

한편 본사가 집중적으로 행하는 것이 유효하다고 인정되는 기능으로는 연구개발, 정보의 수집 및 전달, 사업부 내의 각 기능에 대한 상담 등이 있다.

2) 사업부의 권한

사업부제를 도입한 초기단계에서는 사업부제의 권한을 명확히 규정함으로써 본사

와의 관계를 정립하는 방식을 취하게 된다. 이 경우 사업부의 권한은 이익계획의 설정, 예산편성, 생산량의 결정, 가격의 결정 등과 같이 사업부가 자주적 활동을 할 수 있는 최소한의 사항에 한정된다. 그러나 사업부의 활동이 궤도에 오르게 되면 대폭적인 권한을 사업부에 부여하게 되므로 본사와 사업부는 권한관계를 명확히 규정할 필요가 있다. 이는 본사의 권한 이외의 모든 사항은 사업부의 권한이 되어 사업부의 광범위한 자주성이 인정된다는 의미이다.

6 사업부제 조직의 형태

사업부제 조직을 형성하는 회사의 조직은 최고경영층, 본사 스탭부문 및 사업부등의 세 부분으로 구성된다. 사업부제는 이익책임을 부담하는 사업부를 본사의 최고경영층 아래에 편성하는 경영조직의 형태이며, 사업부제 조직의 일반적 형성기준은 제품, 고객 및 지역 등 세 가지가 있다.

1) 제품별 사업부제 조직

제품별 사업부제 조직이란 제품별 또는 제품그룹별로 분권화된 조직을 말한다. 이는 복수의 제품을 생산하거나 각 제품의 특성이 서로 달라서 제품별로 독자적인 시장을 형성할 수 있는 경우의 조직형태로서 기업전체의 입장에서 볼 때, 제조면에서 혹은 판매면에서 동질성을 갖는 제품을 별도로 분리하여 독자적인 제품사업부를 운영하는 경우에 해당된다. 예컨대 가전제품 생산업체가 텔레비전 사업부나 냉장고 사업부와 같이 제품중심으로 분화하는 경우를 말한다. 분권관리의 특성을 가장 효과적으로 실현할 수 있는 사업부제는 우리나라에서도 널리 채택하고 있다. 제품별 사업부제 조직은 미국 등의 선진대기업에서도 채택비율이 높은 편이다.

2) 지역별 사업부제 조직

지역별 사업부제는 판매지역이 광범위할 경우, 또는 각 지역의 독특한 환경에 맞춰 별도의 마케팅전략을 전개해가는 것이 효과적이라 판단될 경우 시장을 지역별로 분할하여 사업부를 편성하는 형태의 조직이다. 예컨대 육지와 섬지방의 사업부를 별도로 두어 육지 사업부는 육지의 사업에만 전념하며 섬지방의 사업에는 침투하지 않듯이, 섬지방 사업부 또한 육지의 사업에 관여하지 않는 지역별 사업부를 운영하는 경우를 생각해 볼 수 있다.

3) 고객별 사업부제 조직

고객별 사업부제는 취급제품의 유사성에 관계없이 고객의 특성에 맞춰 시장을 구분하고 운영하기 위한 조직형태이다. 이 조직은 기업이 고객을 명확히 구분하여 각 고객에 대한 책임을 사업부의 장이 직접 지게 한다. 예컨대 약품회사에서 약국사업부를 편성 운영하는 경우라든가, 의복제조회사에서 아동복사업부와 성인복사업부를 구분하는 경우를 생각해 볼 수 있다.

7 사업부제 조직의 득실

1) 사업부제 조직의 장점

(1) 의사결정의 신속성이 확보된다. 이 분권제는 의사결정의 권한을 필요한 행동이 행해지는 부문에 가급적 가까이 둠으로서 실정에 맞는 기동적 결정을 적시에 가능하게 한다.

(2) 사업부 간의 경쟁이 촉진되며 종업원의 사기가 향상되어 조직의 활성화를 기

할 수 있다.

(3) 각 사업부는 자기완결성과 독립성을 가지기 때문에 시장이나 기술 등의 환경 변화에 대하여 기민한 적응력을 가질 수 있다.

(4) 제품의 제조와 판매에 관한 전문화와 분업화를 촉진한다.

(5) 제품의 제조와 판매활동이 상호 조정되므로 효과적 경영활동의 수행을 기대할 수 있다.

(6) 최고경영층의 부담이 경감되어 전략적 문제에 대하여 전념할 수 있다.

(7) 책임체제를 명확히 함으로서 관리책임자의 합리적 업적측정을 기할 수 있다.

(8) 실천에 의한 유능한 경영간부의 육성효과가 있다. 사업부의 간부를 경영관리의 지도자로 훈련시킴으로써 미래의 유능한 경영간부로 육성할 수 있다.

2) 사업부제 조직의 단점

(1) 분권화의 결과 사업부가 본사로부터 유리되어 있으므로 본부의 기본방침을 무시하는 통제곤란의 상황이 발생할 수도 있다. 이를 방지하기 위하여 필요한 본사권한을 명확히 하고, 특히 정보시스템, 통제시스템을 완비할 필요가 있다.

(2) 연구개발 · 회계 · 판매 등의 직능이 본사와 각 사업부 간에 중복되기 때문에 공통경비가 증대될 수 있으며 사업부 간 설비의 중복, 능력의 불완전이 생길 수도 있다.

(3) 복수의 사업부와 관련되는 프로젝트는 수주와 수행이 어려울 수 있으며, 시스템을 통한 제품의 개발과 제조에도 어려움이 뒤따른다.

(4) 사업부제의 채택을 위해서는 유능한 인재의 확보가 필수요건이다. 다수의 유능한 경영자가 없이는 사업부제의 효과적 운영이 불가능하기 때문이다.

(5) 각 사업부의 활동을 회사의 일정한 방침이나 계획 하에서 조정하기가 어렵다.

(6) 사업부의 업적은 주로 이익에 의해서 평가되므로 장기적 시야보다는 목전의 이익을 추구하는 단기적인 업적을 지향하는 경향이 있다.

(7) 각 사업부의 독립성이 강하며 경쟁적이기 때문에 인사, 기술, 관리기법, 정보 등의 교류가 활발하지 못하게 된다. 특히 유능한 인재의 이동이 곤란하여 인사관리의 경직화를 가져오기 쉽다.

제7절 공식 조직과 비공식 조직

1 공식 조직과 비공식 조직의 의의

공식조직(formal organization)이란 조직의 한 측면을 말하는 것으로서 조직전체를 지칭하는 개념은 아니다. 조직에는 공식조직 이외에 자연발생적으로 형성되는 비공식조직(informal organization)이 있다. 따라서 경영은 공식조직과 비공식조직의 이중구조로 이루어진 하나의 경제 · 사회시스템이라고 할 수 있다.

공식조직은 특정의 공통목적을 달성하기 위하여 두 사람 이상이 협동하는 경우, 그 목적을 효율적이며 효과적으로 달성하기 위하여 의식적이며 인위적으로 형성한 협동시스템이다. 이에 반하여 비공식조직이란 의식적이거나 인위적으로 형성하는 조직이 아니고, 인간의 사회성이라는 천성에 따라 직장상황에 있는 사람들의 친밀한 대면적 접촉을 통하여 가시적 범위 내에서 형성되는 감정과 관습을 기초로 하는 자생적 인간집단의 연결을 말한다.

2 공식 조직과 비공식 조직의 특징

공식조직과 비공식조직의 특징을 비교해보면 다음과 같다.

1) 공식조직이 인위적인 조직인데 반하여, 비공식조직은 자연발생적인 조직이다. 전자는 조직이 확고하고 제도화된 목적수행을 위하여 만든 것이며, 후자는 조직성원간의 상호작용을 통하여 자연적으로 발생한 것이다.
2) 공식조직이 외면적 혹은 외재적인 조직인데 반하여, 비공식조직은 내면적 혹은 내재적인 조직이다. 전자가 가시적인 조직인데 반하여 후자는 불가시적인 조직으로, 조직성원의 행동과 태도를 그 내면에서 규정하고 있는 조직이다.
3) 공식조직이 조직도(organization chart)와 직제상에 명문화된 조직인데 반하여, 비공식조직은 성문화되지 않는 동태적인 인간관계에 의한 조직이다.
4) 공식조직이 통상 경영자의 사고기준인 비용의 이론(logic of cost)나 전문기술자의 사고기준인 능률의 이론(logic of efficiency)에 따라서 구성되는데 반하여, 비공식조직은 조직성원이 전체상황에 대해 갖는 반응인 감정의 논리(logic of sentiment)에 따라 구성된다.
5) 공식조직이 전체적인 질서인데 반하여, 비공식조직은 그 전체적 조직 내의 각 계층, 각 부문에서 소집단으로 성립되는 부분적 개념이다.
6) 공식조직이 방대한 규모로 확대되는 경향이 있는데 반해서, 비공식조직은 현실적인 친밀한 인간관계를 필수요건으로 하기 때문에 소집단을 유지한다.

3 비공식 조직의 기능

비공식조직은 다음과 같은 순기능적 면과 역기능적 면을 함께 가지고 있다.

1) 순기능적인 면(장점)

(1) 비공식조직은 능률적 업무수행에 필요한 원활한 인간관계와 유기적인 상호 의존관계를 뒷받침해준다.

(2) 조직구성원이 비공식조직을 통하여 느낄 수 있는 귀속감과 안정감은 조직 내에서의 소외감 감소에 도움이 된다.

(3) 비공식조직은 조직구성원의 정보교환을 위한 의사소통체계와 그 통로의 확장에 도움이 된다.

(4) 비공식조직은 조직구성원의 좌절감과 욕구불만의 배출구 역할을 한다.

(5) 조직 관리자는 조직구성원의 근무태도와 내부의 사정 등 조직의 생리현상을 비공식조직을 통하여 파악할 수 있다.

(6) 비공식조직은 조직구성원의 자기개발과 혁신, 개인적 자아실현의 계기를 제공 한다.

2) 역기능적인 면(단점)

(1) 비공식조직에는 파벌조성의 우려와 조직균형 파괴의 위험성이 있다.

(2) 구성원의 처우 등 인사 조치에 대한 불안감으로 긴장이 조성되어 있을 때에는 개인적 불안을 집단적 불안으로 확대시켜 공식조직에 위해가 될 수도 있다.

(3) 비공식적 접촉을 통한 사적 이익의 도모우려가 있으며 이에 따른 조직 내의 정실조장 위험이 있다.

(4) 공식적인 계획의 사전누설, 왜곡된 정보 및 유언비어 등으로 인하여 조직의 활동이 저해되거나 구성원의 사기를 저하시킬 수도 있다.

제8절 조직의 균형이론과 개발이론

1 균형이론의 개념

1) 균형이론의 의의

바너드(C. I. Barnard)의 균형이론(The Equilibrium Theory of Organization)은 메이요(E. Mayo)의 인간 관계론과 학맥을 같이 하며, 사이먼(H. A. Simon)에 의해 조직이론의 중심으로 자리 잡았다. 이는 조직의 공헌자(contributor)와 참여자(participant)에게 필요한 유인요인(inducement or incentive factor)을 제공함으로서 동기를 유발하는 이론인바, 동기유발을 통한 조직의 효율(efficiency)과 효과(effectiveness)의 원리를 중심으로 유지와 존속의 문제를 규명하였다. 균형이론은 조직의 대내외적 균형문제를 구성원의 지속적인 참여와 협동을 통해 해결하고자 하였는데, 이론의 전개에는 첫째, 조직과 환경과의 균형을 통한 조직의 효과와 둘째, 조직과 개인과의 균형에 의한 효율이라는 균형의 이원적 측면이 중심이 되었다. 균형이론의 전개과정은 다음과 같이 요약된다.

2) 균형이론의 전개과정

균형이론의 첫 번째 전개과정은 조직전체를 환경변화에 지속적으로 적응시켜 조직의 효과성을 높이고자 하는 단계이다. 이 과정의 의사결정기준은 조직의 효과(effectiveness)원리이며 이로써 조직의 존속과 균형을 확보하고자 한다. 두 번째 전개과정은 만족요인을 창출하여 개별참여자에게 균등하게 배분하는 단계이다. 이 과정에서는 유인요소(inducement or incentive factor)의 합리적 배분을 위한 의사결정기준을 효율(efficiency)로 하여 조직의 존속과 균형을 유지하고자 한다.

균형이론에서의 효과(effectiveness)는 객관적인 목표달성의 정도를 의미하게 되므로 대외적 균형과정으로 활용하게 되며, 효율(efficiency)은 유인과 공헌 간의 균형 확보의 원리를 의미하게 되므로 대내적 균형과정을 뜻하게 된다. 그러므로 이상과 같은 이원적인 원리는 조직의 대내외적 균형을 유지하고 존속하기 위한 상호 보완적이며 의존적인 관계에 있다고 본다.

3) 조직의 대내 · 외적 균형조건

(1) 대내적 균형조건

가. 유인의 요소가 공헌의 요소보다 크거나, 적어도 동일해야 한다. 이는 종업원에게 유인의 요소로 배분하는 형식적인 비재무적 요소(non-financial factor)가 실질적인 재무적 요소로 작용하여 합리적 공헌요소(contribution factor)로 배분되도록 하는 균형조건을 뜻한다. 예컨대 작업시간의 단축이나 복리시설의 공여 또는 부가급여(fringe benefit)의 제공이 실제적인 임금의 증가를 기대할 수 있는 유인요소로 작용되도록 하여야 한다는 조건이다.

나. 유인의 요소가 조직구성원에게 심리적 부담을 주거나 실현 불가능한 요건으로 받아들여지면 유인역할을 못하게 되어 형식에 치우치는 결과가 되기 쉽다. 그러므로 유인요소가 실질적 배분의 의의를 확보할 수 있도록 다각적 노력을 해야 한다.

(2) 대외적 균형조건

가. 이해자 집단 간의 이해 조정을 위한 유인요소로서의 역할을 다해야 한다. 조직은 이해관계를 갖고 있는 집단이나 조직 또는 개인 간의 상호 이해관계를 합리적으로 배분한 상태에서 균형을 모색해야 한다.

나. 유인요소는 협동을 자극하는 요소로서의 역할을 다해야 한다. 유인요소는

개인과 집단 모두의 협력체계를 확립할 수 있는 요소로 작용해야 한다.

균형의 효과를 증대시킬 수 있는 방법을 다음에서 검토하기로 한다.

2 조직의 균형화 방법

바너드는 조직의 균형화방법을 자극적 방법과 설득적 방법으로 구분하여 설명하였다.

1) 자극적 방법(incentive methods)

바너드는 자극적 방법(incentive methods)을 특정 개인을 유인하는 특수적 유인(special inducements)과 일반인을 유인하는 일반적 유인(general inducement)으로 구분하여 설명하였다.

(1) 특수적 유인

가. 물질적 유인(material inducement)

나. 비물질적 유인(personal non-material opportunity)

다. 바람직한 육체적 · 물리적 작업조건(desirable physical condition)

라. 이상(理想)의 만족(ideal benefactions)

(2) 일반적 유인

가. 사회접촉상의 매력(associational attractiveness)

나. 습관적 작업방법과 태도에 대한 적응조건(adaptation of conditions to habitual method and attitudes)

다. 참가기회의 확대(opportunity of enlarged participation)

라. 친교의 상태(conditions of communion)

2) 설득적 방법

(1) 강제적인 방법

종업원이 설득으로도 호응하지 않고 동시에 공헌도를 보이지 않을 때 제도적으로 강요하여(해고, 강등, 벌칙)균형을 유지하려는 방법이다.

(2) 유인의 합리화

개인의 능력이 현재의 조직에 참여함으로서 이익이 되고 있다는 실제적 가치를 중심으로 존중하고 설득하는 방법이다.

(3) 동기의 주입

사회적 교육과 광고 선전을 통해 동기를 주입시켜 설득함으로써 개인의 공헌을 유인하는 방법이다.

3 조직개발의 이론적 개념

1) 조직개발 이론의 생성배경

현대사회를 단절의 시대(The Age of Discontinuity)혹은 불확실성의 시대(The Age of Uncertainty)라 부르는 이유는 기술 · 사회 · 문화의 모든 분야에서 급격한 변화가 이루어지고 있기 때문이다. 이러한 환경의 변화 속에서 조직이 생존하고 발전하기 위해서는 적절하고 신속한 대응책을 강구하지 않으면 안 된다. 조직개발(Organizational Development; OD)은 이러한 환경적인 이유에서 뿐만 아니라 발전지향적인 조직자체의 요구에 대응하기 위해서도 필요한 수단이다.

조직개발의 기초가 되는 세 가지 요인들을 아래에 소개한다.

첫째, 새로운 형태의 조직에 대한 필요성이 대두되었다. 급격한 환경변화는 보다 강력한 적응력을 갖춘 조직을 필요로 하기 때문이다.

둘째, 문화적 변화에 중점을 두고 있다. 조직을 변화시키는 최선의 방법은 조직의 문화를 바꾸는 것임을 뜻한다. 조직은 신뢰와 가치관의 시스템인 조직문화를 형성하기 때문이다.

셋째, 조직 내에 더 많은 사회적 인식이 요청되고 있다. 사회적 여건의 변화는 조직구성원들이 더 이상의 독재적 관리 형태를 수용하지 않게 하고 있다. 그러므로 조직은 보다 민주적이고 발전지향적인 형태의 개발을 요구받고 있다.

위와 같은 내외환경의 변화는 자연스럽게 조직의 변화로 이어지는데, 조직에서는 조직구성원의 가치관이나 태도와 같은 인간행위의 기초가 되는 요인에 관한 변화를 특히 중요시하게 되므로 이는 조직의 문화적 변화를 뜻하게 된다.

그러한 까닭에 인간행위를 연구하는 행동과학자들의 연구와 성과가 조직개발의 이론적 발전에 직접적인 공헌을 하게 된 것이라 설명할 수 있다. 메이요(E. Mayo)등에 의한 호손실험(Hawthorne Experiment)과 인간관계론, 뢰스리스버거(F. J. Roethlisberger)의 동기유발과 생산성의 연구, 레윈(K. Lewin)의 리더십 패턴(leadership pattern)의 연구, 모레노(J. Moreno)의 사회성 측정(sociometry) 등의 행동과학이론이 조직개발에 영향을 주었다. 특히 레윈의 소집단 다이나믹스(dynamics of small group)는 감수성훈련(sensitivity training)의 이론적 지주가 되었으며, 그가 제창한 행동연구(action research) 또한 조직개발이론의 전개에 중요한 역할을 하고 있다. 그리고 블레이크(R. R. Blake)와 무톤(J. S. Mouton)의 관리망 훈련(managerial grid training), 아지리스(C. Argyris)의 건강한 조직에 대한 연구, 맥그리거(D. McGregor)의 기업의 인간적 측면에 관한 연구, 베니스(W. G. Bennis)의 조직의 변혁(changing organization)등은 주목할 만한 연구결과이다.

위와 같이 조직재발의 세 가지 기초와 다양한 행동과학 연구를 통해 설명한 조직개발의 생성배경은 다시 다음의 두 가지로 요약된다.

첫째, 조직환경의 변화이다. 사회 · 문화 · 경제적 발전은 조직구성원의 생활양식이나 욕구, 또는 노동에 대한 가치관을 변화시켰으며, 특히 조직에 대한 충성심이나 귀속의식을 감소시키는 영향을 미쳤다. 그리하여 전근대적인 조직중심의 사고방식에서 개인중심의 사고방식으로 의식이 변하고 계층적인 역할이 아닌 협동적 역할의 선호경향이 농후하게 되었다. 따라서 조직은 종래의 관료적 구조에 비해 유연성과 적응력이 큰 조직적 과정과 구조(organizational process and structure)를 요구하게 된 것이다.

둘째, 행동과학이론의 발달이다. 행동과학의 발달은 조직의 인적 요소에 대한 중요성을 강조하였으며 구체적인 조직개발기법의 발전에 공헌하였다. 이는 행동과학이 발달함에 따라 작업자의 사회적 · 정신적 요인들이 작업행동에 영향을 미친다는 인식을 하게 되었음을 의미한다.

2) 조직개발의 의의

환경변화에 대한 적응은 모든 조직의 필연적 문제이지만 급격한 조직변화는 오히려 조직의 지속적이고 안정된 활동을 해치기 쉽다. 불규칙적이며 단기적이거나 계획적이지 못한 조직의 변화는 이전과는 다른 새로운 문제를 야기할 수도 있으며, 그러한 결과는 기왕의 문제보다 더 나쁜 상태를 야기하는 경우가 적지 않다. 변화만을 위한 단순한 변화는 결코 유익한 것이 아니며, 오히려 역기능적인 면이 더 클 수도 있다는 것이다. 따라서 조직변화를 수행할 때에는 그 조직의 지속성과 안정성을 해쳐서는 안 되며, 무엇보다 현재의 목표달성을 용이하게 할 수 있는 충분한 안정성을 유지하고 목표와 수단의 변화를 질서 있게 행할 수 있는 지속성이 보장되어야 한다. 특히 내부조건의 변화와 외부환경의 기회나 요구에 부응할 수 있는 적응능력, 그리고 조직의 변화를 주도할 수 있는 충분한 혁신성 등을 갖추어야 한다.

조직개발이란 이러한 변화를 체계적으로 계획함으로써 조직의 유효성과 조직구성원의 태도, 가치관 등을 개선하는 과정을 의미한다. 바너드(C. I. Barnard)와 아지리스(C. Argyris)는 진실로 유효한 조직이란 조직과 개인이 함께 성장하고 발전할 수 있는 조직이라고 피력한 바 있다. 그러므로 조직개발이란 성장과 자기개발을 원하는 개인의 욕망과 조직의 목표를 통합함으로써 조직의 유효성을 증대시키기 위해 마련된 과정이라고 볼 수 있다. 이에 대하여 백카드(R. Beckhard)는, 조직개발이란 조직의 유효성과 건전성을 증진시키기 위해 행동과학의 지식을 이용하여 조직의 과정에 개입하는 노력으로 최고경영층에서부터 조직전체에 걸쳐 실시하는 계획적 과정이라는 또 다른 관점의 정의를 한바 있다.

4 조직개발의 특성과 내용

1) 조직개발의 특성

베니스(W. G. Bennis)는 조직개발의 특성에 관한 다음의 7가지 특성을 제시하고 있다.

(1) 조직개발은 계획된 조직변화를 일으키기 위하여 채택된 교육적 전략이다.

(2) 추구하는 변화는 조직이 극복하려는 위급한 상황, 또는 그와 관련된 요구와 직접적으로 연관되어 있는 것이 보통이다. 이러한 사례는 새로이 급격하게 팽창하는 조직에서 전형적으로 발생하며 종종 의사소통이나 집단 간의 갈등, 조직의 주체성이나 목적과 관련된 문제를 야기한다. 그러나 이러한 문제들은 조직개발을 이행하면서 제시되는 해결책에 순응하는 경우가 보통이다.

(3) 조직개발 노력의 대부분은 직접적인 경험을 강조하는 전략에 의존하게 된다. 그러므로 조직개발은 자료의 피드백(feedback)이나 감수성훈련(sensitivity training) 또는 대면회합(confrontation meetings) 등의 형태를 취하여 이행할 수도 있다.

(4) 조직개발은 변화의 담당자를 필요로 하는데, 보통의 경우 그 역할은 외부 컨

설턴트가 수행한다.

(5) 변화담당자는 맥그리거(D. McGregor)의 Y이론에 합당한 인간형으로 조직에 관한 가치관과 사회철학을 함유한다.

(6) 변화담당자는 조직구성원들과의 협력적인 관계 안에서 활동적으로 작업한다.

(7) 변화담당자는 때때로 자신의 사회철학의 근거와 기준이 되는 목표를 갖고 있다.

변화담당자의 조직개발목표가 개인별로 다를 수는 있지만 변화담당자가 개인적 경쟁에서의 진보와 향상된 갈등해결의 방법, 효율적인 팀 관리, 이해의 증진, 그리고 인간의 감정을 정당하다고 간주하는 가치체계를 설정하는 일 등의 목표를 찾는 점에서는 기본을 같이 한다. 그러나 변화담당자는 기계적인 체계보다는 유기적인 체계를 발전시키는 데 목표를 두고 있는 것이 보편적이다. 그러므로 조직개발이 더욱 적절한 전략이 되기 위해서는 유기적인 체계(organic system)가 마련되어야할 것이다. 이는 베니스(W. G. Bennis)가 정의한 조직개발의 실제적인 특성이기도 하다.

2) 조직개발의 내용

조직개발이란 기본적으로 인간의 가치관과 태도와 신념의 변화를 전제로 이루어지는 것임으로, 조직개발의 내용은 그러한 변화를 인간이 어떻게 생각하고 받아들이는가? 에 대한 포괄적 의미를 함축하고 있다. 조직의 유효성 증대를 목적으로 하는 조직개발은 그 내용을 다음과 같이 요약할 수 있다.

(1) 조직구성원간의 신뢰와 협동 수준을 향상시킨다.

(2) 개방적이고 확실한 소통경로 등을 발전시킨다.

(3) 조직의 문제를 은폐하지 않고 개방시키도록 한다.

(4) 조직구성원에게 부여된 역할을 전문지식과 숙련에 기초를 둔 권한에 의해 수행하도록 하며, 그러한 수행권한이 확대될 수 있는 분위기를 조성한다.

(5) 조직 내 소통의 확실성과 신빙성을 증대시킨다.

(6) 조직구성원 개개인의 정열과 자기통제(self-control)를 증대시킨다.

바너드(C. I. Barnard)는 위 조직개발의 내용에 대해 유효성을 효과(effectiveness)와 효율(efficiency)이라는 두 가지 차원으로 구별하며 효과(effectiveness)란 조직의 목표달성의 정도이고, 효율(efficiency)은 조직구성원의 욕구의 충족을 수반하는 개념이라고 정의하였다. 이에 대해 베니스(W. G. Bennis)는 조직의 유효성을 조직의 건강(organizational health)을 나타내는 지표로 정의하면서 다음과 같은 세 가지 기준을 제시하고 있다.

첫째. 적응성(adaptability) : 문제해결의 능력과 변화하는 환경의 요구에 유연하게 반응하는 능력을 말하는 것이다.

둘째. 주체의식(sense of identity) : 조직구성원 스스로가 조직의 목표와 수행업무에 관하여 주지하고 있다는 것을 의미한다.

셋째, 현실 인식능력(capacity to test reality) : 특히 조직의 기능과 관련된 환경의 성격을 정확하게 파악하는 능력을 뜻한다.

한편 스티어스(R. M. Steers) 등의 학자는 유효성을 결정하는 과정과 그 측정 방법에 의문을 제기하여 유효성의 측정은 목표의 최적화, 시스템의 전망, 인간행위의 중요성 등과 같은 유효성과 관련된 주요 과정을 분석하는 것이라고 주장하면서, 조직환경의 상황을 객관적으로 결정할 필요성과 목표확인의 중요성을 강조하였다. 또 아지리스(C. Argyris)는 조직의 유효성 제고를 위해서는 조직의 목표와 개인의 목표를 통합시켜야 한다고 주장하였으며, 블레이크(M. Blake)와 무톤(B. Mouton)도 조직의 우월성(excellence)은 인간에 대한 관심과 산출에 대한 관심을 일치시킴으로써 유도되는 것이라고 주장하여 그와 일치된 견해를 나타내었다. 이들에 따르면 조직개발 프로그램은 조직의 유효성을 제고하기 위해 다음과 같은 기본적인 세 가지 목표를 갖게 된다.

첫째, 효율을 높인다.

둘째, 능률을 향상시킨다.

셋째, 동기부여 풍토(motivational climate)를 조성함으로서 임무수행에 영향을 미치는 조직구성원의 태도와 사기에 동기를 부여한다.

08

경영계획

제1절 경영계획의 본질

1 경영계획의 의의

경영계획(business planning)은 경영관리 사이클의 첫 단계이다. 이는 경영자가 수행하는 경영관리의 한 과정으로서 관리의 최종과정인 통제직능에 연속된다. 그러므로 유효한 계획 설정은 관리직능을 수행하기 위한 전제조건이라고 할 수 있다. 끊임없이 변화하는 기업내외의 환경 속에서 생존과 성장을 위해 간단없는 노력을 구현해야 하는 기업의 경영자는 경영활동을 변화하는 기업환경에 대해서 단순히 순응시키는 경영관리를 수행하는 것만으로는 불충분하다. 경영자로서는 스스로 책임 있는 경영관리의 수행을 통하여, 오히려 경제사회의 발전을 추진하고 촉진하는 적극적인 원동력으로서의 역할을 수행하지 않으면 안 된다. 때문에 경영자는 경영관리를 수행함에 있어 경영계획의 설정에 대한 관리직능의 중요성을 명확하고 특별하게 인식할 필요가 있다.

브레튼(P. P. Breton) 등은 계획이란 미리 결정된 행동코스라 정의하며 다음과 같은 세 가지 특성을 지녀야 한다고 주장하였다.

첫째, 계획은 장래를 포함한다.
둘째, 계획은 행동을 포함한다.
셋째, 계획은 1인 또는 2인 이상 조직의 확인이자 결정요인이다.

한편 스타이너(G. W. Steiner)는 경영계획이란 경영관리의 기본적이며 유기적인 기능을 말하며, 그것은 희망하는 바를 어떻게 달성할 것인가를 사고하는 정신적 과정이라고 정의하였다. 아코프(L. Ackoff) 또한 계획의 설정을 바람직한 장래를 설계하고 그것을 창출하는 효과적인 방법의 설계(design)라고 말하였다. 그러므로 경영계획이란 예측되는 장래의 환경변화에 적응하여 기업의 존속과 성장을 도모하기 위한 의사결정 시스템이라는 일반적 정의를 할 수 있다.

2 경영계획의 기본적 특징

경영계획이란 기업의 경영활동 수행과 관련하여 미리 정한 행동목표이다. 그러므로 경영계획의 설정은 기업경영활동의 출발점을 의미한다. 경영계획과 그 설정을 이해하기 위해서는 다음의 특징을 숙지해야한다.

첫째, 경영계획은 기업활동의 장래가능성 중 가장 바람직한 것을 선정해야한다. 기존 의사결정의 개선의도를 분명히 하기 위함이다.

둘째, 경영계획은 계획을 위한 계획이 아닌, 실시행동과 결부되는 것이어야 한다. 경영계획은 장래의 보다 나은 행동을 위함이며 그 실현을 의도하여 설정되기 때문이다.

셋째, 경영계획은 단순한 예측이어서는 안 된다. 경영계획은 기존의 제품이나 시장에 대한 예측 이상의 것을 계획하는 것이며, 경영자의 의사를 적극적으로 반영하는 것이어야 하기 때문이다. 경영계획이 장래의 행동을 위한 의사결정 사항인 반면 예측은 의사결정 사항이 아닌 장래에 대한 예상임을 뜻한다.

넷째, 기업의 장래 매출액이나 이익의 예측치는 경영자가 그 실현을 의도하며 설정한 목표치와는 다소의 현실적 격차가 있는 경우가 일반적이기 때문에, 경영계획은 이러한 격차의 최소화를 위해서도 필요하다. 이는 기대되는 결과의 실현과 계획의 설정이 불가분의 관계에 있음을 뜻한다.

3 경영계획의 설정과정

사이먼(H. A. Simon)은 경영계획의 설정을 위해 수반되어야하는 세 단계의 의사결정과정을 다음과 같이 제시하였다.

1) 제1단계 : 정보활동

계획설정을 위한 의사결정은 관련자료에 근거하는 것이 보통이다. 관련자료는 조사연구를 통해서 수집하고 분석하게 되는데, 이러한 조사연구 활동을 정보활동이라 한다. 이는 정보활동이 목표의 수립과 불가분의 관계에 있음을 의미한다. 그러므로 경영계획의 수립에 초점을 둔 정확한 정보의 수집과 그 정보에 근거한 경영목표의 설정이 의사결정의 제1단계에서 요청되는 것이다.

2) 제2단계 : 기획활동

경영자의 정보수집활동에 이어 장래 경영활동의 계획목표를 명시한 후에는 그 목표를 구체화하는 과정으로 이어진다. 이는 기획활동을 뜻하는 것으로 계획설정의 제2단계가 되며 협의의 계획화 단계를 의미한다. 이 단계에서는 계획목표를 유효하게 실현하기 위한 구체적인 방법을 발견해야한다. 다시 말하여 각종의 대체안(alternatives)을 작성하여야 하는데, 이들 각종의 대체안을 계획하는 것을 기획활동이라 한다.

3) 제3단계 : 선택활동

이 단계에서 경영자는 기업의 장래발전을 위하여 신중한 결정을 해야 한다. 기획활동을 통해 준비된 여러 대체안의 장단점과 득실을 평가하고 비교하여 기업을 위한 최선(best)의 대체안 혹은 최적(optimal)의 대체안 하나(one and only one)를 선택해서 실행을 준비해야 한다. 이 과정이 의사결정의 최종단계인 제3단계로서 대체안의 선택 활동에 해당된다.

4 경영계획의 원칙

쿤츠(H. Koontz) 등의 학자가 제시한 경영계획의 원칙(principles of business planning)에는 다음과 같은 내용이 있다.

1) 합목적성의 원칙

모든 계획의 목적은 기업목적의 달성을 쉽게 하기 위한 것이다. 이 원칙은 의식적인 협동을 통하여 집단목표를 달성하려고 조직된 기업의 본질에서 비롯된 것이다. 따라서 합목적성의 원칙이란 합리성의 원칙이라 표현할 수도 있다.

2) 계획우선의 원칙

계획은 모든 관리활동에 선행되는 활동이어야 한다. 실제로는 모든 관리기능이 한데 얽혀 수행되기는 하지만, 계획은 모든 집단노력에 필요한 목표를 수립한다는 점에서 독특하다.

또한 계획은 통제와는 불가분의 관련을 가지고 있다. 계획되지 않은 행동이 통제될 수는 없다. 통제는 실제의 계획으로부터의 이탈을 수정함으로써, 활동을 궤도에서 벗어나지 않게 하는 것이기 때문이다. 계획 없는 통제의 시도는 어떤 것이라도 무의미하다. 자기가 어디로 가고자 하는지를 알지 못하면서(계획의 과제), 자기가 가고 싶은 대로 가고 있는지(통제의 과제)를 말할 수 없기 때문이다. 이와 같이 계획은 통제의 표준을 마련해 주는 것이라 할 수 있다.

3) 일반성의 원칙

계획은 어느 특수한 경영계층만의 독특한 기능이 아니라 모든 경영계층의 기능이다. 이는 계획이 최고경영층에서부터 하위관리층에 이르기까지의 기능에 해당하는 것임을 의미한다. 그러므로 이러한 속성을 계획에 있어서의 일반성의 원칙이라 한다. 목표관리(management by objectives)란 이러한 원칙을 전제로 한 것이라 할 수 있다.

4) 계획의 효율성 원칙

계획은 유효적절한 것이어야 하며 주어진 비용으로 최대의 효율을 확보할 수 있어야 하므로 효율성의 원칙을 따른다. 이 점에서 계획은 경제성의 발휘를 전제로 하는 것이기 때문에 경제성의 원칙을 따른다고도 할 수 있다.

제2절 경영계획의 분류

경영계획의 주요 분류를 아래의 7가지로 나누어 소개한다.

1 기간계획과 개별계획

이러한 분류기준은 1955년 미국회계학회의 보고서에서 최초로 발표되었다. 기간계획(period plan)은 일정기간을 구분하여 작성되는 계획으로 장기, 중기, 단기의 세 가지 형태로 나누어진다. 기간계획은 개별계획이나 부문계획을 종합하는 집합계획의 특성을 가지고 있기 때문에, 각각의 계획을 종합하기 위해 회계수치를 공통의 척도로 사용한다.

개별계획(project plan)은 기업의 일정부분에 관한 특별한 결정을 의미하는 것으로, 이는 기본방침의 부분적 변경이나 개정을 위하여 선택하는 계획을 말한다. 개별계획의 예로는 공장신설, 신제품개발 등과 같은 기업활동의 경영구조에 관한 개별문제를 들 수 있다. 개별방침을 효율적이며 효과적으로 수행하기 위해서는 관련되는 모든 직능간의 수평적 협력을 체계화할 필요가 있다. 예컨대 신제품개발프로젝트를 추진하기 위해서는 연구개발, 설계, 제품, 마케팅, 자재, 재무, 회계, 인사 등 여러 가지 직능의 관리가 종합적이고 체계적으로 이행되어야 한다. 그러나 종래의 직능별 부분조직이나 제품별 사업부제 조직과 같은 수직적 조직구조에서는 복수의 부문과 관련되는 관리행동의 조정이 곤란하다. 그러므로 개별계획에는 횡단적이며 기동성 있는 프로젝트 팀조직의 채택이 유리하다.

2 장기계획, 중기계획 및 단기계획

1) 분류의 기준

오늘날의 기업이 널리 활용하는 기준으로 대상 계획의 시작부터 완수까지의 기간의 길이에 따라 계획을 분류하지만, 각 계획기간에 대한 확정적 정의는 없다. 그러나 단기계획(short range plan)은 1년 이하, 중기계획(middle range plan)은 3년에서 5년, 장기계획(long range plan)은 5년 이상 또는 5년에서 10년까지의 기간으로 분류하는 견해가 일반적이다. 또는 경영계획을 단기계획과 장기계획의 두 가지로 분류하거나, 중기와 장기계획을 합쳐 장기계획으로 분류함으로서 단기와 장기계획의 두 가지로 분류하기도 한다. 계획기간의 길이를 결정하는 요소로는 다음의 세 가지를 생각해볼 수 있다.

첫째, 의사결정 준비에 소요되는 기간
둘째, 그 의사결정의 실시에 소요되는 기간
셋째, 그 실시가 완료되어야 할 기간

장기와 중기 및 단기계획에는 기간의 길이에 따른 차이뿐 아니라 질적 차이의 문제까지도 존재한다. 단기계획은 일정한 경영구조를 전제로 하는 업무의 실시계획이며, 장기계획은 경영구조의 변혁을 기도하는 전략계획임을 뜻한다. 그리고 중기계획은 장기계획과 단기계획 사이에서 양자를 결부시키는 역할기능을 하기도 한다.

2) 장기계획과 단기계획과의 관계

장기계획은 목표 지향적이며 경영자의 경영비전(vision)을 살리기 위한 계획이다. 그러므로 장기계획은 단기계획에 지향성을 부여하게 되며, 장기계획의 틀 안에서 단기계획을 설정하게 된다. 때문에 양자가 효과적으로 기능하기 위해서는 충분한 정합성(整合性)이 확보되어야 한다.

장래 경영의 환경과 조건을 예측하여 경영자가 추진하고자 하는 장기적 목표를 구체화한 것이 장기계획이다. 그러므로 장기계획은 기업의 새로운 계획이 되어야하며 구조변혁적인 특성을 가지게 된다. 이는 장기계획이 장래를 예측한 경영과 현실의 경영을 비교하여 개선해야 할 문제점에 대해 창조적 대책을 수립하고 이를 계획에 반영하는 점을 뜻하는 것이다. 예컨대 기존제품의 사양화(斜陽化)에 대응하여 신제품을 개발하는 것과 같은 프로젝트계획(project planning), 혹은 개별계획을 토대로 하고 있는 경우가 이를 설명한다. 그 외에도 기업규모의 급속한 확대에 따라 종래의 직능부문별 조직을 사업부제 조직으로 변경하는 프로젝트의 개발, 혹은 중간관리 층을 육성하는 프로젝트와 같은 경영구조의 형성과 변혁을 기도하는 계획 등으로 장기계획을 설명할 수 있다.

장기계획은 총합적인 목표 이익달성계획이어야 한다. 장기계획은 프로젝트계획을 계기로 설정되는 경우가 보통이지만 특정의 경영활동에 국한되는 계획은 아니다. 이는 장기계획이 개별계획을 출발점으로 하고 있기는 하지만, 그것이 창조적인 성격의 것이고 동시에 구조변혁적인 것일수록 활동 중인 경영분야에 관련되어있음을 설명한다. 예컨대 신제품 개발이라는 프로젝트는 조사, 연구, 설비, 인원, 자금, 조직 등과 결합되어 있지 않으면 실현될 수 없다는 것이다. 따라서 장기계획은 총합적인 경영활동의 계획화가 되며, 그 중심으로서 목표이익달성이라는 축이 형성되어야 한다.

장기계획은 탄력적인 계획이며, 전략적 성격을 지니고 있다. 경영환경이나 조건 등이 예측한 대로 변화한다고 볼 수는 없기 때문에, 일단 수립된 장기계획이라 하더라도 변화에 대응하면서 정기적인 수정을 하는 탄력적 운영을 할 필요가 있다는 것이다. 특히 기업 간의 경쟁이 심한 환경 하에서는 계획내용에 대한 전략적 배려도 필요하다.

단기계획에는 통상 1영업 년도 이하의 업무계획이 해당된다. 따라서 단기계획은 장기계획보다 구체화되어야 하며 실행가능성 또한 높아야 한다. 단기계획은 경영자의 권한과 책임 하에 총합적으로 편성되고 결정되지만, 단기계획내의 부문별 업무집행계획은 해당부문 관리자의 직접적인 책임사항이 된다. 단기계획은 경영전체로서의 총합적 단기계획, 즉 실시계획으로 편성되어 예산통제에 집약되는 것이 합리적이다. 단기계획 설정 시에 유의할 사항은 다음과 같다.

첫째, 업무계획은 장기계획을 전제로 하여 단기계획을 부문별 현장 활동에 구체화하도록 노력해야 한다.

둘째, 실행 가능한 계획이 되도록 하기 위해서는 필요 자료와 정보의 수집 및 분석, 검토 등 충분한 조사와 예측활동이 전제되어야 한다.

셋째, 계획의 설정 시에는 인력, 기계, 기능, 원재료, 생산기술, 판매기술, 경비, 이익 등의 제반문제에 대한 총합적 판단이 필요하다.

넷째, 계획의 설정 시에는 달성해야 할 목적대비 경제성, 긴급성, 실행가능성면을 고려한 최선의 대체안을 선택해야 한다.

다섯째, 관리원칙 중 가장 중요한 것이 계획의 수립이다. 계획이 없으면 여타의 기능은 있을 수 없기 때문이다.

3 항상적 계획과 가변적 계획

항상적 계획(standing plan)은 항상 발생하는 동일문제에 대한 계획이며 한번 설정되면 환경의 변화에도 불구하고 개정의 의사가 명시되지 않는 한, 변경되지 않는 불변의 계획이다. 경영방침이나 절차규정이 이에 속한다. 이에 반하여 가변적 계획(variable plan)은 환경의 변화에 따라 변경이 가능한 계획이다.

4 단일계획과 상황적합적 복수계획

단일계획(single plan)이란 기업활동에 관한 계획을 장래의 특정시점에 대해 하나만 작성하는 전통적인 계획화의 방법이다. 그러나 이는 상황의 변화를 전제로 수립한 계획이 아니므로 미리 상정한 환경이 변화할 경우에는 적합하지 못하다.

이에 반하여 상황적합적 복수계획(contingency plan)은 장래 발생될 수 있는 복수의 상황에 대응할 수 있도록 수립하는 복수의 계획이기 때문에, 경영환경의 변화 시에도 곧바로 대응하여 목표를 달성할 수 있도록 하는 계획이다. 상황복합적 복수계획의 효과로는 다음의 내용을 생각해볼 수 있다.

첫째, 상황의 변화를 예측한 것이므로 이에 신속하게 대처할 수 있다.

둘째, 미리 충분히 검토한 계획에 따라서 대응하게 되므로 최선의 조치를 취할 수 있다.

셋째, 상황별로 대응이 가능한 계획이므로 장기계획이나 중기계획이 실천적이 될 수 있으며, 경영계획의 책임자에게 책임을 물을 수 있다.

5 총합계획과 부문계획

부문계획(department plan)이란 기업의 부문활동을 개별적인 대상으로 계획하는 것이며 총합계획은 기업전체의 활동을 대상으로 하는 계획으로서 부문계획을 총합하고 조정하여 설정한다. 이처럼 부문계획과 총합계획은 계획대상의 범위에 의해 구분된다. 부문활동을 대상으로 하는 부문계획은 직능별 부문계획과 사업별 부문계획으로 나누어지는데, 사업별 부문계획은 사업부가 보유하는 생산, 판매, 인적자원, 재무 등의 관리직능별 계획을 구성요소로 이루어진다. 앞에서 경영조직이 관리층의 직무를 직능별로 분화하거나 사업활동을 제품별 또는 지역별로 구분하여 포괄적으로 분화하는 경우를 소개하며 전자를 직능별 부문조직, 후자를 사업부제 조직이라 구분한 바 있다.

한편 총합계획(synthesized plan)이란 사업부별, 지점별 또는 공장별로 수립한 부문계획을 전사적 판매계획 또는 전사적 생산계획 등으로 수립하여 총합한 것이다. 이러한 총합화의 과정을 통하여 부문계획의 정합성을 검증하고 조정함은 물론 부문목표와 전사적 기본목표 간의 조정을 하게 된다. 총합계획과 부문계획은 다음의 세 가지 방식으로 수립된다.

1) 탑 다운(top-down)방식

최고경영층이 경영목표와 경영방침을 명백히 결정한 후, 그 결정에 따라 각 계획을 수립하도록 관리층에 지시하는 방식이다. 소위 상의하달(上意下達)방식을 뜻한다.

2) 버텀 업(bottom-up)방식

각 부문이 수립하여 최고경영층에 제출한 부문계획을 최고경영층이 종합하고 조정하여 최종계획으로 결정하는 방식이다. 하의상달(下意上達)방식이다.

3) 혼합방식

위의 두 방식을 순차적으로 이행하는 계획수립 과정이다. 최고경영층이 경영목표와 방침과 계획의 중점을 명시하여 총합계획의 대강을 정하면, 부문관리자는 이에 바탕을 둔 부문계획을 수립하여 제출하게 된다. 최고경영층은 제출된 부문계획안을 검토한 후 그 결과를 부문관리자에게 피드백(feedback)함으로서 부문계획의 조정과 내용에 충실을 기하고자 한다. 이러한 과정을 통하여 부문계획의 제안을 반영하고 총합계획 대강의 내용을 수정하는 등, 부문계획의 승인과 집약이 총합계획의 완성에 이르도록 한다.

이들 세 가지 방식에는 각기의 장 · 단점이 있어 어느 방식이 최적인가를 말하기는 쉽지 않으나, 일반적으로는 혼합방식이 효과적이라고 본다.

위에서 살펴본 1에서 5까지의 분류가 형식적 요건의 차이에 기준을 둔 데 반하여 다음의 6 이하는 경영계획의 질적 차이에 기준을 둔 분류이다.

6 전략계획, 관리계획 및 업무계획

1) 전략계획(strategic plan)

기업 또는 기업의 주요부문의 활동을 외부환경의 변화에 적응시키기 위하여 경영구조와 활동의 혁신을 꾀하는 계획이다. 즉 전략계획은 외부환경의 변화 가운데에서 전략적 문제나 전략적 기회를 발견하고 그의 해결 또는 이용을 의도하는 경영목표와 그것을 달성하기 위한 경영전략을 말하는 것으로, 기업이 나아갈 방향을 결정하는 계획이다. 그 예로는 다각화, 신제품개발, 시장개척, 시장침투 등이 있다.

전략계획은 그 설정에 필요한 정보가 주로 기업의 외부환경과 관련된 것이어서 문제가 복잡하고 불확실성이 높다. 때문에 전략계획의 중요한 과제는 '정보의 불확실성에 어떻게 대처할 것인가?'로 요약되며, 그 결정사항은 최고경영층의 몫이 되고 계획의 기간 또한 장기적인 것이 대부분이다. 전략계획의 평가가 어려운 이유이다.

2) 관리계획(administrative plan)

관리계획이란 전략계획의 하위개념으로, 전략계획이 조직전반에 대해 설정한 방침과 틀 속에서 경영목표와 경영전략의 실행에 요구되는 모든 자원을 조달, 운영, 개발하기 위한 계획이다. 이에는 인원계획, 조직계획, 설비계획, 예산 및 이익계획 등이 포함된다.

관리계획의 수립에 필요한 정보는 대부분 조직내부에 축적된 과거의 포괄적 정보들로 구성되어 있기 때문에 정확도가 높은 편이다. 관리계획수립의 관계자는 주로 라인관리자와 최고경영층이며 기간별로는 단기계획이 많다.

3) 업무계획(operating plan)

업무계획은 특정업무를 효율적이며 효과적으로 수행하기 위한 계획이다. 이는 조직구성원 개인의 업무나 거래를 그 직장(職長)을 통하여 계획하는 것으로, 일상적이며 단기적인 판매계획, 생산계획, 재고계획 등이 해당된다. 예컨대 재고계획은 특정제품을 기준 재고수준에 맞추어서 보충하고 조달하는 업무계획으로 분류하지만, 생산공장 전체를 대상으로 하는 재고관리는 관리계획으로 분류한다. 관리계획과 업무계획을 함께 수립하면 업무실행계획이라고 한다.

7 전략계획과 전술계획

군사용어인 전략(strategy)과 전술(tactics)은 경영 관리면에서도 두 개념을 구분하며, 다른 뜻으로 사용하고 있다.

전술계획(tactical plan)이란 전략계획(strategic plan)에 의해 설정된 목표의 원활한 달성을 위해 수립하는 하위개념이다. 따라서 전략적 결정에 따라 배분된 자원을 효율적으로 운영하여 일상적인 기업 활동을 원활하게 하기 위한 구체적 수단과 방법에 관한 계획을 전술계획이라 한다. 생산, 판매, 자재, 인적자원, 예산 등의 관리를 위한 계획으로서의 관리계획과 업무계획이 이에 속한다. 그리고 전술계획의 수립은 전략계획과의 일관성이 전제되어야하며 효율성과 효과성을 동시에 충족시켜야 한다. 전술계획은 단기적 특성을 가지며, 전술계획결정에는 부문관리자와 현장관리자가 참여한다.

경영계획은 경영기능의 계획과 관리기능의 계획으로 대별된다. 경영기능의 계획이 경영자 직책사항으로서의 장기계획이며, 기업의 목표달성을 위한 목표 계획이며, 기업의 구조형성을 지향하는 구조계획인데 비해 관리기능의 계획은 일반적으로 단기계획이고, 관리자 직책사항으로서의 계획이며, 목표계획을 실행에 옮기는 구체적인 실시계획이라는 점에서 구분된다.

제3절 장기 경영계획의 설정모델

장기경영계획은 기업경영활동의 기초가 되는 경영구조를 환경변화에 적응시키며 기업전체구조의 종합성을 향상시키기 위하여 수립한다. 기업의 경영활동에 필요한 기본적 경영구조로는 제품, 시장구조, 조직구조, 재무구조 등이 있으며 이와 같은 경영구조에 관한 구체적인 경영계획으로는 설비투자계획, 신제품개발계획, 인적자원계획, 조직계획, 자금계획 등이 있다. 이러한 경영구조의 변경은 기업의 경영활동에 장기적으로 매우 큰 영향을 미치게 되므로 경영구조를 변경하기 위해서는 사전에 충분한 조사와 검토가 필요하다. 경영구조의 변경은 실시단계에서도 장기간을 필요로 하기 때문에 장기경영계획에 의하여 행해지는 경우가 일반적이다. 장기경영계획의 수립에는 다음과 같은 과정이 요구된다.

1 장기예측

장기예측은 경영방침과 함께 기업의 장기적 목표를 결정하는 토대가 된다. 경영방침은, 장래에 기업이 부담할 위험을 고려하며 경영자가 취하는 태도가 적극적인지 혹은 소극적인지를 나타내는 의사의 반영이 되는 것이므로 장기경영 목표의 설정을 위한 가치전제(value premises)가 된다. 이에 대하여 장기예측은 장래의 기업외부환경에 대하여 경영예측, 기술예측, 사회예측 등을 행하는 것을 말하며 장기경영목표의 설정에 대한 사실전제(factual premises)로 작용한다. 다음의 두 가지가 일반적 장기예측을 구성한다.

1) 경제예측

경제성장률, 광공업생산지수, 국민소득, 인구추이의 예측 등 이다.

2) 업계예측

장기 수요예측, 동종업계의 수급관계예측, 기술혁신의 동향 예측, 국내외의 경쟁상태 예측 등 이다.

2 장기 경영목표

장기경영목표는 장기예측과 기본적 경영방침을 전제로 설정된다. 5개년 계획을 예로 들면 다음과 같은 경영목표가 설정된다.

1) 향후 5개년간의 매출액 목표
2) 향후 5개년간의 신제품 매출액 목표(현재시점기준 시작단계나 개발단계를 포함)
3) 향후 5개년간의 자본이익률 목표(각 사업별 자본이익률 목표를 포함)
4) 향후 5개년간의 자본계획 목표(고정자본 및 운전자본의 지출계획과 소요자본 조달목표)
5) 향후 5개년간의 공장, 건물의 확장계획 목표
6) 재무비율의 개선목표

3 각 개별계획

장기경영목표를 달성하기 위해서는 각 사업부나 직능부문의 개별경영계획이 수립되어야 한다. 개별경영계획은 다음과 같은 다양한 계획으로 구성된다.

1) 각 사업부 계획
2) 신제품 개발 계획
3) 장기판매 계획(신제품 판매계획이나 판매촉진계획 등을 포함)
4) 장기생산 계획(재고계획이나 생산합리화 계획을 포함)
5) 장기사업개발 계획(다각화 또는 합병계획)

4 자원계획

자원계획이란 위에 소개한 장기적 개별계획의 실행에 필요한 조직구조, 인적자원, 자금원, 설비 등의 기업자원을 준비하여 개발하는 계획을 의미한다. 이러한 자원계획은 각 개별계획의 결정에 따라 신축적인 제약조건을 충족시켜야 하지만, 이는 다음과 같은 세부계획으로 구성되는 것이 보통이다.

1) 설비 계획(설비방식의 혁신계획을 포함)
2) 인원 계획(인원의 채용, 교육훈련과 인재개발계획을 포함)
3) 조직 계획(장래의 조직도, 간부급 인재의 배치와 양성계획을 포함)
4) 장기자본조달 계획

5 총합계획

총합계획은 각 부문의 개별계획을 공통의 회계수치로 치환함으로써 수립된다. 위에서 예로 제시한 5개년 총합계획은 다음과 같은 내용으로 이루어진다.

1) 향후 5개년간의 예정 손익계산서(장기이익계획)
2) 향후 5개년간의 예정 재무상태표
3) 향후 5개년간의 장기자금계획
4) 이렇게 수립된 총합계획은 다음 사항에 대한 검토와 평가를 거쳐 확정된다.
   (1) 부문별 개별계획 실행의 결과로 기업전체의 장기적인 자본이익률 목표달성이 가능한지를 장기이익계획 및 예정 재무상태표를 통하여 검토한다.
   (2) 부문별 개별계획의 실행이 기업의 장래재무 상태에 미칠 영향과 그 정도 등

을 예정대차대조표에 의하여 평가한다. 이는 부문별 개별계획의 합리성을 기업재무상태의 건전성 관점에서 평가하는 수단이다.

(3) 부문별 개별계획의 장기자금계획을 수립함으로서 제한된 자금원범위내에서의 건전성 여부를 종합평가한다.

장기경영계획은 단기경영계획에 비해 상대적 불확실성이 높은 상황에서 기업의 진로를 결정하게 된다. 그러므로 장기계획은 상황의 전개에 따라 이행의 궤도를 수정해 나갈 필요가 있다. 상황의 불확실성은 보통 두 가지 측면에서 파악할 수 있는 데, 이들은 기업 자체에 의한 계획실행력의 불확실성과 기업을 둘러싼 장래의 환경에 대한 불확실성이 그것이다.

첫째, 기업 자체에 의한 계획실행력의 불확실성은 계획의 실행에 필요한 기업의 인적자원, 자금, 조직 등에 대한 평가를 통해 알 수 있는데, 이는 기업이 수립한 계획의 완수능력과 관련된 불확실성 여부를 뜻하는 것이며 둘째, 기업을 둘러싼 장래의 환경에 대한 불확실성은 국제환경의 변화, 급격한 기술혁신의 진전에 의한 제품의 진부화(陳腐化), 소득수준의 상승에 따른 고객 욕구의 다양화와 고급화 등 환경의 변화와 관련된 것들을 말한다. 기업은 이러한 내외의 환경에 적극적으로 적응해야하기 때문에, 전략적 문제의 존재와 그 가능성을 끊임없이 경계해야 한다. 그렇기에 불확실성을 극복하기 위한 정확한 전략적 결정을 내리는 것을 경영자의 중요 임무로 인식하기에 이르렀으며, 전략적 문제를 다루는 전략적 계획을 체계적으로 전개할 필요성 또한 높아지고 있는 것이다.

제4절 전략적 경영계획

1 전략적 경영계획의 의의

전략적 경영계획(strategic business planning)이란 기업이 변화하는 환경에 적응하며 새로운 성장과 경쟁의 기회를 실현할 수 있도록 혁신적 전략을 탐구하여 선택하는 계획을 말한다. 기업은 경영자의 합리적이며 시의적절(時宜適切)한 전략적 결정에 의해서만 급격한 외부환경의 변화에 적응하여 대외적 균형을 유지할 수 있기 때문이다.

그러나 현실적으로는 혁신적 계획이 종전의 정형적(定型的) 계획에 밀려 나가는 경우가 발생하기도 한다. 이는 '계획의 그레셤의 법칙(Gresham's law of planning)'이 작용하는 사례를 뜻하는 것으로, 경영자가 모험이 따르는 혁신적 결정을 뒤로 미루거나 회피하며 기업경영상 일어나는 일상적이고 정형적인 문제의 처리에만 몰두하기 쉽게 되는 현상을 지적하는 것이다. 전략적 경영계획은 이와 같은 그레셤의 법칙이 경영자의 전략적 결정에 대하여 작용되지 않도록 방지하는 계획이어야 한다.

계획의 그레셤(T. Gresham)의 법칙이란 사이먼(H. A. Simon)이 경영의 의사결정 문제에 전용(轉用)한 그레셤의 법칙으로, 혁신의 그레셤의 법칙이라고도 한다. 이는 경영 관리자가 정형적 결정의 책임과 혁신적 결정의 책임을 동시에 가질 경우에는 일상적인 정형적 문제의 처리에 더 몰두하게 되어 기업의 환경적응을 도모하는 것과 같은 전략적 결정이나 혁신적 결정이 희생되는 사태가 야기되는 것을 말한다. 이러한 사태의 발생은 정형적 결정과 전략적 결정의 특성에서 비롯된다. 정형적 결정은 그 처리기한이 일정하게 정해져 있으며 수반되는 사무처리의 양 또한 많은데 반하여, 전략적 결정이나 혁신적 결정은 문제의 발견이 어려울 뿐 아니라 그러한 결정을 위해 일정하게 정해져 있는 기한이 없어서 뒤로 미루게 되는 경우가 많기 때문이다. 뿐만 아니라 혁신적 결정에는 위험이 따르기 때문에 그 책임을 회피하고자 하는 데에도 이유가 있는 것이다. 그러나 기업에 새로운 이익원천을 제공하는 것은 혁신적 결정이므로 계획의 그레셤의 법칙을 피하기 위해서는 혁신적 결정을 전담할 연구개발부, 제품개발부, 기획부 등의 스탭부문을 두는 것도 한 대책이 될 수 있다. 이에 더하여, 전략적 경영계획의 수립이 혁신적 결정의 문제를 발견케 하고 그에 직면하는 기회를 제공하는 수단이 될 수 있다는 점을 각 관리자에게 인지시킬 필요가 있다.

2 전략적 계획의 특이성

전략을 실행하기 위해서는 관리계획이나 업무계획과 같은 전술적 계획(tactical planning)이 필요하다. 그러므로 전략적 계획에서 다루게 되는 문제는 다음의 내용에서 전술적 계획의 그것과 비교되는 특성이 있다.

1) 계획의 전체성

전략적 계획은 기업 또는 그의 주요부문 활동을 전체로서의 하나로, 즉 하나의 시스템으로서 환경의 변화에 적응시키기 위한 계획이다. 따라서 전략적 계획은 기업전체 혹은 사업부를 포함하는 주요부문 활동 전체와 관련된 계획으로 이루어지게 된다. 예컨대 다각화를 도모할 것인가, 혹은 내부 확대를 도모할 것인가 하는 전략의 결정은 1개 부문의 문제가 아니라 기업전체의 문제가 된다. 그러나 전술적 계획은 각각의 부문계획이며 개별계획이라는 점에서 구분된다. 따라서 제품설계의 변경계획, 기계의 대체계획이나 인력의 채용계획 등과 같은 개별계획은 전술적 계획에 속한다. 각 개별계획을 부문별로 정리한 부문계획도 전술적 계획의 특성으로 구분한다.

2) 정보의 유형

전략적 계획을 수립하기 위해서는 기업 내부의 정보는 물론 기업 외부의 환경정보가 크게 필요하다. 그러나 전술적 계획에 대해서는 기업 내부의 관련정보가 주요한 부분을 차지하게 된다. 예컨대 전략적 계획의 수립 시에는 경쟁사의 동향, 동종업계의 장래기술 동향, 일반경제의 동향, 사회 · 정치적 환경의 변화, 고객욕구의 변화 등 외부 환경에 대한 정보의 비중이 매우 크다. 이에 반하여, 전술적 계획으로 구분되는 생산계획의 경우는 자사의 과거 생산 및 재고기록 등과 같은 내부정보가 주요한 정보로 활용된다.

3) 불확실성

전략적 계획이 의존하게 되는 외부정보는 전술적 계획에서 활용하는 내부정보에 비하여 불확실성이 높은 편이다. 전술적 문제는 위에서 설명한 바와 같이 주로기업내부의 환경변화에 관련되어 있다. 그러나 전략적 문제는 기업외부의 환경변화로부터 야기되는 것이 대부분이므로 전략적 계획의 수립에 필요한 정보는 전술적 계획의 경우에 비하여 정보수집이 어려우며 확실성 또한 뒤지는 편이다. 기간적 비교에서도 전략적 계획이 전술적 계획보다 더 장기적인 장래의 환경변화에 관한 정보를 필요로 하게 된다. 이상의 여러 이유들은 전략적 계획이 전술적 계획보다 높은 불확실성의 문제에 직면하게 되는 설명이 된다.

4) 문제발견의 곤란성

기업의 전략적 문제는 그 특성상 전술적 문제의 발생을 인지하는 것보다 어렵다. 전술적 문제가 일상적인 경영활동 내의 자기 재생적 특성을 지닌데 반하여 외부환경의 영향이 크게 미치는 전략의 문제는 자기 재생적이기가 어렵기 때문이다. 이러한 문제발견의 곤란성은 전략계획과 전술계획의 수립과정에서 선택되는 우선순위를 다르게 한다. 전략적 계획수립의 제1단계가 문제의 발견과정이 되는 이유이다.

3 전략적 경영계획의 분석과정

전략적 경영계획의 분석과정은 문제발견의 과정, 전략형성의 과정, 실행계획, 실시 및 통제의 과정 등 4단계로 구분된다.

1) 제1단계 : 문제발견의 과정

본 절에서 다루는 기업경영상의 문제란 주로 설정된 목표수준과 달성수준 간의 차이의 발견을 말하며, 문제의 해결이란 그 격차를 메우는 것을 뜻한다. 이 경우 문제의 발견이란 경영환경의 변화 등으로 인한 이익률의 저하처럼 단순한 문제만이 아니고 경영기회의 문제까지도 그 대상이 됨을 의미한다. 기회란 환경의 변화 속에서 보다 나은 실적을 올릴 수 있는 가능성을 발견함으로써 기업의 욕구 수준이 향상되고, 이로 인하여 기업의 욕구수준과 달성수준과의 사이에 격차가 발생하는 경우를 가리킨다. 기업이 수익성이나 성장성의 목표수준을 설정하는 한편, 그 달성수준에 영향을 미치게 될 환경의 변화를 예측하게 되면 목표수준과 달성수준 간의 격차를 발견하는 일이 가능해진다. 이러한 격차의 발견을 전략적 문제의 발견이라 하는데, 발견의 다음 단계는 발견된 격차를 해소하거나 최소화하기 위한 전략탐구의 단계가 된다.

환경변화의 예측이란 기업의 시장지위나 이익 또는 원가에 영향을 미치는 장래의 경제 환경과 기술 환경 등의 변화를 예측하는 활동을 뜻하는데, 이러한 환경의 예측은 기업의 전략적 문제나 기회를 발견함은 물론 전략형성의 당위성 확보에 필요한 기반과 전략탐구에 필요한 중요정보의 제공원이 된다. 기업의 목표수준은 기업의 욕구수준에 의해서 설정되는데, 이러한 욕구수준은 기업의 과거실적, 경쟁기업의 목표나 실적, 장래환경의 예측 등에 의해서 결정되는 것이 일반적이다. 예컨대 자사의 과거

실적이 좋지 않거나 장래환경에 대한 전망이 낙관적이지 못하다면 기업의 목표수준 또한 낮게 책정될 것이지만, 자사의 과거실적이 나쁘더라도 경쟁기업의 과거 실적이 상대적으로 양호하게 집계되며 장래환경에 대한 예측 또한 긍정적으로 판단된다면 기업은 높은 목표수준을 결정하게 될 것이다.

2) 제2단계 : 전략형성의 과정

전략의 형성은 제품시장전략에서 시작된다. 제품시장전략이란 제품과 시장과의 조합을 위한 전략을 말하는 것으로, 기존부문의 확대전략이 수익성목표와 성장성목표 등과의 격차를 해소하거나 최소화할 수 있는지의 여부를 검토하게 된다. 기존부문의 확대전략에는 시장침투전략(market penetration strategy), 시장개발전략(market development strategy), 제품개발전략(product development strategy) 등이 해당된다. 확대전략만으로 기업목표와의 격차를 해소할 경우는 전략실행계획의 수립과정으로 진행할 수 있지만, 그렇지 못할 경우에는 다각화 전략을 다음단계로 탐구하고 평가하여 선택하게 된다. 다각화 전략(diversification strategy)에는 수평형 다각화 전략(horizontal diversification strategy), 수직형 다각화 전략(vertical diversification strategy), 집중형 다각화 전략(concentric diversification strategy) 등이 있다.

3) 제3단계 : 전략의 실행계획

전략의 실행단계는 검토 평가한 개별계획(project plan)을 선택하는 단계이다. 결정된 개별계획은 회계수치로 치환되어 종합계획(master plan)으로 작성되며 종합계획은 견적손익계산서, 견적 재무상태표 또는 이익계획 등으로 구성된다. 결정된 종합계획은 선택된 전략이 실행될 경우 기업의 수익성목표나 탄력성목표 등의 만족기준을 충족시킬 수 있을지를 검토하게 된다. 검토 후 확정된 종합계획은 단기실행계획으로 예산화 되어 실행 및 통제의 단계로 진행된다.

4) 제4단계 : 실시 및 통제

실시된 계획은 실시 후의 실적변동이나 환경의 변화를 문제발견의 단계, 전략형성의 단계, 실행계획수립의 단계 등 각 단계별로 피드백함으로서 불확실성의 최소화를 위해 필요한 적응적 결정을 하게 된다.

지금까지 살펴본 전략적 경영계획의 수립과 실행과정으로는 다음과 같은 기업행동과학의 원리를 유효하게 활용할 수 있다.

(1) 분석에 필요한 다단계기법이 활용되므로 다양한 의사결정원리가 적용된다.
(2) 문제의 발견과정과 문제의 해결과정을 구분하며 만족수준과 달성수준 간의 차이를 발견할 수 있으므로 그러한 과정을 통하여 경영계획의 제 문제를 발견해 나간다.
(3) 발견된 단계별 격차를 단계별로 해소할 수 있는 대체안을 도출하고, 도출된 대체안을 평가하여 선택해 가는 형식을 취하므로 만족기준에 의한 선택원리를 적용한다.
(4) 단계별 정보를 단계별로 피드백하는 과정을 불확실성 제거에 유효한 방법으로 활용한다.

제5절 경영전략의 의의

전략(strategy)의 어원은 그리스어의 strategos에서 유래된 것으로 고대 그리스시대의 부락장 회의에서 군사령관에 선출된 사람을 뜻하였다가 후일 장군의 기술(the art of the generals)로 의미가 변하였다고 한다. 군사용어로서의 전략이란 전쟁목적을 달성하기 위하여 적에의 대응책을 항상 고려하면서 유리한 전비의 구축, 전군행동에의 진행방향을 결정하는 것을 말한다.

이와 같이 원래는 군사학상의 개념이었던 전략(戰略)의 개념이 경영학에서 중요시되기 시작한 것은 1960년대에 들어와서이다. 예컨대 챈들러(A. D. Chandler)는 '전략이란 기업의 기본적 장기목표나 목적을 설정하고 이를 수행하는데 필요한 행동방식을 채택하여 제 자원을 할당하는 것'이라고 정의하고, '조직구조는 전략에 따른다.'는 명제를 대기업을 중심으로 한 경영사적 연구를 통하여 제시하고 있다. 그러나 챈들러의 연구는 전략 그 자체보다는 전략과 조직구조의 관계에 더 큰 비중을 두었다.

기업조직의 전략에 관하여 본격적으로 연구한 학자는 앤소프(H. I. Ansoff)와 앤드루스(K. Andrews)이다. 앤소프는 전략을 다음의 세 가지 개념으로 첫째, 기업의 사업 활동에 대하여 광범한 개념을 제공하고(provides a broad concept of the firm's business) 둘째, 기업이 모든 새로운 기회를 탐색하기 위한 명확한 지침을 설정하여(sets forth specific guidelines by which the firm can conduct its search) 셋째, 기업의 선택의 과정을 가장 유리한 기회로 유도하는 의사결정규칙에 의하여 기업목표를 보완하는 것(supplements the firm's objectives with decision rules…)이라 정의하고, 경영전략의 필요성을 형식적 측면에서 다음과 같이 설명하였다. 즉, 기업은 활동범위와 성장방향을 명백히 할 필요가 있는데 기업의 목표설정만으로는 이 필요성을 충분히 만족시킬 수 없으며, 또한 기업의 순조로운 성장을 위해서는 어떠한 결정규칙(decision rule)이 있어야 하기 때문에 경영전략이 필요하다는 것이다.

한편 앤드루스는 경영전략이란 회사가 어떠한 사업에 속하고 있는가, 어떠한 사업에 속해야 될 것인가, 어떠한 종류의 회사인가, 어떠한 종류의 회사이어야 되는가 등을 명확하게 밝힌 회사의 중요 목적, 목표 및 기본적 방침 등의 주요경영시책 패턴을 말하는 것이라고 정의하고 있다.

경영전략의 정의는 광의와 협의의 두 가지로 구분된다. 챈들러와 앤드루스가 주장하는 광의의 경영전략은 목표설정과 전략책정을 포함하며, 호퍼(G. W. Hofer)와 쉔델(D. Schendel) 등이 주장하는 협의의 경영전략은 목표설정과 전략책정의 관계는 인정하지만 그 둘을 별개의 과정으로 간주하여 전략책정만을 경영전략으로 파악한다. 경영전략을 광의로 해석하는 이유는 목표설정과 전략책정이 현실적으로 밀접하게 결합되어 있기 때문에 이 둘을 하나의 시스템으로 간주하게 된다는 것이다. 그러나 대부분의 조직에서는 목표설정과 전략책정의 과정이 서로 다른 것도 사실이기 때문에, 경영전략을 협의로 해석하는 이유가 있게 된다.

전략개념의 필요성과 중요성이 기업경영에서 높아지게 된 배경에는 조직의 성장이 있다. 다시 말하여 경영조직이 단순한 조직에서 복잡한 조직으로 성장하고, 직능부문조직에서 사업부제조직으로 변모함으로써 경영전략의 개념도 발전되어 왔다는 것이다. 호퍼와 쉔델은 조직성장과 구조반응의 특성변화에 따른 목표를 명시함으로서, 시간의 변화에 의한 전략개념의 발전을 다음과 같이 제시하고 있다.

첫째, 기업규모의 확대, 행동범위의 광역화, 사업의 다각화와 국제화 등 경영내용의 확대와 복잡화에 따라 암시적인 경영전략이 명시적으로 공식화하게 된다.

둘째, 전략의 명시적 공식화 순서는 목표, 시책, 전략의 순이다.

셋째, 시책과 전략의 명시적 공식화는 부분에서 전체를 대상으로 진전한다.

제6절 경영전략의 결정기준

앤소프(H. I. Ansoff)는 경영전략의 4가지 구성요소로 특정의 제품시장분야(product-market scope), 성장벡터(growth vector), 경쟁상의 이점(competitive advantage), 시너지(synergy) 등을 제시하며, 전략적 의사결정은 이들 네 가지 요소에 의하여 현실적으로 전개되어야 한다고 주장하였다.

1 특정의 제품시장 분야

기업이 참여하거나 참여하고자 하는 특정한 제품시장분야(도메인)를 결정함으로써 기업과 제품시장분야 상호간에 공통관련성(common thread)을 가진 사업 활동의 개념을 명확히 할 수 있다. 다양한 제품시장분야 중의 한 분야를 선택하는 일은 공통관련성의 기본원리를 보다 구체화한 전략기준이 되어 경영전략의 중요한 내용을 형성하게 되기 때문이다. 이는 기업이 참여를 결정한 제품시장분야에서 생산, 기술, 판매 등의 공통관련성을 확보하게 되어 성장의 기회를 탐색하는 활동이 유발될 것임을 의미한다.

그러나 제품시장분야가 특히 광범위한 경우는 제품분야 간의 공통관련성 확보가 어려울 수도 있으므로 일반적인 산업분류를 더욱 세분화할 필요도 있다. 예컨대 화학공업의 경우 비료나 농약에서부터 약품, 석유화학제품에 이르기까지 극히 다양한 제품분야를 포함하고 있는 까닭에 제품분야 간의 생산, 기술, 판매 등의 영역에 반드시 공통관련성이 있다고는 할 수 없기 때문이다.

2 성장 벡터

성장벡터란 특정 제품시장분야와 관련이 있는 기업이 성장을 위하여 선택하는 성장방향을 말한다. 그러므로 성장벡터는 기업의 성장기회를 모색하고 성장계획을 구상하는 중요한 전략기준이 된다. 이와 같이 특정제품시장분야의 전략기준은 기업이 참여할 특정의 산업분야를 선택하며, 그 산업분야에서 어떠한 방향으로 성장행동을 취할 것인가를 결정하는 과정은 성장벡터를 따르게 된다.

성장벡터는 제품과 시장으로 이루어진 가로와 세로 두 축을 각기 현재와 신규로 나누어 시장침투, 제품개발, 시장개척 및 다각화의 매트릭스 형으로 나타낸 것이다. 시장침투, 제품개발 및 시장개척의 세 가지는 제품의 생산기술과 마케팅의 어느 한쪽 또는 쌍방에 공통관련성을 가지고 있다는 점에서 관련 다각화를 포함하는 확장전략으로 구분된다. 이에 대해 다각화는 새로운 제품으로 새로운 시장에 진출하는 비관련 다각화 전략이다.

1) 시장침투

시장침투란 현재 진출해 있는 제품시장에서 시장점유율을 높여 성장하는 방식이다. 이는 광고 선전비나 판매촉진관련 비용을 투입함으로서, 혹은 혁신적인 유통경로를 개발함으로서 매출액과 시장점유율을 높이려는 성장전략이다.

2) 시장개척

시장개척이란 현재 소유하고 있는 기존의 제품으로 새로운 시장을 개척하여 성장하는 전략을 말한다. 예컨대 도료메이커가 종래의 건축업자의 수요 외에 새로운 자동차 메이커의 수요를 개발하는 경우 등이 이에 해당된다.

3) 제품개발

제품개발이란 현재 진출해 있는 시장에서 신제품을 개발하거나 신품종을 추가하여 성장하는 방식을 말한다. 예컨대 자동차메이커가 동일고객집단에 대하여 신차종을 개발하는 경우, 또는 고무호스 생산회사가 플라스틱호스를 개발하여 기업의 성장을 기하는 경우 등이 해당된다. 이 경우의 시장분야는 동일하다.

4) 다각화

다각화란 새로운 제품으로 새로운 시장에 진출하여 성장하는 방식을 말한다. 앤소프(H. I. Ansoff)는 시장침투, 시장개척 및 제품개발의 성장방식을 확장전략(expansion strategy)이라 구분하여 다각화에 의한 성장방식과는 달리 설명하였다. 확장전략의 경우 특정의 제품시장분야에 대하여 생산이나 기술 또는 판매 면에서 공통관련성(common thread)의 정도가 높은데 반하여, 다각화의 경우는 전략적 제품분야를 달리하기 때문에 신제품분야와 기존제품분야 사이의 공통관련성 정도가 낮은 편이다. 그러나 다각화가 성공하기 위해서는 일정수준의 공통관련성 요소가 유지되어야 한다는 점에 유의할 필요가 있다.

기업은 성장성과 수익성 및 탄력성에 대하여 그 실적수준과 목표수준 간에 발생할 수 있는 격차 해소의 수단으로 다각화를 선호하는데, 이는 다각화가 확장전략보다 수익성이 높으며 그 실현가능성 또한 높다고 판단되기 때문이다. 다각화를 위한 투자는 확장전략을 위한 투자에 비해 수반되는 위험과 불확실성이 상대적으로 클 수 있다는 점을 고려해야한다. 호황기에는 기업외부의 경제적 기회의 증대, 빠른 자본회전율, 기업의 높은 유동성, 기업가적 결정(entrepreneur decision)에 의한 다각화 투자위험성의 과소평가 등으로 말미암아 다각화의 선택이 많아지는데 반하여, 불황기에는 이들 다각화의 요인이 모두 역작용하기 때문에 다각화를 추진하는 기업의 수가 급격히 감소되는 것이 일반적 경향이다.

다각화전략을 선택하는 상황의 실제는 첫째, 기존제품시장의 장래성장을 기대하기 어려운 경우 둘째, 최고경영층의 기업가 정신이 왕성하여 자금원에 여유가 있으며 혁신의 기회 또한 강하게 요구되는 경우 셋째, 경기의 변동, 기술혁신, 시장의 변화 등 장래의 불확실성에 대처하는 방법으로서의 다각화 기회를 모색하는 경우 등을 들 수 있다.

다각화전략에서의 성장방향을 다각화벡터라 하며 이는 제품과 시장을 축으로 하여 구분할 수 있다. 이 경우 제품에 대해서는 기술 관련 유무, 시장수요에 대해서는 고객의 유형이 분류의 기준이 된다. 기업이 다각화전략을 추진하기 위해서는 벡터를 선택해야하는데, 이는 어느 하나에만 국한되지 않고 동시에 복수의 벡터를 꾀하는 경우도 많다.

다각화전략은 보통 수평적 다각화, 수직적 다각화, 집중적 다각화, 복합적 다각화 등 4가지 유형으로 세분되는데, 이들 유형은 그 특성이 서로 다르기 때문에 공통관련성의 정도 또한 유형마다 다르다.

(1) 수평적 다각화

수평적 다각화란 현재의 제품시장분야와 동종의 제품시장분야에 대하여 다각화의 기회를 탐색해가는 방식이다. 이는 동일한 유형의 고객에 대하여 기술 관련이 있는 신제품을 개발하여 성장하는 경우를 말한다. 이 경우 새로운 제품분야에 대해서 기업이 현재 소유하고 있는 기존의 마케팅능력이나 생산기술능력을 이용할 수 있으므로 다각화는 성공하기 쉬우며, 위험성도 적다. 예컨대 대형베어링메이커가 소형베어링메이커를 합병하는 경우, 또는 승용차메이커가 스포츠차로 다각화하는 경우 등이 해당된다.

(2) 수직적 다각화

수직적 다각화는 수평적 다각화의 경우처럼, 기업이 현재 보유하고 있는 제품분야와 관련된 방향으로 다각화를 탐색하는 방식의 전략기준이다. 수직적 다각화는 수직적 결합(vertical integration)이라고도 하며, 동일한 최종제품분야에 대해 상이한 생산단계를 전진적 또는 후진적으로 다각화하여 성장하는 방식을 말한다.

전진적 다각화란 기초재료메이커가 2차 가공단계에 진출하거나, 더 나아가 유통단계에까지 진출하는 경우를 말한다. 전진적 다각화의 예로는 철강메이커가 아연철판 등의 표면처리강재 부문으로 다각화하거나, 가전메이커가 판매회사를 설립하는 경우 등을 들 수 있다. 한편 후진적 다각화란 부품이나 원재료의 단계에서 이루어지는 다각화를 말하는 것으로, 자동차메이커가 엔진이나 변속기를 생산하는 경우와 타이어부문에 진출하는 경우, 그리고 합섬메이커가 나일론의 원료까지 생산하게 되는 경우 등을 예로 들 수 있다. 그러므로 후진적 다각화는 생산에 필요한 원재료나 부품의 자급자족체제 구축을 목적으로 하는 경우를 의미한다. 그러나 후진적 다각화에 의해서 진출하게 되는 부품이나 원재료의 생산단계는 생산설비 및 생산기술을 달리하는 경우가 많다. 예컨대 자동차메이커가 도료나 타이어부문에 진출하는 후진적 다각화를 예로 들 경우, 후진적 다각화에 포함되는 각 부문의 기업들은 설비나 생산기술 및 관리의 방식을 달리하고 있기 때문에 생산 상의 공통관련성은 일반적으로 적다고 할 수 있다. 또한 조립메이커가 부품생산기업을 자사의 관리조직에 통합하여 집권관리를 하는 경우에도 생산된 부품을 다른 경쟁기업에 판매하는 것이 곤란하기 때문에 부품의 생산규모가 제약되어 규모의 불이익을 초래할 수도 있다. 뿐만 아니라 재료와 부품 등이 기술혁신에 의해 진부화할 위험이 크기 때문에 후진적 다각화는 많이 이루어지지 않는 편이다.

2차가공이나 유통단계로의 전진적 다각화는 부품이나 원재료에의 후진적 다각화에 비해 보다 발전된 방식이다. 전진적 다각화는 기존제품시장을 확대할 수 있으며 대량의 안정된 수요의 흐름을 확보할 수 있는 방식이기 때문이다. 알루미늄메이커 등이 알루미늄 기초재료의 시장 확대와 안정화를 위하여 2차 가공제품에 다각화하고 있는 것은 전진적 다각화의 전형적인 예이다. 이와 같은 사례는 전진적 다각화가 후진적 다각화에 비하여 압도적으로 많은 이유이기도 하다.

(3) 집중적 다각화

현재 보유하고 있는 제품 또는 진출한 시장을 대상으로 관련이 있는 분야를 다각화함으로서 성장하는 방식이다. 예컨대 트랜지스터라디오로 부터 마이크로 텔레비전, 컬러텔레비전, 그리고 VTR로 다각화하는 경우를 들 수 있다.

(4) 복합적 다각화

현재 보유하고 있는 제품과 시장 어느 쪽에도 관련이 없는 분야로 다각화하는 경우를 말한다. 즉 기존제품시장분야와의 공통관련성에 구애되지 않고 고성장분야의 성장기회를 탐색해가는 전략기준을 의미한다. 예컨대 자동차제조회사가 석유화학제품, 의약품분야에 신규로 진출하는 경우를 생각해볼 수 있다.

3 경쟁상의 이점

기업은 특정의 제품시장분야에 참여하거나 진출하고자 하는 제품분야를 선택하여, 또는 성장벡터를 선택함으로서 특정제품분야에서의 성장방향을 결정하는 점을 위에서 살펴보았다. 앤소프는 그러한 제품분야 중에서 독특한 성장기회를 모색하는 전략으로 경쟁상의 이점이라는 기준을 설정하였다.

경쟁상의 이점이란 기업이 강력한 경쟁상의 지위를 확보할 만한 제품시장분야의 특성을 말하는 것으로, 유력한 특허의 취득이나 혁신적 전략과 관련된다. 기업은 이와 같은 경쟁상의 이점을 이용할 수 있도록 전략적 계획을 탐구함으로써 보다 유망하고 확실한 성장기회를 탐색하게 된다. 경쟁사의 이점이라는 이 전략기준도 공통관련성의 기본원리를 보다 구체화하여 조작적 성격을 가지게 한 것이다.

4 시너지

시너지(synergy)란 원래 근육이나 신경 등의 결합된 활동 또는 그 작용을 뜻한다. 경영학에서는 이를 경영다각화의 이론에 시너지효과로 적용하여 경영자원의 결합관련효과 혹은 공동이용효과를 나타내는 용어로 사용하고 있다. 시너지효과란 두 가지가 유기적으로 결합함으로써 단순한 총합 이상의 효과를 발휘하는 것을 말한다. 예컨대 2+2=5가 되는 것과 같은 상승효과를 시너지효과의 예로 들 수 있다.

시너지란 기업이 새로운 제품시장분야에 진출할 경우와 같은 전략적 문제에 있어, 그 신제품시장분야와 기업의 기존제품시장분야 사이의 결합효과를 나타내는 척도를 말한다. 기업이 신제품시장에 진출하는 경우 신제품시장과 기존제품시장의 결합으로 2+2=3의 효과를 얻게 된다면, 이는 마이너스의 시너지가 발생된 것이다. 그러나 시너지도 기업경영전략의 기본인 공통관련성을 보다 구체화한 전략기준을 이루고 있는 까닭에 신제품시장에의 진출에 의해서 기존시장과의 사이에 2+2=5가 되는 결합관련 효과를 얻을 수 있다면, 다각화는 기업의 경쟁적 지위를 높이며 기업의 수익성 또한 높일 수 있게 될 것이다. 다각화전략의 성공여부는 시너지의 크기에 달려있다. 그러므로 기업이 신제품개발이나 합동에 의해서 다각화하는 경우, 시너지를 얻을 수 있으면 그 다각화는 성공하기가 쉽다고 본다. 이때의 시너지는 공통관련성을 위한 기본원리의 조작적 기준을 이루고 있기 때문이다.

시너지효과는 대칭적 특성을 가진다. 이는 기존제품의 시장이 신제품시장에 공헌하고, 동시에 신제품시장도 기존제품시장에 공헌하는 경우가 있다는 의미이다. 앤소프는 이와 관련하여 시너지전략의 공격적(aggressive) 특성과 방어적(defensive) 특성을 설명하였다. 공격적 특성이란 기업이 현재 보유하고 있는 뛰어난 능력을 활용할 수 있는 신제품시장을 탐구하는 경우의 시너지전략을 말하고, 방어적 특성은 현재의 기업에서 결여되어 있는 능력을 보완할 말한 신제품시장에 진출함으로써 기업의 경쟁적 지위를 높이는 방법으로서의 시너지 전략을 뜻한다. 기업전략으로서의 시너지는 다음과 같이 나누어 볼 수 있다.

1) 판매시너지 : 판매경로, 판매조직, 창고 등의 공동이용
2) 생산시너지 : 공장, 공구 등의 공동이용
3) 투자시너지 : 원재료, 공장, 부품 등의 공동투자 및 공동이용
4) 경영시너지 : 경영자능력, 관리능력, 노하우(know-how) 등의 공동이용

이와 같이 인적자원, 물적 자원, 경제적 자원, 정보적 자원 등 경영상의 다양한 자원을 제품과 시장 간의 복수의 사업에 공동 이용함으로써 원가를 효율적으로 절감시키거나, 새로운 성장기회를 잡을 수가 있다. 경영자원이 복수의 사업 간에서 어느 정도 유효하게 공동 이용되고 있는가는 그 기업의 다각화전략이나 시장개발전략 등에 대한 전략전환의 성패를 좌우하게 된다.

이상 살펴본 네 가지 전략기준은 공통관련성이라는 경영전략결정의 기본원리에 대

하여 조작적 기준으로 작용한다. 이들 중 특정의 제품시장분야, 성장벡터 및 경쟁상의 이점은 기업이 외부환경을 대상으로 성장기회를 모색해야 할 방법을 보여주는 것이다. 특히 특정의 제품시장분야와 성장벡터는 성장의 방향을 정하는 것이며, 경쟁상의 이점은 특정의 제품시장분야 및 성장벡터에서 선택된 제품분야 가운데서 어떠한 성장기회가 유리한가를 밝히는 방법이다. 그리고 시너지전략은 다각화전략의 탐색을 위해 필요로 하는 기업능력을 밝힘으로써 잠재적 수익을 실현하기 위한 전략기준을 이루게 된다. 그러므로 이들 네 가지 전략기준은 상호 보완적이며 경영전략의 내용을 결정하는 요소가 된다.

제7절 경영전략의 계층

경영전략의 구성요소들은 서로 밀접한 관계를 가지고 있으며 각 구성요소간의 정합성은 경영전략의 유효성을 결정하는 중요한 요소이다. 그러나 기업을 둘러싼 환경의 변화가 가속화하고 사업 활동의 범위가 확대됨에 따라서, 경영전략의 모든 것을 최고경영층이나 전략 스탭만으로 결정한다는 것은 어려운 일이다. 따라서 경영전략을 계층화하고 하위전략의 책정을 분권화할 필요가 있게 된다. 이에 호퍼(G. W. Hofer)와 쉔델(D. Schendel)은 경영전략을 기업전략(corporate strategy), 사업전략(business strategy) 및 직능별 전략(functional strategy)의 세 가지 차원으로 구분하고, 각 전략차원의 구성요소를 제시하였다.

1 기업전략

기업전략은 전사적 차원의 전략이므로 기업전체가 직면하는 기회와 위협의 식별, 경영목표의 설정, 사업 활동범위의 결정, 경영자원의 축적과 배분의 전략 등을 결정하는 최상위차원의 전략이다. 전사적 차원에서는 특정의 경쟁상대에 대한 경쟁상의 우위성을 결정하는 일은 일반적으로는 중요한 구성요소가 되지 않는다. 그러므로 전사적 차원으로서의 기업전략에서는 개개의 경쟁상대보다는 산업전체, 혹은 산업의 구조변화 가운데서 기업전체가 여하히 유리한 지위를 차지할 수 있을 것인가에 관한 결정이 중요하며, 이를 위한 전략변수로서는 사업 활동범위의 변경과 경영자원의 축적 및 배분방법의 결정이 된다. 산업내의 특정경쟁상대에 대하여 경쟁적 우위의 전략을 결정하는 일은 사업차원의 전략, 즉 사업전략의 과제이다. 따라서 기업이 개개의 사업 분야에서 어느 정도의 경쟁상 우위를 점할 수 있는가의 문제는 기업전략에서의 배분과제와 긴밀한 관계를 갖게 된다.

2 사업전략

사업전략에 있어서는 산업내의 특정경쟁상대에 대한 경쟁적 우위의 전략이 가장 중요한 구성요소가 된다. 사업전략은 전사적 차원의 전략인 기업전략의 제약을 받게 된다. 사업단위의 전략은 배분된 경영자원의 양이나 종류에 의해서 제약되기 때문이다.

그러나 사업전략에 있어서도 자원의 축적이나 배분의 전략이 중요한 구성요소로 되는 경우가 있다. 특히 사업단위의 제품과 시장이 복수로 분화되어 있는 경우에는 부문 간의 자원배분과 상호보완관계에 대한 전략이 중요하다.

3 직능별 전략

직능별 전략이란 연구개발, 제조, 마케팅, 재무, 인사 등의 직무분야와 관련되는 전략이다. 직능별 전략의 가장 중요한 구성요소는 전사적 차원에서의 경영자원의 축적과 배분의 전략이며, 이는 개개의 사업차원에 대한 경쟁적 우위의 전략에 일관되는 전략이어야 한다.

09

지휘기능

제1절 지휘의 개념

제2절 동기부여

지휘(directing)란 관리자가 경영관리과정에서 수행하는 중요한 역할 중의 하나로, 관리자가 경영조직의 장단기 경영목표를 효과적으로 달성하기 위해 조직구성원의 능력과 잠재능력(ability and potentiality)을 유인하여 협력체계(corporative system)를 확립하는 기능을 말한다.

이번 장에서는 경영관리의 지휘(directing)에 관한 내용을 기본적인 정의를 중심으로 설명하고, 조직구성원의 협력체계 확립을 위한 관리자의 역할(manager's role)과 기업의 합리적인 관리활동을 살펴보기로 한다. 특히 동기부여(motivation)이론, 커뮤니케이션(communication) 및 리더십(leadership)이론 등을 중심으로 하는 행동과학이론(theory of behavioral sciences)을 소개하고자 한다.

제1절 지휘의 개념

1 지휘의 의의

경영관리과정에서 지휘란 조직의 구성원들이 기업 활동을 계획에 따라 의욕적이며 적극적으로 수행할 수 있도록 그들에게 동기(motive)를 부여하고 커뮤니케이션(communication)을 원활하게 하여 리더십을 발휘하는 관리자의 기능이다. 지휘(directing)는 관리자의 가장 중요한 역할이다. 경영 관리자는 조직구성원에게 동기를 부여함으로서 적극적이고 자발적으로 행동할 수 있도록 근로의욕을 자극하는 한편, 의사소통과 정보교환 및 감정이입을 자유롭게 할 수 있도록 환경을 조성하여 목표를 효과적으로 달성하는 역할을 하기 때문이다.

이러한 지휘문제는 기업에서보다 군대에서 더욱 중요시하게 되었고, 이에 따라 군대를 중심으로 하는 지휘학의 발달을 보게 되었다. 이 지휘학은 실제적인 목표달성을 위한 유용성이 인정됨으로서 기업에도 도입되어 중요한 관리기능으로 활용하게 되었는바, 이를 지시 또는 지휘기능(directing function)이라고 부르게 되었다. 이는 경영학의 이론적 측면에서 행동과학의 이론을 도입함으로써 리더십 이론(leadership theory)으로의 체계적인 발전을 보게 되었다.

2 X · Y이론과 지휘의 개념

1) X · Y이론의 내용

X · Y이론은 행동과학자인 맥그리거(D. McGregor)가 인간의 본질을 규명하기 위한 이론의 개발과정에서 설정한 가정인바, 이중 하나를 X이론(theory X)이라 하고 다른 하나는 Y이론(theory Y)이라 부르게 되었다. 그 가정의 내용은 다음과 같다.

(1) X이론의 가정

가. 보통 인간은 원래부터 일하기를 싫어하고 가능하면 일을 회피하려고 한다.

나. 인간의 일을 싫어하는 특성 때문에 대부분의 사람들은 목표달성을 위해 노력할 수 있도록 처벌, 통제, 지휘, 감독 등으로 강요를 받아야 한다.

다. 일반적으로 인간은 지휘와 통제를 받기를 원하고 책임을 회피하려고 하며, 동시에 야망도 없고 오직 안전만을 원한다.

(2) Y이론의 가정

가. 일을 위해 육체적 혹은 정신적인 노력을 하는 것은 놀이나 휴식과 같이 자연스러운 것이다.

나. 통제와 처벌 등의 위협은 조직의 목표달성을 유인하는 수단이 못된다.

인간은 자발적이고 자기 통제적인 행동을 하기 때문이다.

다. 일반적으로 인간은 적합한 상태에서 책임을 수락할 뿐 아니라 책임 또한 이해하고 있다.

인간의 본질을 연구하는 과정에서 설정하였으며 상반된 견지의 가정인 위의 X · Y 이론은 관리자의 대인관(對人觀)에 반영되어 경영관리과정에서 활용되고 있다.

3 X · Y이론이 관리적 행동에 미치는 영향

X · Y이론이 목표설정에 따른 계획수립과 리더의 지휘역할(directing role) 및 성과평가 등 관리적 행동에 미치는 영향은 다음과 같다.

1) X이론이 관리적 행동에 미치는 영향

X이론은 인간이 일하기를 싫어하며, 책임을 회피하려는 본성을 갖고 있다는 가정이다. 이러한 가정은 관리에 대한 전통적 사고에 근거하여 조직구성원의 관리적 행동을 강제적인 통제와 감독으로 강력히 규제해야 한다는 내용과 닿는다. X이론의 관리적 사고는 조직의 목표달성을 강요하는 경영자의 지휘형태(patterns of directing)로 연결되어, 경영자는 지시적이고 권위적인 계획에 따라 목표설정 과정에 조직구성원을 참여시키지 않고 경영자의 독단적인 사고를 따르게 한다. 이렇게 형성되는 독재적 형태(authoritarian pattern)의 지휘는 구성원의 능력과 자율성, 창의적이며 독립적인 사고 등을 존중하지 않는 상태로 관리적 행동을 일관하게 된다. 구성원의 통제와 평가(controlling and appraising) 또한 경직된 사고와 주관적 편견에 따른 일방적인 방법을 따르게 됨으로 이에 대한 구성원의 저항을 야기할 수 도 있다.

결국 X이론에 따른 관리수행은 구성원을 기업목표를 향해 자발적으로 몰입하도록 유인하거나 생산성 증대를 위한 다양한 관리행동의 시행을 어렵게 한다. 조직의 구성원이 직무를 통한 만족을 얻을 수 없다면 사기가 저하될 것이며, 저하된 사기는 조직원의 작업능률에 영향을 미치게 되어 기업의 생산성을 저하시킬 것이기 때문이다. 이러한 이유로 현대 경영학에서는 X이론에 입각한 관리적 행동을 바람직하지 못한 것으로 보고 있으며, 조직의 정태적 경직성이 우려되는 X이론에 따른 관리행동을 지양(止揚)하는 방향으로 권고하고 있다.

2) Y이론이 관리적 행동에 미치는 영향

Y이론은 사람들이 일하기를 좋아하고 책임지기를 스스로 원하며 자기통제가 가능하다는 내용을 전제로 하고 있기 때문에, 관리적 행동에 미치는 영향은 동태적이고 낙관적이며 유동성을 갖게 된다. 따라서 계획과 목표의 설정과정에 구성원의 견해가 반영될 수 있도록 직접참여의 방법을 활용하게 되는데, 이는 구성원과 함께 하는 의사결정을 의미하는 것이므로 관리적 행동에 대한 Y이론의 긍정적 공헌을 기대할 수 있게 한다.

Y이론은 지휘에도 민주적이며 참여적인 방법을 유동적으로 활용할 수 있으며 구성원 개인의 능력보다 팀워크(teamwork)를 강조하기 때문에 관리적 행동에는 낙관적인 영향을 미칠 수 있게 된다. 그러므로 구성원의 자발적이고 창의적인 사고와 적극적인 행동은 관리목표에 집약되어 경영자의 의사결정을 용이하게 할 수 있게 한다. 뿐만 아니라 Y이론은 집단의 능률향상을 기대할 수 있게 하여 기업은 높은 생산성과 관리적 효과를 얻게 된다. Y이론을 통한 집단의 상호 작용은 관리자와 구성원간의 상호작용을 파악하는데 도움을 주게 되어 전사적인 구성원 상호간의 의사소통 네트워크(network)를 형성할 수 있게 하며, 효과적인 동기부여에도 영향을 주어 종합적인 관리효과를 기대할 수 있게 한다. 현대 경영학에서는 관리자의 관리적 행동의 효과증대를 위해 Y이론의 대인관(對人觀)에 기반을 두고 인적자원관리를 하도록 권장하고 있다.

4 Z이론에 입각한 지휘전략

Z이론은 맥그리거의 X · Y이론이 인간의 욕구체계를 이분법적으로 양극화시킨 이론이라 비판하며 그들 두 가지 유형을 조화시켜 제시한 제 3의 이론이다. X이론이 권위주의적 관리를, Y이론이 민주적 관리를 각각 지칭한다면 Z이론은 자유방임적 관리방식을 대변한다. 아래에 대표적 학자의 이론을 소개한다.

1) 롤리스(David Lawless)의 Z이론

롤리스(교수, 미시건 대학)가 1973년 제안한 Z이론(theory Z)은 업무의 환경과 조직의 특성, 인적요소의 가치관 등이 변화하면 경영전략이나 관리방식도 그에 따라 달라져야한다는 상황적합적 관리이론이다. 다시 말하여 조직과 집단, 조직의 구성원은 환경이 달라지면 언제든 변할 수 있기 때문에 경영자는 그러한 사실을 객관적으로 파악하여 그에 적응할 수 있는 관리전략을 융통성 있게 운용하여야 한다는 주장이다. X · Y이론이 절대적인 적합성을 가진 것이 아니라는 비판에 근거한다.

2) 오우치(William G. Ouchi)의 Z이론

오우치(교수, UCLA)의 Z이론은 맥그리거의 Y이론에 일본식 조직문화를 결합한 산물로 평가되며, X · Y이론의 확장이론으로도 설명된다. 일본계 3세인 미국의 오우치 교수는 전후 일본경제의 고도성장과 1970년대 후반 미국경제의 퇴조 원인을 연구하기 위해 미국과 일본 양국의 각 12개(총 24개) 기업을 선정하여 종신고용제를 비롯한 연공서열제, 구성원 능력평가제, 의사결정과정, 경력관리제, 목표설정과정, 경영통제기구, QC서클활동, 대기업과 하청기업간의 관계 및 노사관계 등 다양한 관리방식을 비교분석하였다. 그는 연구의 결과를 [Z이론]이라는 저서로 출간하며 미국식 관리방식을 A이론, 일본식 관리방식을 J이론, 미국내에서의 일본식 관리방식을 Z이론이라 칭하였다.

오우치 교수는 맥그리거의 X이론이 인간을 불신하는 인간관이라 보지만, Y이론으로 미국기업의 생산성 저하 문제를 해결할 수 있다는 전제하에 일본식의 공동체적인 기업형태를 Z이론으로 주장한 것이다. 따라서 오우치는 기업의 관리체제를 Z형으로 전환할 수 있다면 기업의 생산성 향상은 가능하다고 주장하면서, 그 이행단계를 다음과 같은 13개 단계로 분류하여 요약하고 있다.

(1) Z형조직과 개별적인 역할인식
(2) 기업 경영철학의 세부적인 분석검토
(3) 경영철학의 규정과 최고경영계층의 적극적인 참여
(4) 인센티브(incentive) 제도의 확립과 경영철학의 실행
(5) 대인관계기술의 훈련
(6) 자신과 시스템의 조정
(7) 노동조합의 참여
(8) 완만한 능력평가와 승진제도의 정립과 운영
(9) 고용의 안정성 확보와 제도적 인식
(10) 경영개발제도의 채택
(11) 하급사원에 이르기까지 전사적인 실행대상의 확대
(12) 참가실현을 위한 역할모색
(13) 총체적 관계의 조정

제2절 동기부여

1 동기부여의 의의

동기부여는 원래 심리학적 용어인 모티베이션(motivation)에서 비롯된 것으로, 심리학적 측면과 경영학적인 면의 정의를 함께 살펴볼 필요가 있다. 심리학에서는 모티베이션을 인간의 행동을 개발하여 개발된 그 행동을 유지하고, 더 나아가 이를 일정한 방향으로 유도해가는 과정의 총칭이라고 파악한다. 한편 관리적 측면에서의 모티베이션은 조직의 목표를 달성하도록 개인이나 집단의 행동에 영향력을 행사하려는 관리자의 의식적인 시도라고 정의하며 동기유발 또는 동기부여라고 한다. 동기유발과 동기부여가 같은 뜻으로 쓰이기는 하지만, 모티베이션이란 본디 제3자로부터 강제적으로 행사되는 것이 아니라 개인의 자발적인 행동을 유발하는 것이므로 동기유발의 어의(語意)가 능동적 의미를 나타내는데 반해, 모티베이션을 동기부여라고 할 경우는 관리자가 부하에게 동기를 부여한다는 뜻이 될 것이므로 수동적 의미를 가지게 된다.

동기부여이론은 내용이론과 과정이론 등 두 가지로 구분하여 연구되어왔다. 내용이론(content theory)은 동기를 유발시키는 데 크게 작용하는 요인들이 무엇인가? 에 주목함으로서 모티베이션을 욕구충족행동의 관점에서 해명하려는 이론이며, 과정이론(process theory)은 모티베이션이 어떠한 과정을 통해서 발생하는가? 에 초점을 맞추어 모티베이션 과정에서 발생하는 모든 변수와 이들 변수들 간의 상호관련성을 검토하고자 하는 이론이다.

경영조직은 조직화의 과정을 통하여 목적을 달성하는데 필요한 직무를 합리적으로 배분하고 권한과 책임 간의 관계를 규정함으로써 성립된다. 이 경우 조직의 구성원은 합리적으로 행동하는 직무담당자로 가정되며, 각각의 직위에서 주어진 책임 하에 의욕적으로 직무를 수행할 것으로 기대된다. 그러나 현실적으로는 구성원이 조직목적에 대하여 항상 합리적인 행동만을 취한다고 할 수가 없다. 생리적이거나 심리적인 피로감으로 인하여 충분한 노력을 할 수 없는 경우도 있을 것이며, 직무에 대한 불만 때문에 능력발휘를 제대로 하지 않는 경우도 있게 될 것이다. 뿐만 아니라 복수의 인간이 접촉하는 관계로 직무상의 관계를 초월한 감정적 혹은 정서적 관계가 발생할 수도 있을 것이며, 이의 영향을 받은 개인의 행동은 이해할 수 없는 복잡한 행동을 취하게도 될 것이다. 인간이 가지는 목적과 욕구와 동기는 서로가 다를 수 있을 것이기 때문에, 특정한 목적을 가진 조직에 있어서도 종종 비합리적인 행동을 취할 수 있다고 하는 것이 오히려 당연하다고 보아야 할 것이다. 따라서 조직구성원에게 직무수행의 의욕을 지속적으로 환기시켜서 그 행동을 조직목적의 실현을 위한 방향으로 유도하고 통합해가는 동기부여는 관리자의 중요한 직능이 되고 있다.

2 인간가설과 동기부여

관리의 과정은 계획(planning)과 조직화(organizing)에 이어 지휘(directing) 및 통제(controlling)에 이르기까지의 순환과정을 말한다. 이러한 관리는 계획된 경영조직의 목표를 조직구성원으로서의 인간의 활동을 통하여 달성하려는 목적으로 행하여진다. 지휘 받은 구성원의 활동이 계획된 방향이나 지침으로부터 일탈될 때 경영자는 통제라는 관리방법을 선택하여 제재하고 개선하기를 계속하기 때문에 관리는 순환과정이 되는 것이다. 조직의 목표를 달성하기 위한 관리과정의 여러 역할 중 구성원이 스스로의 능력을 발휘할 수 있도록 유도하는 것이 지휘과정이며, 지휘활동이 효율적이기 위해서는 구성원의 자발적 참여와 공헌을 확보하는 일이 바람직하다. 이는 동기유발을 의미하는 것이다. 지휘의 과정에서 동기부여의 비중이 커지기 시작한 것은 비교적 최근의 일이다. 그러나 동기부여의 흐름을 과학적 관리시대부터 살펴보며 경영조직의 인간관과 관련지어 파악하는 과정은 인간가설과 동기부여를 이해하기에 의미를 더할 수 있다고 본다.

이른바 과학적 관리의 시대에는 작업자는 높은 임금을 바라며 일하는 경제인(economic man)으로 간주되었으며 동기부여의 방책은 임금제도를 중심으로 취해졌다. 예컨대 테일러의 경우는 작업순서와 방법, 그리고 사용공구와 작업소요시간에 이르기까지 상세히 규정한 과업을 작업별로 설정하고, 작업자에게 이를 달성토록하기 위하여 차별적 성과급이라고 하는 매우 자극적인 보수제도의 도입을 제안하였다. 그러나 이러한 동기부여의 방책은 작업자로부터 환영을 받지 못했으며, 일반에게도 보급되지 못하였다.

그 후 인간 관계론이 등장함에 따라 조직에 있어서의 인간관은 집단에 있어서의 정보적 관계에 자기를 동화시킴으로써 심리적 만족감을 획득한다고 하는, 이른바 사회인(social man)으로서의 측면을 강조하기에 이르렀다. 그래서 그 당시의 동기부여로는 오로지 직장의 인적 환경의 안정을 도모하는 방책이 취해졌으며, 리더십 또한 양호한 인간관계의 조성에 초점을 두어 성원의 협력적 태도를 유도하는 데에 목적을 두었던 것이다. 그러나 이러한 접근은 작업에 직접 결부된 동기부여가 아니라는 점에 그 한계가 있다고 볼 수가 있다. 실제로 인간관계가 지나치게 양호함으로써 오히려 능률의 저하를 초래하는 경우도 있을 수 있기 때문이다. 따라서 작업과 결부된 주체적 인간의 노동의욕을 다루어야 한다는 견해가 그 후 차츰 대두되기 시작하였다.

인간은 욕구를 가지고 이를 충족하려할 때 적극적인 행동을 유발하게 되므로, 그 충족행동은 점차적 욕구로부터 고차적 욕구로 순차적으로 이동해간다고 하는 인간행동의 가설이 등장하게 된 것이다. 이 가설은 인간을 경영조직에서 자신의 창조적 능력을 발휘할 기회를 갖고 싶어 하는 것과 같은 고차적 자아실현의 욕구를 지니는, 이른바 자아실현인(self-actualizing man)으로 보는 것이다. 이러한 인간관에 의할 경우 모티베이션의 방책은 자아실현의 욕구를 충족시킬 수 있는 요인을 작업 속에 포함시킴으로서 작업의 달성이 동시에 욕구충족이 되도록 할 필요가 있다는 것이다. 그리고 이때의 관리자는 부하의 의사를 작업 결정에 반영시키는 것과 같은 참가적 리더십을 취하는 선택이 환영을 받게 된다. 그러나 현실적으로는, 조직에 있어서의 인간행동은 훨씬 개성적이고 복잡한 까닭에 모든 인간의 행동을 자아실현의 욕구에 따라서 일차적으로 설명한다는 것은 도저히 불가능하다. 그러한 이유로 오늘날에는 인간의 다면성을 가능한 한 포괄적이며 구체적으로 파악하고 심리적, 사회적, 정보이론 등의 여러 인접과학을 원용하는 등, 동기부여에 의하여 행동이 유발되는 메카니즘(mechanism)을 해명하려는 노력이 이루어지고 있다.

3 매슬로우의 욕구단계설(Need Hierarchy Theory)

매슬로우(A. H. Maslow)는 인간의 욕구가 계층을 형성하고 있는 것으로 파악하고, 다음과 같은 세 가지의 기본적인 가정을 전제로 모델을 설정하였다.

첫째, 다양한 욕구를 가진 인간은 이를 충족시키기 위하여 동기화된다. 그러므로 충족되지 않은 욕구는 행동에 영향을 미치게 되지만, 충족된 욕구는 동기요인으로 작용하지 않는다.

둘째, 인간의 욕구는 음식이나 주거 등의 기본적인 욕구에서부터 자아실현의 욕구와 같은 최상의 욕구에 이르기까지, 그 중요성의 계층에 따라 연속적으로 정돈되어 있다.

셋째, 인간의 욕구는 하위단계의 욕구들이 어느 정도 충족되어야만, 그 다음 단계의 욕구차원으로 나아갈 수 있다.

매슬로우는 인간이 가지는 욕구를 위의 세 가지 가정에 따라 다섯 단계로 분류하였다. 욕구의 5단계는 생리적 욕구, 안전의 욕구, 소속감과 애정의 욕구, 존경의 욕구, 자아실현의 욕구 등을 말한다.

그림 9-1 매슬로우의 욕구 5단계

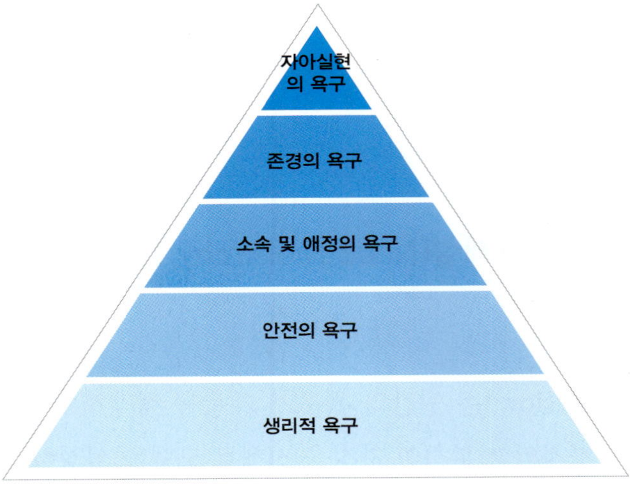

1) 생리적 욕구(Physiological Needs)

음식, 의복, 주거 등 생활에 관한 욕구로서, 삶의 유지에 필요한 기초적인 욕구이다.

2) 안전의 욕구(Safety Needs)

외부로부터 자신을 보호받고 싶어 하는 욕구로서, 신체적인 위험과 기초적인 생리적 욕구의 박탈로부터 자유로워지려는 욕구이다.

3) 소속 및 애정의 욕구(Belongingness and Love Needs)

사회적 존재(social beings)로서의 인간은 어느 조직에 소속되어있거나 그 사실이 다른 집단에 의해서 받아들여지기를 바라는 욕구를 가지고 있다. 이는 동료집단에 소속되기를 원하며 그들과의 우의나 애정을 나누고자 하는 욕구이다.

4) 존경의 욕구(Esteem Needs)

다른 사람들로부터 높은 평가와 존경을 받고자 하는 욕구로서, 지위나 신분에서 오는 자존감을 느끼며 다른 사람으로부터 인정(recognition) 받기를 원하는 욕구이다.

5) 자아실현의 욕구(Self-Actualization Needs)

자기발전을 위해 자신의 잠재능력을 극대화하려는 욕구로서, 자신의 창조성이나 기획력을 발휘하여 혁신적인 업무 혹은 이상(理想)을 실현해보고자 하는 욕구이다.

조직의 구성원은 우선 임금을 획득하여 자신의 생활유지를 위한 경제적 욕구를 충족하려고 한다. 이러한 제1단계의 욕구가 충족되고 나면 제2단계의 욕구로서 고용의 안정과 신분 또는 지위의 보전을 희구하게 되고, 제3단계에서는 조직에 있어서의 양호한 인간관계를 희구하게 된다. 제4단계의 존경에 대한 욕구는 조직에 있어서의 자신의 공헌도를 인정해 주기를 바라는 욕구로서 승격이나 승진을 바라거나, 보다 큰 직무권한을 부여해 주기를 바라는 욕구이다. 그리고 제5단계의 자아실현의 욕구란 자신만의 고차원적 이상을 실현하고자하는 욕구인 것으로 요약된다.

4 맥그리거의 인간성에 관한 가설

맥그리거(D. McGregor)는 인간본성에 대한 두 가지 가설을 설정하며 X와 Y이론을 주장하였다. X이론의 가설은 인간의 피동적이고 소극적인 본성을 강조하는 기존의 전통적 관리사고에 근거한 것이었으며, Y이론의 가설은 긍정적이며 자발적인 인간의 본성을 강조하는 것으로 X이론과는 대립되는 것이었다.

1) X이론의 전제가 되고 있는 인간성에 관한 가설

(1) 보통의 인간은 일하기를 싫어하고 가능한 한, 일하지 않으려 한다.
(2) 인간의 일하기 싫어하는 이러한 특징으로 인해서 대부분의 인간은 강제와 통제 또는 처벌 없이는 조직목적의 달성을 위한 충분한 힘을 발휘하지 않는다.
(3) 보통의 인간은 명령받기를 좋아하고 소극적이며, 특히 안전하기를 바란다.
(4) 보통의 인간은 조직의 문제를 해결할 만한 능력이 없다.
(5) 모티베이션은 물질적, 경제적 수준에서 이루어진다.

2) Y이론의 전제가 되고 있는 인간성에 관한 가설

(1) 보통의 인간은 일하기 좋아하고, 결코 일하는 것을 싫어하지 않는다.
(2) 인간은 외적 강도나 처벌의 위협이 없어도 조직목적달성을 위해 전력을 다한다.
(3) 보통의 인간은 일정한 조건하에서는 책임을 받아들일 뿐만 아니라 스스로 책임을 지려고 한다.
(4) 적절한 동기가 부여되면 인간은 자율적일 수 있고 창조적일 수 있다.
(5) 모티베이션은 물질적 수준이나 안전수준에서 뿐만 아니라 심리적, 사회적 욕구수준에서도 이루어진다.
(6) 근대적 산업생활의 조건하에서는 보통 인간의 지적 잠재능력은 일부분밖에 활용되지 못한다.

요컨대 X이론에서는 인간은 책임지기 싫어하고 노동이나 창조를 싫어하며 안정을 바란다고 파악하고 있다. 그러나 Y이론에서는 인간이란 원래 창조적이며 동기가 올바르게 부여되면 노동의 기쁨을 가지게 되어 자율적인 행동을 취할 수 있다고 본다. 그러므로 X이론을 선호하는 관리자는 명령과 통제 그리고 금전과 복지후생 등에 의해서 인간을 일하게 하는 한편, Y이론을 추종하는 관리자는 상사에 의한 통제를 가급적 적게 하며 구성원이 스스로를 통제하여 일하도록 동기를 유발한다고 보는 것이다. 따라서 Y이론 관리자는 구성원의 동기를 유발함으로서 구성원이 노동의 기쁨을 가지게 되어 친애나 자존심, 그리고 자아실현의 욕구를 충족시킬 수 있게 한다. 매슬로우의 욕구 5단계에서 표시되는 하위의 두 가지 욕구, 즉 생리적 욕구와 안전욕구가 충족되지 않는 상태의 인간에게는 X이론에 의한 관리가 통용되겠지만, 그러한 욕구가 충족된 인간에 대해서는 Y이론에 근거한 관리가 필요하다는 의미이다.

X이론은 동양철학에서 말하는 성악설, 그리고 Y이론은 성선설과도 유사하며 서양의 프로이트(Sigmund Freud) 학설과도 유사하다. 순자(荀子)의 성악설(性惡說)은 인간이 태어나면서부터 끝없는 욕망을 가지고 있기 때문에, 자유방임하면 싸움이 일어나고 파멸에 이르게 될 것이니 인간은 뛰어난 지배자가 관리해야 한다는 것이다. 한편 맹자(孟子)가 인간의 본성을 선이라고 주장하는 성선설(性善說)에서는 인간은 타인으로부터 칭찬받고자 하는 동기가 없어도 우물에 빠진 유아를 도울 만큼 선하다고 한다. 그러나 비록 인간의 본성이 선이라고 하더라도 수양을 쌓아서 인간적으로 성장하지 않으면 절대적인 선에는 이르지 못하고, 나쁜 환경 속에 있게 되면 성악으로 되어간다는 것이다. 프로이트는 인간의 속성 속에는 행동적, 비합리적, 비사회적, 또는 이기적인 유아적 성격이 있어서, 생각하지 않고 다만 하고자하는 대로 행하게 되는 면이 있다고 하는 성악설적인 견해를 제시하고 있다.

아래에서는 X이론과 Y이론이 이들 중요한 관리과정에 대하여 어떠한 영향을 미치는가를 살펴보았다.

3) X이론과 Y이론의 관리적 영향

X이론과 Y이론의 관리적 영향을 살펴보기 위하여 먼저 관리과정을 요약하였다.

첫째, 목표의 설정과 그 목표를 달성하기 위한 계획의 수립
둘째, 리더십을 통한 계획의 수행
셋째, 통제와 설정된 표준에 대한 성과의 평가

X이론과 Y이론이 위의 중요한 관리과정에 대하여 어떠한 영향을 미치는가를 다음에서 살펴보기로 한다.

(1) X이론이 관리적 행동에 미치는 영향

가. 계획수립(planning)

X이론은 사람들은 일하기를 싫어하므로 일하도록 강제되어야만 한다고 가정하고 있다. 따라서 상위자는 계획이 목표의 설정을 포함하는 경우, 목표의 설정과정에서 지시적이고 권위적인 역할을 수행하는 경향이 있다. 그러한 관리자는 목표를 설정할 때 부하들에게 참여의 기회를 거의 주지 않는다. 계획은 조직의 상위계층에서 수립되어 하위계층으로 전달된다.

나. 지휘(directing)

조직구성원에 대한 그와 같은 한정된 견해 때문에, 리더십은 독재적인 경향이 있다. 권한(authority)은 구성원을 지휘하는 유일한 수단으로 생각되고 있다. 비록 사람들은 명령을 따를지 모르지만, 반발과 의혹이 빈번히 일어난다. 상위자는 명령을 내리지만, 구성원을 지도하지 않는다. 의사소통의 흐름은 위에서부터 아래로 일반적으로 이루어지며, 피드백(feedback)은 거의 일어나지 않는다. 더구나 구성원들은 그들의 직무에 관련된 요소에 대하여 제한된 정보밖에는 가지고 있지 않다.

다. 통제(self-direction)와 평가(appraising)

통제와 평가직능은 구성원에게 자기표시(self-direction)의 기회를 거의 주지 않고 외재적으로 부과된 표준에 의하여 경직적으로 수행된다. 상위자는 평가에 있어서 지도자라기보다는 재판관의 입장에서 오만한 역할을 수행한다. 또 평가에 있어서는 미래의 편차를 방지하기 위한 대책을 강구하기보다는 과거의 잘못을 발견하는 데 중점을 두게 된다. 이와 같은 X이론의 가정에 의하면 구성원들은 자기통제와 자기계발의 기회가 거의 없게 된다.

(2) Y이론이 관리적 행동에 미치는 영향

가. 계획수립(planning)

Y이론은 사람들은 일하기를 원하며, 자기지시(self-direction)를 할 수 있고, 또 책임을 지는 것을 좋아한다고 하는 가정에 근거하고 있다. 이와 같은 가정은 목표의 설정과 계획의 수립에 영향을 미치게 된다. 예를 들면, 구성원들은 그들의 직무를 숙고하고 난 후 그들 자신의 목표를 설정하고, 또 그것에 관하여 그들의 상위자와 상의함으로써 의견의 일치를 보게 된다. 이는 목표를 설정하고 설정된 목표를 달성하기 위한 계획수립의 과정에서 부하들의 참여도가 상당히 크게 된다.

나. 지휘(directing)

Y이론의 가정에 의하게 되면, 리더십은 참여적이고 유동적이며 기업의 특정한 요구에 적응적인 것이 된다. 이때에는 집단구성원의 능력을 이용하여 팀워크(team-work)를 강조하게 되며 구성원은 스스로 책임을 지고자 한다. 의사소통의 흐름은 다양한 방법으로 나타내게 되는데 어떤 경우는 조직의 최고 계층으로부터 개별 구성원에게 흘러 내려가고, 또 어느 경우는 아래로부터 위로 올라가기도 하며, 필요에 따라 부문에서 부문으로 횡적흐름을 타고 소통되기도 한다. 소통과정의 빈번한 피드백은 전달된 정보의 정확성을 유지할 수 있게 하며, 그와 같은 환경 속에 있는 구성원들은 효과적인 의사결정에 필요한 자료를 확보할 수 있게 된다.

다. 통제(self-direction)

Y이론에 의하면 통제는 내재적(internal)이며 또 주로 자기통제(self-control)이다. 상위자와 더불어 표준을 설정한 부하들은 그들의 목표달성을 위하여 열심히 노력하게 된다. 비록 표준이 쉽게 변경되지는 않지만, 환경이 변화하면 표준은 그에 맞춰 조정된다. 변화된 환경에 비해 진부하거나 부적당한 표준을 고집하는 것은 어리석은 일이다. 상위자는 하위자들의 목표가 집단의 목표와 부합할 경우 이를 달성할 수 있도록 도와주는 지도자의 역할을 수행한다. 상위자와 하위자들은 과거의 잘못으로부터 배우지만, 평가의 초점은 미래를 개선하는데 두게 된다. 이는 과거의 잘못을 발견하는

것보다는 미래의 편차를 방지하기 위한 문제해결을 강조하는 의미이다. 그러므로 이와 같은 Y이론의 가정은 구성원들에게 자기통제의 기회를 부여되게 되는 것이다.

5 아지리스의 미성숙 · 성숙 이론(Immaturity-Maturity Theory)

아지리스(Chris Argyris)는 인간의 성격은 그가 성장하는 과정에서 형성되며 그 성장과정은 연속되는 다양한 변화를 포함하게 된다고 주장하였다. 그는 이러한 변화에 대하여, 모든 개인의 발달이 불건전하게 되는 경우를 제외하고는 미성숙한 유아의 상태로부터 성숙된 성인의 단계를 향하여 발달해가는 경향이 있다고 설명하였다. 그러므로 미성숙상태로부터 성숙한 상태로 발전해가는 건전한 인간에게는 자아의 실현을 향한 고유의 성향이 있다고 본 것이다. 이는 조직구성에 있어서도 가능한 한 최대의 성숙상태를 구성원이 실현할 수 있도록 해야 한다는 그의 주장을 뒷받침하는 논리이다. 그러나 그는 공식조직의 원칙이 조직의 합리성을 과도하게 추구하는 까닭에, 건전한 성인의 성숙한 개성이 기대하는 다양한 욕구와 일치되지 못하는 점을 지적하기도 하였다. 이와 관련된 아지리스의 지적을 요약하면 다음과 같다.

첫째, 과업의 전문화는 개인차를 무시하며 인간의 능력 중 일부만을 사용하게 하여 정신적 능력보다는 운동능력을 중시하게 된다. 이는 결과적으로 끝없는 자아실현을 하고자 하는 건전한 개성의 발전을 저해하게 된다.

둘째, 조직의 목적을 달성하기 위하여 지도자의 명령과 통제와 조정이 강력하게 추진되기 때문에 조직구성원으로서의 개인은 의존적이거나 수동적이며 또한 종속적이 된다. 따라서 조직원은 자신의 미래를 예견하기 어렵게 되며 전망 또한 단기적이 될 수밖에 없다.

셋째, 관리의 폭의 원칙에 의해서 한 사람의 관리자가 관리하는 부하의 수를 5~6명으로 억제하게 되면, 감독 등의 통제권한이 강력하게 미치게 되므로 부하는 의존적이며 수동적이고 종속적으로 되기 쉬워 자율성이 적은 인간유형이 된다. 이처럼 관리폭의 원칙에 충실하게 되면 계층의 최하위에 이를수록 개인이 가질 수 있는 자기통제와 전망은 적게 된다.

위에 설명한바와 같이, 공식조직의 원칙에만 충실한 운영을 할수록 건전하고 성숙한 개성의 욕구와 공식조직의 요건과는 모순과 불일치가 증가하게 된다. 개인은 언제나 현재보다 더 나은 성장을 추구하지만 조직은 이와 반대로 개인을 억제하고 종속적이거나 수동적이 되게 하려고 한다. 이는 결국 개인의 욕구불만과 좌절, 그리고 단기의 전망과 갈등 등을 야기하게 된다. 그러므로 자아실현을 추구하는 성숙한 인간의 욕구에 대응하기 위해서는 본질적으로는 공식적인 조직구조와 명령적 리더십, 그리고 경영관리 제제도의 본질을 변경하지 않을 수 없다고 주장한 아지리스는 직무확대, 참가적 혹은 구성원 중심적 리더십(participative or employee-centered leadership), 현실 지향적 혹은 현실 중심적 리더십(reality-centered leadership) 등을 구체적 대안으로 제시하였다.

6 허즈버그의 2요인 이론(Two-Factor Theory of motivation)

허즈버그(Frederic Herzberg)는 매슬로우의 연구를 확대하여 2요인 이론, 혹은 동기 위생이론(motivation hygiene theory)이라 불리는 동기유발이론을 전개하였다. 그는 조직의 구성원이 어떠한 일을 하고 있을 때에 만족을 느끼며, 또는 불만을 느끼는지를 광범위한 면접을 통하여 조사하였다. 그 결과 구성원이 특정 직무를 수행함에 있어 만족을 느낄 때에는 만족요인(satisfier)이, 그리고 불만족을 느낄 때에는 불만족요인(dissatisfier)이라는 서로 다른 차원의 요인이 있다는 사실을 발견하게 되었다. 이는 직무에 불만을 품고 있는 인간은 직무환경에 관심을 가지고 있으나 직무에 만족하고 있는 인간은 직무 그 자체(work itself)에 깊은 관심을 두고 있다는 것이다.

허즈버그는 직무에 만족을 주는 요인을 동기요인(motivational factors)이라 하고,

불만을 초래하는 요인을 위생요인(hygiene factors)이라 하며 이론을 전개하였다.

1) 위생요인(직무환경)

(1) 회사의 정책과 관리
(2) 감독
(3) 대인관계
(4) 임금
(5) 작업조건

2) 동기요인(직무내용)

(1) 성취감
(2) 인정감
(3) 도전감
(4) 책임감
(5) 성장 및 발전

위생요인은 아무리 개선해도 구성원의 인간적 욕구를 충족시킬 수는 없다. 위생요인의 조건을 좋게 한다는 것은 단기적으로는 회유책이 되지만, 장기적으로 노동의욕을 제고하기 위해서는 동기요인을 충실히 해야 한다는 것이다. 직무에 대하여 구성원을 동기유발 시키기 위해서는 먼저 동기요인을 포함한 직무를 부여하고, 동시에 불만족요인으로 구분되는 졸렬한 정책이나 감독, 임금의 불만, 열악한 작업조건 등을 제거해야 한다는 것이다.

허즈버그의 2요인 이론을 매슬로우의 이론과 비교해 보면 위생요인은 생리적 욕구, 안전욕구, 소속 및 애정욕구, 그리고 존경욕구의 일부를 충족하기 위하여 존재한다는 것을 알 수 있다. 이에 대하여 동기요인은 존경의 욕구, 특히 타인으로부터의 인정에의 욕구와 자아실현의 욕구를 충족하기 위하여 필요하다고 본다. 따라서 당연한 충족요인으로서의 위생요인이 충족된다 하더라도 이로 인하여 인간이 만족할 수는 없고, 동기요인이 충족될 때 비로소 인간은 인정과 자아실현의 욕구를 충족시킬 수 있게 되어 능력의 향상과 성장을 기대할 수 있게 된다는 것이다.

10

통제

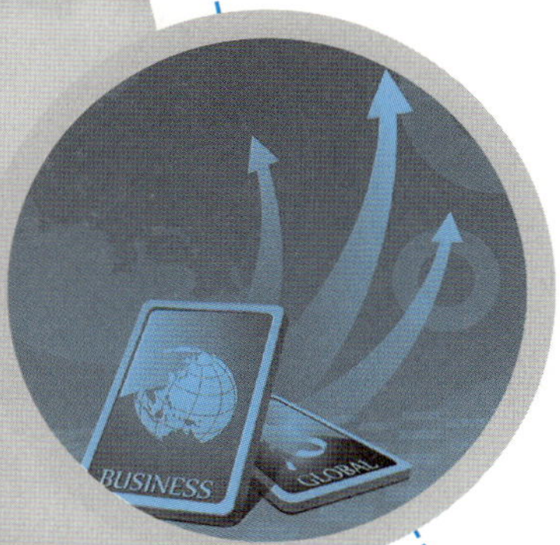

제1절 통제의 의의 및 전제조건

1 통제의 의의

쿤츠(H. Koontz)와 오도널(C. O'Donnell) 등은 통제의 개념에 대하여 어떠한 일의 성취도를 계획에 비추어 측정하고, 계획상의 목표달성을 보장할 수 있도록 계획으로부터의 차질을 시정하는 조치라고 정의하고 있다.

통제는 실제의 활동을 계획에 합치되도록 하는 직능으로, 이를 위해서는 활동의 표준을 정하고 실제의 활동 상태를 조사하여 측정함으로서 표준과의 비교를 하는 것이다. 그리하여 활동 상태와 정해진 표준 간의 차질이 발견되면 시정조치를 강구하고, 명령을 통하여 실제의 활동을 조절하거나 억제함으로서 표준에 접근시켜 나가는 것이다. 통제(controlling)의 의미는 다음의 다섯 가지로 요약할 수 있다. 그러나 관리과정에 있어서의 통제란 이들 중 하나만이 아닌 모두를 의미하는 것이다.

1) 점검 또는 확인하는 것
2) 규제하는 것
3) 표준과 비교하는 것
4) 명령 또는 지시의 권한을 행사하는 것
5) 억제 또는 제한하는 것

기업에 있어서 통제는 조직적으로 행해지는 관리직능 중의 하나이다. 그러므로 조직적 통제는 작업과 활동 등을 감시하고 목적과 수단과의 적합을 위하여 사용될 피드백정보를 제공하는 관리시스템을 구성한다. 통제직능은 특정한 목적과 이를 달성하기 위한 계획이 수립된 후의 현상의 측정, 현상과 표준의 비교, 조직적 활동의 조정에 유용한 피드백의 전달이라는 내용을 포함하며, 조직적 활동을 올바른 방향으로 향하게 하여 동태적 균형의 달성을 용이하게 한다. 조직적 통제는 다양한 활동을 개별적으로 통제하는 한편, 이들 활동이 전체적 질서를 유지할 수 있도록 통합화하는 통제까지를 포함해야한다. 그러나 개개 활동의 통제를 위해서는 활동별 목표의 달성도를 나타내는 효과성, 수익과 비용의 비율을 나타내는 효율성, 혹은 조직구성원의 사기와 관련되는 만족도 등과 같이 각 활동의 서로 다른 특성에 따라 표준을 설정하거나 실적을 측정해야한다. 이처럼 조직적 통제를 위해서는 수시로 변화하는 다양한 활동들의 현상을 파악하며 피드백을 하고 전체 활동의 균형을 유지할 통제시스템이 필요하기 때문에, 통제시스템은 관리시스템의 일부를 구성한다고 볼 수 있다.

2 효과적인 통제를 위한 전제조건

효과적 통제를 위해서는 다음 두 가지의 전제조건이 충족되어야 한다.

첫째, 선 계획 후 통제의 조건이다. 모든 통제는 계획을 실행하는 과정에서 발생하는 것이므로 통제를 위한 시스템이나 기법은 계획에 바탕을 두고 설계되어야한다. 그러나 계획이 통제의 표준이 되어야하는 실천적인 면을 고려할 때, 실행적 계획은 오히려 통제를 위한 표준의 설정과정에 포함되게 된다. 예컨대 단기실행계획인 예산은 통제방식인 예산통제의 관점에서는 행동의 표준으로 되기 때문에 예산편성은 예산통제시스템의 한 영역으로 간주되는 것이 일반적이다. 이에 더하여 원가관리(cost management), 품질관리(quality management) 등의 통제방식도 표준원가, 표준품질의 설정활동으로부터 시작되는 것을 예로 들 수 있다.

둘째, 합리적인 조직이 편성되어야 한다. 통제의 목적은 계획실행상의 모든 활동을 측정하고 목표달성에 필요한 행동을 취하는데 목적을 두고 있다. 그러므로 통제시스템은 역할의 분담관계가 명확히 규정되어야 한다.

효과적 통제를 위해서는 각 활동분야를 통합하는 경영계획과 명확하게 구조화된 조직의 체계가 필요하다는 위의 설명에 이어 통제의 유형과 그 과정 등을 소개한다.

제2절 통제의 유형 및 과정

1 통제의 유형

뉴만(W. H. Newman)은 통제의 유형을 다음과 같이 세 가지로 대별하였다.

1) 조종 통제(steering control)

조종통제는 모든 업무가 완료된 후의 결과를 예측하여 필요한 시정조치를 강구하는 통제이다. 즉 통제되어야 할 행동이 완수되기 전에 미리 정해진 표준이나 목표로부터의 편차를 발견하여 시정하도록 하기 위한 통제이다.

2) 예 · 아니오 통제(yes/no control)

예컨대 항공기설계에서와 같이 안전이 결정적인 요소이거나 건설프로그램에서와 같이 거대한 지출이 포함되는 경우, 또는 품질의 단계별 점검이 필수적인 경우 등은 단계별 심사나 검사에 합격되어야만 다음 단계의 수행이 가능하도록 작업계속의 승인을 받을 수 있다. 따라서 이와 같은 예 · 아니오 통제는 이중점검(double-check)방안으로서 유용하다.

3) 사후 통제(post action control)

사후통제는 행동이 완료된 후 그 결과를 측정하여 표준과 비교하는 통제를 뜻한다. 이것은 계획이나 표준으로부터의 편차의 원인을 규명하여 그 결과를 유사한 미래 활동에 이용하게 되며, 구성원정보를 위한 기초로도 활용된다.

2 통제의 과정

통제활동이 이루어지는 과정은 표준의 설정, 표준에 입각한 실적의 측정, 편차의 수정 등 세 가지로 요약된다.

1) 표준의 설정(establishment of standards)

표준이란 통제활동의 목표 또는 기준이 되는 것으로 실제의 결과를 측정하기 위한 기초가 된다. 이러한 표준은 실제와의 차이를 쉽게 확인할 수 있도록 계량적으로 표현해야 하는데, 정량적 표현이 어려운 정성적인 표준의 경우에도 가급적 통제에 유용한 표준이 되도록 제시해야 한다.

2) 실적의 측정(evaluation of performance on standards)

실적의 정확한 측정과 평가를 위해서는 충분한 자료와 정보가 필요한데, 이들 자료와 정보는 일반적으로 보고나 감사 등의 방법에 의하여 수집된다. 이러한 자료와 정보를 통하여 계획이나 목표의 달성도를 측정하게 되면, 기대되는 표준과 실제평가 간의 편차 등을 밝혀낼 수 있다.

3) 편차의 수정(revision of deviation from standards and plans)

기대되는 표준과 실제성과 간의 편차나 차질이 밝혀지면, 이를 수정하는 작업을 수행해야 한다. 통제란 편차를 시정함으로써 다른 관리직능과 결합하게 됨을 의미하는 과정이다. 관리자는 이 과정에서 계획을 수정하고 재작성하게 되며, 업무를 재배정하거나 권한과 책임을 명확히 하는 조직기능을 수정하게 된다. 이렇게 조직인적자원의 보강, 능력개발제도의 강화, 리더십의 강화, 커뮤니케이션 체제의 개선 등이 행하여지는 편차의 수정단계는 각종 관리직능의 복합적 작용이 이루어지는 과정이라 할 수 있다.

제3절 통제의 원칙

통제의 기본원칙을 설명하기 위하여 통제의 목적과 성격, 통제의 구조, 통제의 과정 등을 구분하고, 그에 대한 각각의 원칙들을 제시한다.

1 통제의 목적과 성격

통제의 목적을 효율적으로 달성하거나 책임의 소재를 명확히 하기 위한 것으로 다음과 같은 원칙들이 있다.

1) 목적확실성의 원칙(principles of assurance of objectives)

통제는 결국 조직의 목적을 달성하기 위한 수단으로서 존재한다. 이 점은 경영관리의 다른 직능과 마찬가지이다. 그러므로 목적확실성의 원칙이란 조직의 목적을 달성하기 위하여 설정된 계획으로부터 실제적 또는 잠재적 편차를 조속히 발견하여 시정조치를 취함으로써 목적달성이 보장되도록 하려는 원칙을 말한다.

2) 통제능률의 원칙(principles of control efficiency)

통제는 최소의 비용으로 편차나 차질의 원인을 탐지하여야 하는 활동이므로, 이를 위한 적절한 통제기법이나 접근방법을 적용하여 통제활동을 능률적으로 수행하여야 한다는 원칙이다. 편차의 발견에 소요되는 경비가 편차자체의 가치 이상이거나 부하들의 사기를 저하시키는 상세한 예산통제, 쇄신을 저해하는 복잡한 기술통제, 적기적시의 물품인도를 지연시키는 지나친 구매통제 등은 비능률적 통제의 실례가 된다.

3) 통제책임의 원칙(principles of control responsibility)

통제는 계획집행의 책임을 지는 관리자에 의하여 실시되어야 한다. 관리자는 권한의 위양과 과업의 배분에 따라 특정업무에 대한 책임을 지게 되므로 이에 대한 통제의 책임도 마땅히 그가 져야 한다는 원칙이다.

4) 직접통제의 원칙(principles of direct control)

발생가능한 편차를 미연에 방지하기 위해 직접적 통제방법이 활용되어야 한다는 원칙이다. 이것은 편차가 발생한 연후에 이를 사후적으로 시정하는 간접적인 통제방식보다 유리하다는 의미이다.

2 통제의 구조

계획과 조직구조에 관련된 것으로 이에는 다음의 기본원칙들이 있다.

1) 계획반영의 원칙(principle of reflection of plan)

통제는 계획의 구체적인 성격과 구조를 반영하여 설계될 때 효율을 배가할 수 있다는 원칙이다. 이 원칙에서는 계획은 통제의 전제조건이며, 통제의 임무는 계획을 반드시 달성할 수 있도록 하는 것이다.

2) 조직접합화의 원칙(principle of organizational suitability)

통제는 조직구조내의 활동책임을 명확히 반영할 수 있도록 계획하고 추진되어야 한다. 모든 통제수단은 관리자에게 부여된 권한의 영역, 즉 경영조직의 구조에 대응하도록 마련되어야 한다는 원칙이다.

3) 개별성의 원칙(principle of individuality)

통제를 위한 정보나 기법은 각 조직 또는 관리자에 의하여 공통적으로 사용될 수 있다. 그러나 일반적으로 통제는 개별적 상황과 필요성에 합당한 것이어야 한다.

3 통제의 과정

특히 실적을 올리는 것과 관련된 것으로 다음과 같은 원칙이 있다.

1) 표준의 원칙(principle of standard)

효과적인 통제가 이루어지려면 객관적이며 정확하고 적절한 표준이 마련되어야 한다는 원칙이다. 이것은 목표의 달성여부를 용이하게 측정하고 검증하기 위함이다.

2) 주요항목 통제의 원칙(principle of critical point control)

관리자가 계획수행의 모든 사항에 대하여 구체적 관심을 갖는 것은 불필요하며 시간이 낭비되는 경우가 많다. 그러므로 관리자는 계획과 실적과의 중요한 편차요인에만 주의를 기울여야 된다는 원칙이다.

3) 예외의 원칙(principle of exception)

관리자는 편차 가운데서 특히 좋거나 특히 나쁜 예외적인 사항에 대해서만 관심을 집중하여 통제함으로써 보다 능률적인 통제가 되도록 해야 한다는 원칙이다.

4) 탄력적 통제의 원칙(principle of flexible control)

계획의 집행을 잘못하였거나, 혹은 계획집행의 과정에 예상하지 못한 변화가 생긴 경우에는 이에 적합한 통제가 이루어져야 한다는 원칙이다. 통제 시에도 계획의 경우처럼 탄력적 수행이 필요하다는 의미이다.

5) 활동의 원칙(principle of action)

효과적 통제를 위해서는 수정활동이 필요하다는 원칙이다. 실적이나 결과의 예상치가 계획과의 편차를 발생시킬 경우 관리자는 계획의 수정, 조직의 재편성, 충원, 지휘방법의 개선 등의 수정활동을 강구하여 통제의 효과를 높여야 한다.

제4절 통제의 기법

경영통제의 관리적 기법으로는 매출액과 손익분기점분석 등 통계자료를 이용하는 전통적 기법과, 계수와 확률을 이용하는 수리적 모형 기법, 그리고 정보관리를 통한 경영정보시스템 이용기법 등이 있다.

1 전통적 통제관리 기법

1) 통계적 자료이용법(statistical data method)

경영활동의 다양한 측면을 통계자료를 기초로 분석하고 활용하는 통제방법이다. 통계자료의 정확한 수집과 분석 및 평가가 합리적인 경영통제의 결과와 직결된다고 보기 때문에 경영통제는 통계자료에 의해 가능하다고 간주하는 방법이다. 이 방법은 경영계획의 재검토와 경영예측(business forecasting)에서 그 유용성이 인정되고 있다.

2) 판매실적법(sales performance method)

판매예측에 이용되는 전형적 기법으로, 과거 판매실적에 따라 현재와 미래의 판매고를 예측하고 통제하는 방법이다. 과거의 통계자료를 이용한다는 의미에서 통계적 자료이용법과 유사한 성격을 갖는다. 판매실적법에는 단순모델법, 단순평균법, 이동평균법 등이 있다.

(1) 단순모델법(native model method)

$$\text{차년도의 판매액} = \text{금년도의 판매액} \times \frac{\text{금년도의 판매액}}{\text{전년도의 판매액}}$$

(2) 단순평균법(normal average method)

과거 수년간 달성한 판매실적의 산술평균치를 기초로 하여 판매예측과 이에 따른 통제관리를 수행하는 방법이다. 이것은 우연적인 요소가 어느 정도 상쇄된다는 이점이 있는 반면에 판매변동(variation of sale)의 정확한 예측치를 얻기 어려운 단점도 있다.

(3) 이동평균법(moving average method)

단순평균법을 보완한 방법으로, 과거의 자료 속에 포함될 수 있는 불규칙변동을 고르게 하려는 방법이다. 이동평균법에는 단순이동평균법과 가중이동평균법이 있다. 단순이동평균법(simple moving average method)은 가장 가까운 과거의 일정기간에 해당하는 평균값을 바로 다음 기간의 예측치로 사용하는 방법이며, 가중이동평균법(weighted moving average method)은 예측을 위해 평균하는 각 실제치에 가중치를 부여하는 방법이다. 이때의 가중치는 가까운 과거의 실제치에 높게 부여하며 먼 과거의 실제치에는 상대적으로 낮게 부여한다.

3) 개인적 관찰법(personal observation method)

계획된 목표의 달성은 인적 요소의 능력과 과학적 수단에 의해 좌우되고 있지만, 목표를 수행하는 인간의 행동을 이해하고 측정하여 이를 통제방법으로 이용하는 일은 쉽지 않다. 그러므로 개인의 능력과 잠재능력, 개성 등을 관찰하여 분석한 자료를 통제수단으로 활용하는 개인적 관찰법이 이용된다. 개인적 관찰법은 행동과학적 방법 중의 하나이다.

4) 내부감사 활용법(operational audit method)

기업의 내부감사인이 회계, 재무 및 기타 관리활동을 정기적이고 독립적으로 평가하는 내부감사(internal audit)제도를 활용하는 방법을 말한다. 이 방법에서는 기업의 정책, 절차, 권한행사, 관리적 자질, 방법의 효과성, 특정 문제와 기타 관리활동 분야를 감사내용에 포함시켜 확대 실시하는 경우가 일반적이다.

5) 손익분기 분석법(break-even analysis method)

손익분기도표(break-even chart)와 그 분석방법으로 산출된 손익분기점(break-even point)을 경영통제의 목적으로 이용하는 방법이다. 이것은 손익분기도표에 따라 기업의 매출액과 이익과의 관계를 검토 분석하고 그 자료를 통제관리에 활용하는 기법이다.

6) 예산통제기법(budgetary control method)

미국에서 개발되어 예산통제제도를 중심으로 전개된 방법인바, 맥킨지(J. D. McKinsey)의 예산통제론에서 그 내용을 체계화하였다. 이 방법은 예산차이분석(budget variance analysis)과 이익계획을 바탕으로 통제관리에 이용되고 있으며, 그 통제의 유형과 특질 등은 다음과 같다.

(1) 지출억제형

일정기간의 예산범위 내에서 적정지출을 통제하고 관리하는 형태로, 우리나라 행정기관 통제방법중의 하나이다.

(2) 매출목표 중심형

수익목표를 전제로 계획한 부문별 매출목표를 중심으로 하여 통제하는 기법이다.

이것은 주로 영업부의 통제방법으로 활용된다.

(3) 원가 및 경영관리 중심형

원가와 경비를 중심으로 통제하는 방법이다. 공장 내에서의 예산통제, 각 공장별 원가와 경비 등의 통제, 영업 및 일반 관리비의 통제 등에 그 초점을 두고 있다.

(4) 자금관리 중심형

자금조달에서부터 예산편성에 이르기까지, 기업자금을 효과적으로 관리하기 위한 기법이다.

(5) 업무계획조정 중심형

분업화된 관리활동에 대하여 부문별 개별업무의 유기적 효과를 증대시키기 위한 기법이다. 이 방법은 구매, 생산, 판매 등의 관리활동을 상호 작용의 측면에서 유기적으로 조정하여 기업이익계획에 일치시키는데 목적을 두고 있다.

이상에서 언급된 통제관리기법은 일반적이면서 보편성을 갖고 있는 내용이므로 현대 경영학의 새로운 조류에 따라 계량적 방법을 도입하여 활용되고 있는 근대적 통제기법을 중점적으로 검토하여 이를 체계화하는 데 역점을 두고 있다.

2 수리 및 정보 통제관리 기법

1) OR기법

(1) OR의 개념과 재고통제기법

OR(Operations Research)은 과학적 방법 특히 수학의 이론을 체계(system)의 운영과 관련된 문제에 적용하여 최적해를 구하고자하는 기법이다. OR의 응용분야는 선형계획법, 게임이론, 대기이론 등이 대표적이며, 이들 기법은 계량적 모델의 설정을 통하여 생산, 수송, 작업할당, 재고통제 등 경영관리의 여러 분야에 도입되어 발달해왔다. 통계적 자료와 각종 정보를 토대로 발달한 OR기법은 관리의 효율적 통제와 평가측면에서 유효하게 활용되어 전반적인 경영통제의 방법을 개선하고 향상시키려는 목적에 유용하다. OR기법의 활용 예를 살펴보기 위하여 로지스틱스(logistics)와 산업역학(industrial dynamics; ID) 등의 영역개념을 소개한다.

(2) 로지스틱스의 개념과 모델

로지스틱스(logistics)는 물적 유통(physical distribution)과의 개념적 구분이 필요하다. 물적 유통이란 생산자로부터 소비자에 이르기까지 상품의 물적 이동과 그 취급에 관한 흐름을 말하는 것으로, 이 과정에는 수송, 보관, 하역, 포장 등이 포함된다. 이러한 과정의 관리를 물적 유통관리(physical distribution management; PDM)라 하며, 이는 상품유통관리(commercial distribution management; CDM)와 함께 마케팅관리(marketing management)의 2대 영역을 형성한다.

이에 대해 로지스틱스는 유통합리화를 목적으로 하는 토털시스템 구축수단으로서의 개념을 갖는다. 로지스틱스는 원료의 준비에서부터 생산과 보관 및 판매에 이르기까지, 물적 유통의 개념에 속하지 않는 자재조달이나 자재관리 등의 대상까지를 포괄하는 종합적 시스템이라는 점에서 물적 유통과 구분된다. 경영학적으로 비즈니스 로지스틱스(business logistics)라고도 하는 로지스틱스는 군사적 용어로는 병참부를 의미하며, 이와 유사한 용어로 물질유통과학(또는 물류공학)을 의미하는 로크레마틱스(rhochrematics)가 로지스틱스와 함께 사용되고 있다. 이것은 물적 유통에 관한 수송, 보관 등의 업무를 종합적으로 통제 관리하려는 과학을 의미한다.

(3) 산업역학(industrial dynamics; ID)의 개념과 모델

MIT의 포레스터(J. W. Forrester)가 창안한 산업역학은 기업의 전반적 통제문제를 계량모델로 표시하고 컴퓨터를 이용하여 해결하고자하는 종합적 관리기법이다. 기업의 생산, 재고, 판매, 경리, 연구개발(R&D), 금융 및 설비투자 등의 대상을 시뮬레이션(simulation)을 통하여 관리하려는 산업역학은 조직구조, 경영관리방침, 의사결정 또는 그 행동측면 등에서의 리드 타임(lead time)이 기업 활동에 어떠한 영향을 미치는지를 수학적 모델을 이용하여 분석함으로써 기업조직의 통제관리 문제를 종합적으로 다루고자 하는 특징이 있다.

산업역학 모델은 정보, 자금, 주문, 제품이나 자재의 투입, 인간의 노동력, 설비자본 등의 흐름(flow)과 그 축적차원(level)간의 조합이 이루는 상호관계를 기본으로 성립한다. 이 모델에서는 차원(level)에 유입되거나 차원으로부터 유출되는 각자원의 흐름(flow)이 있는데, 유입되는 흐름(flow)과 유출되는 흐름의 차이는 차원 값(level prices)을 결정하게 된다. 차원 값이란 재고량, 은행예금액, 종업원 수 등을 포함하는 레벨 값을 말하는 것으로 정보흐름의 연속성을 유지하는 과정에서 파악된다. 산업역학 모델에서는 정보가 유입되거나 유출되는 흐름기능이 의사결정기구(DM)간의 연결작용을 하게 된다. 그러므로 경영조직은 정보흐름과 차원간의 관계를 유지하며 그 흐름의 속도를 적절히 조절해야 합리적 의사결정을 하는 통제모델을 활용할 수 있다.

2) PERT/CPM기법

(1) PERT/CPM의 개념

PERT(Program Evaluation and Review Technique)는 시간(time)과 사상(event)으로 구성된 네트워크(time event network)를 이용하는 분석방법으로, 미 해군에서 개발되어(1958) 폴라리스 미사일시스템(Polaris Missile System)개발프로그램의 계획과 통제에 처음 사용되었다고 알려져 있다. 당시의 미사일사업과 관련된 모든 활동은 과거에 시도된 바가 없었기 때문에 이들 활동을 완료하는 데 소요되는 시간의 예측이 곤란하였다. PERT는 그러한 활동완료시간의 불확실성문제를 해결하기 위해 개발된 기법으로, 시간의 계획과 통제를 위한 확률적 도구로 활용되었다.

한편 CPM(Critical Path Method)은 PERT와 함께 프로젝트의 일정을 계획하고 관리하기 위한 기법이기는 하지만, CPM이 시간과 더불어 비용측면을 함께 고려한 기법인 점에서 프로젝트 완료시까지의 시간만을 해결대상으로 하는 PERT와 구별된다. CPM은 미국 듀퐁사에 의하여 활동시간이 확정된 공장의 건설을 위하여 개발되었다. 이처럼 활동의 완료시간이 하나의 추정치로 부여되는 CPM은 확률적 도구인 PERT와 구분하여 확정적 도구로 분류된다. CPM은 또한 활동의 완료에 필요한 비용의 추정치가 부여됨으로써 자원의 추가투입에 의한 비용의 증가에 의해 완료시간의 단축을 꾀할 수 있게 해 준다. 듀퐁사의 워커(M. R. Walker 1957)는 CPM을 프로젝트의 시작에서부터 완료시까지 가장 오랜 시간이 걸리는 경로로서의 주경로(Critical Path; CP)를 중심으로 하는 확정적 기법이며, 프로젝트에 소요되는 시간과 비용의 효율향상을 목적으로 개발된 기법이라고 요약하였다.

가. PERT/CPM 기법의 활용영역은 다음과 같이 다양하다.

가) 계획활동 : 자원의 사용계획, 활동을 위한 일정계획, 수립된 계획을 집행하기 위한 세부계획 등

나) 커뮤니케이션 : 이해집단간의 상호의사소통 도구

다) 통제 및 계획활동 : 계획달성을 위한 통제와 계획활동의 합리적 수정 등

나. PERT/CPM 기법의 산업계 적용목적은 다음과 같이 요약할 수 있다.

가) 프로젝트 완수를 위한 주요활동패턴과 일정의 확정

나) 프로젝트 완수를 위한 활동별 중요도와 그에 따른 여유시간의 산정

다) 프로젝트의 신속한 달성을 위한 일정확정

라) 추진과정상 지연문제의 처리방법 강구

마) 확정달성일자의 성공률 산정 등

(2) PERT와 CPM의 차이점과 동향

PERT와 CPM의 차이점은 활동시간의 추정방법에 근거한다. PERT 기법이 개별 활동에 관한 3개의 시간추정방법을 사용하는데 반해 CPM 기법은 단일의 시간추정방법을 사용하고 있다는 점에서 다르다. 다시 말해 PERT 기법에서는 대부분의 연구개

발과제가 새로운 내용이므로 확률적 추정치를 기초로 하는 활동이 중심이 되어 최단 기간이라는 시간적 목표의 달성에 초점을 두지만, CPM 기법에서는 충분한 경험이나 실적 등을 기초로 하는 활동이 중심이 되므로 비확률적 시스템이 전개되어 목표기간의 단축과 비용의 최소화에 초점을 둔다는 점에서 차이가 있다.

그러나 기업의 입장에서 보면 PERT의 확률적 모형(probabilistic model)이나 CPM의 확정적 모델(deterministic model) 모두가 통제관리와 계획관리에 필요한 방법이 된다. 이러한 최근의 상호접근경향은 두 기법의 상이한 개발동기에도 불구하고 PERT와 CPM 기법을 PERT/CPM으로 통용되도록 하는 데 영향을 미쳤다.

(3) PERT와 CPM의 모델

PERT는 프로젝트수행에 필요한 작업을 세분화한 상태에서 작업간의 시간적 순서 관계를 고려한 후 네트워크(network)로 흐름도(flow diagram)를 나타내게 된다. 그러나 CPM은 프로젝트의 시작에서부터 완료까지 가장 오랜 시간이 소요되는 경로인 주경로(Critical Path; CP)를 구한다. 이것은 작업이 예정보다 늦게 완성될 수도 있지만 작업수행상의 여유(slack)가 생기게 됨을 의미하게 되므로, 책임 관리자는 어느 부문에 중점을 두어야 할 것인지를 알 수 있게 되어 과정상의 통제, 계획, 일정 등을 수정할 수 있게 된다.

3) MIS기법

MIS(Management Information System; 경영정보시스템)는 조직의 효율을 높여서 목표를 효과적으로 달성할 수 있도록 조직화한 인간과 기계의 통합시스템이다. 그러므로 MIS는 조직의 계획과 운영, 통제를 위해 수집한 정보를 적절히 처리하여 조직구성원이 필요로 하는 시기에 합당한 정보를 제공하는 인간경영정보시스템이라 한다. MIS기법이란 경영정보시스템(MIS)을 활용하여 통제의 효율을 높이는 방법인 바, 이것은 MIS를 통하여 수집한 경영정보를 관리통제의 목적에 맞게 분류하고 정리하여 분석, 평가함은 물론 이를 축적하여 이용하거나 폐기하는 과정을 포함한다. MIS는 컴퓨터의 활용을 전제로 하는 신속한 정보처리시스템으로, 정보관리의 성공 여부가 기업경영의 성패를 가름하게 하는 3C혁명시대의 도래에 공헌한 정보시스템이다.

3C혁명이란 첫째, 계산의 혁명(revolution of computation) 둘째, 제어의 혁명(revolution of control) 셋째, 통신의 혁명(revolution of communication)을 뜻한다. 따라서 MIS의 기법은 3C혁명의 시스템 모두가 결합된 기술로, 종합적 네트워크(networks)를 형성하는 정보시스템의 전개로 본다. 컴퓨터의 관점에서 볼 때 MIS는 경영관리의 필수적 소프트웨어(software)라 할 수 있기 때문에 전자계산기(computer)의 원조인 미국에서는 컴퓨터라는 기계를 하드웨어(hardware)라 칭하는 한편, 경영관리와 컴퓨터를 연결하는 내용 또는 경영관리에 필요한 프로그램이나 시뮬레이션(simulation)과 정보시스템 등을 포괄하는 대상을 소프트웨어(software)라는 호칭으로 이해하고 있다.

제5절 보고제도와 성과의 통제

1 보고제도의 개념과 원칙

1) 기업보고제도의 개념

기업보고제도(business reporting system)는 내부보고제도(internal reporting system)와 외부보고제도(external reporting system)의 두 가지 형태로 분류하는 것이 일반적이다. 경영조직의 효율적인 관리를 위한 보고제도는 협의의 내부보고제도에 국한시키는 것이 일반적인 경향이기는 하지만, 기업보고제도는 기업과 관련이 있는 이해집단을 비롯한 전반적인 관점에서 광의로 파악하는 것이 바람직하다는 견해도 많다. 본 절에서는 기업보고제도를 광의의 관점에서 살펴보고자 한다.

기업보고제도는 기업에 관련된 일련의 이해집단에 대한 의무와 책임을 제도화한 것이라 정의할 수 있다. 여기서의 이해집단은 주주를 비롯한 정부, 은행, 보험회사, 소비자, 운송업자, 하청업자, 납품업자, 지역사회 등 다양한 형태의 이해관계자를 포함한다. 그러므로 기업은 이러한 이해관계자집단간의 관계에서 발생할 수 있는 의무와 책임을 합리적으로 관리해야 하는 문제를 직면하게 된다.

협의의 보고제도를 내부보고(기업내부통제관리 내용)라 하는 한편, 광의의 외부보고는 주주에 대한 상법상의 의무(영업보고서, 감독관청과 협동조합 및 협회 등에 대한 각종 회신 및 보고서, 금융 및 증권회사에 대한 관련보고 등)와 기타 기업에 대한 사회적 책임 등의 내용을 포괄한다고 보아야 한다.

이처럼 기업보고제도는 광의의 외부보고와 협의의 내부보고내용을 포괄하는 것으로 이해되어야 하므로, 외부보고는 재무회계(financial accounting)가 중심이 되며 내부보고는 관리회계(management accounting)가 중심이 되게 마련이다. 그러나 실제의 기업보고에서는 재무회계와 관리회계가 동시에 통제 관리에 이용되고 있는 것이 현실이다.

2) 보고제도의 원칙

(1) 미국회계학회(AAA)의 4대 원칙

가. 목적 적합성(relevance)

나. 검증 가능성(verifiability)

다. 불평성 또는 편견의 자유성(freedom of bias)

라. 정량화 가능성(quantifiability)

(2) 루이스(R. B. Lewis)의 10대 원칙

가. 조직의 라인(line)에 따라 보고되어야 한다.

나. 중요한 요소를 요점적으로 강조해야 한다.
다. 자료간의 관계성을 유지하여야 한다.
라. 중요한 내용에 관해서는 예산비교를 해야 한다.
마. 가급적 할당의 형식은 피해야 한다.
바. 공장의 간접비는 기간적 비용으로 처리해야 한다.
사. 표준원가 계산방식을 활용해야 한다.
아. 중요한 비율분석에 근거해야 한다.
자. 투입은 산출을 전제로 하는 작업과 관련시켜야 한다.
차. 중요한 추세는 도표로 나타내야 한다.

위에 소개한 미국회계학회와 루이스의 견해 외에 통제 관리에 활용되는 기업보고제도의 일반적 5대 원칙에는 다음과 같은 것이 있다.

(3) 정확성의 원칙

보고내용을 통제 관리에 활용할 수 있도록 진실성, 자율성, 검증 가능성 등이 정확히 확보되어야 한다는 원칙

(4) 적시성의 원칙

정확한 보고서를 의사결정시에 활용할 수 있도록 적정한 시기에 신속하게 제출해야 한다는 원칙

(5) 책임성의 원칙

보고되는 내용은 관리활동상황과 실적을 정확하게 파악한 것으로, 책임질 수 있어야 하며 제출의 의무를 정확히 이행해야 한다는 원칙

(6) 종합성의 원칙

조직단위 또는 부문별, 사업부별 보고내용을 기업조직의 전체적 보고내용으로 종합

화할 수 있도록 체계적으로 정리하여 보고해야한다는 원칙

(7) 피드백(feedback)

제출한 보고내용의 결과가 반드시 확인되어야 한다는 원칙

이것은 제출된 보고서의 내용과 통계자료의 유효성에 대한 책임, 그리고 보고의 결과에 대한 책임성을 전제로 취해진 조치가 명확한 성과를 나타내도록 하여야 한다는 원칙을 말한다.

2 원가경영에 의한 통제

1) 원가경영의 개념

최근의 경영통제 관리에 있어 그 중요성이 대두된 개념으로 코스트 매니지먼트(cost management or administration)가 있다. 이것은 경영통제 면에서 원가인하계획(cost reduction planning)과 원가통제(cost controlling)를 혼합한 개념으로 이해하는데, 코스트 매니지먼트(cost management)는 우리말로는 원가관리(cost control)의 개념이지만 본서에서는 이를 원가경영으로 사용하고자 한다.

2) 원가경영의 특성

경영통제를 위한 원가경영은 다음과 같은 특성이 있다.

(1) 원가경영은 이익관리의 일환으로 통제 관리에서 실시되고 있다.

(2) 원가경영은 기업의 안정적 발전과 확대를 위해서 원가절감을 통한 이익 증대와 기술로 이용되고 있다.

(3) 원가경영은 원가인하의 목표를 명확하게 함과 동시에 그 실시를 위한 세부적인 계획을 설정하고 있다.

(4) 원가경영은 원가통제라는 개념에서 원가계획의 실현을 도모하고 있다.

(5) 원가경영은 원가계획의 실현을 도모하는 이른바 종합적 원가경영(total cost management)의 성격을 갖고 있다.

3 종합적 성과의 통제

1) 종합적 성과의 통제개념

종합적 성과의 통제(control of overall performance)는 총괄예산(budget summary)과 손익통제(profit and loss control), 투자수익통제(return on investment control) 및 인적 자원통제(human resources control)등 기업 전반에 걸쳐 있는 전체적 성과(total accomplishments)가 전체적 목표에 합치되고 있는지의 여부를 측정하는 과정이라 정의할 수 있다.

기업의 이러한 종합적 성과에 대한 통제가 기업경영활동에서 절대적으로 필요한 이유는 다음과 같다.

(1) 종합적 계획(overall planning)은 기업전체, 또는 중요 사업부문에 적용되고 있으므로 종합적 통제(overall controlling)가 당연히 수반되어야 한다.

(2) 제품별 또는 지역별로 권한이 분산되어 있는 경우의 단위조직에서는 독자적인 단위별 행동이 가능하므로 통일성을 확보하기 위한 종합적 통제가 필요하다.

(3) 기업전체의 성과측정을 위해서는 전체적 차원의 종합적인 통제가 필요하다.

이상의 필요성에 따라 이루어지는 종합적 성과의 통제 관리는 다음의 구체적인 수단을 요구하게 된다.

2) 종합적 통제수단

통제 관리를 위한 종합적 수단으로는 총괄예산(budget summary), 손익통제(profit and loss control), 투자수익통제(return on investment control) 및 인적 자원통제(human resources control) 등을 생각해볼 수 있다.

(1) 총괄예산

총괄예산은 가장 널리 이용되는 종합적 통제수단이다. 이에는 매출액, 원가, 이익, 자본의 이용 및 투자이익과의 관계를 적절하게 표현하고 있는 개별예산의 요약내용이 포함된다. 총괄예산을 통제수단으로 적용하기 위한 절차는 총괄예산을 기초로 작성한 추정대차대조표와 추정손익계산서를 이용하여 부문별 관리활동을 통제하는 것이며, 동시에 기업전체에 대한 영향여부를 평가하는 것이다.

(2) 손익통제

기업의 손익을 나타내는 손익계산서와 추정손익계산서를 통해 손익의 요소를 파악하고 추정함으로써 이들 계산서를 통제에 이용하는 수단이다. 따라서 계획담당자의 추정손익계산서 작성업무는 중요한 업무가 되며, 이와 동시에 부문별 통제요소를 분석하고 파악하는 통제담당자와 최고경영자의 과업 또한 매우 중요하다.

(3) 투자수익통제

거시적 차원의 통제수단으로 활용되는 기법이다. 기업전체의 투자수익률 즉, 투하된 자본에 대한 수익률을 기초로 자본의 효율적 사용 여부를 분석하고 평가하여 통제하는 방법으로, 듀퐁사(Dupont Co.)의 경우에서 체계적인 통제수단의 예를 살펴볼 수 있다.

(4) 인적자원통제

관리요소에서 중요한 비중을 차지하고 있는 인적자원을 통제의 대상으로 정하기는 쉽지 않다. 구성원의 개별적 특성들이 서로 다르며 그 행동유형이 다양하기 때문에 획일적 통제가 거의 불가능하다는 의미이다. 그러므로 인적자원은 정보관리(information theory)라는 학문적 영역에 제한적으로 이용되어 왔지만, 이 또한 편향적이거나 불합리성을 노출할 가능성이 있게 마련이어서 인적자원회계(human resources accounting)가 그 대안으로 제시된 것이다.

인적자원회계는 조직 내 경영자와 구성원의 가치를 정확하게 측정하고 평가하여 조직의 종합적 자산으로 대차대조표에 계상하고, 그 인적자산을 기대수명연수에 따라 상각시키는 방법이다. 그렇게 산출된 인적자산의 상각비용은 전체적인 기업의 손익계산서에 계상되므로, 관련 자료는 통제수단으로 이용되어 종합적 관리의 성과를 기대할 수 있게 한다.

11

국제기업관리

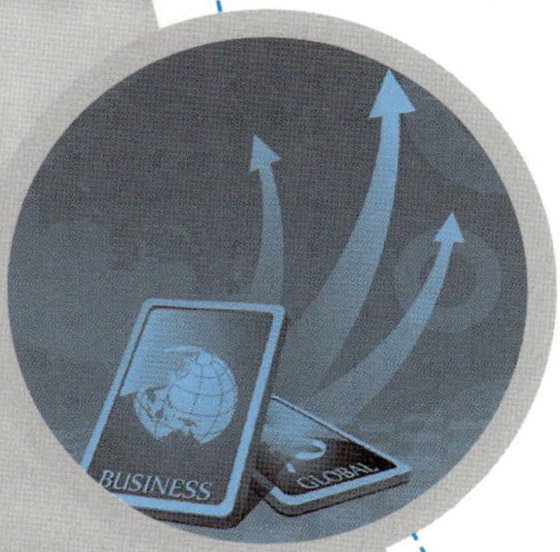

제1절 국제기업 관리의 기본개념

1 국제기업 관리의 의의

국제기업(international business)이란 다국적기업(multinational enterprise) 또는 세계기업(world enterprise)을 말하며 초국적기업(supernational enterprise)의 개념을 포함한다. 이들 기업은 본국에 위치한 본사의 경영체제하에 있지만 현지의 독립된 이익관리단위로 활동하면서 얻은 수익금을 본국에 송금하지 아니하고, 현지에서의 계속적인 재투자에 충용(充用)하게 되는 것이 통례이다. 이렇듯 기업이 해외로 진출하여 국제기업 활동을 전개하게 되면, 그 활동이 합리적으로 수행되도록 관리해야 하는데, 이를 국제기업관리(international business management)라 한다.

1) 국제기업관리와 국내기업 관리의 차이점

(1) 관리활동 대상지역

국내기업관리가 국내지역을 대상으로 하는데 대해, 국제기업관리는 국내지역 뿐만 아니라, 국외지역까지를 대상으로 삼는다.

(2) 경영참가자의 구성

국내기업이 일국인(一國人)만으로 구성되는데 대해, 국제기업은 국적이 다른 여러 나라의 사람들로 구성된다.

(3) 기업구성요소의 공급원

국내기업에 있어서는 인재, 원자재, 설비 및 자금 등이 주로 국내에서 조달되나 국제기업의 경우에는 주로 해외지역에서 조달된다.

2) 국제기업관리의 국제성에 따른 특성

(1) 범세계성

국제기업이 해외시장 내지는 세계시장을 대상으로 하는 만큼, 그 관리활동이 효율적으로 수행을 위하여 세계시장의 동향을 파악하고 적응하는 관리활동을 전개하여야 한다.

(2) 계획성

국제기업환경은 상대국의 수입제한이나 관세율의 변동, 또는 국제분쟁 등 부단한 변동이 발생할 수 있으므로 그러한 사태에 대비하는 치밀한 계획을 수립하여 국제관리 활동을 수행하여야 한다.

(3) 기동성

현지의 사정에 적극적으로 적응하는 기동력과 탄력적 경영태세를 취할 수 있어야 한다.

(4) 능동성

해외시장을 개척하여 사업기회를 포착해야하므로 해외진출을 저해하는 애로사항을 극복하는 진취적이고, 능동적 자세가 요구된다.

(5) 적응성

국제기업환경의 변화에 창조적으로 적응해야 한다.

2 국제기업 관리상의 문제점

국제기업관리 상의 문제점은 다음과 같이 요약할 수 있다.

1) 국제기업 조직상의 문제점

국제 기업활동이 합리적으로 수행되려면 능률적인 기업조직이 필요한데, 이러한 기업조직과 관련해서 다루어져야 할 문제로서는 다음과 같은 것들이 있다.

(1) 모회사인 본사의 조직을 어떻게 가져갈 것인가? 즉, 기존 회사에 해외사업부를 설치할 것인지, 별도로 국제회사를 설립할 것인지, 국제회사를 설립한다면, 사업회사와 특수회사 중 어떠한 형태를 택할 것인지 등의 문제이다.

(2) 해외사업시설의 조직규모와 위상의 문제를 말한다. 즉, 해외사업시설을 지점으로 할 것인지, 현지기업으로 할 것인지, 이를 현지기업으로 결정한다면 단독기업으로 할 것인지, 합작기업으로 할 것인지 등의 문제이다.

(3) 본사와 해외사업시설 사이의 정보전달 등 의사소통의 문제이다. 즉, 유기적인 정보 시스템의 설치 및 이의 운용, 해외종업원의 교육훈련, 경영자의 배치전환 등과 관련되는 문제이다.

2) 국제기업 재무 및 국제회계의 문제

국제기업을 수행함에 있어서는 국내기업의 경우에서 와는 다른 국제기업재무나 국제회계가 따라야만 한다.

(1) 국제기업재무

국제기업재무란 일반적으로 국제기업이 현지자회사를 경영하는 데 필요한 자금을 조달하고, 운용하는 재무활동 및 이의 관리를 뜻하는데, 여기에는 다음과 같은 두 가지 문제가 따른다.

가. 자금의 조달과 관련되는 문제이다.

자금의 조달원천을 본국과 현지로 볼 수 있지만, 일반적으로 국제기업재무상으로는 현지자회사가 필요로 하는 자금은 가급적 현지에서 조달하여야 한다는 현지의존의 원칙 혹은 현지조달의 원칙이 적용되고 있다. 이것은 현지기업의 재무상의 위험부담은 현지에서 부담함이 마땅하다는 견해에 입각하고 있는 것이다.

나. 조달된 자금의 운용과 관련된 문제이다.

이익으로 확보한 자금을 어떻게 운용할 것인지의 문제로 첫째, 본국에서 송금하는 방법 둘째, 배당을 많이 하는 방법 셋째, 내부유보를 높여 신규투자를 하는 방법 등 세 가지를 생각해볼 수 있다. 이의 선택을 위해서는 국제기업의 재무정책 외에 현지국의 외환관리법, 외자법상의 규제조치, 금융시장의 상태 등을 고려하여야 하나, 기본적으로는 내부유보에 의한 현지생산시설의 충실화가 바람직스런 방법으로 보고 있다.

(2) 국제회계

국제기업의 기업활동을 기록하여 그 성과를 분석하고 평가할 수 있는 정보를 제공해 주는 것이다. 그러나 국제회계활동이 서로 다른 모국의 회계처리원칙이나 회계 관행에 따라 수행된다면, 국적을 달리하는 여러 이해관계자 사이에서 오해와 분쟁을 면하기 어려울 것이다. 따라서 국제적으로 통용될 수 있는 통일화된 회계체계를 마련할 필요가 있다. 이를 위한 회계체계가 국제회계(international accounting)이다.

오늘날 이러한 국제적 요청에 따라 국제통일회계(uniform of international accounting)가 연구되고 있는데, 이것은 회계방법, 회계절차 및 회계개념을 통일화하려는 노력의 일환이다.

제2절 국제기업화에의 동인

1 국제기업화의 목적

세계의 기업들이 국제기업화를 추구하는 목적은 첫째, 이익과 시장을 찾아서(in search for profit and market) 둘째, 힘과 이익을 위해서(for strength and profit) 셋째, 생존과 이익 및 성장을 위해서(for survival, profit and growth) 등으로 표현되고 있다. 이의 구체적 설명은 아래와 같다.

1) 기업의 존속과 성장을 위해 국내시장에 더하여 해외에서 추가적인 이익과 시장을 추구하려는 목적
2) 해외자원을 개발하여 본사의 생산활동을 지원하고, 본사국시장(home country market)이나 제3국시장(third country market)에 판매하려는 목적
3) 관세 및 비관세장벽(tariff and non-tariff barriers) 등 수출입 규제환경에 대응하기 위한 목적
4) 직접투자를 통해 해외시장국에 생산시설을 보유함으로써 현지국시장 수요에 신속히 대응하고, 이들 시설을 해외생산기지로 삼아 본사국시장이나 제3국시장을 상대로 마케팅활동을 전개하기 위한 목적
5) 제품의 라이프 사이클 또는 이익 사이클(product life and profit cycle)을 연장시키기 위한 목적으로, 본사국에서의 생산으로는 수익을 기대하기 어려운 제품을 여타의 후진 지역에서 생산하여 판매하고자 하는 것이다.
6) 확대되는 공동시장(common market)이나 지역집단(regional groupings)에 진출하기 위한 목적으로, 지역집단들이 자유무역지역이나 관세동맹을 구축함으로써

회원국 간에는 무관세를 적용하는 한편 비회원국들에게는 공동대외관세(common external tariff)를 적용한다. 그러므로 경제통합을 추구하는 지역집단에 대해서는 직접투자를 통한 역내생산방식으로 공동대외관세장벽에 대응하는 방법을 모색하게 된다.

7) 개발도상국들이 외국인투자를 유치하기 위해 제공하는 각종 특혜나 유인을 이용하기 위한 목적으로, 세제와 금융면의 특혜조치를 활용한다.
8) 기업이 보유하고 있는 특허권이나 상표권 등의 공업소유권(industrial property), 기술 및 관리상의 노하우(technological and managerial know-hows), 잉여설비 및 인력 등을 해외시장에서 활용하기 위한 목적
9) 국제기업에서 명성을 쌓게 되면 국제거래, 해외차입, 프로젝트 수주 등의 이점을 누릴 수도 있다.

2 경영상에서 본 국제기업화에의 여러 동인

1) 전반관리상의 유인

(1) 생산시설의 지리적 분산, 시장의 다변화를 통해 기업이익을 안정시킬 수 있다.
(2) 저렴한 현지국 인력을 활용할 수가 있다.
(3) 본사국에서는 수명이 다 한 제품, 기술, 시설, 노하우 등을 현지국에서 활용할 수 있다.
(4) 원자재의 공급업체, 주요고객, 정부기관, 금융기관 등과 양호한 관계를 유지할 수 있다.
(5) 본사국에서는 발견하기 어려운 기업성장의 기회도 발견할 수가 있다.

2) 생산상의 유인

(1) 생산관리를 현지 시장수요에 적응시켜 나갈 수가 있다.
(2) 현지국 시장수요에 적합한 제품의 생산이 가능하다.
(3) 공장의 시설비나 유지운영비를 절감할 수 있다.

3) 재무상의 유인

(1) 각종 세금 및 공과금의 면제, 납입기간 연장 등의 혜택을 받을 수 있다.
(2) 현지국의 자본시장 이용이 가능하고, 수출금융의 혜택을 받을 수도 있다.
(3) 본사국에서 이연자산처리를 해야 하는 연구개발비 등을 자본적 지출로 허용하거나 급속한 감가상각을 허용하는 등 회계처리규정상의 혜택을 받을 수 있다.

4) 마케팅상의 유인

(1) 수송, 저장 등과 같은 물적 유통을 능률적으로 수행할 수 있다.
(2) 판매촉진활동을 효율적으로 수행할 수 있다.
(3) 시장조사가 용이하다.
(4) 현지국 법인으로 설립, 운영하는 경우 관세나 쿼터 등의 제약이 면제될 수 있다.

제3절 국제기업 활동의 유형

1 현지국에서 마케팅 자회사의 설립

국제기업화의 초보적인 단계는 제조기업체, 무역상사 등이 해외시장국에 단독투자 또는 합작투자로 현지법인(local corporation)인 마케팅자회사(marketing subsidiary)를 설립하는 경우이다. 이로써 당해 업체는 현지 수입상사나 유통업체에 의존해 오던 마케팅기능을 자체적으로 수행할 수 있게 되어 국제기업화가 이루게 된다.

현지 마케팅 자회사는 해외운영기지(overseas operating base)로서 현지국 시장은 물론 인접국 시장이나 제3국 시장을 상대로 국제 마케팅을 전개할 수 있게 되는데, 취급하는 상품은 본사국에서 수입할 수도 있고 현지국 또는 제3국에서 조달할 수도 있다.

2 국제기술제휴

국제기술제휴(international licensing)란 일반적으로 로열티(royalty)라는 기술대금(technical fee)의 수수를 조건으로 이국간에 공업상 또는 상업상의 기술을 제공하거나 받아들이는 관계가 이루어짐을 뜻한다. 이러한 국제기술제휴의 대상은 다음과 같다.

1) 법률상의 보호를 받는 것으로 특허권, 실용신안권, 상표권, 의장권, 저작권 등
2) 법률상의 보호를 받지 않는 것으로 노하우(know-how), 기술원조, 관리계약, 산업용임대협약, 엔지니어링 서비스(engineering service), 프랜차이즈(franchise), 공장 또는 설비의 운용기술 등

이러한 국제기술제휴는 첫째, 수출 등과 같은 방법으로는 현지국 진출이 어려운 경우 둘째, 해외시장에 투입할 만한 자본이 없는 경우 셋째, 현지국이 외국계 기업의 진출을 제한하는 경우 등에 적합한 국제기업화 방법인 것이다.

그러나 이러한 국제기술계약에는 몇 가지 문제점이 있다. 첫째, 제공되는 기술의 독점적 성격으로 말미암아 기술제공측기업의 전횡이 따르기 쉽고 둘째, 기술상의 기밀을 국제간에 유지하기가 어려우며 셋째, 기술제휴를 통한 갑을관계가 형성되어 기술도입측 기업이 기술제공측 기업에 의해 경영상 지배를 받게 될 우려가 발생하기도 한다는 점 등이다.

3 국제콘트랙팅과 턴키 오퍼레이션즈

국제콘트랙팅(international contracting)이란 건설수출(construction exporting)이라고도 하는데, 이는 도로, 파이프라인, 항만시설, 댐, 통신시설, 주택 등의 건설사업(construction projects)을 수주하여 시공하는 것으로 용역생산(services production)인 점이 특징이다.

국제콘트랙팅의 속하는 국제 턴키 오퍼레이션즈(international turn-key operations)는 공장수출(plant exporting)이라고도 하며, 기업체가 공장이나 산업시스템(industrial system)을 설계하여 건설하고 초기운영(test run, initial operations)까지 담당하여 턴키 프로젝트(turn-key project)를 준공해 주는 것을 뜻한다. 이런 의미의 턴키 오퍼레이션즈는 기계나 시설의 수출, 기술의 라이센싱(licensing)만으로는 메울 수 없는 기술격차(technology gap)를 해소해주면서 현지국의 고객에게 완성된 산업계통의 시설(products of industrial sort)을 제공해 주는 것이 특징이다.

4 국제합작기업

국제합작기업(international joint business ventures)이란 본래의 조인트벤처(joint venture)에서 재출현한 것으로서 1인 또는 2인 이상의 외국인이 1인 또는 2인 이상의 현지인과 기업운영상의 협력관계를 맺어 공동으로 경영하는 사업을 뜻한다. 이러한 국제합작기업은 주로 첫째, 투자 자본을 절약하고자 하는 경우 둘째 기업위험을 분산시키고자 하는 경우 셋째, 현지의 상대방기업이 가지고 있는 능력을 활용하여 현지의 특수사정에 적응하고자 하는 경우 넷째, 법률상의 제약으로 인하여 현지기업을 완전하게 소유할 수 없는 경우 다섯째, 상대국과의 특혜관계로 인하여 단독기업보다는 합작기업으로 진출하는 방식이 유리한 경우에 성립하게 된다.

국제합작투자는 첫째, 자본참여로 이루어지는 경우와 둘째, 특허권이나 상표권, 노하우, 마케팅기법 등의 제공과 같은 비자본적 참여에 의해 이루어지는 경우가 있다. 전자를 자본합작투자(equity joint venture)라 하고 후자를 비자본 합작투자(non-equity joint venture)라 한다.

이상과 같은 의미의 국제합작투자는 적어도 외국인 기업에 대한 구매저항과 법적 차별이 점증(漸增)하고 있는 오늘의 국제기업환경 속에서 기업이 경제적 이익을 누리기 위한 좋은 수단이 될 수도 있다.

5 해외생산

해외생산(overseas production)은 크게 해외자원개발과 해외제조활동으로 나누어진다.

1) 해외자원개발

자국 내의 부족자원을 해외에서 확보하고자 수행하는 국제기업활동을 뜻하는데, 이러한 해외자원개발방식에는 다음과 같은 형태가 있다.

(1) 자원보유기업이 자원개발을 할 때 필요한 자금을 융자한 후 생산품의 거래를 통해 채권을 회수함으로써 자원을 확보하게 하는 융자수입방식이다.
(2) 자국기업이 직접 타국에 진출하여 자원을 발굴조사하고 자본, 기술, 노동을 투입하여 자원을 개발한 후 수입하는 개발수입방식이다.

이상과 같은 해외 자원 개발방식이 바람직스럽기는 하지만 이 또한 몇 가지의 문제가 제기된다. 첫째, 자본회임기간이 길고 둘째, 해외자본의 부존상황을 파악하기 어려우며 셋째, 해외자원개발에 참가할 인력이나 기술면의 제약이 따른다는 점 등이다. 그럼에도 해외제조활동은 기업이 해외시장으로 진출하기 위한 중요한 전략이 될 수 있는데, 해외시장에서 제조활동이 전개되는 이유로는 다음을 생각해볼 수 있다.

가. 해외 시장국에서의 저임금의 노동력을 활용할 수 있다.
나. 관세장벽이나 비관세장벽을 피하면서 해외시장에 침투할 수 있다.
다. 해외시장까지의 물적 유통비가 절감된다
라. 현지국의 원자재를 활용할 수 있다.
마. 현지국에 구축한 생산기반을 바탕으로 제3국에의 수출이나 기업진출이 가능하게 된다.
바. 현지국에서 낮은 원가로 생산된 제품을 본사국으로 역수출함으로써 이익을 얻을 수도 있다.

6 관리계약

관리계약(management contract)이란 계약 당사자 중 일방(一方)이 운영시설을 소유하고 타방(他方)이 경영관리를 담당하게 되는 경우로, 다음의 이유에서 가능하다.

첫째, 고급 호텔의 경영에서와 같이 특수기술을 요하는 기업을 능률적으로 운영하기 위해서는 특수한 자질과 경험이 풍부한 경영자가 필요하기 때문이다.

둘째, 계약의 쌍방인 외국인 당사자와 현지인 당사자가 다 같이 지분을 소유할 때, 어느 일방의 당사자가 경영권을 장악하고자 하는 경우 성립된다. 당사자 쌍방이 모두 지분을 소유하는 경우, 경영권은 지분비율에 의해 결정되는 것이 원칙이지만 지분비율이 적은 경우에도 관리계약의 체결을 통해 경영권을 장악할 수가 있다.

셋째, 한 국가의 정부가 외국인의 단독투자업체 또는 외국인과의 합작 투자기업을 국유화했지만 국내에는 경영을 전담할 적임자가 없을 경우에는 관리계약을 맺어 외국인 경영자에게 그 경영권을 위임하는 수도 있다.

7 국제 콘소시움

국제 콘소시움(international consortium)이란 특정 프로젝트를 완수할 때까지 여러 기업체가 재무, 기술, 그리고 관리능력 등을 결합해 나아가는 방법으로 프로젝트를 수행에 따르는 위험을 감소시키는데 그 목적을 두고 있다. 대규모의 건설 프로젝트, 자원개발 프로젝트 등에 이 방식이 흔히 사용되는데, 참여업체들은 각각의 특수부문만을 분담하게 된다.

제4절 다국적 기업

1 다국적 기업의 개념

다국적기업(multinational enterprise)이라는 용어가 처음으로 사용된 것은 1960년의 릴리엔달(D. E. Lilienthal)의 저서인 「다국적기업의 경영」 (Management of Multinational Corporation)에서 비롯된다. 다국적기업을 뜻하는 영어표현으로서 multinational corporation, multinational enterprise, multinational firms 등이 혼용되고 있는데, 이들 용어는 근본적으로는 개념상의 차이가 없다. 다국적기업의 개념에 대해서는 아직 통일적인 견해가 없지만 대표적인 학자들의 정의를 살펴보면 다음과 같다.

부루크(M. Z. Brooke)와 레머즈(H. L. Remmers)는 다국적기업(multinational company)이란 최소한 2개국에서 주된 경영활동과 생산 혹은 서비스제공 활동을 수행하는 기업이라 정의하고 있어서, 다국적기업의 개념을 기업활동 대상국이 2개 이상인 기업이라는 광의의 개념으로 정의하고 있다.

더닝(H. J. Dunning)은 국제 혹은 다국적 생산기업(international or multinational producing enterprise)의 개념을 단순히 2개국 이상에서 생산자회사, 즉 공장, 광산, 정유공장, 유통지점, 사무소 등을 소유하거나 지배하는 기업으로 정의함으로써 해외기업활동의 소유 및 지배에 역점을 두고 있다.

버논(R. Vernon)은 다양한 국적을 가진 법인기업의 거대한 집합체를 지배하는 모회사를 다국적 기업이라 정의하였다. 그는 이들 각 집합체를 형성하는 법인기업들은 인적 · 재무적 공동 풀을 형성하고 공동의 전략에 따라 움직이는 것으로 보고, 규모에 있어서도 매출액 1억 달러 이상에 해당하는 기업으로 이들 집단의 해외활동 성격이 단순한 수출(비록 판매자회사가 잘 정비되어 있다고 하더라도)이나 기술제공에 그치지 않으며 이들 기업의 지리적 분포가 한두 개 국가에 한정되지 않는 업체를 다국적기업으로 간주하였다.

메종루지(J. Maisonrouge)는 다국적기업의 기준을 첫째, 그 기업이 다수국가에서 활동할 것 둘째, 그 기업이 그들 국가에서 연구개발과 제품활동을 수행함으로서 진출국의 GNP에 기여할 것 셋째, 경영자가 다국적일 것 넷째, 주식소유가 다국적일 것 등 네 가지로 분류하였다.

버만(J. N. Behrman)은 다국적기업은 단순히 주식의 소유에 의해서 결합되는 국내기업의 집합체와는 달리 국경을 넘어 분리되어 있으며 다수 국가의 통치하에서 활동하면서도 밀착되어 통제되는 단일 기업이므로 다국적기업의 본질을 다양성 속의 통일성이라고 정의함으로써 다국적기업의 특성을 강력한 경영상의 통제에 두었다. 요컨대 다국적기업이란 통일적인 경영전략 하에서 통제되면서도 다수국에서 독립된 기업법인체로 활동하는 기업의 집합체라고 한 것이다.

2 다국적 기업의 활동유형

다국적기업의 활동영역은 매우 광범위하지만, 파머(R. N. Farmer)와 리치만(B. M. Richman)은 본국인의 경영권과 관련하여 경영권을 수반하지 않는 활동으로서 첫째, 수출과 수입 둘째, 간접투자 셋째, 기술제휴, 넷째, 청부계약 다섯째, 턴키 프로젝트(turn-key project)로 나누고, 경영권을 수반하는 활동으로는 첫째, 완전 직접투자 둘째, 합작투자 셋째, 국제적 서비스로 구분하였다.

1) 경영권을 수반하지 않는 활동

(1) 수출과 수입

기업의 전통적인 대외활동 유형으로 이에 의해서 다국적기업의 본질적 문제가 발생하지는 않는다.

(2) 간접투자

투자가들이 단순한 이익목적을 위해 외국회사의 주식이나 외국정부 혹은 민간기관이 발행한 채권을 매입함으로써 현지국에 진출하는 것이다.

(3) 기술제휴

자산가치가 있는 상업 및 공업기술, 상표, 특수제조 공정권, 기술비결, 특허권 등을 빌려주고 그 사용에 대한 대가로 로열티(royalty)나 수수료를 받는 것을 말한다. 따라서 기술제휴는 해외시장을 침투하는 제1차적 수단으로서 유용한 방법이다. 그러나 이러한 기술제휴 시 기술공급자는 전형적으로 자문역할을 수행하기 때문에 간접투자의 경우와 같이 경영권이 수반되지 않는다. 이 때문에 기술을 도입하는 측에서 로열티 등의 지급을 안 하거나 그 지급금액에 대해 의견충돌을 일으키는 경우가 많다. 또한 기술제공자들은 기술을 도입한 측의 경영부진으로 자기들의 기업평판이 나빠질 우려도 염려해야 한다. 이러한 문제점들에 대한 사전검토가 중요한 이유이다.

(4) 청부계약

한 기업이 해외에 진출하여 도로, 항만, 통신시설 등 주로 사회간접자본형태의 건설을 해주고 그 대가를 받는 것을 말한다. 이 때 청부업자는 건설 중에만 경영권을 유지하고 완공 후에는 경영권을 피계약자에게 완전히 이양하게 된다. 따라서 이러한 활동은 실제적으로 보면 재화와 용역의 복합적인 수출이라고 볼 수 있다.

(5) 턴키 프로젝트(turn-key project)

대외투자활동의 하나로, 한 기업이 해외에 진출하여 현지국과 건설계약을 체결한다는 점에서는 앞의 청부계약과 같다. 그러나 계약의 내용에 있어 청부계약이 고속도로, 수력발전소, 항만시설 등 사회간접자본을 대상으로 하는데 반하여 턴키 프로젝트는 제조업의 공장건설을 주대상으로 하는 점이 다르다. 또한 청부계약에서는 건설만 완성되면 그 경영권을 피계약자에게 이양하지만, 이 턴키 프로젝트는 건설 후에도 시험운전을 한 후 완전히 가동될 수 있는 상태 하에서 그 경영권을 넘겨주는 점에서 차이가 있다.

2) 경영권을 수반하는 활동

(1) 완전직접투자

한 기업이 외국의 기업에 100%투자하여 경영권을 확보하는 운영형태로, 이 경우 기업경영은 대부분 현지국인에 의해 행해지지만 최종적 경영통제는 본국기업이 행하고 있다. 이러한 형태의 투자에는 추출산업(광산, 석유, 목재), 농업, 공업(자본재, 중간재, 소비재), 서비스업(수송, 공익설비, 보험, 도시사업) 등이 있다.

(2) 합작투자

투자국과 피투자국이 일정한 비율에 따라 공동출자하여 기업을 설립하는 경우를 말하며, 그 출자비율에 따라 과반수 소유기업과 과반수미만 소유기업으로 구분된다. 대부분의 합작투자는 피투자국이 기업의 소유권을 갖게 되는 경우가 많으며, 최근에는 피투자국들이 외국인투자를 유치할 때 이러한 형태의 투자를 권장하고 있다.

(3) 국제적 서비스

한 기업이 국경을 초월하여 타국에 서비스를 제공하는 경우로서 항공사 등 국제항공업의 경우가 대표적이며, 보험증서, 주식, 사채의 판매도 이에 속한다. 이 경우의 기업경영은 본국의 투자기업이 전적으로 행하는 것이 일반적이다.

제5절 다국적 기업의 경영전략

다국적기업의 경영전략에는 현지화주의와 통합화주의가 있다.

1 현지화주의(localization principle)

현지화주의란 해외공장이 있는 현지국의 기후풍토, 경제환경, 국익 등에 다국적기업의 경영활동을 적합시켜 나가는 경영전략을 말하는 것으로, 일반적으로 상대국에 따라 제품계획, 마케팅이나 생산체제가 특수화되며 이를 가능하도록 하기 위하여 분권관리를 하게 된다. 현지화를 위하여 부품의 현지조달, 현지인의 경영자로서의 등용, 제품계획의 현지수요에의 적합, 현지유통기구의 이용, 합작회사에 의한 현지자본의 이용, 자금의 현지조달, 이익의 현지기업에의 재투자 등이 요청된다.

2 통합화주의(unification principle)

통합화주의란 범세계적 전략(global strategy)의 입장에서, 상대국에 관계없이 제품계열을 표준화하거나 통일하여 마케팅전략, 로지스틱스 전략(logistics strategy), 재무전략 등을 통합화하는 것을 말한다.

국제적 로지스틱 전략이란 어떤 나라에 부품이나 제품의 공장을 입지할 것인가를 결정하고, 각국의 시장에 대한 부품과 제품흐름의 최적화를 도모하는 다국적 기업의 경영전략을 말한다. 국제적 로지스틱 전략의 결정을 위해서는 각국의 임금, 생산성,

제품원가를 비교해야하며 각국 시장규모의 비교, 각국의 관세, 수입제한 등의 무역장벽도 함께 고려해야 한다. 다국적기업은 통합화주의에 입각한 국제적 경영전략을 취함으로써 다음과 같은 이점을 기대할 수 있다.

1) 다국적기업이 국제적으로 경쟁력 있는 제품기술과 마케팅 능력, 경영능력등을 해외기업에 이전함에 따라 해외기업은 현지에서의 경쟁적 우위를 확보할 수 있게 된다.
2) 범세계적 전략을 취함으로써 생산활동이나 재무활동 등에서 다국적 기업전체로서의 규모의 경제(economy of scale)를 달성할 수가 있다. 제품계열을 표준화하면 본국 또는 외국의 특정국가에서 부품을 집중 생산하여 각국의 조립공장에 낮은 원가로 부품을 공급할 수 있다.
3) 경영방법과 케팅전략을 통일할 수 있으므로 역내국가 간의 지식 및 노하우를 용이하게 상호 이전할 수 있게 된다. 예컨대 멕시코에서 신제품을 도입하여 성공하였을 경우 동일제품을 동일한 마케팅 방법으로 브라질 기타 중남미 여러 나라에 도입할 수 있게 되고, 노하우의 이전 또한 가능하게 될 수 있다.

통합화주의는 집권관리는 물론 분권관리 체제에서도 모색할 수 있으나 현지화주의와 범세계적인 통합화주의의 선택은 각종 요인에 의하여 영향을 받게 된다. 해외사업의 초기단계에서 해외공장의 수가 적을 경우에는 범세계적 전략의 이점이 크지 않기 때문에 현지화주의에 의존하기 쉽다. 그러나 해외공장이 수 개국 이상에 달하고 범세계적인 전략의 이점을 갖게 될 가능성이 커지면 대부분의 다국적기업은 통합화주의의 국제적 경영전략을 취하게 된다. 또한 다국적기업이 어떠한 기업자원의 국제적 이전을 목표로 하는가에 따라서 선택은 달라지게 된다. 예컨대 단순한 제품기술의 이전을 목표로 하는 경우에는 현지화주의의 선택이 용이할 수 있지만, 마케팅능력이나 경영능력을 포함하는 기업자원의 국제적 이전을 추구하는 경우에는 통합화주의가 필연적일 경우도 있다.

12

리엔지니어링

제1절 경영혁신의 기본개념

1 경영혁신의 정의

경영혁신(management innovation)은 조직의 목적을 효율적이며 효과적으로 달성하기 위하여 기존의 업무와 그 처리방식을 새로운 생각과 방법으로 새롭게 계획하며 실행하고 평가하는 것이라 정의할 수 있다.

슘페터(J. A. Schumpeter)는 '경영혁신(innovation)을 새로운 상품의 제조, 새로운 생산방법의 도입, 새로운 판로 또는 새로운 시장의 개척, 새로운 자원의 획득, 새로운 조직의 형성에 의해서 생산요소의 새로운 결합(new combination)을 이루는 경우를 의미한다.'고 주장하며 경영혁신이야말로 경제발전의 전형인 동시에 경기순환 등 자본주의 경제의 동태를 이해하는 데 있어 본질적 요소가 된다고 강조하였다. 경영혁신은 이와 같이 기술혁신에 수반되어 일어나는 경영상의 전반적인 혁신을 의미하는 것으로, 모든 면에 있어서 보다 나은 목표로 전진하는 노력을 뜻하는 것으로 해석된다. 드럭커(P. F. Drucker) 역시 '기업이 행하는 제1의 기능은 마케팅을 수행하는 것이며 제2의 기능은 경영혁신을 실시하는 것이다'고 주장하였다. 요컨대 경영혁신이란 마케팅 요구에 의한 제품의 혁신은 물론 이와 관련하여 일어나는 생산기술과 재료의 혁신, 그리고 경영상 모든 전문분야의 발달에서 오는 다양한 혁신을 망라하는 것으로 본 것이다.

본장에서는 정보화 사회로 요약되는 현대사회의 기준점에서 조망하는 경영혁신기법들을 소개한다. 이에는 경영혁신을 위한 기법 중 업무와 조직을 근본적으로 재구축하여 경영효율을 높이기 위한 새로운 기법으로 리엔지니어링(reengineering)이 있으며, 리엔지니어링을 실행하기 위한 핵심적 수단으로서 '어떻게 하면 혁신목표를 달성할 수 있는가?'라는 달성경로를 제시해 주는 벤치마킹(bench marking) 기법이 있다. 이와 함께 정보시스템의 구축과 관리를 위한 가장 경제적인 경영기법으로의 다운사이징(down sizing)을 설명하고자 한다.

2 경영혁신을 위한 조건

1) 제로베이스에서 출발

경영혁신을 위한 사고는 개선이 아니라 혁신이다. 급격한 개방과 가중되는 경쟁의 현실 속에서 생존하기 위해서는 기존의 체질과 방식을 혁명적으로 바꿀 수밖에 없는 것이 기업이 처한 오늘날의 상황이다. 국내외적 경영환경의 변화는 기업에게 바로잡고 고쳐나가는 개선보다 전혀 새로운 탈바꿈으로서의 혁신을 추구하도록 요구하기 때문이다. 그러므로 혁신을 논할 때의 제로베이스 출발이란 과거로 돌아가자는 뜻이 아니라 사고방식이나 행동양식을 새로운 환경에 맞추어 급변하는 경영환경에 대응할 수 있는 전략을 개발해야 한다는 의미인 것이다.

2) 미래지향적인 방향

혁신은 미래지향적이어야 한다. 기존사고방식의 연장선에서는 획기적 경영성과를 기대할 수 없기 때문에 과거의 익숙한 관행이나 불합리한 조직구조를 혁신적으로 고쳐야한다는 것이다. 혁신은 미래지향적일 때에만 성공할 수 있다.

3) 조직과 개인과의 목표

조직의 경쟁력 향상과 개인의 삶의 질 향상이라는 두 가지 목표가 함께 추구되어야 한다. 조직을 위해 개인의 희생을 강요하는 방법으로는 조직구성원들의 자발적인 참여를 기대하기가 어렵기 때문이다. 개인과 조직의 목표는 공유되는 것이 바람직하다.

4) 혁신의 주체

혁신의 성패는 조직구성원들의 일체적 참여 여하에 달려있다. 공유하는 조직목표의 달성을 위하여 최고경영자에서부터 일선구성원에 이르기까지 자발적으로 참여할 때 혁신은 성공할 수 있다. 그러므로 최고경영자의 역할은 구성원들이 신바람나게 일할 수 있도록 여건을 조성하여 동기를 부여해주는 것이다.

제2절 리엔지니어링

1 리엔지니어링의 정의

리엔지니어링(reengineering)이란 기업의 조직과 체질은 물론 경영방식까지 근본적으로 재구축하여 경영의 효율을 높이려는 새로운 경영기법이다. 종래의 업무 개혁이 기존의 업무와 조직을 대상으로 하는 데 반해, 리엔지니어링은 모든 것을 처음부터 새로운 관점에서 재구축하는 것이므로 종래의 업무개혁과는 크게 다르다. 그러므로 기업의 신선한 지혜를 모아 신속하게 새로운 시스템을 창출하는 리엔지니어링 기법은 종전보다 훨씬 큰 성과를 기대할 수 있게 한다.

리엔지니어링은 비용절감을 포함하는 경영성과의 전반적 향상을 기대성과로 생각해볼 수 있다. 미국의 자동차시장에서 일본산 자동차의 점유율이 30% 이상을 차지하는 등 미국산 공산품의 대외경쟁력이 많이 떨어져 있던 1990년대 초반 마이클 해머(Michael Hammer)와 제임스 챔피(James A. Champy)는『리엔지니어링 기업혁명(Reengineering the Corporation: A Manifesto for Business Revolution)』이라는 저술을 통하여 기업 프로세스의 근본적인 재사고(rethinking)와 급진적인 재설계(redesign)를 경쟁력 제고의 방안으로 제시하였다. 그들은 리엔지니어링 기업혁명을 통하여 가격, 품질, 서비스, 속도 등 주요 경영성과지표의 향상을 가져올 수 있다고 주장하였다. 리엔지니어링은 상품개발 기간을 큰 폭으로 단축하여 소비자의 수요에 신속히 대응함으로써 고객만족을 이끌어, 불황에 빠졌던 기업에게도 재기의 틀을 마련해 줄 수 있는 혁신적 경영기법이라는 것이었다. 두 학자의 주장은 당시 미국 대기업의 70% 이상이 참여하는 새로운 경영기법으로 각광받았으며, 그러한 결과로 미국은 상품경쟁력 회복의 계기를 마련할 수 있었다. 그러나 '구조조정'의 뜻을 함축하는 리엔지니어링은 경영혁신이라는 긍정적 효과에도 불구하고 인력감원과정상의 심각한 문제를 야기하였다는 점에서 자유롭지 못한 부분도 있다.

조직의 단위구성요소 중 핵심적 요소와 프로세스만을 중심으로 기업자원을 배분하여 조직을 재구축하는 방식을 일반적으로 리엔지니어링이라 하나, 이는 경영프로세스혁신(Business Process Reengineering; BPR)이라고도 한다. 비즈니스 프로세스는 일의 방법이나 구조 또는 흐름을 말하며 리엔지니어링은 재구축을 의미하는 말이므로, 비즈니스 프로세스 리엔지니어링(BPR: 업무의 재구축)은 결국 일의 방법을 근본적으로 재검토한다는 뜻으로 풀이 된다. 따라서 리엔지니어링의 기본방향은 경영조직과 경영조직의 일을 제로상태에서 재구축함으로써 경영의 효율을 더욱 높이자는 것이다.

기업의 경영혁신을 위한 방법으로는 보통 리엔지니어링(reengineering)과 리스트럭처링(restructuring)을 생각하게 된다. 두 방법 모두가 기업의 효율제고와 대고객 서비스의 증대를 목표로 하는 점에서는 일치하지만, 리엔지니어링이 프로세스의 속도개선을 사업의 주된 관점으로 하는 점에 비하여 리스트럭처링은 그 초점을 변화하는 경영환경에 적합한 조직구조의 재구성에 둔다는 점에서 구분된다. 리스트럭처링은 조직의 불필요한 인원을 삭감하거나 채산성 없는 사업을 정리하는 등의 활동이 중심이 되기 때문에 기존의 방식을 부분적으로 고쳐나가는 조직 내에서의 개혁이라 할 수 있으며 그 효과 또한 점진적으로 실현된다.

이에 반하여 리엔지니어링은 일의 방법을 제로 상태에서 재검토하여 가장 효율적이고 바람직한 방법으로 개혁하는 것이므로 철저하고 혁명적이다.

2 리엔지니어링의 목적

지금까지 우리는 리엔지니어링을 경영업무의 근본적인 개혁을 실행하여 기업의 성장을 꾀하는 새로운 방식이라 정의하고 이를 혁명적 경영방식이라 하였다. 개혁의 궁극적 목적을 고객만족을 통한 기업의 성장에 둘 때, 경영자가 수행해야할 가장 기본적이며 중요한 과제는 고객을 편하고, 기쁘고, 감동받게 하여 고객의 충성을 유도해 내는 일이 될 것이다.

고객만족 과제의 수행을 위한 리엔지니어링 혁명의 프로세스를 소개한다.

1) 의식과 마음의 개혁

최고 경영자를 비롯한 조직의 모든 구성원이 리엔지니어링의 중요성을 인식하고, 경영에 대한 기존의 생각을 바꾼다.

2) 비즈니스 프로세스의 개혁

고객만족의 실현을 위해 업무의 방식과 흐름을 처음부터 새롭게 구축한다.

3) 생산비용의 절감과 품질의 개혁

새롭게 구축한 비즈니스 프로세스에 따라 생산비용을 절감하고, 개혁적 방법으로 품질을 향상시킨다.

4) 고객의 요구에 대한 신속한 대응

불요불급(不要不急)한 프로세스를 배제한 혁신프로세스 통하여 고객의 요구에 부응하는 속도를 높인다.

5) 경쟁우위의 확립

고품질의 제품과 서비스를 고객에게 신속히 제공함으로써 경쟁적 우위를 점한다.

6) 기업의 성장

경쟁우위의 확립을 통하여 기존고객을 안정적으로 유지하는 한편 새로운 고객을 창출하게 되어 시장점유율이 확대된다.

경영혁신, 또는 비즈니스 프로세스 리엔지니어링은 일회성일 수가 없다. 변화무쌍한 경영환경과 끊임없이 변하는 고객의 다양한 요구수준은 그에 대처하기 위한 기업의 부단한 노력을 불가피하게 하기 때문이다. 경영조직의 생존과 성장을 위해 제시된 리엔지니어링의 준비와 실행에 필요한 여러 전제조건들을 살펴본다.

3 리엔지니어링의 전제조건

리엔지니어링은 일정한 순서에 따라 추진할 필요가 있다. 성공적 리엔지니어링을 위한 전제조건을 다음과 같이 설명한다.

1) 매출액 추구에서 고객만족 추구로

리엔지니어링은 비즈니스 프로세스를 재설계하는 것이며 그 목표를 '고객만족'에 두는 일련의 활동이다. 그러므로 비즈니스 프로세스를 재설계할 때는 '어떻게 하면 고객을 만족시킬 수 있을까?'를 가장 먼저, 가장 중요하게 생각해야한다. 고객이 만족하면 매출은 자연스레 상승하기 때문이다.

2) 개선과 수정에서 새로운 시작으로

리엔지니어링 이전의 경영에서 효율의 향상을 추구하는 방법은 기존의 비즈니스 프로세스를 수정하여 개선하거나 혹은 강화시켜나가는 것이 일반적이었다. 그러나 리엔지니어링 출현 이후의 경영전략은 기존의 프로세스를 모두 백지화하고 새롭게 다시 만들어 내는 것으로 변하였다. 리엔지니어링의 추진을 위해서는 발상의 완벽한 전환이 필요하게 된 것이다.

3) 개별적인 문제해결에서 전체적인 문제해결로

발견된 조직의 문제를 근시안적인 개별적 접근으로 해결하고자 할 경우 당면문제를 일시적으로는 해결할 수 있지만, 시간이 지남에 따라 그 문제로 인한 또 다른 문제가 발생할 수도 있다.

대부분의 상황은 독립적이지 않기 때문이다. 당면한 문제를 해결하기 위해서는 그

것이 개별문제라 하더라도 문제의 발생부분을 부분적으로만 파악하지 말고, 비즈니스 프로세스 전체에 착안하여 문제를 바라보아야 한다는 것이다. 조직전체를 시스템적 개념으로 접근하여 분석해야한다는 의미이다.

4) 과거 성공체험 중시에서 과거 성공체험과의 결별로

모든 것이 예측할 수 없을 정도로 빠르게 변하는 현대에 과거의 성공체험이나 데이터를 귀중한 노하우로 통용하기에는 많은 무리가 따를 수 있다. 현대를 과거의 연장선상에서 계획하고 수정하거나 보완만 해나가서는 크게 달라진 경영환경 속의 생존과 성장이 더욱 불투명해질 것이기 때문이다. 때로는 과거의 성공방식이 실패의 원인으로 작용할 수도 있다는 의미이다.

그러므로 과거의 성공체험을 지나간 과거의 유물쯤으로 여길 수 있는 극단적인 '발상의 전환'이 요구될 때도 있다. '왜 이런 방법으로 하고 있는가?', '당연하게 생각하는 것들이 정말 당연한 것인가?', '좀 더 다른 방법은 없는가?' 등의 비판적 시각을 가져야할 필요가 있는 것이다.

5) 과거 상식의 중시에서 과거 상식과의 결별로

과거의 성공체험과 마찬가지로 과거의 상식도 지나치게 중시하면 마이너스가 될 소지가 충분하다. 시대가 변하면 상식과 가치관도 저절로 변하는 부분이 있기 때문에 '과거의 상식은 현재의 비상식' 정도로 생각해두는 것이 중요하다. 반대로 과거에는 비상식으로 통하던 것들이 현재는 상식이 될 수도 있으므로, 상식에 대한 고정된 사고방식을 바꿀 필요가 있다.

4 리엔지니어링(reengineering)의 실행원칙

리엔지니어링 활동의 성공적 수행을 위한 개념과 원칙들은 다음과 같다.

1) 최고경영자의 주도

리엔지니어링에는 중요한 변화가 따르게 마련이어서 최고경영자의 지원이 없는 리엔지니어링은 경직된 중간관리층의 장벽에 부딪치기 쉽다. 그러나 조직구성원들 대부분은 기존의 익숙한 방식대로 사업을 계속하려하며, 익숙해지는데 시간과 노력이 필요한 새로운 일은 피하려는 경향이 있다. 따라서 최고경영층이 주도하지 않으면 리엔지니어링의 중요성이 간과되거나 결정사항이 번복될 수도 있다. 최고경영자의 역할은 관리자(manager) 보다는 선도자(leader)가 되는 것이다.

2) 전략주도

리엔지니어링의 목적은 고객만족을 통한 성장이다. 고객만족을 극대화하고 경쟁우위를 확보함으로써 지속적인 수익성 창출을 추구하는 전략에 초점을 맞추어야 한다.

3) 고객중심

리엔지니어링을 고객위주의 부가가치를 증대시키는 방향에 맞추어 실행해야한다. 대부분의 경우, 경쟁기업이 필적할 수 없는 새로운 고객가치를 창출함으로써 증대되는 수익이 비용절감을 통하여 얻는 수익보다 2-3배정도 높은 편이다.

4) 과정중심

리엔지니어링은 기능이 아닌 과정에 초점을 맞추어야 한다. 과정 내의 모든 문제를 발견하고 검토함으로써 변화가 필요한 부문의 프로세스 재설계를 위해 에너지를 투입해야한다.

5) 총력집중

프로세스 재설계를 담당하는 팀에는 가장 우수한 인력을 배치하며, 이들에 대한 충분한 인센티브가 제공되어야 한다.

6) 시스템적 접근

고객의 욕구를 발견하여 그 욕구를 충족시키기까지의 모든 프로세스를 빠짐없이 점검하고 분석해야한다. 개별 프로세스는 전체 프로세스의 한 부분이기는 하지만 독립적으로 존재하거나 작용할 수 없는 경우가 일반적이기 때문이다. 고객으로부터의 철저한 피드백은 개선이 필요한 프로세스를 찾아내는 최적의 수단이다.

7) 상황적 접근

모든 조직의 리엔지니어링에 통용되는 유일한 프로세스는 존재할 수 없다. 리엔지니어링은 조직과 상황의 특성에 적합하게 조정되는 융통성이 있어야 한다.

8) 계획과 실행의 균형유지

리엔지니어링의 계획과 실행과정이 완벽히 일치하기는 쉽지 않다. 실행과정상 터득한 내용을 바탕으로 하는 최소한의 조정필요성은 인정되어야 한다는 의미이다. 과업계획이나 시간계획 설정 시 지나치게 강조되는 정확성과 행동지침 등은 업무수행상의 행동을 경직되게 하여 과업수행을 어렵게 하므로, 행동방안을 유연하게 정하는 것이 바람직하다.

9) 측정척도 중시

측정할 수 있다면 완수될 수 있는 것이므로, 프로세스의 성과를 측정할 수 있는 올바른 척도를 선택하는 것은 방향의 모색과 리엔지니어링의 성공여부를 평가하는 중요한 요소가 된다. 선택된 척도는 시스템 전체의 성과를 측정할 수 있는 것이어야 하기 때문에, 구성원은 스스로를 측정할 수 있어야 한다. 이는 고객이 조직구성원의 업무수행능력을 측정하는 바와 같다. 시스템의 성과측정 척도로는 시간을 최선으로 활용할 경우가 많다.

10) 인간중심

기업이 경험하게 되는 기대, 감정, 행동변화 등의 사이클을 이해하면 변화를 예견하고 계획을 세우는데 도움이 될 수 있다. 변화에 대한 가장 주된 요인인 공포감을 원활히 관리하는 것이 중요하다. 모든 것은 조직구성원인 인간으로부터 비롯되기 때문이다.

11) 지속적 추진

리엔지니어링은 끊임없이 지속되는 과정이어야 한다. 조직에서 '일단 이번 리엔지니어링만 끝내면 더 이상의 혁신은 필요치 않다'라는 말이 나온다면, 리엔지니어링으로부터 어떠한 효과도 기대할 수가 없다. 업무가 수행되는 방식에 대해 계속적인 의문을 제기할 수 있는 조직이라야 지속적인 성과를 거둘 수 있기 때문이다.

12) 지속적인 의사소통

조직 내 모든 구성원들 간의 지속적인 의사소통 방안을 마련하고, 그러한 조직문화를 구축할 때 리엔지니어링의 성공을 기대할 수 있다.

5 리엔지니어링의 성공을 위한 팁

경영혁신으로 풀이되는 리엔지니어링은 변화를 추구하는 작업이므로 기존의 모든 것에 대한 도전으로 이해된다. 리엔지니어링은 그 대상을 전통적으로는 조직 내 계층과 기능으로 하여왔으나, 최근에는 프로세스 팀을 강조하는 쪽으로 바뀌고 있다. 프로세스 리엔지니어링이란 새로운 프로세스의 구축을 뜻하는 것으로, 조직이 새로운 방식으로 일하는 새로운 사람을 요구하며 새로운 사람을 새로운 방식으로 관리하고 측정함을 의미한다.

변화에의 저항은 자연스러운 것이지만 필연적인 것이다. 이를 해결하기 위한 방법은 사람들을 리엔지니어링에 참여시킴으로서, 밖으로부터 저항하는 것보다는 안으로 끌어들여 안에서 비판하도록 하는 것이다. 사람들이 텐트 밖에서 안을 들여다보게 하기 보다는 텐트 안으로 들어와서 밖을 내다보게 하는 것이 좋다는 뜻이다. 그럼에도 불구하고 기존과 동일한 방식으로 측정하고 보상하고자 한다면, 그러한 행동은 '비정상(insanity)의 정의는 낡은 일을 전과 같은 낡은 방법으로 행하면서 전과 다른 결과를 기대하는 것이다.'라고 간파한 브라운(R. M. Brown)의 지적을 되새기는 반성이 필요하다.

리엔지니어링을 성공으로 이끌기 위해서는 성공적인 팀의 모든 이들이 혁신적이고 도전적이며 어려운 문제를 제기 할 수 있도록 하여 스스로의 책임을 갖는 팀으로 융화시켜야 한다. 그리하여 서로를 인정하고 서로에게 관심을 가져야만 한다. 팀의 모든 이들에게 매혹되어야 할 필요는 없지만, 보살핌이 상호지원을 포함한다는 의미는 새겨둘 가치가 있다.

대담성은 팀의 모든 이들이 혁신적이고 도전적이며 어려운 문제를 제기 할 수 있도록 용기를 북돋아 주는 힘이다. 그러나 혁신의 추구가 경쟁으로 바뀌어서는 안 되며, 모든 빛나는 아이디어들은 팀의 재산으로 기록되어져야 한다. 팀은 '내가 보다 멀리 볼 수 있었다면, 그것은 내가 거인들의 어깨 위에 서 있었기 때문이다'라는 뉴우튼의 겸손한 술회를 기억할 필요가 있다.

공유란 하나의 팀이 하나의 공통 목적을 갖는 것을 의미한다. '진 팀에 승자란 없다'는 격언이 있듯이, 공유는 '팀 내의 모든 이들이 팀에 얼마나 적합 되는가?'에 관한 명확한 감각을 필요로 한다. 공유를 위해서는 명시적인 운영절차(operating procedures)가 필요하며, 팀의 구성원 모두가 기대되고 인정될 수 있는 바는 물론, 그렇지 않은 것까지도 잘 알고 구별할 수 있어야만 한다.

사람들을 리엔지니어링 프로세스에 참여시킨 다음에는 진정한 변화를 방해하는 그들의 가정, 편견, 습관 및 다른 사고방식들을 타파할 수 있는 방법들을 찾아야만 한다.

기업들이 리엔지니어링 과정에서 공통적으로 부딪치는 또 다른 장애물은 상부경영층에게 변화의 필요성을 확신시킬 수 없어서 변화를 책임질 능력이 없다는 점이다.

리엔지니어링의 성공은 프로세스, 변화, 저항, 참여, 융화, 대담성, 공유 등의 의미를 이해하는 책임자만 보장할 수 있다.

제3절 벤치마킹

1 벤치마킹의 정의

벤치마킹의 보편적 해석은 '지속적인 학습'이다. 벤치마킹에 대한 관심의 저변에는 기업의 활동수행 프로세스를 개선시키고 경쟁력을 높이고자 하는 목표가 있다. 오늘날 벤치마킹에 대한 관심이 커지는 근본적인 이유는 '격심한 경쟁에 대한 대응'의 필요성 때문이다.

그러나 벤치마킹에 대한 정의는 매우 다양하다. '인간의 학습과정을 토대로 만든 조직의 학습과정'이라는 정의에서부터 '전혀 부끄러움을 느끼지 않고 훔치는 것(stealing shamelessly)'이라는 정의, 그리고 '남보다 우수한 경영성과를 달성하고자 하는 목적에서 현저히 우수한 실무를 끊임없이 찾아내고 도입하여 활용하는 프로세스' 라는 보다 구체적인 정의 등이 그 예이다. 이와 같은 정의에서도 잘 알 수 있듯이, 벤치마킹의 핵심은 매우 단순하여 자사의 업무수행 과정과 유사한 프로세스를 보다 훌륭히 수행하고 있는 우량기업을 비교기준으로 삼아 최선의 실무(best practices)를 파악하고 이들 실무 중 자사에 도입될 수 있는 부분을 적절히 수정하여 도입하자는 것이다. 그러므로 이것은 지속적인 학습 및 적응이라는 조직학습이론을 바탕으로 하고 있다고 본다.

개인적으로나 팀의 입장에서나 수시로 직면하는 현실문제에서 배우고 터득하여 교훈으로 삼는 것이 가장 효과적인 학습방법이라는 점에 대해서는 일반적으로 인식을 같이 하고 있다. 따라서 최선의 실무를 추구하고 모방하는 과정은 관련된 모든 사람들에게 동기를 부여할 뿐만 아니라 종종 혁신적인 결과를 가져오기도 한다. 이를 감안할 때, 벤치마킹은 끊임없는 개선을 추구함으로써 고객에게 보다 나은 가치를 전달하고자 하는 대표적인 품질관리실무의 하나라고도 할 수 있다.

2 벤치마킹의 전제조건

벤치마킹의 노력이 장기적 성과를 확보하기 위해서는 다음의 전제조건을 충족하는 것이 바람직하다.

1) 최고경영진의 지지와 참여이다.

기업이 당면한 전략적 이슈나 성과개선이 필요하다고 판단되는 프로세스 등에 관하여 우선순위를 파악하는 과정이 중요하다. 그러므로 상위경영진은 자신들이 벤치마킹을 지지하고 있음을 조직에 공표하며 조사에 필요한 자원을 제공하는 리더십을 발휘해야 한다. 벤치마킹의 출발이 상위경영진으로부터 시작되어야 하는 이유이다.

2) 적절한 교육 및 훈련프로그램의 확보이다.

벤치마킹은 어떤 조직으로부터도 배울 바가 있다는 지속적 학습과 개선을 의미하는 개념이다. 이는 외부로부터의 자극에 의한 변화를 목적으로 하는 새로운 철학의 도입을 뜻한다. 그러므로 벤치마킹에 의한 조직의 변화는 조심스럽게 다루어질 필요가 있으며 이를 위한 적절한 교육과 훈련은 필수적이다. 교육은 조직구성원의 사고를 변화시키며 훈련은 필요한 행동을 유발시킨다. 이러한 교육훈련은 변화의 필요성에 대한 인식을 높이고 변화에 대한 거부감을 줄이는 유익한 과정이 될 것이다.

3) 조사 및 정보수집기능의 확보이다.

벤치마킹은 계획-자료수집-분석-시정이라는 4단계 순환주기를 거치는 프로세스이다. 벤치마킹의 수행은 관련정보의 수집이 중요한 과정이 될 것이므로, 프로세스의 문제점을 근본원인까지 검토할 수 있는 능력을 갖춘 유능한 내부 전문가를 확보하여 정확한 조사를 진행하여야 한다. 조사를 완료한 후에는 수집한 정보를 공유할 수 있는 내부채널을 확보함은 물론 벤치마킹의 수행에 공동으로 참여할 수 있는 외부 파트너와의 네트워크를 구축하는 과정도 필요하다. 프로젝트의 효과제고를 기대할 수 있는 방법이기 때문이다. 내부관련자들이 정기적 모임을 갖거나 뉴스레터를 발행하는 형식으로 내부네트워크를 강화시키는 제록스사의 경우를 예로 삼을 수 있으며, 미국의 생산성본부 산하에 국제벤치마킹교류회(IBC)라는 중립적 비영리 네트워크를 두어 활용하는 외부 네트워크 조직의 사례도 참고할 필요가 있다.

4) 충분한 사전준비를 통한 올바른 이해가 전제되어야 한다.

효과적인 벤치마킹을 달성하기 위해서는 자신이 수행하는 제반 작업과정에 대한 철저한 이해가 필요하며, 그러한 이해에 근거하는 내부평가와 문서화가 선행되어야 한다. 내부평가는 벤치마킹의 시행착오를 최소화할 수 있는 유용한 방법이 되며, 상대방의 협조를 구하기 위한 최소한의 필수조건으로 보기 때문이다.

3 벤치마킹의 원칙

벤치마킹의 성공을 위한 기본원칙을 다음과 같이 소개한다.

1) 적법성의 원칙

다음과 같이 적법하지 않을 경우의 발생가능성 즉, 거래의 비합리적 제한이나 시장 및 고객의 분할, 가격담합, 입찰부정, 뇌물수수, 거래정보의 취득 또는 재산권적 정보의 공개 등에 대해서는 어떠한 논의나 행동도 자제해야 한다.

2) 교환의 원칙

상호교류에 참여하는 조직들은 형평에 맞는 교환의 원칙을 준수해야 한다. 따라서 각 조직은 벤치마킹 개시 전에 기대와 목적을 분명히 밝힌 다음 중요한 정보항목이나 속성이 표면에 드러나도록 해야 한다. 이때 각 조직은 프로세스를 개선할 수 있는 능력을 갖추어야 하며 파트너 회사의 대외비적 성격의 정보는 요구하지 않도록 해야 한다.

3) 비밀보장의 원칙

벤치마킹 파트너로부터 획득한 모든 정보는 대외비의 재산권으로 보호되어야 하므로, 파트너의 승인 없이 외부로 유출해서는 안 된다.

4) 이용의 원칙

벤치마킹 조사를 통해 수집된 정보는 전적으로 회사 내에서의 운영 프로세스 개선 목적으로만 사용되어야 한다.

5) 당사자 접촉의 원칙

벤치마킹 파트너 회사의 프로세스 책임자와 접촉을 할 경우는 항상 상대방 회사의 벤치마킹 창구로 임명된 담당자를 상대로 해야 한다.

6) 제3자 접촉의 원칙

벤치마킹을 위해 접촉하는 담당인사와 자사 벤치마킹 참여자들의 이름 등 인적사항은 당사자의 사전 동의를 얻기 전에는 접촉을 원하는 타 회사에 알리지 않도록 해야 한다.

7) 사전준비의 원칙

벤치마킹 파트너와의 접촉 전 사전준비는 성공을 위한 필수요건이다. 자신이 준비하는 프로세스의 강약점을 파악해야하며, 이를 외부업체와 비교하기 전에 내부조사, 비교과정, 측정과정, 입증과정 등을 철저히 마무리해야 한다. 벤치마킹 조사를 주관하고 공식화하기 위해서는 벤치마킹 프로세스 모델을 이용하되, 자신이 원하는 구체적인 내용을 파트너가 알 수 있도록 해야 한다.

8) 종결의 원칙

벤치마킹 조사와 그 결과는 모든 관련당사자가 수긍하며 만족스럽게 받아들일 수 있도록 매듭짓는 노력을 해야 한다.

9) 이해와 행동의 원칙

벤치마킹 관련당사자들은 필요 정보의 수집과 활용에 대한 구체적 절차와 방법 등을 프로세스 착수 전에 논의하여 명확한 합의를 이루도록 해야 한다.

4 벤치마킹의 전략

1) 경쟁적 벤치마킹

경쟁적 벤치마킹에서는 관심영역에서의 다른 기업들의 성과를 측정하여 그들 중 최상의 성과를 학습의 기준(benchmark)으로 삼는다. 선택된 학습기준으로서의 경영실제와 성과가 그들 기업에서는 어떻게 달성되고 있으며 자사의 그것과는 어떤 차이가 있는지를 발견하고자하는 것이 최상을 연구하는 벤치마킹이다. 그렇게 학습된 지식을 이용하여 자신의 운영실제와 성과를 개선시키는 것이 벤치마킹의 목적이다.

벤치마킹의 이점은 매우 크다. 한 기업이 동종 또는 관련업계의 최고수준을 인식하고 채택하여 그러한 목표치를 달성하는 방법을 학습하는 방법이기 때문이다. 이는 새롭게 설정한 기업목표의 달성이 어렵게 보이더라도, 그 목표가 합리적이고 달성 가능한 것이라는 사실을 벤치마킹을 통해 구성원들이 알 수 있게 한다는 의미이다. 벤치마킹은 전략수립 및 조정, 작업공정과 사업체계의 리엔지니어링, 리엔지니어링을 통한 지속적 개선, 전략기획 및 목표의 설정, 문제의 해결방안 발견, 교육과 아이디어의 확충, 시장성취도의 비교와 평가, 변화의 촉진제 등으로서의 기능을 기대할 수 있게 하는 수단이 된다.

2) 내부운영의 평가

벤치마킹은 개선대상의 영역을 찾아내어 그를 개선시키는 방법을 결정하는 프로세스이다. 그러므로 벤치마킹을 시도하는 기업은 자사의 대외경쟁력을 평가하여 상대적으로 취약한 부분을 벤치마킹 대상으로 선택하게 된다. 이 과정에서는 사업전략과 같은 전략적 차원이나 생산 등의 핵심기능영역, 재무회계 등의 지원 분야나 일정계획 등의 구체적 내용까지를 자사의 평가대상으로 할 수도 있지만, 내부운영현황 평가의 대상을 세 가지 유형으로 보는 것이 일반적이다.

(1) 프로세스 벤치마킹

고객 불만의 처리, 청구서 발행, 수주, 인사 및 전략기획 등의 업무프로세스에 초점을 두는 벤치마킹으로, 유사한 업무를 수행하는 다른 기업의 가장 효과적인 업무실행 방법을 찾아서 학습하는 방법이다. 프로세스 벤치마킹은 생산성 증가, 비용 감소, 서비스 증대, 판매량 증가 등 업무수행도의 개선을 기대할 수 있으며 그 효과는 단기적인 금전적 이득으로 나타나는 것이 대부분이다. 이 유형은 분기별 실적 향상을 목표로 하는 관리자들이 주로 선호한다.

(2) 수행도 벤치마킹

제품이나 서비스를 타사와 비교함으로써 현재의 자사 경쟁력을 파악하는 벤치마킹이다. 이는 가격요소, 기술력, 부수적 제품이나 서비스의 특성, 속도, 신뢰도 및 다양한 수행도 등의 특성에 초점을 두어 벤치마킹하는 유형이다.

(3) 전략적 벤치마킹

기업의 장기적인 경쟁력에 영향을 미치는 영역을 벤치마킹하는 유형이며, 조사대상 기업이 어떻게 경쟁하는가를 파악하는 일이 중요하다. 이 단계에서는 상대기업이 어떠한 조건에서, 어떠한 일을 수행하고 있으며, 어떠한 강약점을 확보하고 있는지를 자사와 비교하며 조사해야 한다.

전략적 벤치마킹은 그 영향이 서서히 나타나는 중요한 영역이므로, 개선을 요하는 영역이 많을 경우 개선효과가 최대일 것으로 보는 영역을 먼저 선정해야 한다. 이를 위하여 기업은 자사가 관심을 갖는 영역의 수행방법과 수행정도를 상세히 검토하여 정확히 이해한 다음 타 기업의 운영과 비교하여야 한다. 비교를 전제로 하는 심층적인 내적 분석은 생산시간, 제품의 품질, 고객만족, 장비가동 준비시간 및 이용가능성, 작업자의 수 등 양적 측정이 가능한 것부터 해야 한다. 그리고 운영방법 등에 대한 상세한 연구는 다음 단계에서 하는 것이 좋다.

(4) 설문조사

벤치마킹 대상기업을 방문하기 위하여 자사의 내부운영 실태를 평가한 기업은 다음의 내용을 중심으로 설문지를 작성하는 것이 바람직하다. 조사를 통해 비교 가능한 정보를 수집하기 위함이다.

가. 경쟁자는 얼마나 더 잘하고 있는가?
나. 그들이 더 잘하는 이유는 무엇인가?
다. 그들의 강점 또는 경쟁우위의 진정한 원천은 무엇인가?
라. 그들은 우리에게 문제가 되는 과업이나 문제점을 어떻게 극복하고 있는가?
마. 그들로부터 무엇을 배울 수 있는가?

3) 벤치마킹 대상의 선정

벤치마킹 대상기업은 관심분야별로 하나 이상을 선정하는 것이 좋다. 선택된 분야의 학습기준(benchmark)이 되는 기업은 자사의 현재수준보다 월등히 높은 상대적 우위를 점하고 있어야 하며 자사와의 의미 있는 비교가 가능한 기업이어야 한다. 의미 있는 비교란 자사의 경쟁적 지위의 설정을 위해 학습될 수 있는 기업이어야 함을 의미한다. 이러한 기업들은 신문, 잡지, 연간보고서, 기업 출판물, 산업 세미나 참석 등을 통해서도 찾을 수 있다.

벤치마킹을 통한 학습은 경쟁자나 자기 회사의 다른 부서, 또는 자회사, 조인트벤처 파트너, 공급업자 등 다양한 대상자로부터 가능하다. 그러므로 가장 잘 하고 있는 기업이 반드시 동일 산업내의 기업일 필요는 없으며, 동일한 시장을 상대로 사업하는 기업이어야 할 필요도 없다. 실제로는 기업이 동종 업계뿐만 아니라 다른 산업에 속한 기업의 경영실제를 벤치마킹함으로써 그의 경쟁자들 보다 앞서 나아갈 수 있게 되는 사례도 많기 때문이다. 동종업계에서의 벤치마킹은 경쟁관계 때문에 매우 어려운 일이 될 수도 있는 까닭에, 다른 업계에서의 벤치마킹이 오히려 용이할 경우도 적지 않다. 특히 다른 산업에서 활용되고 있는 향상된 기술을 채택하여 경쟁우위의 달성기회를 확보하는 경우로는, 식품과 잡화류 업계에서 시작된 바코드(bar code)가 다른 산업에서도 널리 채택되어 온 사례를 생각해볼 수 있다.

4) 벤치마킹 기업의 방문

벤치마킹 대상 업체를 선정하면 당해기업을 방문하여 주요 인사와 면담을 하게 된다. 면담 시는 준비된 설문을 통하여 당해기업의 운영실제와 관련된 사항들을 질문하게 된다. 설문의 내용에는 정량적 요인과 함께 경영실제와 프로세스 및 방법 등의 질적 요인까지 포함하여 논의하는데, 설문이 진행되면서는 비교 이외의 상이한 경영접근법까지 논의되기도 한다. 그러므로 업체방문을 통한 논의 시에는 정량자료와 정성자료를 함께 수집할 수 있으며, 벤치마킹 대상기업의 경쟁적 우위가 달성되는 과정을 심도 있게 이해할 수도 있다.

5) 벤치마킹 자료의 활용

벤치마킹 대상기업 방문 후에는 면담결과를 정리 분석해야 한다. 자사와 벤치마크기업 간의 주요한 차이가 성과 개선을 위한 목표의 기초가 되기 때문에, 벤치마크기업의 아이디어와 적용실제들을 자기 기업에 응용하고 성과목표 달성을 위한 활동계획의 수립에 활용할 수 있다.

그러나 벤치마킹은 최고의 기업이 현재 어떻게 수행하고 있는가에 대한 통찰력을 제공해 주는 방법이지, 내일 어떻게 수행하여야 하는가를 제시해 주는 미래의 해답이 될 수는 없다. 그러므로 벤치마킹은 기업과 그의 경쟁자, 그리고 시장에 대한 평가의 일부로서 지속적으로 시행되어야 할 개선책으로 보아야 한다.

6) 경쟁적 벤치마킹의 기대효과

(1) 최고를 목표로 하는 지속적인 개선 노력을 긍정적으로 받아들이는 분위기를

조성할 수 있다

(2) 외부환경의 변화에 민첩하게 대처할 수 있다.

(3) 현재의 상황에 만족하는 안일함을 자극하여 지속적 개선의 절대적 필요성을 인식하게 할 수 있다

(4) 시정해야 할 우선순위를 확립하는데 활용할 수 있다.

제4절 다운사이징

1 다운사이징의 정의 및 효과

1) 다운사이징의 정의

다운사이징(down sizing)은 조직의 생산성과 경쟁력을 개선하기 위하여 비경제성과 비효율성, 사용자 불편성 등의 문제를 제거하는 의도적인 조치들이며 감량경영방식이라고도 한다. 이는 1980년대 후반부터 급격한 기술변화와 가격경쟁을 겪은 전기통신분야 특히 컴퓨터산업분야에서 시행되기 시작한 것으로, 조직인력의 규모나 비용구조, 업무의 흐름 등을 개선하기 위한 과감한 조치이다. 이러한 조치는 기구를 축소하거나 감원을 하는 등의 분권화와 슬림화, 프로세스의 통합화를 포함하는데, 일반적으로는 효율적인 네트워크 운영을 위하여 분권화하는 정보시스템 다운사이징과 조직을 슬림화하고 재정비하는 조직 다운사이징으로 구분한다.

정보시스템 다운사이징은 정보시스템의 구조를 조직전체의 차원에서 분산시키는 기법으로, 정보기술 구조의 진화과정 중 하나로 이해된다. 정보시스템 다운사이징은

다시 정보시스템 구조진화의 한 과정으로 보는 광의의 다운사이징과, 현재 사용 중인 응용프로그램을 보다 작은 규모로 운용하도록 새로운 시스템 구조를 형성하는 협의의 다운사이징으로 구분한다. 이에 대해 조직 다운사이징은 불필요하고 불합리한 조직을 축소하거나 제거하는 조직 재정비 차원의 구조조정을 의미한다. 공급자와 수요자 간의 접촉채널을 판매원이라는 단순한 '인맥채널'만으로도 유지할 수 있었던 산업사회와 달리, 정보화 사회의 도래는 판매원, 광고 선전, 전화 및 팩스, 인터넷 등의 정보시스템으로 생산자와 고객 간의 접촉수단을 다양화하게 되었다. 여기서 수요자와 공급자라 함은 제품이나 서비스를 필요로 하는 고객과 필요로 하는 것을 생산하는 기업뿐만 아니라 회사 내에서의 업무수행에 필요한 지식, 정보, 기술, 물자, 자본, 또는 노동력 등을 요구하는 측과 이를 조달하는 측도 포함하고 있다. 경영활동 범위가 확대되고 기업의 조직구조가 복잡해짐에 따라 관리와 행정업무를 수행하는 인력집단 또한 수요자와 공급자 사이에 대두되는 문제점에 직면하게 되었다. 이러한 문제들은 인간의 창조력이나 지적 능력, 그리고 정보력과 기술력 및 서비스 능력 등에 의존하던 일상적 행정업무와 서류처리 작업들을 정보시스템이 흡수함으로써 해결할 수 있게 되었으며, 그에 따라 수요자와 공급자간의 거리를 단축할 수 있게 되었다.

2) 다운사이징의 효과

경영조직의 다운사이징은 비용의 절감과 소통의 원활화를 그 효과로 기대할 수 있는 감량경영방식이다. 이는 불필요한 임원이나 지원부서, 또는 중간관리층을 과감히 축소함으로써 계층구조를 단순화하여 의사결정을 신속하게 하는 방식이다. 이처럼 기구를 축소하거나 통합하여 인력을 감축하는 등 조직의 구조를 재편하고 업무의 프로세스를 변경하는 다운사이징은 단기적으로는 비용절감이 중요한 목적이지만 장기적으로는 전략적 차원에서 이해되어야 한다. 수익성이 낮은 부서를 정리하고 유휴인력을 감축하여 노동비용을 절약하고자하는 선택은 결과적으로 조직계층을 단순화하여 의사소통을 원활하게 하는 등 기업의 경쟁력 향상에 도움이 되는 전략이라 보기 때문이다.

그러나 다운사이징은 위의 긍정적 효과와는 달리 부정적 영향에 대한 견해도 적지 않다. 1980년대 미국에서 시작된 다운사이징은 많은 기업들이 경기침체에 대응하기 위하여 선택한 인력감축수단이었으며 이러한 추세는 1990년대까지 계속되었다. 당시의 다운사이징 효과는 비용절감이라는 목적에 부합하기는 하였으나 이는 단기적 효과에 그쳤으며, 장기적인 면에서는 오히려 구성원들의 근로의욕과 조직충성심을 저하시켜 제품과 서비스의 품질을 떨어뜨리고 경쟁력을 약화시키는 등의 손실을 발생시켰다고 지적된다. 다운사이징의 이러한 부정적 영향은 기업의 시장점유율이 하락하거나 중요한 인적자원을 잃는 결과를 초래하여 조직의 의사소통을 어렵게 하기도 한다.

2 다운사이징의 유형

다운사이징의 유형은 조직구조를 개편하고 기능 부서를 통폐합함으로써 인원을 감축하거나, 업무를 재편성하는 등 다음의 2가지로 구분할 수 있다.

1) 인원감축을 통한 다운사이징

인력규모의 조정에 초점을 맞추어 정리해고를 하거나 명예퇴직, 자연감소 등의 방법으로 인원을 감축하는 다운사이징이다. 일반적으로 기업의 경영위기 시에 운용되는 보편적 방법이므로, 즉각적인 실행이 가능하고 그 효과 또한 단기간에 기대할 수 있다. 그러나 이 유형은 조직구성원 중 누가 인력감축의 대상이 될지를 예측하기 어렵기 때문에 조직 내의 불안이 조장될 수도 있으며, 조직의 핵심적 기술이나 업무지식의 손실이 발생될 수도 있다.

2) 업무의 재편성을 통한 다운사이징

이 방법은 조직의 직무와 계층, 작업집단, 부서 등을 줄이거나 제거함으로써 업무의 수를 조정하는 다운사이징으로, 인력의 감축과 병행하여 실시하기도 한다. 구체적 실행은 직무의 재설계, 조직단위의 통폐합, 부서의 통합, 계층의 제거, 작업시간의 감축 등을 통해서 이루어지며 그 실행기간은 비교적 중기에 해당되고 효과 또한 중기에 기대할 수 있다. 이는 기존업무를 단순화할 수 있는 방법이므로 구성원들의 업무부담을 경감시키는 효과가 있다.

13

기업문화

제1절 기업문화의 본질

1 기업문화의 개념

1) 기업문화의 의의와 중요성

기업이 활용할 수 있는 경쟁의 원천을 자본과 인간으로 볼 때 자본이 기업경영활동의 본원적 자원인 경우는 자본제공자가 중심이 되는 기업경영시스템이 형성되지만, 경영활동의 핵심적 자원이 자본으로부터 인간에게로 옮겨지게 되면 인적자원의 제공주체인 사람들을 중심으로 기업시스템이 이루어지게 된다. 경영활동의 중심이 자본에서 인간을 중시하는 시스템으로 바뀌어왔다는 의미이다.

기업이 인간을 중심으로 경영될 때에는 문화적 요인들이 강하게 작용하여 기업성과에 지대한 영향을 미치게 된다. 독특한 문화적 요인들이 강력한 조직문화를 형성하게 되면 그 조직문화는 개별기업을 지속적으로 성장하게 하는 바탕이 된다. 개인에게 개인적 특성이 있고 사회에는 사회적 특성을 나타내는 문화가 형성되듯이, 기업에는 그 기업의 특성을 나타내는 기업문화가 기업구성원을 통하여 형성된다. 기업문화는 특정기업에서 구성원들이 공유하는 가치의식과 그 가치관을 통하여 표출하는 상징특성이나 행동규범, 그리고 경영이념 등을 포함하는 역사성을 가진다. 그러한 기업문화는 복잡하고 격심한 경영환경의 변화에 대응할 기업의 적응능력을 유지시키는 매우 중요한 활력소가 된다.

그림 13-1 기업문화의 하위체계

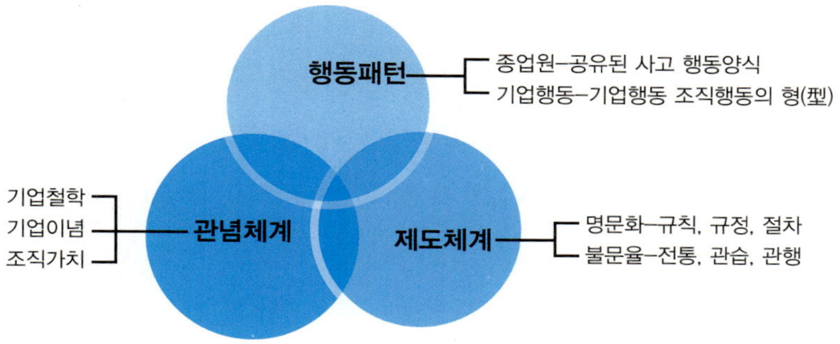

기업문화는 한 기업이 생존과 안정과 성장에 필요한 활동을 거듭해 오는 동안 기업 구성원들의 활동지침이 되는 행동규범, 그와 관련되는 신념과 철학, 의례와 상징의 체계로 이루어진다. 그러므로 기업의 경영풍토가 형성하는 기업전체 시스템으로서의 기업조직문화는 하위시스템인 관념체계, 제도체계, 행동패턴 등으로 구성된다고 본다. 사회적 관점에서 볼 때 기업문화는 급변하는 기업환경 속에서 조직구성원들이 취해야 할 행동규범을 제시하고, 각 구성원의 가치관을 조직전체의 가치관과 공유하게 하는 것이라 할 수 있다.

뿐만 아니라 기업문화는 인간의 본성과 활동, 시간과 공간에 대한 가정까지도 포함하고 있어서, 기업은 조직구성원들이 가지고 있는 공유가치나 신념 및 행동규범 등을 통하여 독특한 문화를 형성하게 된다고 오우치(W. Ouchi)도 주장하였다. Z이론을 주창한 오우치는 기업의 조직문화를 조직체의 전통과 분위기라 정의하면서 조직의 가치관과 행동패턴을 규정하는 기준으로 보았다. 그렇기 때문에 기업문화는 업무상의 권한이나 책임사항의 결정에 영향을 미치게 되어 조직구성원들의 행동양식을 바람직하게 유도할 수 있으며 경영성과에도 기여할 수 있게 된다고 파악하였다.

우수한 기업일수록 독특하고 강력한 조직문화를 가지고 있다는 여러 사례는 건전한 기업문화 육성의 중요성을 일깨워준다. 조직의 목표 지향적 특성을 강화하고 건전한 사회관계를 조성하기 위한 노력은 구성원들의 유대감을 강화하고 바람직한 조직행동을 유도함으로써 가능할 것이기 때문이다. 이에 따라 실제로 많은 기업에서 기업문화를 담당하는 전담부서를 만들어 기업문화를 보다 장기적이고 적극적으로 관리하는 추세이다. 또한 기업문화의 중요성을 인식하여 수행된 많은 연구결과에서도 강한 기업문화를 가진 기업이 보다 높은 조직성과를 나타낸다는 결론을 맺고 있다. 이러한 여러 관점에서 살펴볼 때 기업의 경영관리와 성장에의 목표를 기업문화적 어프로치를 통하여 추구하는 일은 그 의의가 크다고 하겠다.

표 13-1 기업문화의 정의

E. H. Schein의 정의	기업문화는 조직체 또는 집단이 외적 환경에의 적용과 내적 통합의 대면과정 속에서 고안하고 발견하여 개발한 기본 전체의 유형으로서, 조직생활의 유용성을 갖는 것으로 충분히 인식되어져 내외환경과 문제의 대처 등에 있어 하나의 인식, 사고, 감정방식으로서 새로운 구성원들에게 학습되어지는 것이다.
V. Sathe의 정의	기업문화를 조직구성원간에 공유하고 있는 공유사상, 공유언어, 공유행동, 공유감정 등으로 구성된 일련의 중요 이해로 간주한다.
D. R. Denison의 정의	기업문화란 조직을 결속시키는 사회적 접착제로서 조직구성원들이 공유하는 가치, 사회적 이상, 신념 등을 포함하는 것이다.
M. Jelinek의 정의	기업문화란, 각 조직의 신화, 패러다임, 공유의 의미체계, 조직구성원 고유의 가치판단체계이다.
W. B. Tunstal의 정의	기업문화는 기업이 목표로 하고 있는 바를 사원들에게 구체적으로 주지시키고 사기를 앙양시키며 나아가 충성심을 북돋아 줌으로써 모든 종업원들이 일체감을 갖고 공동목표를 향해 일하도록 하는 조직문화인 것이다.

2) 기업문화의 특성

기업은 '계획된 경영활동을 계속해서 수행하는 경제단위'이다. 그러므로 기업은 양질의 재화와 용역을 효율적으로 생산하여 사회에 싼 가격으로 공급하기를 요구받고 있다. 그러한 역할이 기대되는 경제주체로서의 기업은 사회적 측면이나 문화적 영역에 있어서도 다면적인 활동을 하고 있어서, 오늘날에는 스스로의 권력과 영향력의 확대를 추구하는 성격의 조직으로 인식되기도 한다.

기업구성원의 공유된 가치와 행동체계로 정의되는 기업문화는, 앞에서 살펴본 기업의 성격을 바탕으로 다른 사회기관과 비교할 때 다음의 5가지 특성을 갖는 조직이다.

(1) 경제재의 증식을 가치체계의 중심으로 한다.
(2) 경제적 합리성이 의사결정의 행동기준이 된다.
(3) 기업행위의 지배적 목적을 시장변화에의 적응과 고객창출에 둔다.
(4) 구성원이 공유하는 관념의 기본을 효율성에 둔다.
(5) 위험에의 도전과 새로운 가능성 실현을 위한 행동방식을 사회로부터의 기대치로 인식한다.

3) 기업문화의 기능

오늘날 기업문화의 비중이 증대되는 이유는 그 작용과 효능에 있다. 문화의 작용과 효능은 단기적으로는 미미하여 거의 잠재적인 듯이 보이지만, 그 영향은 장기간에 걸쳐 강대하게 나타나는 저력이 있다. 기업문화는 기업자체의 독자적 사고나 행동양식을 형성해가며 정형화된 행동패턴을 구성원들이 공통적으로 함유하게 하는 특성이 있기 때문이다. 그러므로 기업문화는 자사에 형성되어 있는 가치, 규범, 제도, 전통, 관습 등을 구성원들이 체득하게 하여 기업의 체질을 형성해나가는 중요한 요소가 된다. 기업의 체질이란 기업조직의 독자적인 개성을 의미한다. 기업의 개성이나 체질은 외부환경과의 교류와 역사적인 축적을 통해 형성되는데, 그 형성과정에서 방향을 결정하는 것이 기업문화이다. 기업의 철학이나 경영이념, 그리고 여러 가지의 조직규범들은 기업의 체질이 형성되는 과정에서 작용하게 된다.

기업문화는 기업 활동을 위한 순기능적 역할을 하는데, 기업 활동이란 기업의 독자적 판단에 의한 대내외적 행동을 말한다. 기업의 활동은 기본적으로는 환경적응, 목표달성, 동기부여, 그리고 내부통합 등의 네 가지로 요약되며 이들 활동은 기업존립의 중요한 요소가 된다.

(1) 기업 활동에 대한 기업문화의 순기능은 다음과 같이 요약된다.

가. 조직구성원에게 정보의 탐색, 전달, 축적, 해석 등을 용이하게 하여 그들에게 공동의 의사결정 기준을 제공한다. 특히 불확실한 상황 하에서는 가치와 규범으로서의 최상의 정보가 무엇인지를 분명하게 제시한다.

나. 기업문화는 조직구성원에게 공통의 사고와 행동방식을 부여하므로 조직 내 갈등을 해소하여 일체감을 조성하는 데에 도움을 주며 조직구성원의 내적 통합을 촉진하는 역할을 한다.

다. 조직구성원들이 기업 가치에 공감하고 있는 경우, 공유된 가치에 동기를 부여함으로써 근로의욕을 더욱 높일 수 있고, 그 결과 생산성이 향상될 수 있다.

(2) 그러나 기업문화는 위와 같은 순기능에도 불구하고 몇 가지의 역기능 가능성이 있다.

가. 기술혁신과 시장 환경의 변화는 기업에게 가치관의 변화와 새로운 기업행동을 요구하고 있지만, 경직된 기업문화는 기업의 신속하고 유연한 적응행동을 저해할 수 있다.

나. 오랫동안 유지해 온 기업문화로부터 새로운 문화로 전환을 해야 하는 과정에서는 구성원의 일관된 경영행동유지가 매우 곤란하게 된다. 이에는 시대의 변화를 따르는 새로운 가치개발의 문제가 야기된다.

2 기업문화의 확립과 변화

1) 기업문화의 확립

기업문화의 확립을 위한 첫 번째 과제는 "이것이 우리기업의 문화이다"라 할 수 있는 명확한 요체를 사내에 정착시켜 가는 것이다. 창업자 정신이나 경영이념을 조직의 최하위 계층에까지 전파시켜서 구성원 모두가 도전적인 사고와 행동양식을 공유하게 하는 과제이다. 조직은 이러한 과제의 수행을 통하여 일체감을 갖게 되며 구성원의 정신적 유대를 강화할 수 있다. 조직으로서의 체계가 이루어지며 기업이 나아갈 장래의 방향을 결정하게 된다.

2) 기업문화의 변혁

"우리기업의 조직문화는 틀렸다. 이를 변화시키지 않고서는 경쟁에서 살아남을 수 없다"는 각성으로 기존기업문화의 변혁을 추구해야 한다. 기존기업문화의 변혁이 요구되는 배경으로는 다음의 세 가지 경우를 생각해볼 수 있다.

(1) 세상은 진보하고 있는데 우리 회사의 기업문화는 오래도록 변하지 않고 있다. 시대에 뒤떨어지고 있는 것은 아닌가? 이것은 기업문화의 환경변화에 대한 부적응성을 지적하는 것으로, 기업문화가 사회경제적인 일반사정이나 가치관의 변화를 포함한 시대의 추이에 적응하지 못하고 있다는 인식이다.

(2) 우리 회사의 기업문화는 구성원을 낡은 관념 속에서 안주하게 하고 있다. 조직의 적극적인 분위기 고취를 위하여 활기차고 강한 특성의 기업문화 개발이 필요하지 않은가? 이것은 구성원에게 기대되는 사고나 행동양식이 구성원들의 실제 사고나 행동양식과의 사이에 어긋남이 있다는 인식을 말하는 것으로, 현재의 기업문화가 조직을 활성화 시키려는 경영방침에 순응하지 못하는 저해요인임을 지적한다. 반드시 타개되어야 하는 상황이다.

(3) 업종을 전환하거나 새로운 사업 분야로 진출해야 하는 경영의 과제가 시급한 상황인데도 기존사업을 바람직하게 여기고 있다면, 기업문화를 사업의 특성에 적합하도록 바꿔야하지 않겠는가? 이것은 사업특성에 대한 기업문화의 부적합 상황을 말한다. 기업문화는 사업에 따라 기업문화의 성격이 달라져야하므로 영업의 확장이나 업종의 전환이 강력하게 요구되는 기업의 경우는 지체 없이 현재의 기업문화를 바꾸지 않으면 안 된다.

3) 기업문화의 창조

기업의 사회적 관심이나 구성원들에 대한 배려가 부족할 수밖에 없는 이유는 기업 특유의 효율성과 영리성이 실제의 사회문화적 성격을 지배하고 있기 때문이라 볼 수 있다. 현실적으로 "이익을 남기기 위해 문화를 썩히다"고 하는 기업행동이 결코 없지 않다는 의미이다. 그러므로 기업문화는 꾸준한 재검토가 요청된다. 기업은 미래를 향해 뜻있는 기업문화, 가치 있는 기업문화를 만들어 갈 것을 전체사회로부터 또는 다음 세대로부터 강력히 요청 받고 있다는 사실을 인식할 필요가 있는 것이다.

개별 기업의 입장에서 보더라도, 구성원의 창의와 주체성이 충분히 발휘되어 제품과 기술을 개발하고 시대를 이끌어 갈 수 있는 기업체질을 만들기 위해서는 이전에 만들어졌던 낡은 기업문화의 과감한 재구축이 필요하다. 따라서 뜻있고 가치 있는 기업문화를 기업 스스로 창조해 갈 것이 요구된다 하겠다.

3 기업문화의 구성요소

기업문화는 여러 가지 요인이 복합적으로 작용하여 오랜 기간에 걸쳐서 형성되는 보이지 않는 시스템이라 할 수 있다. 이러한 기업문화를 형성하는 중요한 요인으로는 가치체계와 상징적 요소, 의례와 의식, 그리고 행동규범 등을 들 수 있으며 이들에 대한 설명은 다음과 같다.

1) 기업문화의 5 요인

(1) 가치체계

기업이 추구하는 가치와 그 기준을 뜻하는 것으로, 개별 기업의 철학과 연결되는 것이며 전체 구성원들에게 유대감을 심어주고 모든 행동의 지침을 설정해 주는 것이다.

기업이 추구하는 가치를 구성원들이 공유하게 되면, 그 가치는 기업의 기본적인 성격과 특징적 태도를 규정한다. 기업의 가치는 대체로 경영이념의 형태로 표명되는데 이는 한 기업이 오랫동안 지켜 온 역사와 전통의 숭고한 전통가치이기 때문이다. 특히 기업의 창업자나 특출한 경영자가 내세운 이념과 가치관은 기업문화의 형성에 지대한 영향을 미치게 된다.

기업이 추구하는 가치체계를 구성원들의 공유가치로 정착시키면 다음과 같은 효과를 기대할 수 있게 된다.

가. 공식조직의 설계에 영향을 미친다.

나. '어떤 문제에 중점을 두어야 할 것인가?', '어떤 정보가 의사결정시 가장 진지하게 받아들여질 것인가?', '어떤 사람이 가장 존경받을 수 있는가?' 등의 결정에 영향을 미친다.

다. 승진 가능성에 영향을 미친다.

라. 외부에 대해서는 무엇을 기대해야 할 것인지를 알게 해준다.

마. 경영자나 구성원들로 하여금 기업 가치체계에서 강조되는 문제에 대해 특별한 관심을 쏟게 함으로써 기업성과를 높이게 하는 한편, 관리자들에게는 행동지침을 주어 보다 나은 의사결정을 하게하며 구성원들이 가치를 지키는 과정에서 더욱 열심히 일할 수 있게 해 준다.

(2) 상징적 요소

가치가 기업문화의 정신이라면 이들 가치의 구현을 위해서는 상징적인 요소들이 필요하다. 중요한 상징적 요소의 하나로 영웅을 들 수 있는데, 영웅은 기업문화의 중추적 역할을 담당하며 구성원이 따라야할 역할모델을 제시한다. 영웅 이외의 상징적 요소로는 사보와 같은 정기간행물과 회사를 상징하는 배지(badge), 마크 그리고 전통적으로 내려오는 일화나 전설 등이 있다.

영웅의 탄생은 선천적이거나 인위적일 수도 있다. 기업문화의 기본적 가치를 강화시켜 주는 그들의 역할을 요약하면,

가. 기업 외부에 대해 기업을 상징하고

나. 기업의 특성을 유지시켜 주며

다. 성과의 표준을 제공한다.

라. 구성원들을 동기부여 한다.

(3) 의례와 의식

의례(rituals)와 의식(ceremony)이란 회의절차와 방법, 보고방식, 과업처리방식, 그리고 교육훈련 등의 구체적인 표준행동을 뜻하는데, 기업은 이를 통하여 기업문화를 강하게 유지하며 새롭게 창출한다.

(4) 행동규범

조직구성원의 일상행동에 대한 규범은 조직의 가치를 반영하는 것이며 이들은 매우 다양하다. 기업의 사시(社是)나 사훈(社訓) 등에 행동규범적 내용이 포함된다. 근면, 검소, 친애를 강조하는 현대그룹과 인간존중을 강조하는 삼성그룹의 사시와 사훈이 그 좋은 예이다. 오늘날 기업조직의 환경적응적 측면에서도 행동주의와 현실주의 등의 규범은 매우 중요하다.

(5) 경영관리자

경영관리자는 일상적으로 일과 직결되는 말과 비유를 적절히 구사하여 기업의 가치를 부하에게 전달할 수 있어야 한다. 이러한 능력은 리더십의 유효성을 결정하는 중요한 요소 중의 하나이다. 경영자가 상징의 창시자요 전달자이며, 상징적 관리자(symbolic manager)라고 불리는 것도 이 때문이다.

2) 기업문화의 결정요인

(1) 기업문화를 가장 좁은 범위 내로 한정하는 미시적 관점이다.

기업문화의 구성요인을 조직구성원이 공유하는 기본적 신념과 가치관으로 한정하는 입장이다. 이 경우 기업문화는 조직이 내외의 상황에 대응하며 성장해감에 따라 형성되는 것이라 본다.

(2) 기업문화를 중간적 범위에서 이해하는 관점이다.

조직문화를 여러 가지의 상징, 언어, 일화(逸話), 행사, 의식, 영웅 등으로 표현되는 조직적 상징주의에 바탕을 두고 이해하려는 입장이다.

(3) 기업문화를 가장 넓은 범위에서 이해하려는 관점이다.

다른 기업과 구별되는 조직의 전체적인 특징을 기업문화로 간주하려는 입장이다.

기업문화의 구성요소를 문화의 심층구조와 구분론적 인식에 따라 [표 13-2]과 같이 분류할 수 있다.

표 13-2 기업문화의 구성요소

문화의 심도	문화의 구성요소
내재적 수준	● 기본가정(자연관, 세계관, 인생관, 공개개념) ● 믿음체계(경영가치, 철학) ● 가치체계 • 규범 : 사시, 사훈, 행동규범 등 • 의례 · 의식 : 표창제도, 교육훈련, 문화행사 등 • 상징적 요소 : 영웅, 전설, 일화
외재적 수준	● 경영전략 ● 업적평가체계 ● 선발, 훈련체계 ● 보상체계 ● 일상업무체계(의사소통체계)

기업문화를 이해하기 위해서는 그 구성요소의 인식과 관련된 인공물이나 기업경영의 구조체계 등에 관심을 갖는 일이 중요하지만, 그러한 인공물이나 제도 등에 내재된 의도, 가치, 신념 등을 근원적인 문화형성인자로 간주하여 우선적 가치를 부여하

는 일은 더욱 중요하다. 공식적 구조나 관리체계 등이 조직문화형성에 영향을 미치는 것은 당연하지만, 이들은 실행수단이나 표출형태로 이해되는 것이 바람직하다. 그러므로 기업문화의 심층적 파악을 위해서는 공식구조나 관리체계 등의 형성에 영향을 미친 배경과 의도를 핵심요소로 이해하는 것이 더 중요하다는 의미이다.

4 기업문화의 유형

기업문화는 다양한 구성요소들이 다차원적으로 결합하여 형성하는 하나의 패러다임(paradigm)으로 간주된다. 그러나 어떤 실체적 현상을 유형화(有形化)하는 경우는 연구자의 주관이 개입될 수도 있고, 때로는 지나친 단순화나 인위적 유형화가 현상을 왜곡할 가능성도 있다. 이러한 관점에서 샤인(Edgar H. Schein)은 현재의 조직이론이 진보하지 못하고 있는 이유 중의 하나로 대다수의 결정된 유형들이 조직현상의 어느 한 측면만을 다루고 있다는 점을 지적하고, 기업문화를 유형화함에 있어 여러 가정들을 포괄하여 유형화할 것을 역설하였다. 그는 기업문화의 심층적 수준에 대한 이해를 위해서는 분석을 위한 유형화와 차원설정의 필요성이 대두된다고도 보았다.

그림 13-2 핸디의 문화유형

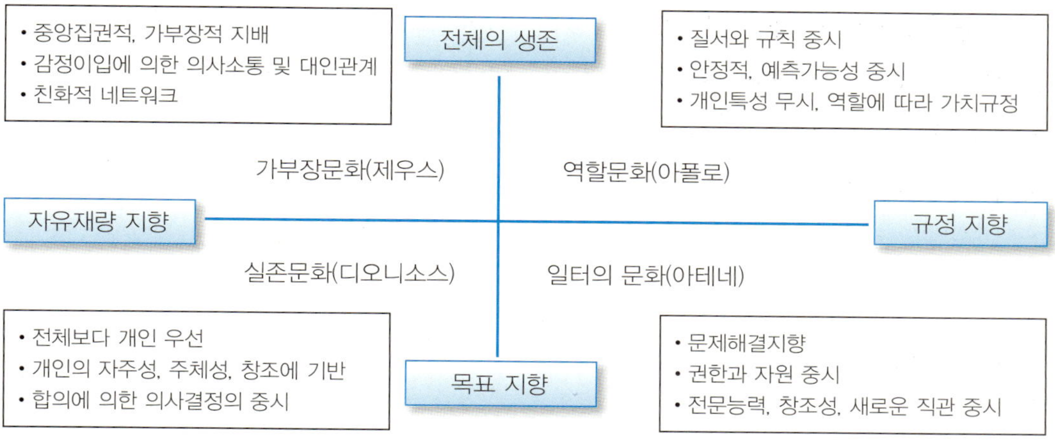

기업문화의 유형화에 관해서는 다양한 학문적 접근이 시도되었다. 그 중 해리슨(R. Harrison)은 문화의 유형을 권력지향형과 역할지향형, 과업지향형, 그리고 인간지향형 등의 4가지로 구분하였다. 권력지향형은 조직생활에서 원칙적으로 권력과 정책의 사용자에 의해 지배되는 유형, 역할지향형은 조직이 권리와 합리성 그리고 정당성을 고려하여 지배되는 유형으로, 과업지향형은 직무수행과 그 결과를 중시하는 유형으로, 그리고 인간지향형은 조직구성원 개인의 욕구를 최대한 수용하는 유형으로 비교 설명한 것이다. 그 후 핸디(C. Handy)는 그리스 신화의 사신(四神)을 '경영의 신'으로 정하고 각각의 속성에 따라 가부장문화, 역할문화, 일터의 문화, 실존의 문화로 구분하여 비교하였다. 그는 리더가 지배권을 확보하여 조직전체를 총괄하는 문화를 가부장문화라 정의하였으며, 실존문화는 구성원 개인이 자신의 능력과 의욕에 따라 주체적으로 행동하는 조직으로서 전문직을 선호하는 문화형태라 설명하였다. 또한 역할문화는 조직구성원들이 질서와 규칙을 충실히 지키며 합리적인 업무수행을 추구하는 문화라 비교하고, 일터의 문화를 발달된 기술과 논리를 기본으로 업무상의 문제를 해결할 수 있는 냉철하고 전문적인 인재를 양성문화라 주장하였다. 해리슨과 핸디는 그들의 유형분류체계의 사용에 있어서도 다른 유형체계의 경우와 마찬가지로, 만약 사용자가 실제의 조직을 이들 유형 중의 하나 속에 무리하게 분류하거나 정의하려고 할 경우에는 지나친 단순화를 야기하는 위험성을 갖게 된다고 지적하였다. 또 이들 유형이 문화해석에 실마리를 제공하기는 하지만, 산업환경의 영향으로부터 유추된 일반적 경향의 묘사에 불과하다는 점을 아울러 지적하고 있다. 이들 외에 딜과 케네디(T. E. Deal and A. A. Kennedy)는 위험의 감수성향과 의사결정, 그리고 전략성공 여부의 환류속도를 기준으로 하는 무법자 기질의 남성적 문화, 일 잘하고 잘 노는 문화, 회사의 운명을 거는 문화, 형식 중시의 문화 등으로 분류하였다.

5 기업의 국제화와 기업문화

기업은 여러 가지 이유로 국제화를 하게 되는데, 이는 다양한 국가의 경영자원을 이용하여 여러 나라에서 다양한 경영활동을 하게 됨을 의미한다. 하나의 시스템 하에서 다양한 국가의 다양한 경영자원을 동원하여 다양한 경영활동을 해야 하는 국제기업은 이질적 문화배경을 가진 다양한 사람들을 고용하고 그들로 하여금 기업활동의 일부분을 맡기지 않으면 안 된다. 다양한 사람들과의 공존과 협동을 어떻게 확보할 것인가의 문제가 발생하는 것이다. 기업국제화에 따른 본질적 장점은 이들 다양한 사람들과의 공존과 협동에서 비롯되기 때문이다.

많은 나라에서의 경영활동을 의미하는 기업국제화는 본국의 경영자원 뿐만 아니라 해외 여러 나라의 경영자원까지도 이용할 수 있게 된다. 그 중에서도 사람이라는 경영자원을 현지에서 이용할 수 있다는 점은 국내에서만 활동하는 기업에게는 없는 중요한 장점이다. 그러나 다양한 문화적 배경과 가치관, 그리고 종교 등을 가진 사람들이 공존과 협동의식을 유지하도록 하는 일은 쉬운 일이 아니다. 이러한 관점에서 볼 때 국제기업의 기업문화는 구성원들의 공존과 협동을 유도하는 긍정적 역할을 할 수도 있는 것이다.

1) 기업의 국제화에 따른 기업문화에의 주목 이유

(1) 불확실한 환경에서의 의사결정이라는 배경을 들 수 있는데, 기업의 국제화가 진행될수록 그 환경은 더욱 불확실하고 유동적인 경영환경을 맞이하게 된다. 불충분한 정보환경 하에서 끊임없는 의사결정을 해야 하는 경영자에게는 기업문화가 의사결정의 가치적 전제를 이룰 수도 있다는 점이다.

(2) 기업의 국제화 초기에는 경영의 지향점을 조직구조나 형태에 기초한 성과의 극대화에 두었으나 최근에는 구조나 형태가 아닌 조직구성원 간의 가치관이나 사물에 대한 시각을 공유하는 것에 의해 직무행동이 조정될 수 있다는 견해가 대두되었다는 점이다.

(3) 기업의 국제화가 진행되면서 공식적인 통제보다는 구성원의 내적 동기에 의한 자발적 참여유도가 필요하게 되는데, 이는 기업문화에 의한 조절의 방법을 의미하는 것이다.

2) 기업의 국제화와 기업 문화의 관리적 유용성

(1) 각국에 분산된 자회사와 다양하게 구성된 인종 간에 기업의 가치관이나 목표 및 사명에 대한 이해가 공유되면, 지리적인 거리나 민족 간의 벽을 넘어 구성원 내면의 일체감을 높일 수 있다. 이것은 조직의 구심력을 강화시키게 될 것이므로 궁극적으로는 조직의 효율을 높일 수 있게 된다.

(2) 기업문화의 일치는 모회사와 자회사간의 구별의식을 해소할 수 있는 역할을 하게 된다. 이것은 조직 내의 협동의식을 고양하여 조직의 능률을 높이는 데 기여하게 된다.

(3) 기업이 고유의 가치관을 제시하는 것은 조직 내의 구성원과 자회사에 대해 기업의 지침을 확실히 전달하는 역할을 한다. 이것은 경영자의 리더십 발휘에도 도움이 된다.

(4) 건전한 기업문화는 기업의 경쟁력 유지에 유익하며 기업사회에의 공헌에도 긍

정적 역할을 한다. 이것은 기업문화의 기능이 조직능력의 유지에 중요하게 작용함을 설명하는 말로써, 글로벌 기업문화의 형성 또한 경영이념에 기초한다는 의미이기도하다. 경영이념을 기초로 하는 조직통합의 중요성은 조직의 내부통합과 환경적응이 화두가 된 이래로 많은 논자들의 연구주제가 되어왔다.

이처럼 글로벌 기업문화가 함유하는 가치와 규범을 국제화된 모기업과 자회사가 공유하게 되면 양자는 중요한 조정메커니즘을 확보할 수 있다고 평가받는다.

제2절 환경과 기업문화

기업문화에 영향을 미치는 여러 중요한 요소 중 환경적 요소는 조직내적 요소와 조직외적 요소로 구분된다. 조직내적 요소란 경영관리층의 통제가 가능한 요소를 말하며 그 외의 통제가 불가능한 요소를 조직외적 요소라 한다. 이러한 내외적 환경요소는 기업의 흥망성쇠에 지대한 영향을 미치는 것으로 오늘날의 기업문화 연구 분야에서 비중 있는 분석대상이 되고 있다. 기업조직의 문화창달을 위해서는 기존의 환경요인에 대한 효과적 분석과 함께 자사의 문화적 체질을 강화해야하며 이의 실행을 위한 치밀한 전략적 계획을 수립해야 할 것이다.

1 내적환경과 외적환경

1) 내적환경

조직의 내적환경요인에는 구성원들의 행동특성과 경영상의 전통적 가치관, 행동규범 등이 있는데, 이들은 가치체계나 의례와 상징적 요소 등을 포함하는 기업문화의 구성요소와 유사하다. 기업문화 형성의 주체를 조직 내 구성원이라 보면 그들이 보이는 다음과 같은 행동특성을 살펴보는 일은 의미가 있다.

(1) 구성원들이 조직에 대하여 나타내는 직업의식으로서의 행위나 태도이다.

행위나 태도는 조직구성원의 항상적 태도로서 기업문화에 결정적인 영향을 미치는 요소로 작용할 수 있다. 그러므로 바람직한 기업문화의 풍토를 개발하고 유지하기 위해서는 최고경영층이 조직구성원들의 행위특성을 정확히 파악하여 기업에 실질적으로 공헌할 수 있도록 유도해야 할 것이다.

(2) 조직구성원들의 교육수준과 지식의 정도이다.

업무수행의 척도가 될 수 있으므로, 구성원 각자의 교육수준과 지식의 정도에 따라 개인단위의 능력을 배양함은 물론 잠재능력을 유인하는 정신적인 측면까지도 고려해야 한다. 교육의 목적을 주체적이며 자기개발적인 인간형성의 촉진에 두어 인간의 능력을 외부로부터 보완하는 것이라고 할 때, 올바른 기업문화형성에 적합한 지식과 교육수준의 정도를 파악하는 일은 경영관리자의 중요한 분석과제가 될 것이기 때문이다.

(3) 조직구성원의 가치관 변화이다.

기업은 조직이 팽창하고 업무가 복잡해짐에 따라 기본적 가치체계와 관리제도가 달라질 수 있는데, 이것은 개인별 담당업무에 대한 가치체계에도 변화를 가져오게 된다. 조직구성원의 가치관 변화는 기업문화에 가장 큰 영향을 미치는 내적 환경요소로 작용하기 때문에 인력의 선발, 채용, 개발, 보상과 관련된 제도와 인사고과 등의 인적자원관리기준을 설정하고 설정된 기준을 일관성 있게 적용하는 일은 매우 중요하다. 그러므로 이들 제도와 기준 및 경영방침을 경영환경의 변화에 따라 수정하고 보완하여 적용하는 일은 기업문화의 확립에 중요한 역할을 하게 된다.

지금까지 조직내적 환경요소의 특성이 기업문화에 미치는 역할을 살펴보았다. 조직의 내적 환경요인은 기업문화를 형성하여 이를 강하게 발전시키는 역할을 하기 때문에, 조직구성원의 행동체계와 가치체계를 관리제도적 측면에서 명확히 분석하고 개인별 교육수준과 지식의 정도를 잘 파악하여 구성원이 조직의 목표에 공헌할 수 있도록 유도하는 일은 경영자를 비롯한 모든 조직구성원들이 간과해서는 안 될 중요한 사항이다. 기업문화를 개혁하는 주체가 기업자체라는 점에서 볼 때, 기업이 현재의 환경요인을 정확하게 분석하여 자사의 사회적 위치를 확고히 하게 될 때 강한 문화를 지닌 기업으로 성장해 나갈 수 있을 것이다.

2) 외적환경

조직구성원의 행동은 내적환경요소 외에 외적환경요소로부터도 영향을 받는다. 우수한 구성원과 내적요인을 확보한 기업의 문화는 미래의 무쌍(無雙)한 외부 환경변화에 대처하기 위해 사전에 예측하며 적절한 대응책을 강구한다. 그러므로 기업문화에 영향을 미치는 외부 환경요소를 살펴볼 필요가 있다. 이들 요소에는 다음의 것들이 있다.

(1) 기업구성원의 행위는 기업의 제품이나 서비스, 그리고 구매자의 구매욕구 등에 영향을 받는다.

조직구성원의 행동은 제품의 품질과 업종별 서비스에 대한 고객의 만족도에 따라 상이하게 나타나는 문화적 특성이 있다. 그러므로 이러한 특성은 기업문화의 성격을 결정짓는 기본적 요소로 작용하게 된다. 기업이 제품의 품질과 서비스 개발에 보다 세심한 주의를 기울여야 하는 이유이다.

(2) 기술혁신은 제품의 수명주기를 단축시키고 이는 다시 구성원의 반응태도에 영향을 준다.

기업은 제품수명주기의 단축에 대한 구성원들의 상이한 반응상태와 기술발달에 대한 구성원 태도의 민감도를 파악할 수 있으므로, 새로운 기술의 도입과 신제품 개발 등 조직의 기술변화에 따른 구성원들의 의식구조와 가치관의 변화에 주의를 기울여야 한다.

(3) 시장환경의 변화는 조직구성원들의 근로생활패턴을 변화시킬 수 있다.

작업시간이나 근무시간의 변경을 의미하게 되어, 구성원의 직무에 대한 불만을 유발하거나 개인생활의 침해가능성에 대한 우려를 낳기도 있다. 그러므로 기업은 고객의 제품 선호도나 자사의 시장 점유율 등 시장의 환경을 면밀히 파악하여 예측되는 변화를 조직구성원들에게 신속히 알려야 한다.

(4) 기업은 정부의 경제정책을 분석하고 그 배경과 상황을 명확히 인식해야 한다.

정부의 기업에 대한 강력한 지원은 외부와의 경쟁에서 기업에게 유리하게 작용할 수도 있지만, 다면적 고려에 따른 대외적 정치경제정책은 기업에게 긍정적이지 못할 때도 있다. 그러므로 기업은 내외의 환경을 직시하며 혁신적이고 미래지향적인 기업문화를 육성할 수 있도록 구성원의 긴장과 협조를 이끌어낼 필요가 있다.

2 환경변화와 기업문화의 관계

문화가 사회 환경에 의해서 형성되고 변화하듯이 개인의 개성 또한 그 사람의 생활환경에 따라 형성된다는 사회적 측면의 관점에서 보면 기업문화도 기업의 내외적 환경에 따라 독특하게 형성되고 변화한다는 점에서 다르지 않다. 이는 기업이 그 목표의 달성을 위해 기업을 둘러싸고 있는 환경의 변화를 주시하며 고유의 문화를 형성하고 발전시켜야 하는 점을 의미하는 것이다. 그러므로 이상적인 기업문화를 창출해내기 위해서는 기존의 문화적 가치를 재인식하되 변화하는 환경에 적합한 독자적 문화영역을 확보해나가야 한다. 기업의 문화적 특성은 기업의 산업환경적 측면에서 제기되는 환경요인에 따라 서로 다르게 나타날 수 있기 때문에, 업종이 다른 기업들은 상이한 문화적 특성을 갖고 있다는 사실을 고려하여 기업문화와 환경요인간의 관련성을 간과하지 말아야 한다. 한편 기업내부의 관리 분야는 추구하는 의사결정과 기술개발 연구가 분야별로 다를 수 있어서 그에 따른 환경적 특수성이 있으며 조직구성원의 행동과 기업체의 행동방향에 많은 차이가 있게 된다. 이처럼 기업 내의 과업환경이 다르고 변화가 심할수록 기업문화 개발의 전략적 차이가 존재하기도 하므로 문화적 가치개발에 관련된 영향요소를 살펴서 요소간의 관련성을 파악할 필요가 있다. 기업환경의 변화추세 속에서 과거의 낡은 문화에 안주하여 새롭고 강력한 기업문화를 개발하기 위한 환경적 요소를 고려하지 않는 조직은 어려움을 겪을 수도 있을 것이기 때문이다.

환경과 문화와의 관계는 따로 분리할 수 없는 밀접한 관계를 맺고 있기 때문에 문화적 가치의 중요성을 인식하고 유지하는 조직일수록 환경의 변화에 신속히 대처할 수 있게 되며 대내외 경쟁에서도 우위를 차지할 수 있게 될 것이다. 그러므로 기업조직은 동태적 환경변화의 추세에 적합한 문화적 가치와 그 중요성을 재인식할 필요가 있는 것이다.

제3절 기업문화와 경영성과

1 기업문화의 형성과정

기업문화는 기업이 내외환경과의 부단한 관련을 맺으며 형성하는 역사적 의미의 무형자산이다. 기업문화가 기업의 활동과 환경간의 관계를 통하여 형성되는 동태적 과정은 많은 학자들의 연구주제가 되어왔다. 기업문화의 동태적 형성과정에 관한 로빈스(S. P. Robbins), 샤인(E. H. Schein), 호멘스(G. C. Homans) 및 새츠(V.

Sathe) 등의 견해를 소개한다.

로빈스(S. P. Robbins)는 기업문화 형성의 초기에는 기업설립자의 가치관이 가장 중요한 영향요인이 된다고 보았다([그림 13-3] 참조). 그는 기업의 설립자가 가지는 개인적 기준과 가정은 구성원의 선발기준에 구체적으로 반영되며 이로 인하여 특정 유형의 인적 요소가 기업에 유입되고 최고 경영층의 언행과 사고방식이 조직에 확산되어져서 사회화 과정이 진행되기 때문에, 기업 특유의 문화가 이에 따라 형성된다고 보았다. 이 과정에서 구성원들은 상사에 의해 제공되는 자발성의 정도나 갈등해결에 관한 경영층의 적극성 등에 근거하여 조직에 대한 전반적 지각을 형성하게 되는데, 이 전반적 지각(知覺 : overall perception)이 결국 기업문화와 조직의 개성을 만들게 된다는 것이다. 여기서의 전반적 지각은 집단의 세계관과 행동양식이 일정한 편차 내에서 동질화(homogeneity)하는 과정을 거쳐서 형성된다고 본다.

그림 13-3 기업문화 형성의 영향요인

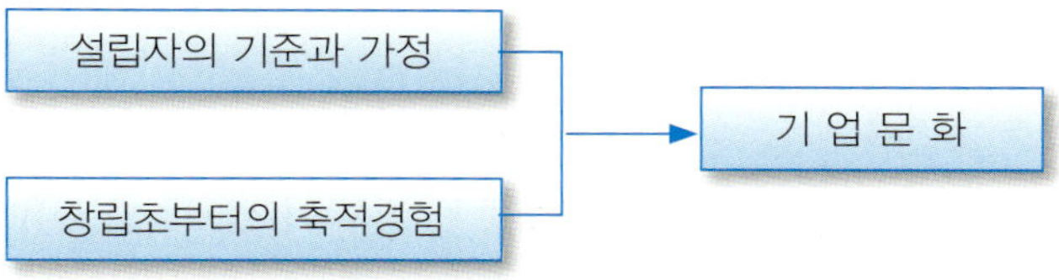

그림 13-4 기업문화의 형성과정

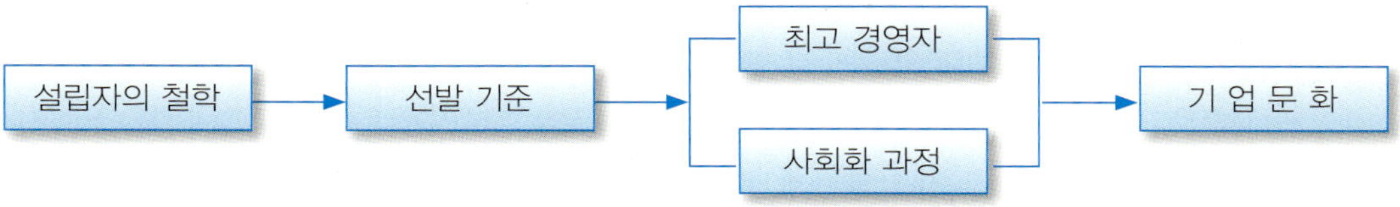

이와 관련하여 호멘스(G. C. Homans)는 물리적, 기술적 환경 등의 '외적 시스템'이 구성원의 감정과 규범을 생성시키며, 이렇게 형성된 감정과 규범은 '내적 시스템'의 사고체계가 되어 다시 '외적 시스템'에 영향력을 미치게 되므로 문화는 이러한 순환과정 속에서 끊임없이 재창조된다고 보았다. 그러나 샤인(E. H. Schein)은 문화를

공유된 경험과 공통된 학습의 결과로부터 비롯되는 사고, 신념, 감정, 가치 등의 패턴이 형성되는 과정이라는 점에서 집단화 또는 집단정체성의 형성과정과 동일하게 간주하였다. 다시 말하여, 기업문화는 집단의 성숙과 더불어 형성되는 것이며 양자는 리더십활동의 결과에 크게 기인하게 된다고 풀이한 것이다. 이와 관련하여 새츠(V. Sathe)는 부서간의 지리적 분산정도와 구성원들의 규모가 문화강도의 형성에 영향을 미치게 된다고 주장한 바 있다.

2 기업문화의 역할

기업문화의 연구자들은 기업문화의 형성이 기업조직 자체에서 비롯된다고 보기 때문에 기업고유의 가치관이나 신념, 전통, 규범, 이념, 행동경향 등 기업문화의 요인을 생성하는 것은 기업의 상품이나 서비스의 생산과 크게 다르지 않다고 본다. 이러한 기업문화는 다시 사훈과 관례, 의례나 의식, 전설, 혹은 은어(specialized language) 등을 통하여 구체화되는 것이라 파악한다. 이들 기업문화는 조직의 구조와 관리과정, 시스템, 행동스타일 등 여러 면으로 반영되어 조직의 고유한 개성을 이루게 되며 기업의 자산이 되어 타 기업에 대한 비교우위의 기반이 된다. 예컨대 IBM사의 고객서비스, TI사의 기술개발, IT&T사의 재무운용법칙, 3M사의 구성원 아이디어 중시정책 등은 이들 기업의 중심 가치로서 이들의 가장 중요한 강점으로 작용하는 좋은 예이다.

기업문화는 기업의 성과와 경쟁력 우위의 확보에 긍정적 영향을 주는 다음과 같은 역할을 한다.

1) 조직구성원들에게 조직의 정체성(identity)을 확립시켜 성과와 우수성 향상 도움을 준다.

2) 조직구성원들의 조직몰입도(commitment)를 높일 수 있다.
3) 조직시스템의 안정성(stability) 강화에 도움이 된다.
4) 조직과 조직구성원들의 행동과 의사결정상의 가치판단 매커니즘으로 작용한다.

3 우량기업의 조건

기업문화는 기업의 독자적 경영이념이나 가치관으로부터 형성되는 것이며 조직내부의 정신적 측면을 나타내는 특성이 있다. 이는 동일업종의 기업이라 할지라도 그 규모에 관계없이 성장하고 발전하는 기업이 있는가 하면 그렇지 못한 경우가 있는 것은 기업문화의 특성에 기인하는 경우가 많다는 점을 시사한다. 기업문화를 계량화하기는 쉽지 않지만, 우량기업에 존재하는 특유의 강하고 우수한 기업문화는 기업의 경영성과는 물론 기업의 흥망에까지 지대한 영향을 주기 때문에 우량기업이 갖추어야 할 조건들을 살펴볼 필요가 있다.

우량기업은 기업의 목적과 기업에 대한 가치관에 따라 여러 가지로 정의할 수 있어서 '우량기업을 경영성과로 측정할 것인가?' 혹은 '기업경영의 과정만으로 측정할 것인가?'에 따라 그 정의는 달라질 수 있다. 이러한 관점에서 일본의 우에노는 "우량기업은 불황 시에 저항력이 강하고 경기회복이 타사보다 빨리 될 수 있으며, 명목GNP의 성장률을 상회하는 안정성장을 지속할 수 있는 기업이다"라고 정의하고 우량기업이 갖추어야 할 8가지 조건을 제시하였다.

1) 건전한 사풍과 경영철학의존
2) 과감한 연구개발투자와 설비투자
3) 체계적인 교육훈련을 통한 인재개발
4) 지속적이며 안정적인 성장성, 수익성, 생산성의 실현
5) 제품의 다양화와 사업부문의 다각화

6) 생산 및 판매의 국제화
7) 시장점유율의 확대
8) 기업이미지의 향

위의 조건들은 경영성과와 밀접한 관계가 있는 경영관리요소들이라 할 수 있다.

기업은 우수한 생산성과 혁신성의 향상을 통하여 장기적 경영전략을 확립할 때 우량기업으로서의 경쟁적 우위를 확보하는 리더기업으로 존속할 수 있다. 우량기업은 변화하는 환경 속에서 지속적인 경영혁신을 행하며 기업을 이끌어가는 경영자의 탁월한 역량과 기업문화의 가치체계를 공통의 경영관리요소로 확립하게 된다. 이처럼 기업문화를 확립하는 일은 경영자의 역량과 함께 기업의 발전에 지대한 영향을 미치게 된다. 변화하는 산업환경과 심화하는 기업 간의 경쟁에서 보다 높은 경영성과를 향유하는 우량기업들의 특성이 인간존중의 경영철학과 이념으로부터 생성되는 점을 고려할 때, 기업의 성과는 조직구성원의 공유된 가치체계가 결집된 강한 기업문화를 통하여 더욱 높아지게 된다고 볼 수 있다.

제4절 국가별 기업문화의 특성

1 미국 기업문화의 특성

맥킨지 컨설팅(Mckinsey Consulting)그룹의 피터스(T. Peters)와 워터만(R. Waterman)은 미국기업의 장기성과를 조사하여 자산성장율과 투자이율, 수익 및 성장지표 등이 우수한 62개 기업을 선정하고 그 특징을 연구하였다. 그들은 업종과 규모가 다른 이들 기업을 사례조사와 설문조사 및 면접 등의 방법으로 연구한 결과 우수기업들이 보유한 공통점을 발견하였다. 그 특징은 다음과 같다.

1) 행동지향적 사고방식
2) 고객위주의 사고방식
3) 자율성과 기업가정신
4) 사람을 통한 생산성 향상
5) 고객서비스, 기술개발, 창의성, 원가관리, 품질관리 등 현장과 밀접한 가치추구
6) 강점이 많은 업종에 전념
7) 최소한의 스탭, 간소한 조직
8) 방임과 통제의 동시적 적용

2 일본 기업문화의 특성

일본기업의 문화적 특성과 공유가치는 미국 등 서구의 기업문화와 구별된다. 소위 일본식 문화와 사회적 풍토가 생성시킨 일본기업의 조직문화를 연구한 오우치(W. Ouchi)는 일본기업의 고유한 경영특성을 정리하여 Z이론을 주창하였다. 그는 Z이론의 효율적 경영기법과 기업문화의 특성을 연결시켜 Z조직 문화를 설명하였는데, 이는 기업의 생산성과 효율이 자금이나 시설 또는 노동력만으로 증대되는 것이 아니라 조직구성원들을 효율적으로 일하도록 만드는 인사관리제도와 이에 걸 맞는 조직풍토에 의하여 증대된다는 논리이다. 기업의 생산성과 수익성은 조직의 능률보다는 구성원들의 협력과 조직분위기, 나아가 조직문화와 더 밀접한 관계가 있다는 것이다. 오우치의 Z이론은 조직성과를 위한 조직분위기의 중요성을 강조하고 있는데, 이는 Z이론이 일본기업에서 그 효과를 거둘 수 있는 이유를 조직체와 구성원 그리고 구성원 간에 특정한 관계가 형성되어 있기 때문이라 지적하고 이러한 관계의 구축이 Z조직 문

화를 형성한다 하였다.

1) 오우치는 Z조직문화의 구성요소를

(1) 조직과 구성원 그리고 구성원 간의 신뢰감
(2) 그들 상호간의 친밀감
(3) 조직의 목적달성을 위한 구성원의 공동참여의식
(4) 그들의 자율성과 평등의식
(5) 그들의 책임감

등으로 설명하고 이들 요소는 Z경영제도와 상호 강화적인 관계를 일관되게 유지함으로써 조직의 성과를 높이는 매개역할을 하게 된다고 주장하였다.

2) 오우치는 일본기업 내 Z조직문화의 조직문화적 가치와 특성을 충성심과 온정, 인화와 공동체의식, 개방적 의사소통과 공동결정으로 요약하며 다음과 같이 설명하였다.

(1) 충성심과 온정에 대해서는 일본기업의 종신고용과 장기평가 그리고 연공서열제도를 조직과 조직구성원간의 근본적 관계로 보고 이러한 특성은 일본의 전통적 문화가치와 밀접한 관계를 가진다고 풀이하였다. 일본기업에서 조직과 구성원 간의 관계는 임금과 백성, 주인과 종, 그리고 부자간(父子間)의 전통적인 관계를 중심으로 설명할 수 있다. 그러므로 일본에서 상하간의 관계는 하급자의 충성심과 상급자의 온정으로 유지되어 왔으며, 이러한 관계가 조직구성원의 조직 목적에 대한 헌신과 기업의 구성원에 대한 전체적 관심에 반영되고 있다.

(2) 인화와 공동체의식이 일본기업에서 크게 강조하는 조직문화적 가치와 특성으로 설명되는 이유는 조직과 구성원 그리고 구성원간의 신뢰감과 친밀감을 장기간 유지하기 위한 필수조건을 상호간의 조화로 보기 때문이다. 일본기

업에서 조직구성원에 대한 장기적인 평가는 그들의 단기적 능력발휘보다는 근본적인 인간성을 판단의 기준으로 하며, 보상제도는 근속 년수를 강조하는 연공서열제도를 선호함으로써 인화와 공동체의식의 중요성을 직접 반영하는 특성이 있다. 일본기업의 직무순환제도는 일반경력개발을 위한 과정으로, 철저한 교육훈련은 사회화를 강화하기 위한 과정으로 활용되는데, 이러한 제도들은 조직구성원간의 인화와 공동체의식 및 집단귀속감을 높이기 위한 문화적 가치이며 특성이다.

(3) 개방적 의사소통과 공동결정은 일본기업의 또 다른 문화적 특징이다. 이것은 조직구성원 간에 개방적인 의사소통이 이루어지며 조직과 구성원, 그리고 구성원간의 신뢰감과 친밀감으로 인화가 넘치는 분위기 속에서 공동책임하의 공동결정이 이루어지는 특성을 뜻한다. 그러므로 모든 정보가 자유롭게 교환되어 단순한 과업관계를 초월한 공동체적 인간관계가 형성되는 가운데 공동결정이 이루어지고 그에 따른 공동책임의식도 강화된다고 본다. 이러한 특성은 일본기업의 팀워크와 창의성, 그리고 공동체의식에 따른 집단행동의 기반이 되고 있다.

이와 같이 일본기업에는 종신고용과 연공서열 그리고 장기평가와 일반경력개발 등의 Z이론적 특징이 있으며, 그 바탕에는 충성심과 온정, 합의와 인화, 집단주의와 공동체의식 그리고 개방적 의사소통이 상호 의존적이며 강화적인 관계를 유지함으로써 일본기업의 문화적 특징으로 작용하고 있다.

3 한국 기업문화의 특성

한국인의 의식구조는 샤머니즘의 주술적 의식과 불교의 은둔적 성향, 그리고 유교의 의례적 정신 등이 복합되어 그 본질을 이룬다고 한다. 특히 유교는 한국인의 의식구조 형성에 가장 큰 영향을 준 요인이라 본다.

유교는 공자의 가르침을 중심으로 하는 교학사상인 바, 효를 통해 부모를 공경하고 신하와 부하가 임금이나 상사에게 충성심을 발휘하는 도리를 배워 서로의 믿음으로 사회질서의 정신을 함양하도록 가르치는 근본사상이 깔려 있다. 이와 같이 평화사상과 인도주의 정신, 그리고 페어플레이 정신 등을 중심으로 성립된 유교의 사상은 조선왕조 500년의 기간을 통하여 한국적 풍토에 적응하며 변화를 가져오게 되었다. 그 결과 한국사회에서는 유교가 가르치는 양심과 공중도덕, 사회의 도덕률 등이 국가사회 보다는 가족을 중심단위로 하는 인륜적 질서를 강조하는 특징을 가지게 되었다고 본다.

1) 우리나라 기업은 전통적 의식구조가 기업인의 의식구조에 투사되어 다음과 같은 한국적인 특색을 나타내게 되었다.

(1) 가족중심 경영을 중시한 나머지 소유와 경영을 분리시키지 않으려는 경향을 보이고
(2) 과업 지향적이기보다는 인간관계 지향적이며
(3) 인간관계도 수평적인 대등한 관계보다는 수직적인 주종관계를 더 중시하는 경향이 있고
(4) 정실주의적이고 권위주의적인 경향을 보이게 되었다.

2) 우리나라 기업문화의 전체적 특성은 다음과 같이 요약할 수 있다.

(1) 장자우대의 불균형 상속과 기업경영의 승계이다. 우리나라의 가족제도는 가산(家產)의 상속이나 가계의 계승이 거의 예외 없이 장남위주의 원칙을 고수하는 바, 이러한 가계승계제도가 기업계승에도 영향을 미쳐 기업의 창업자가 은퇴하거나 사망하는 경우 장자에게 경영권을 승계시켜 주는 경향이 농후하다.
(2) 배타주의와 신분주의를 바탕으로 하는 가문, 혈연, 지연, 학연 등이 기업의

의사결정과 집단구성에 큰 영향을 미치는 경우가 많다.

(3) 대인관계, 물질적 배분, 구성원의 승진 등 인사정책에 연공서열주의가 과도하게 작용되어 왔다.

(4) 한국의 전통적인 가족생활에 있어서 가장(家長)의 리더십 유형은 전제적인 권위와 자애로운 사랑의 두 가지 요소를 함께 지닌 이원성을 특징으로 하고 있다고 볼 수 있다. 이 점은 우리나라 기업 경영자의 경우도 마찬가지라고 볼 수 있다.

(5) 한국인의 전통적인 가족생활이나 사회생활의 규범에 있어 연장자나 상위자에 대한 무조건적 복종심이나 종속심이 기업구성원의 의식구조에도 큰 영향을 미친다고 할 수 있다.

지금까지 우리는 미국과 일본 그리고 우리나라 기업의 문화적 특성을 비교함으로써 각기의 독특한 사회문화를 살펴볼 수 있었으며 이들 사회문화가 기업경영에 중요한 영향요소로 작용하고 있다는 점 또한 알게 되었다. 각국의 기업경영을 비교하면서는 미국기업이 합리성과 능력주의, 그리고 단기계약고용과 전문경력개발을 강조하는 특성을 나타내며, 일본기업은 온정과 집단주의 그리고 종신고용과 일반경력개발을 강조하는 특성이 있어 서로 흥미로운 대조를 보이고 있음을 알게 되었다. 이에 비하여 우리나라의 기업은 미국과 일본기업이 혼합된 정도의 특성이 있다고 본다.

비교문화적인 관점에서 볼 때 조직의 행동은 그 사회의 문화적 특성에 의해 지배될 수 있기 때문에 조직의 성과는 그 특성에 따라 결정된다는 점을 알 수 있고, 그에 따라 성과지향적인 조직행동은 나라마다 다를 수 있다고 인정하게 되는 것이다. 이러한 관점에서 미국기업과 일본기업 모두는 공통된 요소들을 기본가치로 강조한다는 점을 알 수 있는데, 미국과 일본의 기업 간에는 합리성과 온정, 능력주의와 집단주의 그리고 단기고용과 종신고용 등의 큰 차이가 있지만 이들 나라의 우수기업들은 모두가 창의성, 개방성, 자율성, 그리고 협동성 등의 공통된 기본가치를 존중한다. 우리나라의 우수기업들도 집권적이며 비체계적인 경영관리 관행과 같은 일반적인 특성을 지니고 있기는 하지만, 실제로는 보다 자율적인 경영과 원활한 의사소통, 그리고 기술과 인력개발 등 미국과 일본의 우수기업들이 추구하는 조직의 가치를 존중하고 있으며, 이것이 그들의 조직행동에 실제로 나타나고 있다고 본다.

14

기업윤리

제1절 기업윤리와 윤리적 경영

제2절 사회적 이슈와 사회적 정당성의 위기

제1절 기업윤리와 윤리적 경영

1 기업윤리의 대두

1) 기업윤리의 부각

기업윤리가 사회적 관심사로 대두되기 시작한 시기는 20세기 중반 이후부터라고 보는 것이 일반적인 견해이다. 자본주의 중심국가로서의 미국 사회가 물질적 풍요를 누리며 그에 따라 일반시민의 의식수준이 높아지고 사람들이 추구하는 삶의 질에 대한 관심이 높아지기 시작하는 당시의 시대상황을 반영했다고 보기 때문이다. 우리나라의 경우도 1960년대에 시작된 산업화 이후의 고도 성장기를 거쳐 1980년대 중반 이후 정치 경제 사회의 민주화시대가 도래함을 체험하며 기업의 윤리성과 사회적 정당성에 대한 인식기를 맞이하게 되었다. 그리하여 성장위주 기업경영의 결과로 나타나는 기업의 윤리적 문제가 학계와 산업계를 비롯한 사회전체에서 커다란 관심사로 부각하게 된 것이다.

이러한 문제는 산업선진국들도 예외 없이 직면하는 산업화과정의 어려움이었으나, 그들은 장기간에 걸친 사회적 학습으로 이를 극복할 수 있었다. 그러나 단기간의 압축성장으로 산업화에 도달한 우리나라는 기업의 경제적 목적과 비경제적 목적간의 상충관계를 조절할 수 있는 준거체계 마련이 미흡한 상태임에도 사회의 복지와 공동선의 증진에 기업들이 적극적으로 공헌해야한다는 높은 수준의 윤리성을 사회로부터 강력히 요청 받고 있는 실정이다. 이는 기업의 사회성 증대에 따른 공익성과 공공성을 기업이 본래 추구하는 영리성과 수익성에 조화시켜야 하는 장기적 과제를 우리나라 기업에 제시하는 기업윤리의 중요성이다.

2) 기업윤리 부각의 원인

기업의 도덕적 경영을 뜻하는 윤리경영은 기업의 존속과 발전을 위한 필요충분조건이라는 차원에서의 인식 또한 필요하다. 이는 기업이 사회의 규범과 가치관을 적극적으로 수용해야 할 당위성이 증대된 오늘날의 사회에서 활동해야하기 때문임을 의미하는 것이기도 하다. 기업윤리에 관한 사회적 관심이 오늘날과 같이 고조되고 있는 원인을 다음과 같이 생각해볼 수 있다.

(1) 기업규모의 거대화에 따라 기업의 사회적 영향력이 증대되었다는 점이다. 오늘날의 기업은 양적으로 팽창하고 질적으로 복잡화하였으며 그 역할범위 또한 매우 넓어지는 성장을 해왔다. 기업은 단순한 이윤추구의 수단이 아니라 가치창출의 원천이며 고용의 주체이고 중요한 담세자로서의 역할을 하고 있기 때문이다. 또한 기업은 국민경제의 성장과 지역사회 개발의 주역이 되기도 하며 문화 창달의 지원체이기도 하다. 이처럼 기업은 한 나라가 정치, 경제, 사회, 문화적 지위를 확보하는데 있어 중요한 역할을 담당하는 사회적 기관으로서의 막강한 영향력을 행사하게 되었고, 그에 비례하여 기업의 사회성도 점차 증가하고 있는 것이다.

(2) 사회전반의 욕구가 다양화되고 고급화되는 추세에 있다는 점이다. 사회전반의 생활수준과 의식수준이 높아짐에 따라 사람들이 추구하는 삶의 질도 높아지게 되었다. 그리하여 자연과 환경의 보전에 대한 요구가 증대되어 기업의 윤리적 경영활동과 사회적 역할수행에 대한 사회전반의 압력이 점차 커지고 있다.

(3) 전문경영인의 출현에 따라 기업과 경영자의 인식이 변화했다는 점이다. 현대에 이르러 기업자본이 대중에게 고도로 분산됨으로써 기업의 소유와 경영이 분리되었고 그 결과로 성숙한 전문경영자가 많이 출현하게 되었다. 이들 전문경영인들은 기업의 윤리수준과 기업의 성장이 비례한다는 점을 인식하고 기업이익과 이해관계자 간의 균형된 이익에 관심을 가지게 되었다. 이것

은 기업이 단순한 이익추구의 수단이 아니라 하나의 사회적 기관임을 깊이 인식하고 일반대중의 삶의 질을 높이는 방향으로 경영이념을 바꿔왔다는 변화를 의미하는 것이다.

(4) 기업구성원의 윤리의식 제고의 필요성이 증가되었다는 점이다. 인적자원을 중시하는 오늘날의 인간중심 경영체제는 기업구성원의 윤리의식 제고의 중요성을 강조하고 있다. 기업 구성원의 윤리의식 제고는 곧 기업성과의 제고로 연결되어 궁극적으로 기업의 경쟁력 강화에 기여하게 될 것이기 때문이다.

2 기업윤리의 개념

1) 기업윤리의 의의

기업윤리를 독립된 학문분야로 연구하기 시작한 역사는 그리 길지 않다. 1960년대 바움하트(R. C. Baumhart), 바텔즈(R. Bartels), 데이비스(K. Davis) 등에 의한 본격적 연구가 그 효시라 볼 수 있다. '기업윤리'라는 용어는 일반 단어인 '윤리'에서 연유되었다고 한다. 기업윤리의 의의를 확실히 이해하기 위해서는 먼저 윤리의 어의를 살펴볼 필요가 있다.

인간이 주인인 우리사회는 이웃과 더불어 살아가기 위한 사회적 규범을 윤리에 기초하여 만들어 왔다. 윤리적 규범을 지키는 사람은 사회적 존경과 신뢰를 받게 되지만, 그렇지 않는 사람은 타인으로부터 비난을 받게 되거나 스스로의 양심에 가책을 받게 된다. 이처럼 인간의 사회생활의 기준이 되는 윤리는 철학, 신학, 교육학, 사회학 등 여러 인문사회과학의 중요한 관심사가 되어왔으며 그러한 여러 학문의 입장에 따라 강조점을 달리하여온 연구의 대상이 되어 왔다.

윤리는 일반적으로 "생각과 말, 태도와 행위의 옳고 그름이나 선하고 악함을 판별해 주는 원칙 혹은 판단기준의 체계"라고 정의되거나, "더불어 살아가는 사회생활에서 사람과 사람사이의 관계를 규제하는 규범의 총체"라고 정의한다. 다른 관점에서는 보다 실천적인 성격을 강조하여 "인간행위가 마땅히 어떠해야 하겠는가에 관한 도덕적 원리나 가치체계 혹은 인간복지와 공동선을 증진시키는데 요구되는 행위를 밝히는 규범"이라고 정의하기도 한다. 그러나 윤리에 대한 정의는 "인간이 사회생활을 올바르게 영위할 수 있도록 질서를 확립해 주는 것, 혹은 인간이 인간답게 살아가기 위해 행하거나 지켜야 할 마땅한 도리와 이치이며 인간사회의 가장 기본적인 규범"이라고 요약하는 것이 보편적이다.

기업윤리의 의의를 살펴보기 위해서는 기업을 사회시스템 속에 존재하는 하위시스템으로 인식해야한다. 기업윤리는 사회의 통념적 윤리규범을 기업에 적용한 예로 보아야하기 때문이다. '윤리란 사람이 사람답게 살아가기 위해 마땅히 행하거나 지켜야 할 도리'라고 하는 윤리의 정의를 기업에 적용할 때, 기업윤리는 "기업활동에서의 의사결정이나 행동 또는 태도의 옳고 그름과 선악을 판별해 주는 기준이 되거나, 마땅히 행하고 준수해야 할 행동강령이며 행동규범"을 의미하게 된다. 이러한 점에서 기업윤리는 기업경영이라는 특정상황에 적용되는 응용윤리의 하나로 볼 수 있다. 그러므로 기업윤리는 "주주, 근로자, 소비자 등 이해관계자 집단과 밀접하게 연관된 기업 의사결정의 옳고 그름 또는 선하고 악함에 관련된 문제이며 아울러 의사결정의 과정과 그 결과에 관련된 것"이라는 구체적 정의에 더하여 "기업이 부담해야 하는 도덕적 행위나 책임의 완수를 위한 최소한의 기준, 혹은 도덕적 역할을 수행하기 위한 책임의 체계"로 규정되기도 한다. 요컨대 기업윤리는 "사회 속에서 하나의 조직체로 활동하고 있는 기업이 정당하고 공정하며 정의롭게 경영활동을 수행하도록 인도해 주는 지침이고 준칙이며 기업이 계속하여 존속 발전하기 위해서 마땅히 행하거나 준수해야 할 도리이자 규범"이라고 할 수 있다. 그러므로 기업의 의사결정이나 행동이 경제원칙에만 따르지 않고 윤리적인 기준에 따라 이루어지며 법규를 준수하는 수준 이상으로 공정하고 정당하여 사회의 가치기준에 합당한 것일 때, 그 기업은 기업윤리를 성실히 지킨다고 말할 수 있게 되는 것이다.

민주적 자본주의사회의 기업은 그 활동에 따른 영향력이 증대할수록 그에 비례하는 사회성이 증가하게 되어 이웃과 더불어 살아가는 사회의 다양한 요구와 가치실현에 기여하게 될 것이다. 이는 기업의 윤리성이 더욱 강조되는 이유이다.

2) 기업윤리의 변천

기업윤리는 자본주의의 변천에 따라 변화해왔다. 이는 자본주의의 성격변화나 경영이념과 경영목적의 변천에 따라 기업윤리가 변화해왔음을 의미하는 것이므로 이들의 여러 변천과정을 살펴보는 일은 의미가 있다.

(1) 자본주의를 지배하는 지배자본의 성격변화에 따른 기업윤리의 변천

가. 상업자본이 지배하던 초기 자본주의 시대에는 자본 소유자가 바로 경영자였기 때문에 기업의 경영은 자본가에게 맡겨지고 이윤은 바로 그 소유경영자의 것이 되었으므로 경영이념은 극대이윤의 추구에만 초점을 맞추게 된다. 이러한 초기 자본주의 시대에는 극대이윤의 추구만이 기업의 목적이라는 자본의 논리에 따라 기업은 자본가를 위한 이윤추구의 수단에 머물게 된다. 그러므로 이 시기는 기업윤리의 논의단계가 될 수 없었다.

나. 독점자본과 금융자본이 지배하는 산업사회에 이르러서는 기업의 양적 팽창과 질적 복잡화에 따라 기업경영에 필요한 전문지식과 능력이 필요하게 되었다. 이러한 상황하의 자본가는 소유경영자로서 경영능력의 한계를 절감하게 되어 전문적 경영능력자의 고용 필요성에 직면하게 된다. 따라서 소유경영자는 전문경영능력자에게 경영의 일부를 위임하게 되고, 이에 따라 고용경영자 시대가 도래하게 된다. 이 시기의 경영이념은 이해관계자 집단의 이해조정과 노사관계의 완화에 초점을 맞추는 것이었다.

다. 자본의 소유가 다수의 대중에게 고도로 분산됨에 따라 기업경영은 대중의 이익도 고려하지 않을 수 없게 되었다. 그리하여 기업은 사회적 기관으로서의 역할이 증대되며 이의 수행을 병행할 수 있는 전문경영자의 능력을 필요로 하게 된다. 이러한 시대적 변화 속에서 기업은 일반대중의 삶의 질을 높이는 방향으로 그 이념을 바꾸지 않을 수 없게 되었다. 오늘날의 기업윤리는 이렇게 비중이 증대되어왔다.

(2) 경영이념과 경영목적의 변화에 따른 기업의 역할과 기업윤리의 변천

경영이념과 기업윤리의 변화에 대해서는 세디(S. P. Sethi)와 헤이 및 그레이(R. Hay and E. Gray)의 연구를 통하여 이해할 수 있다.

가. 세디(S. P. Sethi)는 기업역할의 발전과정을 사회적 의무, 사회적 책임, 사회적 반응의 세 단계로 구분하여 설명하고 있다.

가) 사회적 의무(social obligation)의 단계에 있는 기업은 단지 이미 부과된 법적, 경제적 제약에만 소극적으로 반응하여 행동한다. 이 단계에서는 기업이 법적, 경제적 기준에서 기업의 정당성을 찾으려 하기 때문에 법규의 준수를 중요시하게 되고, 기업의 사회적 참여 또한 외부의 압력이나 분위기를 따르는 소극적인 행태를 띠게 된다. 이 단계의 기업목표는 이윤의 극대화에 있기 때문에 기업윤리를 논하기가 어렵다.

나) 사회적 책임(social responsibility)의 단계에서는 기업이 법적, 경제적 제약에만 반응하는 제한적 행동 외에 사회적 요구와 기대에 부응하는 기업행동을 보이기 시작한다. 이는 기업이 변화하는 사회규범이나 가치관에 적응하면서 사회적 요구와 기대에 부응하는 행동을 하는 단계이다. 그러므로 기업은 이 단계에서 기업에 대한 사회의 요구와 기대가 법적으로 규정되기 전에 미리 그에 부응하는 것이 바로 기업의 책임이며 윤리적 의무라는 자세를 갖게 된다.

다) 사회적 반응(social responsiveness)의 단계는 기업이 사회에서 담당해야 할 바람직한 역할이 무엇인지를 스스로 찾아서 능동적으로 수행하며 사회문제의 해결에 적극적으로 참여하는 단계이다. 그러므로 이 단계에서는 기업이 기업의 활동과 직간접으로 관련되는 다양한 사회문제의 해결에 책임의식을 가지고 참여하게 된다.

나. 헤이와 그레이(R. Hay and E. Gray)는 기업윤리의 변천을 경영이념의 변천 단계에 따라 이익극대화 경영, 수탁 경영, 그리고 생활의 질 경영 등 3단계로 구분하여 설명하였다.

가) 첫 번째의 이익극대화 경영 단계는 기업의 유일한 목표를 사적 이익의 추구에 두고 있으므로 이익극대화 외의 윤리성 등을 논의할 단계가 아니다.

나) 수탁 경영 단계는 기업의 순수한 사적 이익과 이해관계자 집단의 이익을 함께 고려하는 단계이므로 이 단계의 경영자는 소유자뿐만 아니라 기업의 모든 참여자에 대해 책임을 지는 수탁자가 된다. 따라서 기업은 기업의 이익과 이해관계자 집단의 이익균형에 비중을 두는 윤리적 의무를 고려하게 된다.

다) 생활의 질 경영 단계는 기업의 활동과 관계되는 모든 사람의 생활의 질을 향상시킬 도덕적 의무를 지게 되는 단계이다. 이 단계는 순수한 사적 이익의 극대화 단계와 이해관계자 집단의 다양한 요구를 조화시키는 수탁경영 단계를 넘어서 사회의 이익을 고려하고 인간을 중시하게 되는 단계이다. 그러므로 이 단계는 직접적인 이해관계자뿐만 아니라 사회일반의 이익까지 고려하는 '생활의 질 경영'을 중시하여 인간중심의 윤리적 기업의무를 실천하는 단계이다.

3 기업윤리의 중요성

기업윤리의 중요성은 다음과 같이 규제의 차원, 실리적 차원, 예방적 차원, 존립기반의 차원, 인적 자원관리의 차원, 그리고 윤리적 환경조성의 차원 등 6가지 차원에서 논할 수 있다.

1) 규제의 차원에서 볼 때 기업윤리는 기업의 이윤추구 행위가 무절제하고 비윤리적이지 않도록 적절히 규제하거나 순화시킬 수 있다는 점에서 중요하다.

기업이 치열한 경쟁 속에서 살아남기 위한 목적만으로 극대이윤을 추구하게 된다면 사회는 공익성과 공공성이 상충되는 윤리적 문제를 야기하게 된다. 그러나 사회적 규범과 윤리가 인간의 비도덕적이고 충동적인 행동을 적절히 규제할 수 있는 바와 같이, 기업윤리가 그 역할을 충실히 한다면 기업의 무차별적이고 비윤리적인 이윤추구 행위를 적절히 자제할 수도 있을 것이다. 뿐만 아니라 합당한 규제는 이해관계자 집단의 다양한 요구를 조율하며 기업에 대한 자원과 환경보전 등의 사회적 기대까지 충족시키는 성과를 가져올 수도 있을 것이다. 기업윤리는 기업이 추구하는 영리성과 사회에 대한 공익성을 조화시킴으로써 기업의 경제적 성과를 사회와 공유할 수 있도록 촉진하는 역할을 하기 때문이다.

2) 실리적 차원에서도 기업윤리의 중요성을 찾을 수 있다.

정보체계가 잘 발달된 오늘날의 사회는 기업과 사회 간의 상호작용과 상호의존도가 높다. 그러므로 기업에 대한 사회의 신뢰는 기업의 성장과 발전에 중요한 역할을 한다. 높은 수준의 윤리적 규범을 준수하는 기업은 사회공동체로부터 두터운 신뢰와 좋은 평판을 얻어 발전을 계속할 수 있을 것이지만, 그렇지 못하여 부도덕하고 비윤리적인 평가를 받는 기업은 사회적 존립기반마저 상실하게 될 것이다. 기업이 높은 수준의 윤리성을 유지하기 위해서는 단기적으로는 부담이 될 수도 있지만, 장기적으로는 대내외적으로 호의적인 관계를 형성하고 좋은 평판을 받아서 결과적으로 기업의 신뢰성을 높여주고 수익성 · 성장성 · 안정성도 증대시키는 결과를 가져오게 될 것이다. 실제로 높은 기업윤리 수준을 유지하는 기업이 상대적으로 급속한 성장과 발전을 이룩하고 있다는 연구결과도 있어서, "윤리는 결과적으로 이득이 된다(ethics does pay)"든지, "윤리를 잘 지키는 것이 바로 사업을 잘하는 것(good ethics means good business)"이라는 주장을 뒷받침해 주고 있다.

3) 예방적 차원에서도 기업윤리의 중요성을 찾을 수 있다.

기업이 비윤리적 경영활동을 하게 되면 사회적 불신과 지탄의 소리가 높아지고 그러한 비윤리적 경영활동을 규제하는 각종 법규가 많아지게 된다. 그렇게 되면 그러한 법규를 준수해야 하는 기업이나 비윤리적 경영을 규제 감독하는 정부의 비용이 증가하게 되어 결과적으로 전반적인 사회비용의 증가를 가져오게 된다. 그러므로 기업이 높은 수준의 윤리성을 유지함으로써 이러한 사회비용의 증가와 이해관계자 집단의 압력 또는 여론의 지탄을 사전에 예방할 수 있다. 기업의 비윤리적 경영활동으로 인하여 사회적 신뢰와 평판이 실추되면 그것을 다시 회복하기 위해서는 막대한 비용과 노력이 필요하게 될 것이므로 기업은 그러한 비용과 노력의 부담을 방지하기 위해서라도 높은 윤리성을 유지하는 것이 중요하다.

4) 기업윤리는 기업 자체의 존속과 발전의 기반이 된다는 점에서 그 중요성을 찾을 수 있다.

기업이란 사회의 자원을 활용하여 생산 활동을 하고 이를 사회에 공급함으로써 이윤을 획득하도록 사회로부터 위임받거나 허가받은 존재로 볼 수 있다. 그러므로 기업의 활동은 근본적으로 공정하고 윤리적이며 사회의 공동선에 기여해야함을 전제로 한다고 해석된다. 기업은 사회의 장기적 이익과 공동선을 저해하는 비윤리적인 방법으로 자기만의 이익을 추구하지 않으며 사회적 양식이 요구하는 윤리수준을 꾸준히 유지할 경우에만 사회적 정당성을 얻게 되어 사회의 인정을 받는 계속기업(going concern)으로 존속하고 발전할 수 있을 것이다. 그러므로 기업의 윤리성 제고에 대한 사회적 요구는 기업윤리의 준수가 단순한 도의심이나 자선적 차원의 문제가 아니라 기업존립의 필요조건과 기반이라는 인식으로 받아들일 필요가 있다. 구성원 개인의 양심이나 윤리적 신념에 반대되는 부도덕한 행동이 강요되는 비윤리적 기업의 구성원은 윤리적 갈등과 스트레스를 받아 근로의욕을 상실하게 될 것이며 이직률도 높아질 것이다. 그러나 구성원의 정당한 대우가 보장되는 등 높은 수준의 윤리성이 유지되는 기업의 구성원들은 일에 대한 자부심과 보람을 느끼게 될 것이며 스스로의 동기유발을 통한 생산성 향상에서도 기대치를 충족하게 될 것이다. 이는 또 심리적 안정감과 정서적 만족감으로 연결되어 구성원의 기업에 대한 귀속의식과 애사심을 강화하고 이직률을 저하하는 효과도 있다.

5) 윤리적 환경의 창조라는 측면에서도 기업윤리의 중요성을 찾을 수 있다.

기업은 내외환경으로부터 영향을 받는 수동적 특성이 있는 한편, 내외의 환경에 영향을 미쳐서 이를 변화시키거나 새로운 환경을 창조하는 능동적 특성도 지닌다. 기업의 이념이나 가치관, 또는 윤리적 수준은 기업구성원과 사회일반의 가치관과 윤리의식 및 신념을 변혁시키기도 한다는 의미이다. 이처럼 기업은 대내외적 환경조성의 중요한 요인이 되기 때문에 엄격한 기업윤리와 책임이 요구되는 것이다.

4 윤리적 경영의 유형과 영향요인

1) 윤리적 경영의 유형

(1) 비도덕적 경영(immoral management)

비도덕적 경영이란 단지 윤리적인 원칙이나 계율을 피하는 정도가 아니라 윤리적인 것에 대한 적극적이고 능동적인 대항을 의미한다. 여기서는 경영의사결정이나 행위, 행동들이 윤리원칙과 합치하지 않는다.

(2) 도덕적 경영(moral management)

도덕적 경영이란 윤리적 행동규범이나 직업의 행동기준을 적극적으로 준수하고자 하는 경영유형이다.

(3) 도덕 중립적 경영

가. 고의적 도덕 중립적 경영

고의적 도덕 중립적 경영자는 기업활동이 도덕적 판단이 적용될 수 있는 영역밖에 있다고 믿기 때문에 그들의 의사결정이나 행위, 활동에 윤리적 요인을 고려하지 않는다.

나. 비고의적 도덕 중립적 경영

비도덕적 도덕 중립적 경영자는 윤리적 감각이나 도덕적 자각이 결여되어 있어서 기업행동의 윤리적 행동에 무관심하다.

2) 윤리적 경영에 대한 영향요인

(1) 조직풍토 또는 조직분위기

성과에 대한 압력, 최고 경영자의 태도, 조직의 관행 및 통제방식

(2) 조직특성

조직의 규모나 업종

(3) 사회적 요인

사회일반인들의 가치의식, 정부규제, 사회적 기대, 문화적 풍토, 환경 불확실성

(4) 개인적 요인

연령, 학력, 직위, 소유관계, 금전적 필요, 역할갈등, 정치성향, 조직몰입. 기업윤리 등이 해당된다. 이들 요인이 기업경영에 정착되기 위해서는 윤리적 경영을 촉진하는 윤리적 조직풍토 조성과 의사결정과정이 조직차원에서 필요하며, 개인차원에서의 윤리의식을 제고시키려는 자발적인 노력과 건전한 사회분위기를 조성하기 위한 거시적 차원의 노력을 함께 기울여야 할 것이다.

5 윤리적 딜레마와 윤리적 가치판단 기준

1) 윤리적 딜레마와 가치판단 기준

윤리적 가치판단 기준은 모든 사회에서 보편적으로 수용되는 본원적인 가치판단 기준과 특정 국가에서 사회적으로 수용되는 현실적인 가치판단의 기준으로 구분할 수 있다.

(1) 본원적 가치판단의 기준

가. 목적론(teleology)

목적론이란 눈에 보이지 않는 행위의 윤리적 정당성을 눈에 보이는 결과로서 판단하려는 입장이다. 행위의 윤리성을 행위의 객관적 결과에 의해 판단하려는 입장의 목적론은 이기주의와 공리주의라는 두 가지 개념을 바탕으로 하고 있다.

가) 이기주의

이기주의는 여러 가지 행동대안들 중에서 자신의 이익을 장기적으로 최대가 되게 하는 행위를 선택한다는 원칙이다. 기업경영에서는 이기주의가 정책수립과 검토를 위한 기초가 될 수 있으며 윤리적 의사결정에 대한 탄력성을 제공할 수 있다는 의미를 지닌다.

나) 공리주의

공리주의는 관련되는 모든 사람의 행복이 최대가 되게 하는, 즉 일반선(一般善, general good)을 지향하는 행위를 선택한다는 입장이다. 이것은 기업경영에 있어서 정책수립과 검토를 위한 하나의 근거로 이용할 수 있는 한편, 의사결정시 일정한 재량권을 부여할 수 있고, 일반선이라는 기준에 의해 행동함으로써 개인적 이해 간의 갈등을 최소화할 수 있다는 의미가 있다.

다) 이기주의와 공리주의의 문제점

이기주의나 공리주의의 기준을 따르는 행위는 그 행위의 결과 이전에 그 자체로서 이미 비윤리성을 내포하고 있지만, 양자는 이 점에 대해 관대하다.

나. 의무론(deontology)

목적론이 가치판단의 기준을 수단보다는 결과가 주는 효과이익에 근거하는데 반하여 의무론은 수단 그 자체에 윤리적 판단의 근거를 두고 있다. 의무론에는 권리이론과 정의이론이 있다.

가) 권리이론

권리이론에서는 개인 또는 집단의 이익추구를 위한 선택권이 의무에 상응하여 자유롭고 평등하게 주어진다고 본다. 그러므로 기업윤리에 있어 권리이론은 인간의 생명과 안전이 보호되어야 할 권리, 언론의 자유가 보호되는 권리, 양심의 자유가 보장되는 권리가 있음을 주장한다.

나) 정의이론

정의이론은 사회의 혜택과 부담은 공평하게 분배되어야 하고, 규칙과 법률은 공정하게 적용되어 공정한 경쟁이 이루어져야 한다는 원칙에 근거한다. 정의이론은 기업경영에 있어 공정한 대우, 규칙의 공정한 관리, 공정한 보상, 공정한 처벌, 정당한 절차들이 지켜져야 함을 의미하며 이에는 분배적 정의와 절차적 정의가 포함된다.

다) 의무론의 문제점

의무론은 예외 없이 지켜야 할 보편적 도덕률을 강조한다. 그러나 그에 대한 확고한 근거와, 두 개 이상의 의무 간에 갈등이 생겼을 경우 이를 해결할 수 있는 방안의 제시가 필요하다.

다. 통합적 접근(integrated approach)

통합적 접근이란 목적론과 의무론이라는 윤리의 2가지 이론을 통합하여 새로운 윤리적 판단의 기준을 세우려는 시도이다.

가) 윤리적 판단과정이론

윤리적 판단과정이론은 상황에 따라 윤리의 내용이 달라진다는 상황이론의 개념에서 출발하였으며, 헨더슨(V. E. Henderson)에 의해 최초로 주장되었다. 그러나 상황이론을 따르는 윤리적 입장에서는 윤리에 대해 미리 정해진 규칙이 없으므로 구체적인 윤리적 판단과정을 선정하여야 한다. 예컨대 목표, 수단, 동기, 결과 등을 포함하는 판단과정에 따라 행위를 심사숙고한다면 윤리를 실천할 수 있는 중요한 통찰을 얻을 수 있다는 것이다.

나) 베리(V. Barry)의 통합적 접근

의무와 이상과 결과가 통합되는 이론으로, 의무(obligation)는 행위의 주체인 인간이 대상과 맺는 관계에서 비롯되는 것이며 이상(ideal)은 윤리주체의 목표나 가치관을 뜻하는 것이어서 여기에는 사회적, 문화적 특성과 차이가 많이 반영된다. 그리고 결과(effect)란 행위가 초래할 효과를 말한다. 이들 3가지 요소를 통합하여 판단기준을 설정하는 단계 등은 다음과 같다.

(가) 윤리적 판단절차의 단계

위의 3가지 요소를 각 상황별로 구분한 후 중점요소를 결정한다.

(나) 3가지 요소 간 상호갈등시의 선택기준

의무(obligation) 간의 갈등이 발생할 경우는 그 중요도가 높은 의무를 우선하고, 이상(ideal) 간에 갈등이 생기거나 이상과 의무 간에 갈등이 발생하면 높은 이상의 실현에 기여하는 행위를 선택하도록 한다. 만약 결과(effect)가 복잡할 경우는 가장 큰 이익을 가져오거나 가장 작은 손실을 가져오는 행위를 선택하는 결정이 바람직하다.

(2) 현실적 가치판단의 기준

본원적 가치판단의 기준이 윤리적 문제에 대한 근본적인 시각을 제시해주고는 있지만, 그 기준의 보편성과 추상적인 특성으로 인해 구체적인 기업경영상황에 적용이 쉽지 않다. 따라서 현실적 문제해결을 위한 윤리적 판단기준으로 다양한 법의 해석과 전통 문화적 특성, 사회 전반의 가치의식 등을 이용한다.

가. 법률적 합법성

기업의 불법적 행동을 구분하여 범죄의 유형을 적시하는 것으로, 기업구성원이 기업을 상대로 행하는 횡령과 내부자 거래 등이 이에 속하며 기업이 구성원을 상대로 하는 불법적 행동으로는 사생활 침해와 근로기준법 위반 등이 있다. 그리고 기업들 간에 행해지는 불법적 행동으로는 가격의 담합이나 카르텔 등이 있으며, 기업이 사회에 대해 행하는 불법적 행동으로 공해의 유발과 유해상품의 판매 등을 들 수 있다. 법률적 합법성이란 기업윤리의 필요조건이지 충분조건이 될 수 없으므로, 기업의 윤리는 합법성보다 더 적극적인 수행 자세를 필요로 한다.

나. 전통 문화적 특수성

현실적인 윤리기준을 확립하기 위해서는 해결하고자하는 문제의 전통 문화적 특성이 윤리적 가치판단 기준에 어떠한 영향을 미치는가에 대해 검토할 필요가 있다.

다. 사회 전반적 가치의식

기존의 일상화된 기업행동은 기업윤리와 가치관의 변화에 따라 변모할 수 있기 때문에, 경우에 따라서는 사회로부터의 심각한 윤리적 지적과 지탄을 받을 수 있다. 그러므로 기업은 사회전반에 공유된 가치의식의 향배를 예측하고 평가함으로써 기업윤리 기준에 적합한 활동을 준비해야한다.

2) 경영자 윤리와 윤리적 조직풍토

경영자는 기업의사결정의 핵심이며, 기업행위의 실질적 수행자라는 점에서 기업윤리를 실천할 책임을 지게 된다.

(1) 경영자 윤리의 강조이유

가. 윤리수행의 주체로 조직만을 강조했을 경우 기업이라는 비인격 구조물에 은폐된 조직구성원의 윤리적 책임이 간과될 수 있으므로, 사회로부터의 기대나 압력을 보다 가시화하기 위해서는 윤리적 책임의 주체로서 조직구성원 특히 경영자를 부각시킬 필요가 있다.

나. 조직구성원의 윤리는 윤리적 행동이나 의사결정에 초점을 두는 반면, 조

직의 윤리는 개인의 윤리적, 비윤리적 행위를 조장하는 조직의 여건 또는 조직분위기에 초점을 두고 있다. 그러나 조직의 여건이나 분위기, 기업문화와 같은 요인들도 결국은 인적 주체로서의 경영자와 구성원들이 조성해간다는 의미에서 경영자윤리가 강조되는 것이다.

다. 창업자적 경영자가 거의 개인의 판단에 의존하여 기업을 경영해 나가는 단계에서는 경영자의 의사가 기업행동을 전적으로 결정하기 때문에 경영자의 개인적 태도나 판단이 가지는 중요성은 지대하다.

(2) 윤리적 조직풍토

윤리적 조직풍토는 경영자나 구성원의 개인적이고 심리적인 차원의 논제가 아니다. 조직의 풍토는 기업행동과 구성원의 윤리적 행동을 결정짓거나 이에 영향을 미치는 조직차원의 문제로 인식되어야하기 때문에 기업 활동을 직접적으로 수행하는 구성원 행동의 윤리성에 매우 큰 영향력을 미친다. 그러므로 조직풍토는 사회적 반응활동을 수행하려는 경영자의 기본적인 자세나 의지를 결정하는 것이다. 기업의 윤리적 조직풍토가 가지는 기능은 다음과 같다.

가. 윤리적 조직풍토는 개인의 윤리적 딜레마 해소에 도움을 주게 되어, 경영의사결정의 정당성을 높여주는 한편 구성원들의 윤리적 행동도 촉발시킨다.

나. 윤리적 조직풍토는 이해관계자와의 상호작용을 촉진한다.

다. 윤리적 조직풍토는 좋은 기업이미지 형성을 위한 근간이 된다.

제2절 사회적 이슈와 사회적 정당성의 위기

1 현대기업에 대한 사회적 기대

1) 사회적 기대의 중요성과 유형

(1) 사회적 기대의 의의와 중요성

기업에 대한 사회적 기대란 사회라는 시스템 속에 존재하는 하위시스템으로서의 기업조직이 사회를 위해 수행하기를 희망하는 역할을 뜻하며 사회적 요구라고도 한다. 사회적 기대는 기업의 거대화와 그 영향력의 증대에 비례하여 날로 커지고 있는 까닭에 기업에 대한 사회적 기대와 실제 기업행동 간의 격차 또한 커질 수밖에 없는 것이 현실이다. 이러한 격차는 기업과 사회와의 관계를 불편하게 만드는 사회적 이슈가 분출되는 이유가 되기도 하여 그 격차가 심대할 경우에는 기업의 존립기반 자체를 위협하는 사회적 정당성의 위기까지도 초래할 수 있다. 그러므로 기업은 사회적 기대의 내용을 파악하고 예측하여 선제적으로 대처할 수 있어야 사회적 이슈의 발생을 미연에 방지할 수 있는 것이다. 이는 기업의 적극적인 반응활동을 통해 사회적 정당성을 획득할 수 있게 된다는 의미이다.

(2) 사회적 기대의 유형

기업에 대한 사회적 기대는 네 가지 유형으로 분류된다. 이를 경제적 기대, 법률적 기대, 윤리적 기대, 그리고 재량적 기대 등으로 세분화하여 살펴본다.

가. 경제적 기대

사회의 기업에 대한 가장 근본적인 기대를 말한다. 기업이 사회로부터 위임받은 경제적 기능은 재화의 생산, 서비스의 제공, 일자리의 제공과 같은 경제적 효용을 창출하여야 한다는 것이다.

나. 법률적 기대

기업도 사회를 구성하는 일원이라는 점에서 시민사회의 질서유지를 위해 노력해야 한다는 의미이다. 이것은 단순한 경제적 법률의 준수에 국한하지 않고 모든 법률을 사회구성원의 입장에서 준수하기를 기대하는 것으로, 기업이 건전한 시민사회의 발전을 위해 협력해야함을 뜻하는 기대이다.

다. 윤리적 기대

협의의 사회적 기대로도 표현되며 사회가 기업에 대해 법률적 기대차원이상의, 보다 근원적인 기대를 한다는 점을 의미한다. 따라서 윤리적 기대는 거의 모든 영역에서 받아들일 수 있는 관행과 생활감정에 부응하는 기업행동 모두를 포괄하게 된다.

라. 재량적 기대

사회는 기업에 대해 수동적 반응을 넘어서는 자발적이고 적극적인 재량적 기업행동을 기대한다.

이상의 사회적 기대 중에서 경제적 기대와 법률적 기대는 '요구되는 기대'로, 그리고 윤리적 기대와 재량적 기대는 '희망되는 기대'로 분류하기도 한다.

2) 사회적 기대의 변천양상

(1) 사회적 기대의 역사적 변천양상

사회적 기대는 기업의 성장과 변화의 궤를 같이 한다. 기업시스템의 규모와 비중은 산업화 초기단계, 산업자본주의 단계, 후기산업화 단계의 발전과정을 거치며 증대하였고 그에 따라 사회에 대한 영향력 또한 커진 까닭에 이를 반영하는 사회적 기대의 중요성에도 자연스런 변화를 가져오게 되었다. 경제적 기능에 대한 전통적 기대의 상대적 감소 대신 법률적, 윤리적, 재량적 기대를 포함하는 사회적 기대가 상대적으로 증대하는 경험을 하게 된 것이다. 이러한 사회적 기대의 중요성이 변화하는 이유는 다음에서 찾을 수 있다.

가. 사회가 원하는 기업의 역할비중이 경제적 역할에서 사회적 역할로 옮겨졌다는 점이다. 이것은 산업화의 진전에 따른 경제의 성장이 사회일반의 생활수준을 향상시켰기 때문에 경제적 욕구보다는 상위차원의 사회적 욕구에 더 많은 관심을 가지게 되었다는 점을 의미한다.

나. 기업규모의 확대가 사회에 대한 기업권력의 증대로 이어져 기업의 영향력이 경제적 영역을 넘어 사회적 영역으로 까지 확대되기 때문이다. 이것은 기업의 역할과 비중이 순수한 경제적 행위 이외의, 의도하지 않은 사회적 결과를 초래할 수도 있음을 뜻한다.

(2) 환경변화와 사회적 기대

기업을 둘러싼 거시적 환경의 변하는 기업에 대한 사회적 기대의 변화를 초래한다. 경영환경의 변화가 기업에 대한 사회적 기대를 변화하게 하는 이유를 다음의 3가지 측면에서 살펴보도록 한다.

가. 사회적 측면

사회의 환경이 민주적 구조로 변화함에 따라 과거와 다른 새로운 양상의 기대가 분출하게 되며 다양한 이해관계자 집단의 운동이 활발하게 전개된다.

나. 경제적 측면

시장개방과 자유무역협정 등 경제 환경의 변화와 후발공업국의 추격추세는 사회적 기대를 변화하게 한다. 이는 고용의 안정과 소득보장, 기업경쟁력 강화를 통한 경제적 기대의 강화, 자율적 경제체제의 정착 움직임 등 건전한 기업성장에 대한 사회적 기대의 확산을 뜻한다.

다. 정부 정책적 측면

기업의 경영활동에 대한 법적 제도적 기준 강화와 기업의 준수의무에 대한 사회적 기대감이 확산된다.

2 사회적 이슈의 발생과 유형

1) 사회적 이슈의 발생과 변화

(1) 사회적 이슈의 발생 배경과 중요성

사회적 이슈란 기업활동으로 야기되는 문제의 영향이 사회로 파급되어 증폭되는 사회적 문제를 뜻한다. 사회에 대한 기업의 영향력이 증대하면 기업에 대한 사회의 기대수준 또한 높아질 것이지만, 기업의 활동이 사회의 요구에 적절히 반응하지 못할 때 기업의 이해와 기업을 둘러싼 이해관계자 집단이나 사회일반의 이해가 상충되기 때문에 사회적 이슈가 발생하게 된다. 사회적 이슈의 중요성은 기업의 입장과 사회적 입장에서 나누어 볼 수 있다.

기업의 입장에서 볼 때 사회적 이슈의 발생은 기업의 자유스러운 행동범위를 제약하는 사회적 규제를 촉발하게 된다는 점에서 중요하다. 그러므로 기업은 사회적 이슈의 방지와 대응을 위해 노력함으로써 기업의 자율적 행동범위를 보장받도록 해야 한다. 사회적 입장에서는 사회적 이슈의 발생 그 자체가 공공의 이익과 기업활동 결과 간의 관계를 반영하는 것이므로 매우 중요한 문제로 대두된다 하겠다. 그러나 사회적 이슈의 중요성에도 불구하고 기업의 능동적이며 신속한 대처를 기대하기는 쉽지 않다. 이는 사회적 이슈에 대한 명확한 정의가 어렵고 그 결과를 예측하기도 힘들며, 때로는 이를 둘러싼 다양한 이해관계들이 복잡하게 얽혀 나타나기 때문이다. 그러므로 경영자는 사회적 이슈의 근원에 대해 꾸준한 주의와 관심을 기울이고 예측을 위해 노력해야 할 것이다.

(2) 사회적 이슈의 변화양상

사회적 이슈는 시간의 흐름과 경영환경의 변화에 따라서 계속적으로 변화하는데 전체적으로는 수적 증가와 새로운 이슈의 출현이라는 특성을 보이며 개별적인 생애주기를 갖는다.

가. 사회적 이슈의 변천

사회적 이슈는 사회의 발전에 따라 수적으로 증가하며 그 내용 또한 다양화하고 있으므로 기업의 사회적 역할과 반응활동 범위를 넓히고 있다. 앞에서 보았듯이 사회적 기대의 내용은 경제적 기대로부터 법률적 기대, 윤리적 기대, 그리고 재량적 기대로까지 변화하는데, 기업이 이러한 기대의 변화에 신속히 대응하지 못한다면 사회는 새로운 이슈를 제기하게 되고 그 내용 역시 다양해진다.

나. 사회적 이슈의 생애주기

가) 이해관계자의 기대변화

이해관계자의 기대와 기업의 실제행동 간에 차이가 커질 때 사회적 이슈로 발전할 가능성도 커진다.

나) 정치적 행동

기업활동에 의해 피해를 입거나 관련이 있는 이해관계자들이 여러 가지 방법으로 자신의 견해를 선전하여 관심을 모은다.

다) 입법, 규제행동

라) 법률의 시행

대부분의 기업이 법률이나 규제에 순응하여 경영층의 자유가 작아짐을 실감하게 된다.

경영자는 사회적 이슈의 진화형태를 인식하고 초기단계에 주의함으로써 이슈가 위험한 수준에 이르기 전에 문제를 예측하고 해결할 수 있다.

2) 사회적 이슈의 유형과 내용

(1) 사회적 이슈의 유형화

사회적 이슈를 유형화하는 일은 기업이 사회적 이슈에 효과적으로 대응할 수 있도록 전체적인 모습을 파악하여 방법을 제시하는 데에 유용하다.

가. 유형화의 기준

사회적 이슈를 유형화하는 기준은 경영의사결정자가 문제를 인식하고 파악하기에 유리해야하며 선택된 반응 행동이 사회적 책임과 기업윤리 및 사회적 반응과 밀접한 관련성을 가져야 한다. 그러므로 사회적 이슈의 유형화를 위한 기준과 방법을 체계적으로 연구하기 위해서는 사회적 이슈의 특성을 파악하고, 이슈와 관련된 이해관계의 범위에 기초하여 유형화를 모색하는 방법이 유용하다.

가) 이슈의 특성

사회적 이슈는 관련이슈에 대한 기대수준의 정도와 해결하지 못한 이슈에 대한 규제의 특성에 따라 적극적 이슈와 소극적 이슈로 나누어진다. 적극적 이슈란 기업이 해당이슈의 해결에 도움이 될 선택을 계속할 경우 문제의 해결은 물론 기업에게도 유리하게 작동될 방편과 행동을 수행하지 않아서 발생하는 문제를 뜻한다. 적극적 이슈는 기존의 기업활동 수준보다 높은 긍정적 방향에서의 기대로부터 발생하는 문제이므로 이슈의 미해결 시에는 불만, 평가절하, 비난 등의 가벼운 사회적 규제를 받게 된다. 이에 반해 소극적 이슈는 사회적 기준의 관점에서 금지해야할 행동 등을 기업이 행함으로써 발생하는 이슈를 말하는데 이는 현재의 기업활동에 대한 평가가 부정적일 경우, 특히 관련이슈를 해결하지 못할 경우는 처벌, 금지 등의 강한 사회적 규제를 받게 된다.

나) 이해관계자의 범위

이해관계자의 범위와 강도는 사회적 이슈가 지닌 이해의 특수성과 일반성에 따라 특정이슈와 일반이슈로 구분한다. 특정이슈란 기업을 둘러싼 과업환경으로서의 주요 이해관계자 집단에 직접적으로 관련된 이슈를 말하는 것으로 이해관계의 범위는 다소

제한적이지만 강도가 높은 이슈이다. 일반이슈란 사회일반의 이해관계자 집단과 관련되는 이슈이므로 이해관계의 범위는 넓지만 강도는 낮은 이슈이다.

나. 이슈의 네 가지 유형

이슈 성격 / 이해관계 범위	소극적(부정적) 이슈	적극적(부정적) 이슈
특정 이슈	가해자형 이슈	이기주의자형 이슈
일반 이슈	위반자형 이슈	열등시면형 이슈

(2) 사회적 이슈의 내용과 평가

가. 대표적인 사회적 이슈

가) 가해자형 이슈

가해자형의 사회적 이슈는 기업이 하지 말아야 할 일을 행함으로써 특정 이해관계자에게 피해를 주는 사회적 문제를 일컫는다. 이러한 이슈는 일차적 피해 당사자를 기준으로 다음과 같이 분류할 수 있다.

(가) 노동자 및 노동조합의 권리침해 이슈

근로자 및 노동조합의 기본 권리를 침해하는 것으로 후진국형의 사회적 이슈이다.

(나) 소비자의 권리침해 이슈

소비자의 정당한 권리를 침해함으로써 발생하는 이슈로, 기업의 최종 수혜자 관리를 위해 중요하다.

(다) 공해이슈

(라) 중소기업 및 일반주주의 권리침해 이슈

하도급 계약의 불성실 이행과 불성실 공지 등에 관한 이슈이다.

나) 위반자형 이슈

기업이 해서는 안 되는 일을 행함으로써 여러 이해관계자와 사회일반에게 피해를 주는 사회적 문제를 말한다.

(가) 기업의 탈법행위관련 이슈

(나) 경제 질서의 위반행동관련 이슈

산업구조의 불균형 현상을 초래하는 정경유착과 자본주의 경제 질서를 위반하는 각종 불공정 행위 등이 해당된다.

(다) 부와 권력의 독점지배관련 이슈

비생산적 투기활동이 해당된다.

(라) 부실경영관련 이슈

다) 이기주의자형 사회적 이슈

기업이 특정 이해관계자와 관련하여 지속적으로 행할수록 좋다는 사회적 기대가 형성되어 있는 일을 하지 않음으로써 발생하는 이슈를 말한다.

(가) 공동체적 노사관계 이슈

(나) 소비자만족 관련 이슈

(다) 중소기업과의 계열관련 이슈

대기업에 대한 중소기업의 사업영역 보호 및 계열화 요구에 대한 이슈

(라) 지역경제 및 투자자관련 이슈

국토의 균형개발과 지역경제 활성화를 위한 기업의 적극적 동참 요구 및 주식시장의 투자자 보호 요구와 관련된 이슈

라) 열등시민형 사회적 이슈

이러한 사회적 이슈는 다양한 이해관계자 및 사회일반의 이해와 관련된 문제로서, 기업의 긍정적 역할이 지속되지 않는데 대한 실망으로부터 발생한다.

(가) 경영합리화 및 경제혁신 관련 이슈

기업의 경쟁력 제고를 통한 국가경제 성장에의 궁극적 기여요구, 전문경영자 확립과 기술혁신과의 설비투자확충문제 등

(나) 적극적 사회참여활동관련 이슈

기업의 사회복지 및 사회문화에의 참여 요구

(다) 건전한 직업윤리 및 사회풍토관련 이슈

나. 사회적 이슈에 대한 평가 및 전망

우리나라의 경우 지금까지의 사회적 이슈는 소극적 측면에서 제기되는 가해자형 또는 위반자형 이슈를 강조하는 견해가 일반적이었다. 그러나 소득의 증가와 사회구조의 변화를 고려할 때 아래와 같은 전망도 가능하다고 본다.

가) 적극적 측면에서의 이기주의자형 또는 열등시민형 이슈가 크게 대두될 것으로 전망된다.

나) 근로자와 소비자 등 이해관계자 이외의 정부와 지역사회와의 관계가 특히 중요해질 것으로 전망된다.

다) 경영합리화에 대한 요구와 함께 순수한 의미에서의 사회참여활동에 대한 사회적 기대도 더욱 높아질 것으로 예측된다.

3 사회적 정당성의 위기

1) 사회적 비판과 사회적 정당성

(1) 기업에 대한 사회적 비판

기업에 대한 사회적 비판이란 '기업이 사회를 위하여 해야 할 바람직한 일'이라는 단순한 사회적 기대수준의 차원을 넘어 기업의 활동을 평가하고 그 문제점을 지적하며 현재와 같은 기업시스템을 비판하고 개선을 요구하는 적극적인 움직임을 일컫는다. 사회적 비판의 수준이 일반인들이 공감하는 사회적 허용선을 넘어설 때는 기업의 존재 자체를 부정하려는 사회적 정당성의 위기가 초래된다.

기업에 대한 비판적 태도는 사회발전을 따르는 환경변화로 인해 나타나는 기대의 증가를 통해 증대되었다.

(2) 사회적 비판과 환경요인

오늘날 기업에 대한 사회적 비판을 증대시키는 사회적 환경요인으로는 일반 공중의 욕구구조를 변화시키는 생활수준의 향상과 교육수준의 향상, 사회적 문제의 노출과 일반 공중의 사회적 각성을 초래하는 TV와 신문 등 매스 미디어의 발전, 그리고 정보통신기술(ICT)의 발달에 힘입은 소셜 네트워크 서비스(SNS) 등을 생각해 볼 수 있다.

2) 사회적 정당성의 위기와 기업생존

(1) 사회적 정당성의 위기

기업은 그 수행역할과 행동이 사회의 기대에 부합하여 정당성을 인정받을 때 생존과 지속적 성장을 가늠할 수 있다. 그러므로 기업의 행동과 사회의 기대 사이에 틈이 생기고 그 틈이 사회의 허용치를 넘어설 경우에 기업은 정당성을 인정받지 못하고 생존을 위협받게 되는데, 이러한 상태를 '기업 정당성의 위기'라 한다. 이는 기업의 규모와 영향력 증대로 인해 사회일반인들의 기업에 대한 인식이 개인의 소유물이라는 개념에서 준공공적 성격을 띤 기관으로 변화해왔기 때문이라 본다.

(2) 정당성 위기와 기업의 생존

기업이 부를 축적하는 과정에서 자유시장경제의 질서에 충실하지 못하였거나 국민과 공유해야 할 정신적 가치와는 거리가 먼 토양 위에서 기업 활동을 한다면 기업에 대한 사회적 비판의 고조와 함께 정당성 상실의 위험이 높아져 비난의 초점에서 자유롭지 못하게 된다.

3) 사회적 정당성 위기의 극복

(1) 기업권력과 사회적 정당성

기업권력과 관련되는 사회적 정당성이란 기업이 사회 속에서 소유하고 행사하는 권력에 대한 사회적 수용성을 의미한다. 기업이 사회적 정당성을 획득하기 위해서는 자신이 향유하는 기업권력에 합당한 책임 있는 행동을 해야 하므로 기업이 자신의 기업권력을 남용하게 되면 기업에 대한 비판과 정당성 위기를 초래할 수밖에 없다. 그러므로 막강한 기업권력을 가진 거대기업들은 다음의 3가지 사항을 고려할 필요가 있다.

가. 경제적 권력차원의 문제로 기업경영활동의 다양한 이해관계자 집단과 관련되는 경제적 이해문제를 고려해야 한다.
나. 정치적 권력차원의 문제로 기업경영활동이 다양한 이해관계자 집단 간의 다원적 균형을 침해하지 않도록 고려해야 한다.
다. 사회문화적 권력차원의 문제로 기업경영활동이 내부구성원과 사회구성원의 욕구충족을 위해 배려하며 인간적 존엄성을 존중하고 있는지, 그리고 지역사회의 전통에 부합하는 요구에 부응하는지를 고려해야 한다.

(2) 사회적 기대와 사회적 정당성

기업이 사회로부터 인적, 물적 자원을 공급받으며 기업내부의 의사결정이나 외부활동에 대한 최대한의 재량권을 유지하는 정당성을 확보하기 위해서는 기업의 사회적 기대와 사회적 정당성 간의 갭(gap)을 줄이도록 노력해야 한다. 이러한 간극의 최소화를 위해서는 적극적 의사소통을 통해 기업의 실제행동에 대한 인식을 변경시키거나 사회적 기대 자체를 변화시키는 방법을 생각해볼 수 있다. 그러나 개별기업이 사회전체의 인식이나 기대를 변경시키기는 사실상 어렵기 때문에 대부분의 기업은 자신의 행동을 사회의 기대에 부합하도록 변경하는 전략을 취한다.

(3) 사회적 이슈와 사회적 정당성

경제발전과 생활수준의 향상에 따라 사회구성원의 가치의식은 양보다 질적 삶을 추구하는 방향으로 발전하고 있다. 이러한 변화에도 불구하고 기업이 경제적 측면에 한정된 사적 이윤만의 추구를 계속한다면 사회는 비판과 함께 사회적 이슈를 파생시키게 될 것이다. 사회적 이슈의 발생은 기업에게 규제와 간섭을 받게 하는 자율재량권의 감소를 초래하게 될 것이므로 사회적 이슈는 미연에 방지하는 것이 중요하다. 예상치 않은 이슈의 발생 시에도 기업의 재량권이 크게 제약받기 때문에 문제해결을 위한 보다 적극적인 노력이 필요하다. 사회적 정당성의 획득여부는 행동의 결과에 의해 사후적으로 결정되기 때문에 기업의 행동 이전 단계인 의사결정과정에서 사회적 정당성을 고려해야 한다는 의미이다.

번호

로마자

C

I

M

O

P

X

Y

Z

한글

ㄱ

ㄴ

ㄷ

ㄹ

ㅁ

ㅂ

ㅈ

ㅍ

ㅎ

ㅍ

ㅎ

공저자 약력

정우석

한양대학교 상경대학 무역학과 졸업
신용보증기금 경영지도부 근무(경영지도사)
오클라호마 주립대학교 대학원 졸업(경영학석사)
인하대학교 대학원 졸업(경영학박사)
세인트루이스 대학교 객원교수
한양여자대학교 경영학과 교수

저서

생산운영관리(박영사, 2007)
경영과학(박영사, 2007)
EXCEL 활용 현대통계학(박영사, 2008)
알기쉬운 통계학(도서출판 오래, 2010, 공저)
SPSS 활용 과학적 조사방법론(두양사, 2012, 공저)
운영 · 공급 사슬관리(도서출판 오래, 2015)

이지원

한양여자대학교 경영과 졸업(전문학사)
한국방송통신대학교 경영학과 졸업(경영학사)
성신여자대학교 대학원 졸업(경영학 석사, 박사)
대림대학교 강사
성신여자대학교, 한양대 사회교육원 강사
한양여자대학교 경영학과 조교수

경영학

발 행 일 • 2016년 2월 29일 발행
저　　자 • 정우석·이지원
발 행 인 • 최 봉 조
발 행 처 • 진샘미디어
주　　소 • 서울시 은평구 연서로 5길 28 부호아파트 102동 상가 5호
전　　화 • 02)353-4421 / FAX 02)353-4431
홈페이지 • www.jinsam.co.kr

신고번호 • 제311-2005-000025호
ISBN • 979-11-85504-62-9

가격 : 25,000원